武汉大学国际法博士文库

Series of Doctoral Thesis on
International Law
of Wuhan University

金融企业集团法律监管研究

Legal Study on Financial Conglomerates

黎四奇 / 著

Wuhan University Press
武汉大学出版社

图书在版编目(CIP)数据

金融企业集团法律监管研究/黎四奇著．—武汉：武汉大学出版社，2005.7
武汉大学国际法博士文库
ISBN 7-307-04610-5

Ⅰ．金…　Ⅱ．黎…　Ⅲ．①金融法—研究—中国　②金融机构—企业集团—监督管理—研究—中国　Ⅳ．D922.280.4

中国版本图书馆CIP数据核字(2005)第057826号

责任编辑：张　琼　　　责任校对：黄添生　　　版式设计：支　笛

出版发行：**武汉大学出版社**　(430072　武昌　珞珈山)
(电子邮件：wdp4@whu.edu.cn 网址：www.wdp.com.cn)
印刷：湖北恒泰印务有限公司
开本：880×1230　1/32　印张：12.75　字数：351千字　插页：1
版次：2005年7月第1版　　　2005年7月第1次印刷
ISBN 7-307-04610-5/D·638　　　定价：20.00元

黎四奇　1972年12月出生，湖北咸宁人，1994年毕业于华中师范大学英语系，获英国语言文学学士学位；1994~1997年于中南民族大学英语系任教；1997~2000年于武汉大学法学院攻读硕士学位，主要学习与研究国际金融法；2000~2003年于武汉大学法学院继续学习与研究国际金融法，并获取博士学位。现为湖南大学法学院副教授，硕士生导师，主要从事国际经济法、国内与国际金融法等教学与研究。在学习与任职期间在《法学》、《现代法学》、《法律科学》、《国际金融研究》、《国际经济法论丛》等刊物先后发表了《银行综合业务之透视》、《从"红光事件"看信息虚假披露者对第三者的民事责任》、《欧盟对金融集团内部交易及风险集中的监管》、《网络银行业务对传统法律的挑战与回应》、《论金融业务综合化下的有效监管》、《对欧盟银行法之评析》、《我国入世后外资银行监管法的重构》、《金融企业集团监管中的金融防火墙法律制度分析》、《析我国与证券信息监管相关的会计法律制度的不足与完善》、《我国反洗钱法律体系的矫正与重构》、《我国银行监管法律体系的评析与思考》、《国际金融法监管法的新发展》、《对我国有问题金融机构监管法律制度的实证分析》学术论文30余篇。

序

金融企业集团是现代金融自由化的产物,也是金融跨国化的一种较高级的组织形态。这种经济组织结构在实现整个集团利益多元化、资产规模扩大化及集团内部优势互补的同时,也带来了巨大的金融风险,且这种金融风险具有极大的变异性,其不仅涵盖了原有的风险,而且是原来风险的组合与创新。因此,金融企业集团比较优势的实现必须基于良好的金融监管法律制度。这就要求一国在构建与完善其内国的金融监管法律制度时,其还必须确立金融监管的国际合作与协调的理念。在金融法治化进程中,有效的金融企业集团监管法律框架必须能达到以下两个目标:其一是金融监管必须是充分的;其二是任何金融机构都不能逃避应有的监管。正是基于这种思路,本书对金融企业集团的有效监管问题进行了深刻的检讨与反思。本书的理论价值、内容的创新及对实践的指导意义主要表现在以下几个方面:

其一是对金融企业集团的界定。金融企业集团是从企业集团而衍生来的一个概念,但是对于何谓金融企业集团及其与全能银行、金融控股公司及银行控股公司等概念之间的异同,目前学者们并无系统性的解释与说明。本书正好填补了这一空白,本书从比较与分析的角度厘清了金融企业集团这一概念。毋庸置疑,这解决了对金融企业集团进行研究的一个前沿性问题。可以说,在某种程度上,这也是作者对金融监管法进行理论研究的一个创造性贡献。

其二是对金融监管权配置历史演进及理论分析。金融监管权的配置是一个国家构建其内国金融法律体系中一个先决性问题。目前的金融监管体制模式大体可划分为两种,即机构型监管模式与功能型监管模式。在系统研究的基础上,作者得出了这样一个结论:金融监管体制模式的选择并非一个非此即彼的问题。实际上,一种理想的、行之有效的模式是一种“你中有我,我中有你”模式。就金融企业集团体制模式而言,其应是一种“以功能型监管框架为主、机构型监管框架为辅”的模式。延续这种理论,作者进而认为巴塞尔银行监管委员会及在其倡导下成立的“联合论坛”所发布的诸多建议性文件在监管权配置上便承载了这种监管新思维。

其三是对法定型监管与自律型监管的客观认识。自律与他律一直是金融法的研究者们所苦苦思索的问题。公正而言,这种监管理念各有千秋,如他律更加具有权威性、可预测性、严肃性等特点,其缺点是监管具有外在性、事后性与被动性。在充分论证的基础上,作者提出了内部控制制度优先化与法治化的观点。同时,其又对内部控制制度进行了客观认知,认为制度法本是人所制定的,但人认识客观规律的程度又是有限的,所以制度法总是存在不尽如人意之处。这一点对于内控制度而言同样如此。因此,内控制度优先化必须以良好的金融监管法为基础,自律必须是法律要求范围内的自律。

其四是对资本充足率法律监管的探讨。对于该问题,已有学者进行了一定的探索,但研究得并不全面。本书对资本充足率的监管进行了比较广泛的讨论,既有相关国家关于资本充足率监管的立法沿革,又有区域性组织对资本充足监管的实践。同时,也对巴塞尔新资本协议进行了比较系统的分析。

其五是信息监管概念的提出与分析。一般而言,金融监管是指金融监管机关在法律的授权范围内依法定的程序对被监管的机构进行监督与管理。然而,有效的金融监管必须依赖于充分、及时并有效的金融监管信息。而且,客观而言,法律体系本身就是一个信息系统,法律规则的形成过程就是一个信息的收集、分析、归类与处理的流程。因此,本书提出了一种金融监管理念,即有效的金融监管必须消除金融监管者与被监管者之间的信息不对称现象,有效的金融监管必须基于有效的金融监管信息。这种思想无疑为金融监管法发展中的一种新思维。

其六是对我国的立法建议。研究西方金融发达国家的金融监管立法的走向及巴塞尔银行监管委员会所阐发的新理念并非作者写作本书的本意，其真实意图在于期望比较研究的成果能给我国金融监管立法的改革提供相关的立法建议。作者认为我国在金融企业集团监管立法方面应采取以下举措：一是应确立“分业为主、合业为辅”的金融业经营模式；二是应从务实的角度对资本充足率监管法则进行重构，以防止同一笔资本在金融控股公司或集团之间进行重复计算；三是应对中国目前的金融监管权的配置进行务实性的思维，并进行相应的矫正。

其七是在研究方法上，作者采用了比较分析、历史分析等多种方法，但是本书突出的一点是：作者认为任何法律制度的借鉴与移植必须考虑到法律资源的本土化。尽管我国大多的金融监管法则都是洋为中用的，但是所引进的法律规则必须能反映中国的金融法治化的内在需求。尽管巴塞尔银行监管委员会确立了8%的资本充足率，并一致推崇金融机构内部治理的理念，但是在我国银行业产权集中化、金融机构多元化的现状下，8%的指标是否能公正地反映我国银行业内在监管的需求及公司内部治理是否能实现应有的功能都需要法律本土化资源的支撑。

黎四奇是我指导的第一届国际金融法的博士。对他我是比较了解的，他学习刻苦，治学严谨，具有非常好的研究能力与潜能。他一毕业就能主持一项关于我国银行法律制度改革与完善的国家课题，及经常在法学核心期刊上表明自己的学术观点就是一个比较好的证明。本书是在他博士论文的基础上修改而成的，也是他的第一本学术专著，该书搜集了大量的前沿性的资料。可以说，它反映了目前关于金融企业集团监管的先进成果，在一定程度上揭示了国内与国外对金融企业集团监管研究的第一手资料。客观而言，本书的出版对于我国目前的金融监管法的整合及对金融集团监管理念的重塑具有重要的指导意义。

毕竟黎四奇博士还比较年轻，而且由于金融企业集团监管的研究是一个非常前沿性的问题，它不仅涉及法律问题，而且广泛牵涉到经济、政治、历史等学科,可谓牵一发而动全身。因此,该论题无疑具有极大的挑战性。基于此,错误与疏漏在所难免,还恳请法学界的同仁与广大读者批评指正。

目　录

导 言
从实用主义出发研究金融企业集团之法律监管

一、研究的思路

客观而言，本选题是一道涉及经济、法律、政治、历史、社会伦理等多学科领域的牵一发而动全身的课题，是一道难以真正寻求到最终答案的难题，是社会科学领域中的哥德巴赫猜想。然而，这并不妨碍我们为了接近真理而付出我们本应付出的努力。有位学者曾言："科学家们深一脚浅一脚地行进在一个似乎毫无系统、毫无逻辑的思想和事实的密林之中。在走出密林之时，往往是只见伤痕而不见收获。"其实本论题，无论是对金融企业集团形式下金融监管体制重塑的探讨，还是针对集团内部交易与风险集中、资本充足、适宜性等的研究，无不是为解决金融企业集团情势下金融监管的两难而作出的尝试性的探索。早在很久以前，德国法学家耶林就有段名言，他说："法不仅仅是思想，而且是活的力量。因此，正义女神一手持有衡量权利的天平，另一手持有为主张权利而准备的宝剑，无天平的宝剑是赤裸裸的暴力，无宝剑的天平则意味着法的软弱可欺。天平与宝剑相互依存，正义女神挥舞宝剑的力量和操作天平的技巧得以均衡之处，恰恰就是健全法律状态之所在。"

实际上，上述名言同样也适用于金融监管法的功能之所在，因为金融监管法的使命之一也就是在寻求一个最佳的平衡点——安全与效益的平衡，即对金融监管权和机构自主权进行协调平衡，既要限制监管权的过度扩张以至影响甚至阻碍金融机构的发展活力，又要对金融业实施必要的监管，以确保其稳健安全，借此促进经济金融的发展。

就金融企业集团的监管而言，尽管其是金融创新的产物，但是这种创新并非是无中生有的，它只不过是以前经济组织形式的新发展，这也意味着金融企业集团形式下的金融风险只不过是以前风险的重新组合，而非完全的变异。虽然从监管到创新再到监管是一个辩证的规律，但是对金融企业集团的法律监管也只能是以前金融监管法律制度的继承和发展。对于这一论点，欧盟的相关金融监管指令、美国的《金融服务现代化法》、英国的《金融服务和市场法》已给我们提供了良好的例证。因此，作者认为对金融企业集团的有效监管法律制度的构建或者说重塑并不意味着对以前相关法律的全部摒弃，而只能是采取兼收并蓄以及创新的方法，只能是针对金融企业集团所触发的新的法律问题在已有的法律制度上进行相关的探讨和设计，本书也正是基于这一思路。同时，由于金融的自由化与全球化，在对这一课题进行研讨时就有必要注意以下问题：其一是研究应以一国国内的金融法律关系为重点；其二是由于金融关系的涉外性，研究应立足于全球。

二、立法走向与研究的现状

金融企业集团属于金融创新的范畴，对于这种创新著名经济学家、创新理论的倡导者熊彼特则将它定义为“实现生产要素的新组合”，“创新就是函数的变动”，是“来自内部自身创造性的关于经济生活的一种变动”。对于这一理念，厉以宁教授对金融创新这一概念进行了界定，其认为金融创新就是在金融领域内建立新的生产函数，是各种金融要素的新结合，是为了追求利润机会而形成的市场改革。它泛指金融体系与金融市场上出现的一系列新事物，包括新的金融工具、新的融资方式、新的金融市场、新的支付清算手段以及新的金融组织形式与管理方法等内容。大体而言，金融创新依其表现形式可以分为以下三大类：金融制度创新、金融业务创新与金融组织结构创新。此外，根据其动因与目的又可以作以下区分：

获利性创新、避险性创新、避监管性创新与扩源性创新等。因此，从金融创新理论的角度进行探讨，金融企业集团的出现即属于金融组织结构的创新，然而这一新的经济组织形式又以追求利益、逃避法定性监管为出发点，可能在一定程度上又以其为归宿。在经济学理论中，有这样一种原理，即同样的业务、同样的风险、同样的规则，那么从另一层面而言，这一原理则蕴含着这样一种监管性的理念，即不同的业务、不同的风险、不同的规则。鉴于此，在金融企业集团这一新的组织结构出现的情况下，如何从法律的视角有针对性地对金融企业集团所触发的新的监管性法律问题进行探讨与设计已是各国立法者与金融监管的实务部门所必须深思的问题。对此，笔者认为对在这个问题上的研究成果进行一定的回顾是有意义的，因为其可以起到抛砖引玉的作用。

从1929～1933年大危机后的严格管制到20世纪70年代以来的“金融自由化”，国际金融监管经历了一个从大规模放松管制到在一定程度上监管与放松监管相对协调的过程。1986年英国的《金融服务法》、1989年欧共体的《第二银行指令》、1999年日本的《金融制度改革法》、1999年美国的《金融服务现代化法》等法规的出台及巴塞尔银行监管委员会、“三方联合论坛”所发布的大量文件更是对全球的金融业经营模式与金融监管理念产生了巨大的冲击。若说此种冲击是针对各国及全球金融监管立法与监管协调与合作的成果所调整的金融法律关系的话，那么更深刻的内涵是金融监管者对既存的金融监管立法的反思与对新的金融监管立法该何处去思考，以及国际金融监管的合作者们应以一种怎样的思维与原则来处理新的金融创新所产生的新的金融关系。无论是在金融分业制模式还是在合业制模式的国家中，对金融企业集团的监管便是其中紧要的一环，因为从全球范围来看，金融企业集团是经营交叉性金融业务的载体。即使就金融诸业务的分业经营体制而言，它也是如此，因为从其本质上来看，不存在绝对的分业问题，分业只是相对的，所以在实行分业经营体制的国家也存在以金融企业集团的形式间接地接触其他金融业务的金融实体，如美国《金融服务现代化法》生效以前由银行控股公司主导的集团。

金融企业集团的形成及其所产生的证券业、银行业及保险业等的业务交叉已越来越受到所涉行业部门的关注，特别是来自金融领域的立法者、金融业监管部门及国际金融监管者组织或团体的关注。根据同样的业务、同样的风险、同样的规则的金融监管原理，对金融企业集团的监管进行理论上的探讨与实践上的创新已成为必然要求。然而，就各国对金融企业集团监管的法律制度来看，世界各国还仍处于一种探索阶段，还只是从宏观上对金融企业集团触发的法律进行一些粗线条式的处理，并没有完全从微观上基于跨行业监管的思维进行相应的法律设计。如尽管 1999 年美国通过了《金融服务现代化法》，从而从整体框架上确立了“金融控股公司”的法律制度，但是对于如何监管的问题，该法也只是在原有的监管体制上稍作了处理，只是从宏观上肯定了美联储作为金融控股公司总的监管者的地位，而没有从根本上触及新法出台前的金融监管权力的配置。

另外，对于欧盟、日本、韩国等国家而言，其所进行的金融制度改革也只是从宏观上解决金融业务交叉经营对传统的分业监管体制的冲击问题，并没有从深层次对金融企业集团这种经济组织形式的内在缺陷出台详细的法律规则。如就欧盟而言，虽然建立统一的金融大市场是其目标之一，为此欧盟委员会还于 1999 年 5 月发布了《金融服务行动计划》，2001 年 4 月又出台了《金融企业集团监管指令建议案》，但是欧盟由于其内部离心力的存在及其成员国在金融监管体制上的差异性，其对金融企业集团的监管远未达到具体化与一致性的要求。因此，就相对于金融企业集团的法律创新而言，其还存在着滞后性，并没有完全跟上金融关系发展的步伐。

就学术研究而言，对于金融企业集团有效监管问题的探讨大多是从经济学的角度出发，而从法学的角度全面而系统地探讨既存法律制度创新的著作与论文还是比较少。而且无论是从经济学的角度或是从法学的角度进行研究，学者们大多也只是探讨了一些宏观性的问题，如金融企业集团形式下一国金融监管体制的构建等，且往往从跨行业角度进行分析的深度不够，如对于如何核算金融企业集团的资本充足性、如何对金融企业集团的风险集中进行处理及金融防火墙应如何确立等问题来作深入研究。同时，学者们也并没有完全解决一个前提性的问题，即何谓金融企业集团，金融企业集团的法律地位应如何进行界定，金融企业集团与金融控股公司等存在何种异同等。因此，目前对金融企业集团监管法律制度的研究还没有深入到这个新生物的内核，还停留在表面探索阶段，所以从法律的角度对该问题进行研究具有现实性与必要性。

三、研究的现实性与必要性

金融企业集团属于金融创新的范畴。因此，此种新经济组织形式就意味着新的金融风险，而且这种金融风险是以以前的风险为基础衍生而来的，具有更高的复杂性、组合性、渗透性与传染性。若从经济学的原理出发，即“同样的业务、同样的风险、同样的规则”的原则，则金融监管规则的创新也是必然。若从法学的层面来考虑，则该种集团的出现便对现存的银行法、证券法、保险法及已达成的为数不多的国际金融条约和众多的国际金融监管实践产生了极大的冲击与影响。这种冲击与影响主要体现在以下几个方面：一是对金融企业集团如何进行界定的问题；二是在金融企业集团形式下，如何对一国现有的金融监管体制进行矫正或重塑；三是如何解决集团组织结构中的关联交易问题；四是如何从整个金融企业集团的层面处理风险集中；五是资本充足监管规则也是对银行业进行审慎监管中的一个重要环节，那么该种审慎性规则是否也应适用于整个集团；六是从一般的监管原理及各国金融法律制度出发，只有银行等金融机构才被纳入金融监管法的调整范围，那么在以非金融机构为主导所形成的金融企业集团的情形下，该非金融机构是否也应被视为金融监管法调整的对象，此外，在集团存在有非受管制实体的情况下，若该非受管制实体能对集团的风险产生一定的影响，那么其是否也应受相关法律的调整；七是信息是有效金融监管的基础所在，那么在金融企业集团的情况下，对信息该如何进行界定，这就涉及到银行法与证券法等法律之间在信息问题上的协调问题。此外，在机构型监管体制下，信息获取权的实现是能得到保证的，但是在金融企业集团的框架下，如何保证监管者之间的信息收集与分享，这也是立法者必须对现行的法律进行深刻的反思与检讨的问题。在金融全球化的趋势下，若将这一问题国际化，则又会引发另一个相关的问题，即东道国与母国监管者之间的信息分享与合作问题；八是在金融全球化的态势下，我国对与此相关的法律问题应采取何种对策等。这些问题的出现及其重要性无不表明对金融企业集团监管进行研究与学习的现实性与必要性。

四、研究的方法

由于本论题是一个跨学科的、前沿性的课题，因此，在研究中，本论题将采用多种研究方法，即历史分析方法、比较分析方法、经济分析方法等。

历史分析方法。金融企业集团并非从天而降的产物，而是在金融诸业务的分业与合业历经演变的进程中产生的。而且从法学理论上而言，现今的法律制度是历史的积累与沉淀，即使与过去相比已大相径庭，但它仍然附带有法律创新过程中历史给它留下的“痕迹”。因此，以历史的、发展的视角来探讨金融企业集团所引发的法律问题不仅有助于增进对它的整体理解与认识，而且也有益于更好地洞察现今与金融企业集团相关的法律制度。这对我国目前已存在的金融企业集团监管的立法也有着不可忽视的意义。

比较分析方法是法学研究中的常用方法，除去比较已成为研究者的思维习惯外，或许还因为任何没有从对外国各种思想的研究中获益的法律制度都不能被视为先进的法律制度。因此，本书的比较对象是有关国家、区域性国际组织及国际团体等对金融企业集团监管的法律制度。比较的目的不是将某一种法律制度强加于某一相关国家，而是分析与探讨在各国对金融企业集团监管法律制度各异的情况下，金融监管立法与实践可以存在的共性。如虽然在对金融企业集团监管法律制度的设计上，各国不可能达成完全的一致，但是在确定与金融合业体制相适应的功能监管框架的思维却是相同的。然后，以此为基础，希望比较分析的结果能给我国金融立法的创新带来有益的启示。

经济分析方法。效益不仅是经济学家关注的目标，它也是法学家，特别是经济法学家关注的重点，因为效益也是法律价值的一个重要的表现。这正如有位学者所言："在一定意义上，经济法是经济效益法，它是通过协调各方的经济行为与经济利益关系以获取最大效益的法。经济法的制度与规定都是以获取经济效益为出发点，以获得经济效益为终点的。"就金融企业集团而言，其本身就是市场竞争挤压下的产物，其根本目的在于实现规模效应、节减运营成本及效益的极大化。因此，在探讨对其监管的法律制度时，就非常有必要将经济分析引入法学研究之中，以在效益与正义之间寻求最佳的切入点。

五、研究的范围

正是基于上述思路，作者将本书分为七个章节。

第一章为导论部分，在该章中，作者对金融企业集团进行了界定，并在此基础上对金融企业集团监管的必要性进行了辩证的分析。具体而言，本章主要涉及以下内容：金融企业集团之界定、金融企业集团控制因素分析与金融企业集团的类别、相关概念辨析、金融企业集团监管成因分析等。本章的主要宗旨是解决对金融企业集团有效监管的前提性问题，即何谓金融企业集团，其与金融控股公司、全能银行、银行控股公司等有何差别，笔者认为这是本论文的研究得以延伸与发展的关键。

第二章为"金融监管法律体制之选择：金融企业集团有效监管的基础"。该章的主旨是从金融监管法律框架的角度解决金融监管体制的问题。从监管体制构建的层面而言，机构型监管体制与分业经营的体制相对应（即所谓的"分业经营、分业管理"模式），功能性监管体制与合业经营的体制相称。该章主要探讨了以下几个方面的问题：金融企业集团对传统监管法律体制的冲击、金融监管法律体制的新发展、功能性监管体制选择的国别分析等。

自有资本的充足性是防范与化解金融机构风险最有效的方法，然而金融企业集团内在组成部分的复杂性与各受管制实体与非受管制实体业务性质的差异性，使这种新生的组织形式必然对传统的资本充足监管法律制度产生巨大的冲击，这种冲击不仅是内向性的，即不仅是对一国现行的相关资本充足监管法律制度的影响，而且它也对国际性的金融监管惯例，如巴塞尔银行监管委会员以前所确定的资本充足率标准产生挑战，所以如何防止同一笔资本的双重或多重计算也是在确定有效金融监管法律制度时一国的金融监管者及相关国际组织或团体应密切关注的焦点。因此，在第三章中，作者比较详细地分析了金融企业集团资本充足监管的法律问题。该章主要涉及以下几节：资本界定及资本充足法律监管的必要性分析、并表监管：集团资本充足监管的实际效应分析、资本充足监管的个案分析及集团资本充足监管的国际协调等。

集团内部交易与风险集中是两个相关联的问题，而且从实然与务实的角度进行理性的分析，内部交易在一定程度上也具有合理性，因为它符合企业利益极大化的目的，然而这种内部的交易应在法律所设定的范围之内，否则即为不合法。虽然以前的法律，对内部交易与风险集中问题也有些规定，但是这种规定只是针对单个金融机构的，没有从整个金融集团的角度进行设计与规制。因此，本书的第四章主要是解决集团内部交易与风险集中监管的法律问题。本章主要涵盖以下几方面的内容：内部交易与风险集中的界定及监管原理一般分析、集团内部交易法律监管的实证分析：金融防火墙的构建、对集团风险集中监管的务实性思考、内部控制：集团内部交易与风险集中有效监管的重要保证等。详言之，在该章中，作者不仅吸纳了以前相关监管法律制度中的规定，而且也提出了一些自己的看法，如对于金融防火墙问题，作者认为金融防火墙虽然是风险管理中不失为有效的方法，但是也不能将其绝对化，因为制度本是人制定的，所以法律的真空永远是存在的，而且法律规范也不可能包容一切，因此对于金融防火墙制度也有必要确立例外性的规则，如当金融集团内的某个公司成为其母公司的工具或化身时，母公司就不得以集团内部已设立有金融防火墙为其免责的事由。无论是在机构性监管框架下，或者是在功能性监管框架下，监管主体多元化现象总是存在的，如美国、英国等国的功能性监管体制便是一个很好的说明，而且在金融业务的全球化、金融机构设置的跨国化等态势下，不同国家之间在监管方面的合作与协调也成为了一种必然，金融企业集团现象便使该问题更加突出。

此外，集团内部的治理也是风险监管中不可或缺的一环。因此，在第五章中，笔者分析了集团协调员监管法律制度与适宜性监管规则。该章主要剖析了以下两个方面的问题：金融企业集团的协调员制度、对集团的适宜性监管。

监管从本质上说就是信息的监管，因为有效信息的占有与获取是有效监管的核心。尽管如此，还存在一个要解决的难题，即如何对金融监管信息进行界定，如果其范围过于宽泛，则可能导致被监管者守法成本的增加及监管的可能失灵，因为大量的信息有可能令监管者无法对其进行准确的决策。若其范围过于狭窄，则又可能导致监管者信息获取权受阻及监管决策的无基础性。因此，有必要对监管信息进行界定，并从国内与国际两个视角对信息监管问题进行探讨。鉴于此，在第六章中，作者对集团信息性法律监管进行了设想。本章主要有以下几个方面的内容：信息与金融监管法之关联、欧盟对集团信息的法律监管、巴塞尔银行监管委员会与信息性监管、联合论坛《信息分享监管框架文件》和《信息监管分享原则文件》。

客观而言，本书研究的中心还是在于能对我国的金融监管法律制度的重塑与矫正提供一定的思路。就我国目前的金融诸行业的经营体制与监管法律框架而言，还是采取的分业经营、分业管理的法律架构。随着我国金融业的发展，根据央行、证监会与保监会等发布的规章，我国已开始出现了资本市场与货币市场的对接现象，如股票质押贷款、同业拆借市场的放开等，而且我国也出现了诸如“平安集团”、“光大集团”等一些金融集团。这些新的变化必然对我国金融法律制度的废、改、立等产生影响，如央行等发布的规章(从法学理论说，这显然与《商业银行法》、《证券法》及《保险法》等相悖)、我国金融监管法律体制的重构、我国分业经营法律制度的何处去、我国应如何确立资本充足监管的法律制度及我国信息披露法律制度的创新等问题。无论是从国际或国内的视角出发，在金融自由化与跨国化的情势下，这些研究与探讨都存在着必要性与现实性。基于上述的理由，在第七章（对中国的若干启示）中，笔者对以下问题进行了回顾与分析：对我国金融分业经营法律制度的实证分析、对我国金融监管法律框架构建的思考、对我国资本充足法律监管的反思与建议、对我国信息披露法律问题的思考等。

第一章 导论：金融企业集团界定及监管必要性之辩证分析

第一节 金融企业集团之界定

金融企业集团作为金融自由化发展进行中的高级形式，其形成及其所产生的证券业、银行业及保险业等的业务交叉已越来越受到所涉行业部门的关注，特别是金融的立法者与实务性的金融业监管部门的关注。根据“同样的业务、同样的风险、同样的规则”的金融监管原理，对金融企业集团的监管进行理论上的探讨与实践上的创新已成为必然，因为尽管金融企业集团具有一些自身的比较优势，如经营的规模化、利润获取的多元化及集团内部一定资源的共享等，但是这种经济组织形式毕竟是相对超越了目前金融监管法律制度的产物，所以从法与其所调整的社会关系之间动态关联角度考察，对目前的金融监管法律体系进行辩证的检讨与反思亦是必然。

基于上述原因，为了对如何配置与金融企业集团相适的金融监管法律体系，或者说是如何进行规则的矫正提供理性的答案。笔者以为，在分析所涉的潜在风险及进行相关监管模式设计之前，必须从金融的层面与法律的角度对金融企业集团进行准确的界定，可以说这是对其进行监管探讨的前提与基础。

一、集团的界定①

集团可以界定为一组公司或法律实体的联合，其构成一个经济联合体，并处于以相互协调为基础的控制之下。在该集团中，处于核心地位的公司对集团内的其他成员具有决定性的或支配性的控制权，或能对集团内的其他成员施加重要影响。

客观地说，对于集团的界定还远未达到统一的程度，如1990年的《荷兰民法典》基于以下标准对集团进行界定：其一是集团为多个公司所形成的一个经济实体，且在共同管理之下进行经营；其二是集团内部的联系是以多数参股为基础，但是若少数参股得到特别权利或特别协议的加强，该少数参股亦可以导致集团的成立。1988年挪威的《金融服务法》（Fiancail Services Act）对集团(group）进行了解释，其大意如下：若某一股份公司对另一公司拥有代表其大多数股权的权益，则前者将被视为母公司，后者为子公司。若该公司在上述相同情形下，对另一公司又拥有大多数股东权益，则该另一公司亦为该母公司的子公司。而且，若某股份公司作为股东权益的所有人，或基于协议的安排能对另一公司施加重要影响或能实质性地参与其运营，则该前一公司亦将被视为后者的母公

① 在英文中，集团有两种说法。其一是 group；其二是 conglomerate。有的学者认为后者具有否定的意义，对使用 financial conglomerate 这一术语持否定的态度，他们认为这一表述易引起误解，因为在经济学中该术语是与企业集团（industrial conglomerate）相联系，而且就目前来说这一表述在德国也不为人所知。该术语给人的感觉是诸多并无实际联系的事物所形成的一种无组织的框架。因此，有人建议用 group 来替代 conglomerate，但是从联合论坛及欧盟所发布的相关法律文件来考察，其更多地使用 conglomerate 这个词。比如在由巴塞尔银行监管委员会、国际证券业监管者组织及国际保险业监管者组织三方组成的联合论坛于1999年所发布的关于金融企业集团监管的最终文件中，便采用了 conglomerate。欧盟在其2001年4月26日发布的金融企业集团补充监管指令建议案中也使用的是这个词语。作者认为这两个词并无本质上的差别，但是从一般的习惯出发还是以使用 conglomerate 为宜。

司。在这些情况下，母公司与其子公司一起构成公司集团（company group）。

欧盟 2001 年《金融企业集团监管指令建议案》① 第 2 条第 11 款将其界定为两个或两个以上相互之间存在紧密联系的自然人或法人。其中，紧密联系指 92/49/EEC 指令②第 1 条第 1 款，92/96/EEC③ 指令第 1 条 M 款，93/22/EEC 指令④ 第 1 条第 15 款及 2000/12/EEC 指令第 1 条第 26 款所指的紧密联系，且包括以下情势：

其一，据监管当局的看法，一个或一个以上的法人能够有效地对另外一人施加主导性影响；

其二，据 78/660/EEC 理事会指令第 17 条第 1 款的规定，通过参股而联系的情势；

其三，根据 83/249/EEC 指令第 12 条第 1 款之规定，通过关联而发生联系的情势。

---

① 实际上，在该法出台以前，为了审慎监管的目的，欧盟已出台了一些对金融集团进行监管的指令，如《关于对信用机构实行并表监管的 92/30/EEC 指令》（并表指令）及《关于对投资公司及信用机构资本充足率的 93/6/EEC 指令》及《关于对保险集团中的保险企业实行补充监管的 98/78/EEC 指令》，但是这些指令主要是针对同质性的金融集团的，而且其对金融集团的涵盖不足，各指令的规定在内容上存在重叠与冲突的现象，所以欧盟于 2001 年 4 月 26 日出台了《金融企业集团监管建议案》对相关金融企业集团监管的法律进行了整合。

② 92/49/EEC 指令即《关于协调除人寿保险之外的直接保险的法律、法规和行政规章的指令》（92/49/EEC of 18 June 1992 on the coordination of laws, regulations and administrative provisions relating to direct insurance other than insurance）.

③ 92/96/EEC 即《关于协调直接人寿保险的法律、法规和行政规章的指令》（92/96/EEC of 10 November 1992 on the coordination of laws, regulations and administrative provisions relating to direct life insurance）。

④ 93/22/EEC 即《投资服务指令》。

二、企业集团

“企业集团”一词产生于日本，它的前身是日本的旧财阀集团。① 然而，对于企业集团并不存在一个统一的定义，如日本学者田一郎将其定义为：“以成员企业在技术及其他经济机能上相互结合的持续长久的经营结合形态与经济协作体制。”② 另一位日本学者金森久雄的界定为：“多数企业相互保持独立性，并互相持股。在融资关系、人员派遣、原材料供应、产品销售、制造技术等方面建立紧密关系而协调动作的企业集体。”我国著名经济学家厉以宁教授对我国企业集团也进行了一定的解释，其认为我国企业集团在发展初期表现为若干企业在同一地区、同一部门或跨地区、跨部门的经济联合体。这种联合可能主要用在生产领域内，即企业之间主要是实行产品的联合、技术的联合，彼此之间存在着多层次的协作关系。然而，这种联合也可能深入到所有权范围内，即企业之间通过资金渗透、联合，朝着相互参股和股份联合的方向发展，最终形成控股形式的母公司－子公司－孙公司系统。③ 从法律上看，也有对企业集团的界定，如德国的《股份法》便对康采恩作了如下的规定：“康采恩是多个具有独立法律地位的在支配企业统一管理之下的企业联合。”我国也存在对企业集团进行规定的法律，如1998年的《关于企业集团登记管理暂行规定》，该规定第4条将企业集团定义为以资本为主要联结纽带的母子公司为主体，以集团章程为共同行为规范的母公司、子公司、参股公司及其他成员企业或机构共同组成的具有一定规模的企业法人联合体。母公司应当是依法登记

① 熊波、王志强等：《金融控股公司理论与实践》，经济管理出版社2002年版，第5页。

② 柳随年、厉以宁主编：《现代公司运作全书》，光明日报出版社1993年版，第541页。

③ 参见厉以宁：《企业集团与整新竞争》，载《光明日报》1986年10月18日。

注册，取得企业法人资格的控股企业。子公司应当是母公司对其拥有全部股权或者控股权的企业法人，企业集团的其他成员应当是母公司对其参股或者与母子公司形成生产经营、协作经营的其他企业法人、事业单位法人或者社会团体法人。此外，与企业集团相关的规定主要是我国公司法对法人持股、母子公司的零星规定。我国证券法对上市公司收购的规定，可以被视为企业集团产生的一种方式。①

尽管对企业集团的定性存在上述不同的看法，但是从中我们仍可以抽象出以下共同的特征：

其一它是由若干独立企业组合的联合体。企业集团是由若干具有独立法律人格的实体所组成的功能单位。② 在学术界，对于集团本身是否具备法人资格问题已达成了共识，基本上结束了“集团法人资格”③ 或者“集团双重法律人格”之争论。

其二是它常以一家具有实力性的企业为核心。

其三是它通过股权控制等手段将若干企业联合在一起。

其四是构成此种企业联合体的目的在于实现生产经营的集中化管理、产生规模效应及提高整个集团的效益等。

三、金融企业集团之界定

从以上对企业集团的探讨，我们知道金融企业集团是属于企业

---

① 吴越：《德国康采恩法与我国企业集团法之比较》，载《法律科学》2001 年第 2 期。

② See Marcus Lutter: the Law of Groups of Companies in Europe, A Challenge for Jurisprudence, Forum International, Vol. 1. 1983.

③ 对于企业集团不具有法律人格问题，我国在此方面又有了很多的探讨，如赵旭东：《论企业集团法律问题》，载《法律科学》1989 年第 6 期；曾玉珊：《企业集团法律问题研究》，载《河北法学》1999 年第 6 期；吴越：《德国康采恩法与我国企业集团法之比较》，载《法律科学》2001 年第 2 期。

集团的范畴。① 正如同在企业集团的界定上没有达成一致性的观点一样，在对金融企业集团的界定上也存在多种定性。为了较好地把握金融企业集团的内核，可以从以下几个方面进行分析。

(一) 欧盟之观点

可以说在欧盟2001年金融企业集团监管指令建议案出台以前，欧盟内部对金融企业集团的界定呈现多元化的特点。这主要表现在以下几个方面：

1. 欧盟委员会的观点

在欧盟委员会的第一份相关金融企业集团的工作报告中，其对金融企业集团作了如下的定义：金融企业集团是由多个公司所组成的实体，其可以向公众提供一系列的完全金融性或金融与非金融性的服务。以此种方式所提供的金融产品具有非同类性，或者代表了受多个监管当局监管的金融业务活动，或两者兼而有之。当这些金融产品是由多个公司所组成的集团所提供时，这些公司因多数持股或能被施加有效控制而被紧密地联系在一起，其目的在于能进行共同的销售，并相互承担责任。若情况并非如此，但其金融产品是联合销售的，如具有同样的商标与代理协议等，从宽泛的角度而言，亦可以将其视为金融企业集团，若集团内部某一组成部分的金融风险间接地与其他实体相关。从整体而言，集团所提供金融服务的范围主要表现为互补性的产品与技术，或构成组成部分的公司之利益具有互补性。此种服务范围可以是同质性的（homogeneous)，或混

---

① 虽然作者认为从金融企业集团发展的历史进程来看，它属于企业集团的范畴，但是在我们试图对这一概念有更深入的了解时，也必须明确金融企业集团毕竟是一种新生事物，它与企业集团具有一定的相同属性时，也存在本质的不同。如金融企业集团比较注重内在的控制与被控制关系，所以从严格的意义上说，仅以协议形式所形成的松散性的合作集团并非严格意义上的金融企业集团，比如在三方联合论坛的诸多文件中，其大多都使用母子公司的表达方式来形容集团内部的关联。这一点在其《资本充足监管文件》中表现得非常明显。再者，金融企业集团也具有一般企业集团所缺乏的一种重要因素，即集团内不同组织所提供的服务之间的高度互补性。

合性的（mixed），或异质性的（heterogeneous）。①

2. 欧盟保险监管者工作组（the Working Group of Insurance Supervisors of the European Union）之观点

1992 年，欧盟保险监管者工作组采取分类式的界定方法。其界定主要涉及三个概念，即金融企业集团（financial conglomerates）、合并式企业集团（general conglomerate）与分立式金融企业集团（separate financial group）。其中金融企业集团指被明确界定的经济集团，其由信用机构、保险公司或投资机构等金融机构组成，并接受欧盟法的监管；合并式企业集团指处于共同管理之下的某一经济单位，但是金融机构在这其中并不占有主要的份额；分立式金融企业集团并不构成某一经济单位，但是金融机构之间存在紧密的附属性关系。②

3.2001 年《欧盟金融企业集团监管建议案》之规定

根据本指令建议案第 13 条之规定，金融企业集团指满足以下条件的集团：其业务活动主要为在金融领域内提供多种金融服务；其至少应包括一个受管制实体③，且该实体根据 73/239/EEC 指令第 6 条、93/22/EEC 指令第 3 条第 1 款或 2000/12/EC 指令第 4 条等的规定已获得许可；其至少应包括某一保险或重复保险企业，且至少其中另一实体从事某一不同的金融业务；条件 3 中所指的于金融业从事跨行业的金融活动是必不可少的。

（二）国际证券监管者组织（IOSCO）之观点

IOSCO 认为金融企业集团这一术语为处于共同所有权之下的任何一公司集团，在该集团中，无论是证券业务、银行业务、保险业务还是一些其他的金融服务在很大的意义上是由集团内的一个或多个公司所进行的。

---

① See E.C. - D.G.XV - 110/85.

② Lutgart Van Den Berghe, Financial Conglomerates-New Rules for New Players, Kluwer Academic Publishers (1995), pp. 18-19.

③ 受管制实体指信用机构、保险企业或投资公司等。

IOSCO所给的其他相关概念是附属性金融企业集团（para-financial conglomerate）与准金融企业集团（quasi-financial conglomerate）。前者指其金融业务活动在集团范围内能够产生极其深刻的影响，以致于有可能将其视为金融企业集团之集团；后者指至少包括处于监管之下的某一金融机构所构成的任一集团。

（三）三方联合论坛（the Joint Forum）之观点

1999年2月，巴塞尔委员会、国际证券监管者组织和国际保险监管协会联合发布了《多元化金融企业集团监管的最终文件》①，其第一次对多元化金融企业集团的监管提出了指导原则。② 在此文件中，其便对金融企业集团进行了界定，所谓金融企业集团是指由处于共同控制之下的两个或两个以上的法律实体组成的，全部或主要提供金融服务的集团。它具有以下两个主要特征：第一，它是由两个或两个以上的法律实体所组成的，这些实体处于集团的共同控制之下，并且通常受到两个或者两个以上监管者的监管；第二，它是全部或者主要提供金融服务的企业集团，即其所从事的业务主要是或者全部是金融业务，包括银行业务、证券业务和保险业务。③

（四）其他相关之观点

客观而言，在各国立法者对金融企业集团进行严格的法律界定之前，其纯粹是一个观点性的问题。为了针对金融企业集团的此种创新，作一定的监管理论上的探讨，诸多国家与学者都从学理上对其进行了细致的探索。比如：

学者Koguchi认为，就目前来看，对于金融企业集团的界定还没有达成共识，因此也就无统一的标准可言。实际上，金融企业集

---

① 2001年7月联合论坛又发布了《联合论坛文件概要》，在这其中其又对1999年2月的《多元化金融企业集团监管的最终文件》中的内容进行了进一步的重申与强调。

② 凌晓东：《多元化金融集团的监管：原则与方法——对〈多元化金融集团监管的最终文件〉评价》，载《国际金融研究》1999年第8期。

③ 李仁真：《金融企业集团的国际监管分析》，载《政治与法律》1999年第1期。

团这一术语是被用来特指通过股权相联系而形成的集团。该集团由数个全部提供金融服务或主要提供金融性质服务的公司组成。从宽泛的角度来说，金融企业集团是指这样的一个实体，该实体可以向公众提供广范围的完全金融性或金融性与非金融性的服务。以此种方式推销的产品必须在品种上存在差异性，或代表了受一个或一个以上监管机关监管的业务活动，或两者兼而有之。当这些产品是由数个公司所组成的集团所提供时，这些公司通过多数持股或有效控制而联系在一起，以便于其能进行共同的销售与责任共担。若情况并非如此，只要金融产品是共同销售，且集团内某一组成部分所承受的金融风险间接地涉及其他实体，则在该情况下金融企业集团的概念仍然适用。

美国学者 David H. Scott 认为金融企业集团是由通常受到不同监管机关监管的公司所形成的集团。就其结构而言，其存在着差异性。在实行全能银行制的国家，金融企业集团可以由银行与保险公司组成。银行可以拥有保险公司，保险公司可以拥有银行。在银行的业务范围受到限制的国家，集团可以包括证券公司、投资管理公司及其他可能的专业机构，如租赁公司等。从事跨国境业务的金融企业集团会涉及更多的监管者，且许多集团将包括在集团内处于上层或下层的从事商业或工业活动的公司。学者 Van Den Berghe 则认为金融企业集团是一个与企业集团相关的概念，该种集团由多个不同类型的金融机构组成。其所涉公司的差别通常与其监管规则相关，这些规则本身就是对集团成员公司各自核心业务有差异性较好的解释。尽管企业集团（conglomerate）这一术语最初反映的是一系列异质性的（heterogeneous）公司，但是在谈论金融机构时，我们就已经表明在这些异质性的公司各自的核心业务中就存在些互补性（complementarity）。①

① Lutgart Van Den Berghe & Lurt Verweire, Creating the Future with All Finance and Fiancial Conglomerates, Kluwer Academic Publishers (1998), pp. 6-7.

欧洲保险组织（Comite Europeen des Assurance）认为金融企业集团（group of financial undertakings）是由属于同一金融行业或不同的金融行业组成的集团。

荷兰央行与保险厅（DNB & VK）认为金融企业集团至少应有一家信用机构与一家在荷兰设立的保险公司，且其银行与保险业务必须在其全部业务中占主导地位，这两者之业务总和不得少于经过并表的资产负债表总额的50%。挪威1988年的《金融服务法》将金融集团（financial group）界定为：由两个或两个以上的公司所组成的集团，其中在该集团中至少应包括有一家符合本法第1～4条的且非母公司性的金融机构（此处的金融机构主要指银行、融资公司、抵押公司及保险公司等）。①

四、小结

可以断言，对金融企业集团的准确界定是确定有效的针对其监管的前提。然而，通过客观地对上述各国相关法律的规定及学者们的观点进行考察，就目前而言，对金融企业集团的界定还没有一个统一的概念。如日本学者就将企业集团分成两大类，即金融系企业集团与独立系企业集团。而这两类集团的差别主要在于：金融系企业集团完全以资本进行控制，独立系企业集团则不仅有资本上的联系，而且在生产技术、科研开发、供销等方面也相互结合；金融系企业集团中有若干个核心企业，其中既有大银行也有大工业与综合商社，其相互持股，无一个特定的中心，而独立系企业集团则采取以特定的重工业资本为顶点的金字塔形支配形态，常以一巨型产业公司为中心；金融系企业集团的经营范围几乎涉及各行业，而独立系企业集团主要集中于某一特定的产业或在技术上有密切联系的相关领域。从日本对企业集团的分类及其之间的差别来看，在各国金融情势、金融监管立法与金融业经营体制各异的情况下，要达成统

---

① Lutgart Van Den Berghe, Financial Conglomerates—New Rules for New Players, Kluwer Academic Publishers (1995), p. 38.

一的见解与认识也不是一种务实的态度，因为对金融企业集团的界定无疑会牵涉一国的金融监管体制及金融监管权的配置等法律制度。而且，各国本身就对金融机构这一基础性的概念存在着不一致的规定。比如，有的学者就认为对金融机构（financial institutions）这一术语的选择在很大程度上归因于对国际银行监管代表们所提出的金融企业集团监管的讨论。然而，巴塞尔银行监管委员会不仅包括欧洲的相关国家，也包括美国与日本，所以在考虑这一问题时，无疑美国的观点占优势，但是美国的保险公司对其投资的界定从本质上而言是和欧洲的保险人所作的界定不同的。这主要表现如下：

依美国的概念，保险公司与欧盟信用机构相似，皆为金融机构。其投资业务是保险公司的主要业务，且该主要保险业务的惟一目的即在于实现利益的最大化。然而依据欧盟的概念，保险公司的投资目的是为保险业服务，而投资是预付保险费及从事储蓄业务的结果。基于此，它们认为用金融机构这一术语来描述欧盟的保险公司是不合适的。而且，其业务也不等同于银行与投资公司所从事的业务。

笔者认为在金融企业集团界定各异的情况下，尽管达成共识是很困难的，但是我们仍可以从中抽象出一些共有的特征，因为金融企业集团毕竟是依据其内部成员之间的控制与被控制、支配与被支配及影响与被影响关系而形成的，所以在界定时，上述因素的考虑是必不可少的。在这一点上，我们可以借鉴欧盟金融监管立法上的规定，如其2000年的《欧洲议会与理事会关于信用机构设立与经营的指令》与2001年《金融企业集团监管指令建议案》等便对母公司（parent undertaking）、子公司（subsidiary）、控制（control）、参股权益（participatin interest）、参股（participation）及紧密联系（close links）等进行具体的解释。如建议案第2条第10款将母公司界定为：83/349/EEC理事会指令第1条所指的企业，及根据监管当局的观点能有效地对另外一企业施加主导性影响的公司。除此之外，作者亦认为，无论是在对金融企业集团监管立法或对其进行学术探讨之中都必须从经济的与法律的角度对这一新生的概念进行思考，因为金融企业集团从本质上而言，是市场经济的产物，这种经济组织形式产生的出发点在于经济效益，其最终的目的也在于实现整个集团利益的极大化。同时，从法律的层面来分析，金融企业集团是通过股权等控制关系而结合在一起的，这种复杂的控制关系及因各种控制关系而产生的集团内部经济目标的一体化就必然对传统的公司法、竞争法、银行法、证券法与保险法等产生巨大的冲击。关于这些问题，我们也可以从上述的观点讨论中得到引证。如在欧盟 2001 年对金融企业集团监管的立法出台之前，其便发现在对金融企业集团进行界定时存在着一个难题，即在界定时必须对集团服务的目的进行说明。依据欧盟委员会的观点，在这方面最重要的领域是防止同一笔资本的多重计算（double gearing)。因此，其建议将金融企业集团界定限于由适用防止资本多重计算规则的企业所形成的集团。总而言之，笔者认为，在界定金融企业集团时应考虑到以下几点因素：

其一，金融企业集团是企业集团的一种特殊的表现形式，属于关联企业的范畴。因此，在理解该概念时，我们可以将其与企业集团或关联企业进行比较与分析。

其二，集团内部所存在的控制机制，是采取直接的持股还是采取其他间接而有效的控制方式。这是确定对组成金融企业集团各成员是否进行监管所须考虑的前提性问题。

其三，金融业务比率的确定问题。比如，若一集团中金融业务的比率在其集团内的资产负债表中所占的百分比仅为一小部分，比如说只有 10%或更少，那么该集团是否也应被定性为金融企业集团而将被纳入监管的范畴，这是立法者依据其本国的特定的金融形势所应深思的问题。

其四，同质性的金融机构所构成的集团是否也应被视为金融企业集团，是金融监管者所必须考虑的，因为同质性的集团，比如说由多个银行机构所组成的集团只涉及单个的监管者，所以对其监管相对来说较简单，只需依据特定金融行业的监管规则实行单一性监管就可以了。那么，在确定金融企业集团时是否有必要将这种同质性的金融集团排除在本书所探讨的金融企业集团之外，这也是立法者所必须明确的问题。

其五，从严格的法律意义上来说，金融企业集团并非一个法律上的术语，也不具有独立的法律人格，而只是该集团内的各实体具有独立的法律人格。尽管如此，随着金融关系的发展，金融企业集团这一概念已开始步入法律的舞台，如欧盟便于2001年专门发布了《对金融企业集团监管指令的建议案》，由巴塞尔银行监管委员会所倡导的三方联合论坛也于1999年2月出台了对金融企业集团监管的最终文件。

其六，在界定时，要注意金融企业集团与一般企业集团之间的差别，以免产生误导性。从实质上来说，金融企业集团是原企业集团的衍生与发展，这两者之间是一种包容与被包容的关系。

第二节　金融企业集团控制因素分析与类别

金融企业集团是凭借一系列复杂的控制方式而紧密地或较松散地联系在一起的。因此，为了较好地设计对金融企业集团的法律监管框架，有必要对其内在的控制与被控制的纽带进行一定深入的分析，这也是探讨对其监管的前提性要素。一般来说，金融企业集团主要是通过下列方式进行联系的，即基于投资性的参股、间接性的参股、基于所有权的控制与出于经济利益上的法律整合。以下，作者将对上述的控制因素进行一定的探讨。

一、投资性的参股①

从严格的法律意义上来讲，金融企业集团涉及一系列与公司相

① 资产联系纽带是形成金融企业集团等关联企业的一种主要方式，而资产上的联系又主要体现为股权参与，从而在企业之间形成控股、参股关系。如此，控股公司就可以凭借股权参与被控股公司的运营。一般来说，一公司通过多数持股即可达到控制其他公司的意图。

关的法律框架。在分析这一定义时，第一个必须解决的问题是，在何种程度上，某个公司在另一个公司所拥有的权益可以将后者视做子公司的标准。换言之，在这二者因持股关系而被定性为集团公司之前，其在该另一公司所占的资本份额究竟应有多大的问题。实际上，对于这一问题并无统一的答案。不同类型的监管性规定运用不同的界定标准。在此方面的具体解释如下：

(一) 适格持股（qualifying holding）及重大影响（significant influence）之界定

在金融企业集团的立法方面，欧盟算是走在前列的，所以在此以其为例作一说明。早在其2001年4月26日发布《金融企业集团监管建议案》之前，其诸多指令已涉及适格持股的问题。比如，其涉及金融机构服务自由化的89/646/EC、92/49/EC、92/96/EC、93/22/EC及2000/12/EC指令将适格持股界定为直接或间接地至少持股10%或有10%的投票权，若其能对所涉企业的管理施加影响。

此外，在全部回顾了金融企业集团的国内立法后，欧洲保险业组织（CEA）的分析结果却令人感到困惑。比如，根据比利时1975年的保险法，适格性的持股指拥有不少于10%的股份或投票权。而在德国则相反，适格性的持股是指足以阻止公司的某些决策的参股，其至少不得少于25%。一般地说，若一个公司对另一公司拥有不少于20%的投票权，则该公司将被认为可以施加重大影响。

(二) 对参股的界定

客观地说，对于参股的定义是确定这一问题的关键所在。因此，在各国的相关金融企业集团的立法中，从理性出发其必须对参股进行相应的解释。在此，仍以欧盟对金融企业集团的立法历程为例，对其进行相应的说明。

欧盟的税收立法对该问题进行了粗略的界定，其认为参股即为最少拥有股权、某些形式的长久性关联及影响的综合，然而其对于参股与投资之间并没有进行明确的区分。就欧盟成员国内部来说，荷兰对公司税收的管制立法将其界定为至少应持有另一家公司 5% 的实收资本。然而，为了防止从参股豁免规则中受益，其又规定不得为了纯粹的投资目的而拥有股权。除此之外，其又规定具有纯粹投资目的而持有超过 25% 的股权可以被视为参股，并从其豁免规则中受益。

为了会计计算的目的，亦有必要在参股与投资之间进行区别。一般来说，前者被视为固定的金融资产，而后者则不具有固定的特征，而被视为流动资产。

此外，也存在一种法律上的假设，即若某公司直接或间接地持有另一公司 20% 的资本，则认为存在参股现象。否则相反。实际上，这也符合 1978 年 78/660/EEC 指令的规定，该指令将最低性的持股设定在 20%。同样，《国际商业信贷银行指令》（BCCI 指令）也规定，参股指直接或间接地拥有某一企业 20% 的股权或投票权。2000 年的《欧洲议会与理事会关于信用机构设立与经营的指令》第 1 条第 9 款将参股定义为：为并表监管之目的，参股指直接或间接持有另一企业 20% 的股权或投票权。后来，2001 年《金融企业集团监管指令建议案》则继承了这一规定，如其第 2 条第 10 款规定：参股指 78/660/EEC 理事会指令第 17 条所指的参股，或指直接或间接地拥有另一实体 20% 以上的投票权或资本。考察欧盟对金融企业集团的立法，其对参股的规定是渐进性发展的，如在 1983 年，其对欧盟信用机构的并表监管便提到了参股，即某一公司直接或间接地持有另一机构 25% 以上的资本。① 在其第七公司账目指令中，该并表监管的最低标准从 25% 减少到了 20% 的资本或投票权，且并表的方法将因参股的类型而改变。② 其具体表现如下：

若超过 50%，将对其进行充分的并表性监管；

若持有额不超过 50%，但能实行有效的控制，则可以对其进

① 具体内容参阅 OJEC83/350/EC 的相关规定。

② 参阅 OJEC92/30/EEC 指令关于信用机构并表的规定。

行充分的并表或比例性的并表监管，但前者具有优先性；

若持有额度不超过50%，且又不能实施有效的控制，则可以达成协议以实行比例性的并表监管。

（三）小结

对另一公司的持股是直接控制该公司的最佳方法，同时这也是金融企业集团得以形成，并构成母公司对其属下的诸多子公司进行控制或施加有效影响的最可行的方式。然而，金融监管者所应考虑的是，一公司对另一公司的参股控制应达到何种临界点其才可以被纳入法律所规定的金融企业集团的范畴。客观说，此种控制临界点的认定是确定并表监管的前提。在一定程度上，它也在一定层面上决定着金融企业集团的内涵与外延。对于在以参股为基础而确定控制的临界点问题，笔者以为不管立法者在立法中是采取50%或20%的标准，该拟设定的临界点都应符合以下的条件：

其一是因持股而达到临界点的公司必须能对其所控股的公司施加有效的控制或施加重要影响。

其二是临界点的设定应有一个弹性的空间，而不能采取硬性的规定，如20%或50%，问题的关键在于持股公司在被持股的公司内是否享有有效的发言权。因此，从这一点来说，即使一公司对另一公司的持股额仅有10%①，或更少，但若在该种情况下，其仍能对另一公司施行有效的控制，该临界点还是有效可行的，那么因该种持股而形成的公司集团仍可以归入金融企业集团之列。

其三是笔者以为对于投资与参股（investment and participation）问题没必要进行细致的区分，因为不管是从纯粹的投资以获取利益

① 一般来说，金融企业集团主要是由银行、证券公司、保险公司、信托投资公司等被管制实体所组成，但是在一定的情况下若某一非金融性的公司通过参股等方式而取得了对银行、证券公司等公司的控制权，且该公司集团的金融业务比率在公司集团的总的资产负债表中达到一定的额度，那么它也可以被称为金融企业集团，如我国的山东电力集团。基于此，作者在此采用了宽泛的公司的概念。

极大化为出发点，或是基于对另一公司之控制的目的，这两者在实质上并无多大的差异。比如，就纯粹的投资而言，即使投资者在投资时并无控制之目的，但是当其对另一公司的投资达到上述所讨论的临界点时，金融监管者无疑应将其纳入金融企业集团监管的范畴，同时对其实施诸如并表监管等有针对性的监管方法。而且从宏观上来说，持股本就是投资的一种表现形式。

二、直接与间接参股的比较

（一）实例分析

在界定金融企业集团成员时，另一个与此相关的问题是：若所作的分析是基于直接的参股，那么在何种程度上考虑一些间接性的控制关系，如通过集团间的相互持股。在实践中，若此种间接的控制关系必须被加以考虑，那么在何种程度上及采取何种方法对此种间接性的参股进行计算，这是金融企业集团的立法者们在立法时必须深思的问题。另外，在此种情况下，纯粹的数学上的计算方法是否可行，为了澄清这一问题，我们可作以下的分析：

设A公司在B与C公司中持有40%的股权，我们可作以下的诸种假想：

若在此适用多数持股的标准，及计算只限于直接参股，则A、B、C三公司都不能被归入金融企业集团之中；

若相反，将此种间接的持股也考虑在内，则A与C可以形成集团，只要其全部的参股是40%＋40%×40%或56%的标准，但在该种情况下从这些数据看，A公司是否能控制C与B公司还不是很清楚，所以有必要在参股与控制之间进行区别。

设A公司拥有B公司80%的股份，而B公司拥有C公司60%的股份，则可以作以下的分析：

在所有的情况下，这三家公司可以形成一个集团，且A公司为B与C公司的母公司，即使A公司仅非直接地持有C公司48%的股权。

（二）结论

间接控制是在界定金融企业集团时必须加以考虑的因素，因为从整个集团的内部控制与被控制的机制来看，一般而言，整个集团的母公司是不会采取一刀切式的直接控制方式的，因为此种控制的方式成本可能太高，所以间接控制便成了母公司控制其他子公司的一种较经济的方式，其产生的直接结果是整个集团内部一种母公司、子公司、孙公司及重孙公司之间的相互控制关系，而母公司在此种关系之中便处于金字塔的最顶端。笔者认为，在思考此种间接参股而形成的控制关联时，所应考虑的核心问题在于此种控制的有效性、重要性与可行性。在此种递进式的控制关系中，若某个金融机构或某个非金融性的公司因为凭借其参股而控制了另一金融性的或非金融性的公司，而该另一公司又通过直接或间接的方式控制了一个或一个以上的其他公司，那么在该集团中处于最上游的母公司能对整个集团的其他公司在金融产品的销售、经营管理及责任的分担等方面施加实质性影响时，则该集团就应作为金融企业集团而被纳入并表监管的范围。因此，有效控制说是认定金融企业集团的关键所在。

三、所有者权益与控制的法律分析

依据公司的法律结构、其股票的类型、股权的分散性及重要股东之间的辛迪加协议的存在，另一公司所拥有的股份的百分比还不能完全解决这些公司能否被看做集团的问题，这一点是很明显的。换言之，实质性的持股或甚至是小额的持股亦可能导致拥有大多数的投票权或处于控制的地位。基于控制的标准来衡量集团的结构要比基于股权的参股来界定难以分析得多。①

客观地分析，在各种控制手段中，全部或多数持股仍然是行使控制的一种最重要的方式。母公司在子公司中持有的股份的比例越

① 根据《国际商业信贷银行指令》的规定，控制意指母公司与子公司之间的关系或任何自然人或法人与某企业之间的相类似的关系。

高，就越能控制这家子公司的活动。通过全部或多数持股，母公司能随时控制子公司。① 然而，除通过参股外，这种控制方式是各种各样的，比如建立特别的投票程序，使某公司对另一公司的某些重大事项有否决权，如将股份划分为不同种类，或者附之以某种权利，从而让该公司对另一公司持有有权任免董事会多数成员的股份。这样在控制与被控制的公司之间也可以形成集团，因为在商业意义上，如果一公司享有任命另一公司多数董事会成员而控制了其公司的董事会时，则该公司就被认为是另一公司的控股公司，而另一公司则被认为是该公司的子公司。② 再者，母公司也可以通过管理合同来行使控制，如德国公司法在其第三编中对关联企业进行了规定，其中对以企业合同方式组建关联企业的规定是该法的重点所在。该法对企业合同的定义、种类、签订、修改与终止以及对合同型关联企业的债权人与少数股东的保护作了规定。依据该法的规定，企业合同包括控制性合同、盈余转移合同、营业委托经营合同与营业租赁合同等。此外，在有许可协议的情况下，母公司也可以凭借合同的特别限制条款对其属下的子公司发号施令。因此，从这点来看，控制与所有者权益相比，前者是一个相对更复杂的问题。比如，比利时并表立法③ 认为，多数持股并非一个评估控制的准确的方法，因为有些股票是没有投票权的，然而有些其他的股票会产生多重的投票权。其认为在判定控制时，只有经济上的现实性，而非形式上的法律上的控制才能作为认定时的关键指标。因此，有效的控制（effective control）才是相关的惟一的评估方法，并且在形式上的法律控制与事实上的控制（formal legal control & factual

① 姚梅镇主编：《国际经济法概论》，武汉大学出版社 1999 年版，第 51 页。

② See Pennington, Company Law (4th Edition), Butterworth & Co. Ltd, 1979, p. 839.

③ KB 06.03.1990 (bs 27.03.1990, Changed by KB 30.12.1991 (BS 31.1991) and KB 03. 2. 1993 (BS 23. 12. 1993).

control）之间有必要进行区分：

若某公司拥有另一家公司的大多数投票权，或对大多数董事的提名与任免、对公司的经营策略与管理有决定性的影响，那么法律上的控制权（legal power of control）就存在；

若某企业在前两次股东会中代表了大多数投票权，那么即可认为不存在控制的法律基础，但是可以推定存在事实上的控制。

此外，亦有学者认为欧盟相关通过股权进行控制的规定是欠合理的，比如BCCI指令中所确定的拥有20%投票权的标准就是一种不正确的指标，因为真正起作用的是实质上的经济影响。

笔者认为，上述的观点是比较正确的，尽管就目前来说确定有效的控制方法还是通过持股的方式，但股票也是存在着不同的类别的，比如从总体上其可以分为普通股与优先股，而优先股的股东一般是不享有投票权的，但是股东恰恰是通过行使投票权来对其所持股的公司进行经营和管理的，那么在持有优先股的情况下其股东是不可能对所持股的公司进行有效的控制的。因此，从这一方面来说，股份的持有额也并非是决定有效控制的惟一因素。从实际出发，正如上述观点所主张的一样，在确定多个公司是否能构成集团时，真正的准则为是否能实行有效的控制，而非在于持股额的多少，因为正如前文所言，在集团内部的复杂体系中，控制的方式是多种多样的，而且，采取单行标准的立法也不多见，立法者一般是采取双重或多重的准则，如美国对银行控股公司的界定就具有这样的特点，银行控股公司是指这样的一类公司，它们直接或间接拥有或控制一家或多家银行25%的有投票权的股票，或控制该银行董事会的选举，并对银行经营管理决策有决定性影响。①

四、金融企业集团的表现形式

金融企业集团是通过多种内在的机制联系在一起的，就其联系

① Thomas P. Fitch, Dictionary of Banking Terms, Barron 's Education Series, Inc., p. 63 (1990).

的紧密程度来说，它也肯定随着控制的程度而变化，也存在着一定的紧密性与松散性。尽管如此，有效的控制检验标准还是存在的。考察金融企业集团的紧密程度，有的学者对其作了如下的划分：

(一) 紧密型

完全合并型的金融企业集团，在该种集团中，不同的业务活动被合并到一个法律实体中，这有点类似于德国的全能银行。全能银行下设数个业务部门分别从事银行、证券、保险等业务；

合并型金融企业集团，在该集团中设立有中国墙，从而将部分业务隔离开来，其目的在于防止利益冲突带来的风险；

另外一种紧密型的金融企业集团是其在法律上具有合并性的体制，但是业务分离，其目的在于保护某些功能的发挥，如附带有担保的存款或储蓄的合并性集团。

(二) 松散型

银行母公司型，该银行拥有非银行性的子公司。其子公司的业务是通过一个或多个独立的公司来展开的。

保险公司母公司型，该保险公司拥有一些金融子公司，比如荷兰即采用此种模式。另外，应注意的是，依据欧盟银行法的规定，欧盟内的金融企业集团中必须有一家保险企业的存在，而无论其是否处于母公司的地位。

银行于保险公司中的多数或少数参股型，反之亦然。

控股公司型，该公司拥有银行与非银行性的子公司，且其合并了许多重要的业务与功能，此种模式与美国的银行控股公司模式相似。另外，根据荷兰中央银行的规定，此种持股公司被称为混合控股公司（mixed holding company)。另外一种模式是该控股公司拥有银行与非银行性的子公司，但是其重要的业务并没有被合并。在此种情况下，集团更多的是投资控股而非为金融企业集团，比利时在很长时间以来一直依赖于此种模式。

合资企业模式，在此种情况下，不同行业的公司共同建立一个新的公司来提供联合的服务、创新性的混合产品或进行交叉销售。

协议型，在该种情况下，仅对销售与市场等问题达成共识，而不存在所有权上的联系。①

实际上，从以上的分类来看，其呈现出散乱、概念重复的特点。正因为如此，有些学者基于简单性的考虑，建议以集团法律上与运营上的整合性为基础进行区分。以此为出发点，金融企业集团可以划分为以下三大类：

其一是严格意义上的金融企业集团，该类集团的成员通过适当持股，及具有共同的战略与相互的责任而联系在一起；

其二是宽泛意义上的金融企业集团，该类集团的成员并非通过股权而结合在一起（即使有持股现象的存在，持股额也在20%以下），但是其成员之间使用共同商标或存在销售协议安排，以至于企业之间的风险通过间接的方式联系在一起，而且，在这方面所涉业务活动的合作具有持久性的特点；

其三是在经济上不具有统一性的金融企业集团，此类集团的成员不具有共同的战略，或其合作在根本上也不具有经营上的统一规划性。

（三）小结

金融企业集团的形成从其本质上来说还是不能脱离追求利益最大化的因素，其终极的目的即在于能够达到整合的目标，从而实现规模效应与协同效应，扩大市场份额，增加可以调配的资金。然而，这诸多目的的实现必须还有赖于整个集团的统一决策，而决策权最终源于集团内最上游公司的控制权。因此，沿着此种思路，作者认为在一般情况下，不管金融企业集团是松散型还是紧密型，其都必须达到能进行有效控制或施加重要影响的程度，否则，该集团就不能被称为金融企业集团，正如有的学者所认为的那样，此种类

① Lutgart Van Den Berghe, Financial Conglomerates-New Rules for New Players, Kluwer Academic Publishers (1995), p. 9. 实际上，在本书中，作者并没有采用紧密型与松散型的分类方法，但是鉴于该书基本上是依集团内部控制的强度而对金融企业集团的类型进行划分的，笔者便在此基础上对金融企业集团的类别进行了一定的区分。

型的公司只能定性为投资性的参股。然而，应注意的是，固然股权型的控制是最普通也是最有效的，但是若通过协议安排能达到实质而有效的控制的话，那么此种协议性的集团也应纳入金融企业集团之列。

此外，在具体涉及对金融企业集团进行分类时，作者并不赞成上述的分类方法与分类的结果。实际上，在对金融企业集团进行划分时，与前文对其界定的探讨相一致，在方法上应关注两个层次的问题：其一是金融企业集团的金融性，即在整个集团中，金融业务量的比率应占主导性，而不能仅从属性考虑；其二是金融企业集团内部母子公司之间的控制关系的特点。在具体的分类结果上，作者认为金融企业集团可以粗略地划分为两类，即控股公司型金融企业集团与全能银行型金融企业集团。而前者又可细分为金融机构母公司型金融企业集团（如由银行机构、证券公司、保险公司等金融机构控股所形成的金融企业集团）及非金融机构型金融企业集团。

第三节　相关概念辨析

一、同质性金融企业集团与异质性金融企业集团

集团是由两个或两个以上的公司等经济组织组成的一种结构形式，从这一点来分析，由同一行业的多个实体组成的组织也属于集团的范畴。因此，集团也存在同质性与异质性的区分。鉴于此，金融企业集团可以分为同质性的金融企业集团（homogeneous financial conglomerate）与异质性金融企业集团（heterogeneous financial conglomerate）两大类。前者是指由提供同一种金融服务的实体组成的集团，后者则是指其内部受管制实体主要从事银行、证券和保险业务中至少两种业务的集团，它又可以分为以银行业为主的金融企业集团、以证券业为主的金融业务集团和以保险业为主的金融企

业集团。①

实际上，作者认为从严格的意义上来考察，同质性的金融企业集团不能被归入金融业务自由化下的金融企业集团的范围，因为若某金融企业集团是属于同质性的，那么毋庸置疑金融监管者将依其所类属的行业性质在法律的授权范围内来决定监管权力的归属及所应适用的监管规则，比如若某个集团是由多个银行所组成的，那么毫无疑问将由中央银行依银行业监管规则对其进行监管。

与此同时，金融的监管者也应考虑另外一个层次上的问题，即若某个集团虽然从事两种或两种以上的跨行业的金融业务，比如A集团98%的业务为银行业务，另外2%的业务为证券与保险业务等，那么在此种情况下监管者是否仍应将该集团纳入跨行业监管的范畴呢？若答案是肯定的，则因监管的成本太高而不符合法律效益的原则。笔者认为，从法律的经济成本来考虑，监管者应以将其定性为同质性的金融企业集团为宜，因为业务比率份额极少的其他被监管实体的金融风险对整个集团的影响是微乎其微的，即使其滋生了金融风险，它也不会对整个集团的运作系统产生深远的冲击。在这一问题的处理上，欧盟的做法是值得借鉴的，如在其2001年《金融企业集团监管指令建议案》出台前的咨询文中，欧盟委员会建议考虑适用最低的标准（即10%、15%或20%）来确认某集团是否为金融企业集团。其此种建议是基于以下的思路：若将一个在另一不同金融行业的业务量占其全部业务量不足10%、15%或20%的集团包括在跨行业监管框架中，这无疑会增加监管者及这些集团内各实体的不必要的负担。就跨行业的业务比率达不到最低标准的集团而言，监管者将不以对异质金融企业集团所适用的资本充足规则、关联交易及风险集中监管规则来对该集团及其受管制实体进行监管评估。后来，欧盟委员会的这一建议被2001年《金融企业集团监管指令建议案》采纳，其第3条第2款作了如下的规定：

① 李仁真：《金融企业集团的国际监管分析》，载《政治与法律》1999年第1期。

根据指令第 2 条第 13 款 d 项之规定，为确定不同金融业内的业务是否重要，规模最小的金融行业的资产负债平衡表总额和集团内金融行业实体的综合性或总资产负债平衡表总额的平均比率，以每年度的账目为基础计算，及规模最小的金融行业的清偿力要求与集团内金融业实体的全部清偿力要求的比率应达到 10％以上。这表明欧盟采用了最低比率为 10％的标准来划分同质性与异质性的金融企业集团。

二、混合业务集团与金融企业集团

对金融企业集团的监管必须是充分而全面的，它必须确保所有符合要求的金融企业集团都不得规避应有的监管，特别是对那些介于金融企业集团与非金融集团之间的集团而言，这也是堵塞金融监管漏洞，防止出现监管真空的必然要求。混合业务集团的存在便对监管者提出了难题。那么何谓混合业务集团呢？欧盟委员会对其进行了如下的界定：

混合业务集团（mixed activity conglomerate）可以被解释为由多个实体组成的非金融集团之集团，依据欧盟的界定其至少应包括一受管制实体，且也包括某一从事保险业务的企业。同时，其至少应与另一金融行业的实体存在紧密联系。①

笔者认为，这种观点是值得进一步商榷与探讨的，因为混合业务集团在一定的条件下也可以成为金融企业集团而被归入跨金融行业监管的规则之中。作者认为，混合业务集团应定义为由某个非金融性的公司为母公司而构成的集团。如我国的山东电力公司，其为华夏银行第二大股东，为湘财证券第一大股东，并包括英大信托投资公司。因此，对于混合业务集团是否为金融企业集团应确立与由银行、证券及保险等金融公司为主导的金融企业集团不同的认定标准。

---

① 欧盟委员会的上述观点无疑与金融企业集团在实践中所表现出的种类与复杂性不吻合，所以其看法并没有被 2001 年的《金融企业集团监管指令建议案》采纳。

那么对此种集团应采取何种标准呢？作者认为欧盟所采用的金融业务最低比率标准是值得各国及国际金融监管者组织深思的。其2001年建议案采用了50%的最低比率额标准，该建议案第3条第1款规定：为了确定金融企业集团内的业务活动是否主要是根据本指令第2条第13款a项之规定从事提供金融服务，被管制及非被管制的金融实体的综合或总资产负债平衡表与金融集团作为一个整体的综合或总资产负债表的比率，以每年度的账目为基础，应超过50%。这就表明欧盟在确定金融企业集团时不考虑在集团内占主导地位的公司是否为金融性的公司或为非金融性的公司，其考察与衡量的核心在于金融业务比率在整个集团中的占有额。若其达到预先所设定的最低限额，其该集团应作为金融企业集团而被并入跨行业监管的范围。否则，则依行业监管指令进行监管。

三、银行控股公司与金融控股公司

（一）控股公司

在探讨诸多与本论题相关的控股公司（holding company）之前有必要对控股公司进行必要的说明。控股公司依其存在的时期及地点不同，其机能和形态会有所差异，而其解释的方法又常常因为研究的目的不同而异，① 比如美国公司法学者 Robert W. Hamilton，将控股公司定性为持有大多数股票的公司，而控股公司除了持有股份外，并不经营其他业务。② 德国企业形态论专家 R. Liefmann，则将控股公司定义为以持有其他公司股份证券为基础，发行自身的证券来进行证券代位之企业。③ 1997年修正前的日本独占禁止法

① Cynthia Van Hulle, On the Nature of European Holding Company, International Law Review of Law and Economics, 1998, p. 225.

② Robert Hamilton, supra note at 571.

③ 所谓证券代位是指公司发行自己的证券、公司债，并非为了创造自己实有的资本，而是为了取得其他企业的证券。转引自王文宇：《金融控股公司法制之研究》，载《台大法学论丛》第33卷第3期。

第9条，将控股公司定义为：以持有股份支配日本国内公司事业活动为主要事业之公司，然而在1997年修正后则将控股公司定义为：持有子公司股份的价额合计占总资产超过50%之公司。而我国台湾“公司法”第369条第1～3款规定，“公司法”所称控制公司为关系企业表现形式之一，系独立存在而相互间具有下列关系之企业中具备控制从属公司力量之公司。

其一是当然具有控制与从属关系之公司，这主要包括以下两种形式：公司持有其他公司有表决权之股份或出资额，超过其他公司已发行有表决权之股份总数资本额半数者为控制公司，该其他公司为从属公司；公司直接或间接控制其他公司之人事、财务或业务经营者亦为控制公司，该其他公司为从属公司。

其二是推定具有控制与从属关系之公司。在以下情况存在时，即可推定为控制与从属关系：公司与其他公司之执行业务股东或董事有半数以上相同者；公司与其他公司之发行有表决权之股份总数或资本总额有半数以上为相同之股东持有或出资者。

从以上分析可知，尽管学者们对于控股公司的定义并不能达成共识，且各国或地区的规定也不同，但是对于确定控股公司还是存在着一些共同的标准的，其惟一的差异性就在于标准的宽严而已。比如在学者们的观点及相关立法中，他们都采用控制说与从属说的观点，而控制的标准又大多以持有另一公司一定比例的有表决权的股份为准，但除了此标准外，亦将其他的控制因素加以考虑，如我国台湾地区即是这样的。因此，在确定控股公司时，其终极的认定标准是有效控制说。这一点与前面所述的金融企业集团的认定标准相符。

（二）银行控股公司

银行控股公司（Banking Holding Company）与金融企业集团存在什么样的联系呢？在金融业务综合化的情形下，金融监管者是否也应依据对金融企业集团的监管规则来监管银行控股公司呢？在回答该问题前，必须对银行控股公司进行较深入的剖析。

依美国银行控股公司法第2条a款的规定，所谓银行控股公司是指任何银行具有控制权，或对依据本法业已成立或即将成立之银行控股公司具有控制权之公司。① 在下列情形下，应认为该公司对一银行或一公司具有控制权：

其一，该公司直接或间接② 经由一人或多人而拥有、控制或具有该银行或公司之具有投票权股25%以上。

其二，该公司以任何方式控制该银行或公司之大多数董事或受托人之人选。

其三，经美国联邦储备理事会以书面通知及听证后认定该公司对该银行或公司之管理政策，直接或间接具有影响力者。

然而，若存在有以下几种情形，则一公司不能被称之为银行控股公司：若某公司因承销发行证券取得股份之所有权或控制权，且仅在相当程度时期内持有，以供其日后在合理的基础上销售，则不得视该公司为银行控股公司；任何银行或公司因信托关系而控制股份，从而有或控制该银行之投票权之股份，则在一般的情况下，不得将其视为银行控股公司；公司依据善意之合约记载，因债务之担保或借款之收回等关系，而取得股份所有权或控制权，则自取得股份这日起两年内，该公司不得被视为银行控股公司；根据联邦存款保险法已参加存款保险之信托公司及相互银行，不得因其对同一州之其他银行直接或间接有所有权或控制权，而被视为银行控股公司等。③

---

① See Covington & Burling, Financial Modernization: The Gramm-Leach-Bliley Act Summary, American Bankers Association, 1996, pp. 6-8.

② 原美国银行控股公司法第 2 条 g 款对以间接形式拥有或控制一家银行或公司进行了解释，其包括以下两种情形：一是银行子公司之任一子公司所拥有或控制之股份，应也视为系银行控股公司直接或间接所拥有或控制之股份；二是为了一公司或一公司之股东或会员或一公司之雇用人员的利益，而受托人直接或间接拥有或控制之股份，应视为该公司所控制。

③ 具体内容参见美国银行控股公司法第 2 条 d 款的规定。另外，在此笔者亦打算说明的是，根据美国银行控股公司法的规定，其银行控股公司可以分成为单一银行控股公司（one-bank holding company）与多个银行控股公司（multi-bank holding company）。

银行控股公司是在美国 1999 年《金融服务现代化法》生效以前的一种比较常见的公司经营模式。该模式从其本质来说属于一种金融创新，其产生的根本目的在于突破美国以前所存在的格拉斯-斯蒂格尔墙，从而在一定程度上达到银行以间接的方式实现扩大业务范围的目的。根据原美国银行控股公司法的规定，银行控股公司可获准在其他行业中设立与银行业务有“密切联系”的子公司，如财务公司、信用卡公司、证券经纪人贴现公司等。[①] 后来，为了使与银行业务密切相关的业务具体化，美联储颁布了 Y 条例，其列举了众多被认为是与银行业务相关的业务，如各种信用业务、租赁业务、信托业务、向房地产信托公司或投资公司提供有关投资或财务的咨询、产权或债权投资等。[②] 因此，从实然的角度而言，银行控股公司的业务范围已以间接的方式在法律所设定的金融防火墙的体制下涉及了多个金融行业。而且多个公司都处于银行控股公司的直接或间接的控制或影响下，所以由银行控股公司主导所构成的集团应也属于本书所论及的金融企业集团的范畴，所以在对其的监管方式上应与单独对银行的监管有所不同。

（三）金融控股公司

金融控股公司（Financial Holding Company）为银行或投资控股公司等发展进程中的高级形式，我国台湾地区的“金融控股公司法”第 4 条第 1～2 款就对其作了如下的定义：金融控股公司为对一银行、保险公司或证券公司有控制性控股，并依本法所设立的公司。其中控制性控股指持有一银行、保险公司或证券商已发行有表决权股份总数或资本总额超过 25%，或直接、间接选任或指派一银行、保险公司或证券商过半数之董事。在美国的《金融服务现代化法》生效之后，金融控股公司成为美国开放金融业跨行业经营方式，在一定的条件下前文所述的银行控股公司可转变为金融控股公司，而金融控股公司突破以往银行控股公司不得兼营其他金融业务

---

① ［美］托马斯·梅耶等：《货币、银行与经济》，上海人民出版社 1994 年版，第 62 页。

② 陈小敏等著：《美国银行法》，法律出版社 2000 年版，第 71～72 页。

之限制，可经营一系列的金融业务。比如根据其《金融服务现代化法》的规定，可以在银行控股公司的基础上建立金融控股公司，该全能性的公司几乎可以提供全方位的金融服务，只要金融控股公司的董事会认为其所推销的产品符合以下两个条件：

其一是业务具有金融性质或等同于金融活动；

其二是作为金融业务活动的补充，并且其不会给整个金融体系或存款机构的安全带来实质性的风险，那么金融控股公司不仅本身能从事这些金融业务，而且它也可以决定收购或持有从事各种金融业务的公司的股权。

另外，该法也对金融性质一词进行了合理的界定，其要求美联储在确定某业务是否具有金融性质时，应考虑以下4方面的因素：本法与银行控股公司法定的目的、提供金融服务所依赖之科技手段的变化或可能变化、金融控股公司所引起的市场变化或可能引起的市场变化、该项业务是否为进行有效竞争或提供金融服务所必需或适宜。①

通过以上分析，可知金融控股公司是银行控股公司的高级形态。若要对其下个定义，笔者以为，金融控股公司即为以金融公司为主导的、能对其他公司施加重要影响或进行有效控制，并从事金融性或与金融业务密切相关的业务的一种控股公司。实际上，银行控股公司与金融控股公司均为控股公司的下位概念，两者的主要差异在于，美国原先的银行控股公司原则上不得从事跨行业的金融业务，它是分业经营与分业管理的产物。而在1996年11月美国《金融服务现代化法》通过后，则其可以在满足一定条件的情况下②

① 陈炜恒：《美国金融改革法评价》，载《金融法苑》2000年第2期。

② 据《金融服务现代化法》的规定，这些先决条件有三：一是依现行监管体制，该银行控股公司的所有下属存款机构达到资本充足和管理健全的标准；二是银行控股公司已向美联储提出成为金融控股公司的申请，且同时提交有关下属存款机构已达到资本充足与管理健全的要求；三是金融控股公司或其他存款机构在最近根据1977年《社区再投资法》所进行的检查中达到满意的等级。否则，美联储也不得允许其从事任何新的金融业务活动。

转化为金融控股公司。①

那么金融控股公司与金融企业集团又有何关联呢？我认为，金融控股公司是对其他公司具有控制权的公司，从法律上来说，其只是一个独立的法律主体，与受其控制的公司一起构成一个公司集团，所以它只能是金融企业集团的一个构成单位。再者，金融控股公司是一种公司形态，具有独立的法律人格。然而，从法律上看，金融企业集团却不全然如此，因为只有集团中的各个实体才具有独立的法律人格。

四、全能银行

全能银行（universal banking）又称为综合银行或百货银行，一般指银行可以提供全方位的一系列金融服务，无须因业务性质或期间之不同，分别设立不同机构经营之。全能银行起源于荷兰，而以欧洲的德国发展最为成功，而且世界各国不同之银行体制中，德国向来为全能银行制度之代表。

在对全能银行的理解上，其存在着狭义与广义上的分类。狭义的全能银行即指不采用银行所设立子公司的形式而通过银行下设的证券、保险、信托等业务部门直接从事金融业务的一种组织形态，所以从这一点来看在该种体制中只存在一个法律实体，即全能银行公司，而其他下设的部门只是该银行的一个业务机构，其并不具有独立的法律地位。

广义的全能银行为全部银行跨业经营的模式，其包括以下三种模式：一是银行自身兼营其他金融业务；二是以银行设立子公司的形式跨行业经营其他金融服务；三是以控股公司方式从事跨业兼营。亦有学者着眼上述三种形式之不同而对其进行了区分，其将控股公司模式与全能银行加以区别，认为若全能银行以控股公司形态

---

① See Generally Howell Jackson, Regulation of Financial Holding Companies, in the Palgrave Dictionary of Economics and the Law (Peter Newman ed.), 1998.

经营诸多金融业务，则其属于金融控股公司；若银行自身或以设立子公司方式兼营其他金融业务，则其属于全能银行。

那么在实践中，在实行全能银行制的国家，其是采取狭义说还是广义说呢？关于这一点，我们可以从德国的银行法进行考察，根据德国银行法的规定，全能银行制度包括以下三项要素：全能银行提供全方位的金融服务；全能银行意味着银行通过控股或其他方法与企业、其他金融机构之间建立关联；若在监管机关认为投资人可靠的情况下，银行的股份亦可被其他企业所持有，甚至成为控股公司。因此，从德国的全能银行制度所蕴含的内容来看，其是采用了广义说。实际上，不管其是采取广义说还是狭义说，根据前文的分析及金融监管的务实性，我认为这两种形式的主要差别就在法律结构上，比如狭义说上的全能银行在法律形式上表现为一个法律实体，其本身就是一个独立的法人。然而，广义说上的全能银行在结构上则复杂得多，比如当其以控制公司形式出现时，全能银行表现为一个集团的形式。鉴于此，从金融监管法律的实践考虑，由于狭义上的与广义上的全能银行都已关联到了金融业的跨行业经营，所以在监管法律规则上与立法上，应与以前的行业监管法律体制与实践有所区别。

通过以上的辨析，我们可以了解到金融企业集团是新情势下的一个具有广泛内容的专门术语。它不仅囊括了银行控股公司主导的公司集团模式，也包括了全能银行模式所形成的集团，还包括金融控股公司的模式所形成的集团。结合欧盟在其2001年《对金融企业集团监管指令建议案》中的界定，我认为在识别与认证金融企业集团时，主要可以从两点进行考虑：一是该集团所从事的金融业务是否呈现多元化的特点；二是该集团中的金融业务量的比例占有额，若其占有比例达到了法律所规定的额度，如欧盟所规定的10%，则其可以被视为类属于金融企业集团，否则不是。

第四节　金融企业集团监管成因分析

一、新金融风险：监管的根本原因

金融企业集团是依复杂的结构体系所形成的公司集团，其经营与管理是从集团的层面进行运作的，这种管理与运作体制无疑是对传统的金融监管法律制度提出的严峻的挑战，可以说这也是对其进行监管的实质性的难点所在。① 金融企业集团是一种新的经济组织形式，这就意味着新的金融风险的存在，这也就是有必要对金融企业集团设计新的监管规则的原因所在。金融企业集团的风险主要表现在以下几个方面：

（一）非稳定性风险与清偿力风险

在对金融企业集团进行监管中，为了确保金融企业集团经营与运作的稳定性及保证其具有足够的清偿能力来防范与化解金融风险，监管者在其监管实践中，一般将下列风险列入其日常监管的重点：资本重复计算之风险、总业务额增加之风险及传染性之风险等。

1. 资本重复计算风险

充足的资本无疑是阻滞与吸纳金融风险的最有效的防线，但是当金融企业集团凭借其内部复杂的结构体系而将同一笔资本多次进行重复计算时，此时整个集团的资本在表面上似乎已经得到了扩大，而实际上集团内的实有资本并没有得到相应的增加。由于监管者与被监管者之间永远存在信息不对称现象，所以若此时监管的灰色区域的存在使监管者对集团内的同一笔资本的流动疏于监管，则会产生集团在出现危机时清偿力不足的风险，从而使整个集团的系统崩溃。一般来说，资本的多重计算是由集团内部存在的控制与影

① Michael Thom, The Prudential Supervision of Financial Conglomerates in the European Union, North America Journal, Volume 4, p. 124.

响关系触发的，这其中最紧要的一个因素便是交叉持股。

2. 业务总额增加风险

从一般的常理说，业务总量的增加无疑是众多公司追求的目标，这也是金融企业集团得以出现的原因之一，但是当集团业务量的增加可能更多的是人为的因素，是一种假象时，这种假象便会产生多米诺骨牌效应而使集团所属的公司或组织一个接一个地相继倒闭，比如某集团为了扩大宣传，为了人为地制造一种业绩繁荣的景象，其在业绩平平的情况下通过集团内部的交叉性的贷款或交叉性的担保等虚假地增加整个集团的业务额度。① 此种造假的做法必然会对集团的稳定产生冲击。1991 年的国际商业信贷银行（BCCI）事件便是一个明证。

3. 传染性风险（risk of contagion）

就金融企业集团风险的传染性而言，其具有内向性与外向性。其内向性即指由于集团内部持股等控制关系的存在，集团所属的一个公司或其他组织的风险可能向集团内的其他公司或组织渗透与扩散。比如，许多已有的例子证明，集团内某个实体的财务困难或损失会很容易地传递到集团的其他成员，并导致其他管理有效的附属机构出现严重的问题，并可能席卷整个集团。② 1994 年法国里昂银行受其兼并企业经营不善的牵连，发生巨额亏损，基于“银行太大不能倒闭”的信念和及时采取拯救行动，才使其幸免于倒闭和危机的扩散。③ 其外向性指从整个社会而言，某一个金融企业集团的倒闭会对整个社会的金融体系产生冲击的风险，从而使整个社会产

① 实际上，集团内部的交易问题也是监管者监管的重点之一，但是应明确的是内部交易本身就是集团诞生时的必然产物，它是与金融企业集团的出现相伴随的。问题的关键在于，如何对此种类型的内部交易设定一定的标准与额度。关于这一点，笔者将在后文中进行较深入的探讨。

② 赵崧岳摘译：《多大金融集团才是完美的?》，载《世界经济情况》1994 年第 4 期。

③ 张忠军著：《金融监管法论——以银行法为中心的研究》，法律出版社 1998 年版，第 193 页。

生信用危机。2001年12月的安然事件在一定程度上也印证了这一点，在该事件中JP摩根银行既是安然的商业银行，向其贷款，又是它的投资银行，作为其并购的顾问，也是它的交易对手，买卖源合同，还是它的财务顾问，牵涉到一些其合伙公司转移债务的运作。① 安然公司的破产必然将对与其交易的商业银行与投资银行等产生冲击，其结果是引发连锁性的反应。

三方工作组（the Tripartite Group）② 也对集团的风险的传染性比较感兴趣，在经过仔细研究后，它们已确认了两种比较明显的传染性风险：其一是心理性（psychological）风险，即当金融企业集团内的某一部分出现问题时，可能导致金融市场的其他参与者不愿与该有问题的集团进行交易，这对依赖市场求发展的金融企业集团的打击将是致命的；其二是与集团内部交易相关的风险，即因为集团内部关联交易的存在，金融风险可以以这些交易为纽带而在整个集团内蔓延。

（二）非透明性风险（the risk of non-transparency）

透明性③ 指某个金融企业集团的法律及管理结构的清晰程度。三方工作组即认为金融企业集团的组织结构方式应是透明的，且从集团的视角来分析，其结构形式也应有助于监管。若监管者不能充分地明了集团的法律与管理结构，则其将不能对集团所面临的风险

---

① 戴道华：《安然破产案的影响及教训》，载《国际金融研究》2002年第3期。

② 三方工作组由巴塞尔银行监管委员会、国际证券监管者组织和国际保险业监管者组织所组成，其成立的根本原因即在于解决金融业务自由化下原有的金融体制所面临的冲击问题，在于对新的金融监管体制等法律问题进行探索。

③ 透明性监管原则的确立是国际金融的监管者们在BCCI事件后所达成的共识，如在该事件后，巴塞尔委员会于1997年2月发布了《国际银行集团及其跨境机构监管的最低标准》，在该准则中便规定了母国从银行的跨境机构的信息获取权，并规定了东道国对外国银行机构所采取的必要的处罚措施。这些都是透明性的体现。

及其他集团对其产生的风险进行正确的评估。因此，透明性是所有监管者对所有被监管者的要求，足够的透明度也是有效的监管的基础。然而，正如前文所言，金融企业集团是基于复杂的控制机制所结成的集团，这种内部的复杂的控制与影响关联在一定程度上就意味着非透明性，其主要表现在以下几个方面：管制套利风险（the risk of regulatory arbitrage）、变异效应风险（the risk of metamorphose effect）与结构非透明性风险（the risk of opaque structure）。

1．管制套利风险

传统的金融监管是依金融行业的类别而设定不同的金融监管部门进行监督与管理的，比如银行业由央行监管、证券业由证券管理委员会监管、保险业由保险业管理部门监管，但是在新的金融情势下，这一几分天下的局面被打破。因此，从国内来看，由于金融业务的创新对原有的金融监管体制提出了挑战，所以在新的监管体制确立之前，这种状况就为被监管者创造了规避应有的监管而获取不法利益的可能。再者，由于金融业务的全球化，一国的金融机构为了逃避本国的监管成本，其可以采取在其他第三国开设附属机构的方式实现因监管体制的差异而带来的利益，这无疑使整个集团的风险敞口扩大。然而，集团内部的此种监管套利的目的是监管机关所不能预测的，且在一般的情况下由于信息不对称，它也不能实行有效的预防和控制，所以如何对管制套利风险进行规制也是各国监管机构在金融的全球化下所必须关注的新问题。

2．变异效应风险

在金融企业集团内肯定存在着资金内部流动的现象，但是对这些资金怎样进行跟踪监控便是令监管者颇费周折的事情。关键的原因在于监管的非有效性与欠及时性，比如在集团的母公司向其属下的某子公司提供融资时，在缺乏可行情报的情况下监管者是很难找到资金的真正的使用者的，而且它也不易发现资金的来源。这种由集团内部复杂的控制关系所引起的变异现象也是各国监管当局所面临的挑战之一。

3. 结构非透明性风险

正如前文所述，金融企业集团的内部存在复杂的交叉控制关系，客观来说，集团越大，所涉及的企业也就越多，它们之间的关系也就越复杂。同时对于监管者来说，要清楚集团的成本计算也就越困难。这些非透明化情况的存在无疑加重了监管工作的难度。

(三) 妨害市场竞争与侵害消费者权益之风险

市场经济是竞争的经济，这是一个恒定的命题。然而，金融企业集团的出现与自由竞争的理论相悖，因为金融业的集团化经营本身就意味着金融市场中金融主体的减少、金融竞争程度的降低，而且大的金融企业集团为了达到将弱小的金融市场主体排除出局的目的也可能会采取倾销其金融产品的做法，毫无疑问这是不正当的商业竞争行为，这明显和一国的反不正当竞争法相违背，且从长远来看，其最终也会有损于金融产品的消费者的权益。对此，可以略作以下分析：

1. 权力滥用的风险（risk of abuse of power）

市场集中则意味着自由竞争受到了一定程度的阻挠。就金融企业集团而言，集团越大则意味着集团的市场份额越大，竞争者越少。此种局面的产生则会导致其滥用其所处的独占地位。金融是经济的核心，是一种较特殊的产业，但是在此种市场中仍需有适度竞争的存在，这也是整个金融系统健全发展的内在要求，所以金融企业集团对自由竞争所提出的挑战问题也令金融的监管者满怀忧虑。实际上，对于此种有害竞争的争论在分业制下也是存在的。比如美国有学者便认为原《格拉斯－斯蒂格尔法》实质上是由政府支持的关于金融服务业卡特尔市场分割协议。商业银行从事吸收存款、发放贷款业务，投资银行专门从事证券承销、推销业务。该法设置了障碍以防止商业银行和投资银行间的直接竞争，这种市场如何划分的协议是一种典型的共谋形式，卡特尔成员借此实现它们的共同利益最大化。① 尽管如此，还是有人对此担心，也有一些相反的看法。如在基于对美国与加拿大的研究的基础上，加拿大银行家协会（Canadian Bankers Association）就认为，金融服务业的整合将会导致银行等机构权力集中的观点在理论上与事实上是得不到支持的。在此方面，人们不应忽略这样的一个事实：集中化作为一个相对的问题，其不仅受到众多市场参与者的影响，同时它也受到市场容量与参与者类型的影响。比如，金融市场的全球化就在一定程度上可以减少集中化的程度，因为全球性市场的统一化就在相对程度上拓宽了市场的广度与深度。

2. 利益冲突的风险

金融业务的综合化代表着同一集团可以对同一客户提供全方位的金融服务，所以利益的冲突是在所难免的，而这种冲突是一种潜在的矛盾或冲突，它可能会对整个集团的良性运营产生损害。就金融企业集团的利益冲突而言，笔者认为，其表现为内在性的与外在性的两种方式。就其内在性的利益冲突来说，其主要表现在集团内部，因为虽然集团是基于某种控制关系而联系在一起的，但是集团的每个组成部分还存在有自己的利益追求（特别是对于那些具有独立法律地位的公司而言）。因此，这就可能形成了集团内某个公司与集团整体利益的冲突、集团组成部分与其他组成部分的冲突。就其外在性冲突而言，这主要表现为整个集团与其客户之间的利益冲突。

（四）小结

金融企业集团代表了目前金融业经营的一种全新的经营理念，固然这种创新的理念在一方面激发效益与扩大规模效应，但是其在另一方面又蕴含着在这种经营机制中潜伏着更深刻的金融危机，因

① Catherine England and Thomas Huerlas, The Financial Services Revolution: Policy Directions for the Future , Kluwer Academic Publishers (1988), p. 98.

为此种以复杂的结构体系所组织起来的集团不仅包容了创新前所有的金融风险，而且这风险在新的形式下更加复杂更具有破坏性。此外，该种模式在对金融业务进行创新的同时，也创造出了新的金融风险，比如前文所言的利益冲突风险、非透明性风险等。

所以，新的监管法律制度创新的探索是对新的金融风险的必然回应。因此，金融监管法律制度的创新必然也是面对原有的及新的金融风险。此种创新性的监管法律框架在吸纳以前机构性监管框架的同时，其更应针对金融企业集团中的资本重复计算的风险、大额风险、内部交易性风险及利益冲突风险等特殊的法律问题进行理性的与务实的规划与设计。这种理念反映在金融监管的立法中，也更应体现在监管者与被监管者的监管意识之中。在过去的几十年里，众多的监管与管制性的团体都一直致力于寻求解决金融企业集团监管的有效方法。此种团体既包括区域性的，也包括全球性的。区域性的团体以欧盟的银行咨询委员会及其保险委员会为代表，全球性的以巴塞尔银行监管委员会、保险监管者会议工作组及国际证券监管者组织技术委员会为代表。这些监管性的团体都对金融企业集团的监管提出了诸多创建性的建议或报告，这些建议或报告都折射出了金融监管理论中的一个原理，即“同样的业务、同样的风险、不同的业务、不同的风险”的原则。

二、金融监管：金融创新理论的内在要求

（一）20世纪金融监管法律制度的发展与演进

1. 金融监管制度的起源

金融监管并非一个早已存在的术语，在经济自由主义盛行时期，政府一般是不主动对市场进行干预的，只有在出现突发性的事件使市场中的“看不见的手”失灵时，政府才会被动地用“看得见的手”进行必要的矫正，从而使不规范的市场行为回归到规范性的轨道。从这一点来看，金融监管本身就是金融创新的触发物。政府对金融活动的监管最早可以追溯到1720年6月英国颁布旨在防止过度证券投机的《泡沫法》。该法的颁布起因于17世纪英国发生的

“南海泡沫”案，18世纪初法国发生的“密西西比泡沫”事件也对这一法案的颁布起了推波助澜的作用。该两事件都归责于狂热的证券投机行为，泡沫崩溃使英国与法国的经济遭受了沉重的打击。《泡沫法》的产生标志着世界金融史上政府对金融监管的正式开始。然而，应注意的是，该法所代表的政府金融监管还远非现代意义上的金融监管，它主要是针对证券市场的不稳定性而采取的干预措施，而这只是现代意义上的金融监管的一部分而已。另外，应明确的是，政府对金融监管活动的广泛开展是和中央银行制度的产生与发展紧密相联的。对此，我们可以得出一个这样的结论：中央银行制度的普遍确立是现代金融监管的起点，金融危机是现代金融监管的催化剂。

考察一下金融监管制度的起源与其所处的时代，我们不难发现这样一个有趣的事实，即：古典经济学与新古典经济学是反对政府对市场的干预的，然而中央银行制度的普及及其金融监管者主体地位的确立与强化却与该两大经济学的兴盛发生在同一时期，这两大学说从理论上将中央银行从其“看不见的手”的信条所反对的政府干预中排除出去，成为经济自由主义者们所能容忍与接受的一个例外。① 那么为什么会出现此种例外呢？这可以从两个方面进行分析：其一是中央银行制度的产生方面，中央银行制度建立的最初的目的是管理货币，而不是整个金融体系，特别不是针对金融机构的微观行为。因此，从这一点来看，这种金融监管主体的产生是不与上述学说相左的。其二是中央银行制度的确立与古典和新古典经济学的理论并无冲突之处，在这两大学说中货币是中性的，对经济没有实质性的影响，所以央行统一货币发行与统一量衡一样，只是便利于经济，其仍然是守夜人意义上的行为，而并非政府干预。除此之外，央行所建立的全国统一票据清算系统与协调票据清算的功能同样如此。

---

① 白宏宇等：《百年来的金融监管：理论演化、实践变迁及前景展望》，载《国际金融研究》2001年第1期。

在此可以以美国1913年《联邦储备法》为例，在1913年以前是自由放任的经济思潮占主导地位的时代，人们相信自由竞争和市场的自我调节会自动令经济达到均衡。① 其所依赖的基础便是金本位制的自我调节功能与真实票据理论②，所以有些学者便称："1913年人们认为联邦储备系统基本上是银行家之间的合作企业，其目的是增进银行安全，作为提供紧急资金的来源。"③ 对于这一点，当时的《联邦储备法》对其目的有明确的描述："为了建立联邦储备银行，为了提供一种具有弹性的货币，为了能为商业银行票据提供一项再贴现手段，为了在美国建立对银行更有效的监督，以及为了其他目的特制定本法。" 因此，我们又可以得出这样一个结论，即中央银行的诞生及其监管地位的确立本身便是属于金融制度创新的范畴，尽管其创立的初衷并非是针对金融监管的，但却起到了对金融主体及金融市场等的直接或间接的监督与管理的作用。作为货币的管理者，央行逐渐开始承担信用保险的责任，作为众多金融机构的最后贷款人为其提供必要的资金支持和信用保证，其目标是防止公众挤兑而可能触发的经济波动。此种功能便在一定程度上奠定了其作为金融监管者的地位，因为央行作为资金的最后提供者，其可以借此干涉金融机构的经营行为。自此现代意义上的金融监管才得以产生。由于受到传统经济学理论的限制，在20世纪30年代的经济大危机之前，中央银行对金融机构经营行为的干预还不

---

① 陈晓著：《中央银行法律制度研究》，法律出版社1997年版，第41页。

② 该理论认为，商业银行贷款的资金主要来自存款，为了达到应付存款人提款的目的，其贷款应是短期的、商业性与自偿性的。企业在生产或购买商品时再发行商业票据向银行贴现借款，待商品售出后还款。若商业银行需要资金，其便可以用商业票据向央行办理再贴现，央行作为最后贷款人向整个社会提供资金。由于此种商业票据是依据真实的商品需求而发行的，所以可使货币信用根据经济的需要自动进行调节。

③ 参见美国第88届国会听证记录《联邦储备系统50年》第2卷(1964)，第1495页。

是非常普遍，而主要是通过行使最后贷款人的职能以及建立存款保险制度来防止银行挤提现象的发生。

在这一时期，关于金融监管理论的另一种值得关注的观点是以哈耶克为代表的“自由银行制度”。该理论与“看不见的手”模式相吻合，其不承认市场是有缺陷的，因而信奉金融业的自由经营原则，认为存款保险与最后贷款人制度的功能都是不必要的，它们甚至主张取消中央银行，其依据是商业银行可以通过“选择性条款”、“分支银行”与“指数化存款”等方式来降低和分散风险。实际上，该理论本身就有不足之处，因为该理论只有在自由经营、自由竞争条件下才能实现，而且其选择性条款忽略了逆向选择的问题，其指数化存款则由于编制指数的组合商品之间相对价格变化的风险不可避免，也不能消除社会公众因膨胀而可能会产生的挤提风险。此外，分支银行制度也因为信息不对称因素的存在，从而也不可能消除金融风险。

2. 金融监管理论的发展

金融监管理论的发展是与金融危机的产生紧密相联的，比如20世纪30年代的大危机对经济的影响就是它提供了一系列证明市场不完全的充分证据，表明“看不见的手”无所不至的能力是一种神话，金融监管理论便在市场不完全性的理论上发展起来。其监管的理论基础主要体现在以下几个方面：金融体系的外部效应、金融体系的公共产品特性、金融机构自由竞争的悖论及信息的不对称性等。

以此种理论为基础，在20世纪30～70年代，世界各国普遍加强了对金融机构的监管。如在英国，这一时期的重要特征之一是英格兰银行作为中央银行的地位进一步加强。这主要表现在立法上，如其1928年通过并于1939年、1954年加以修订的《通货与钞票法》加强了英格兰银行作为货币发行银行的地位。其1946年的《英格兰银行法》将英格兰银行收归国有，其1979年《银行法》首次对从事存款业务的权力作出限制。在美国，其最突出的是1933年的银行法。在该时期通过的其他法律还有：《联邦储备制度Q条例》、《银行控股公司法》、《消费者信贷保护法》、《公平信贷票据法》及《真实贷款法》等。日本在美国的示范作用下，其1948年的《证券交易法》也确立了银行业与证券业分野的模式。在德国，即使其是实行全能银行制度的国家，其也在1957年德国议会通过了《德意志联邦银行法》，建立了统一的中央银行制度，这在一定程度上加强了对金融机构的监控。实际上，这些立法也正符合当时社会法的基本主旨，因为社会法本身就是要求国家介入私法调整对象的私的生活关系中去的法，① 以社会为本位，从而保护经济上的弱者，平衡社会利益格局，维护社会的经济安定与繁荣。

以上的这些理论及其在世界各国立法上的表现是顺应凯恩斯主义经济学对看不见的手模式怀疑的结果，它们为30年代开始的严格而广泛的金融监管提供了有力的注解，并成为第二次世界大战后西方主要金融发达国家对金融进行深入监督与控制的主要依据。在凯恩斯宏观经济理论的影响下，传统上中央银行的货币管制已转化为货币政策并服务于宏观经济调控的目标，对金融机构具体经营行为的干预则成为这一时期金融监管的主要内容。同时，笔者认为这一时期各国金融监管的强化虽然是以信息不对称、金融产品的公共性、市场失灵等因素为依据，但是在这一变革的背后具有更为深刻的内涵，即金融监管的革新是以金融市场的创新、金融业务的创新等为依据的，而前者只是对后者的一种附带有被动式或能动性的回应。在这方面，美国1933年的《银行法》的出现便是一个很明显的例证，因为其本身就是对当时美国国内金融市场过度混乱的反思与回应。因此，从这一点来说，金融监管从其诞生开始本身就是对金融创新进行回应与反思的产物。

人们在设计任何法律制度时都力图在效益与公平、合理性与可行性之间找到最佳的平衡点，但是由于人自身智力与理性的局限性，其所构建的法律制度还不能达到应然的组合。因此，从这一点来说，金融监管也不是医治金融市场失灵的灵丹妙药，而是不得已

① 转引自陈晓著：《中央银行法律制度研究》，法律出版社1997年版，第95页。

而为之的举措。比如金融监管即意味着巨额成本① 的增加，这些成本有的可以在政府预算中反映出来，而有的则是隐蔽的而得不到反映，如过度的金融监管所导致的效率损失、道德风险等问题。而且，监管越紧成本也是越高，这不仅是监管自身的直接成本，而更重要的是对金融机构提供更低廉、更富创新性和多样产品与服务的竞争力施加了限制，其最终将直接损害这些产品和服务的消费者。② 而这些消极的效应又直接地影响金融机构的收益，以安全为主导的金融监管理念必然导致金融机构在既存的法律框架下寻求监管真空的存在。正是在此种思维模式的支配下，在20世纪70年代人们便提出了金融自由化的理论，该理论以金融深化及金融压抑理念为代表，其倡导放松对金融机构过度严格的监管，特别是解除金融机构在利率标准、经营地域与业务范围等方面的限制，并恢复金融业的竞争，以提高金融企业的效益。因此，从实质上说，此种监管即代表了效益优先的理念。该理论从两个角度对以前的金融监管理论提出了挑战：其一是金融监管作为一种政府行为，其实际效果也受到解决金融领域市场不完全性问题的能力的限制，如政府只是在理论上代表全民利益，实际上它的政策也常受到政治斗争的影响，这样就不可能保证政府金融监管总是能保证全民利益，除此之外，即便在安全优先的监管体制下，监管者也不能克服信息不对称现象；其二是金融自由化理论认为政府严格而宽泛的监管使金融机构的效率下降，压制了金融业的发展，最终导致了金融监管的效果

① 金融监管成本主要包括以下几个方面：执法成本（金融监管者在实施监管中所需的成本，这可由行政预算显示）、守法成本（金融机构为遵守有关监管规定而额外承担的成本，这是金融业务创新的真正原因所在）、道德风险的存在及其他成本（如由于过度监管在一定程度上起着保护效率低下的金融机构的作用，这无疑有悖于市场竞争，从而造成社会资源的浪费）。

② Willam F. Shughart Ⅱ, A Public Choice Perspective of the 1933 Banking Act, In Catherine England and Thomas Huerlas, the Financial Services Revolution: Policy Directions for the Future, Kluwer Academic Publishers (1988), pp. 87-105.

与促进经济发展的目标不相符合。

比较一下金融监管理论的发展与演进，不难得出以下的结论，即若将 20 世纪 30～70 年代以前的金融监管价值取向定性为安全优先的话，那么在这以后至今的监管价值取向则是效益优先。在 30～70年代深入而宽泛的监管确实起到了防止银行挤提，促进金融秩序稳定的作用，但是在该情况下金融机构的效益与效率追求便凸现出来，并超越了安全价值的重要性。然而，在此我们也不能简单地认为金融自由化理论是对政府金融监管的全面否认与摒弃，该理论其实是要求政府金融监管做出适合于效率要求的调整。很显然，没有任何一个金融自由化的论者同意完全放弃对金融机构的监管，因为效益价值取向的实现毕竟要以安全而稳定的金融秩序为前提。

实际上，这种金融自由化的理论对传统的全面监管产生了巨大的冲击，其迫使各国对已有的金融法律制度进行深入反思，并在务实的基础上进行一定的重塑与矫正，如英国早在 1986 年便通过了《金融服务法》，其废除了以前的单一资格制度，将过去严格分开的证券经纪商与批发商合二为一、取消最低佣金制度、实现证券交易系统的电子化及允许银行等金融机构直接入市交易；日本继英国之后于 1996 年 11 月宣布对金融进行彻底的改革，其改革的主要内容之一就是通过解禁金融持股公司的设立以及进入其他行业设立子公司来促进银行、证券、保险等金融行业间的相互渗透，同年 10 月其又提出了名为“放松金融体制的限制”的最终报告，以全面废除对证券、信托业务、资产运用、按长短分离等规定的限制；美国于 1999 年 11 月通过了具有里程碑意义的《金融服务现代化法》，该法创设了一个金融百货公司型的金融控股公司，从而结束了美国理论界与司法界及实务界等对于格拉斯·斯蒂格尔墙的存废之争。就本论题所涉及的金融企业集团而言，其也是金融自由化理念的产物。可以说金融企业集团也是世界各国实行金融业务自由化的一种主要模式。这种模式在奠定效益与效率优先理念的同时，也对传统的各国的金融法律制度及国际监管的合作与协调提出了新的挑战。正如前文所言，在金融自由化理论下，其支持者们并非排斥金融监管的存在，人们所关注的是怎样在安全、效益与秩序之间寻找到最佳的平衡点。要解决这一问题，就必须对20世纪的金融监管实践进行深入的反省与检讨。回顾一下此段时期的金融监管实践，人们不难发现其大都被打上了危机触发监管创新的烙印。这可以从两个方面进行分析：

其一是金融监管产生的视角。20世纪30年代以前为了对货币进行监管及防止银行挤提,人们创设了中央银行制度,这是金融监管起源的发端。20世纪30年代的经济大危机及其所导致的金融体系的崩溃,是促成较为完整的现代金融监管体系确立的催化剂。由于较现代化的金融监管体系的建立,在以后的几十年里类似30年代的大危机再也没有重演。比如,1987年10月美国纽约股市虽然也发生了崩溃,但联邦储备体系成功地阻止了股市崩溃所可能触发的经济危机。在此应明确的是,这并不能表明现代化的金融监管体系是完美无缺的,它也并不能证明此种监管体制已摆脱了危机触发监管立法与实践创新的桎梏。1997年的亚洲金融危机便是一个明证。

其二是金融创新的视角。在一定的层面上，金融监管即为金融创新的产物。因此，在监管与创新这一矛盾中，每一次金融创新必将对金融监管的理论、金融监管立法与实践提出新的课题。从这一点而言，在20世纪70年代随着金融自由化理论的盛行，金融监管的理论与实务发生了重大的转折。发生这一转折的因素却是另一种危机——金融创新。金融机构的创新行为简单地看是受利益极大化理念的驱使，但若从深层次分析却是源于金融监管理论、金融监管立法与金融监管实践的滞后性。其直接后果是阻滞了金融机构与金融体系向高级形式的进化与发展。金融创新活动反映了这样一个主题，即在动态的金融创新与金融监管之间存在着永恒的博弈，金融监管相对于创新而言始终存在着相对的滞后性，金融监管法的立法者与金融监管者必须时刻地对既存的法律制度进行深入的、务实性的反思，以求对相关的法律制度进行适度的矫正与重塑。

从这两个视角出发，整个20世纪的金融监管法律制度与理论及实践的发展都是危机导向型的、事后性的。若沿着前有的金融监管理论与法律制度中的底蕴前行，未来的金融监管的立法与实践必然跳不出这样一个怪圈，即危机→监管→金融创新→放松监管→危机→再监管→再创新→再监管这样的一个畸形的循环规律。因此，21世纪的金融监管理论、金融监管立法及金融监管的实践必须摆脱以危机为导向的模式，而必须确立具有预见性、全局性的金融监管模式。这也是对金融企业集团进行有效监管的重要保证。

（二）展望：金融监管的应然模式

客观地说，与金融监管的实践要求相比，就目前来说，作为金融监管立法先导的金融监管理论仍然是处于欠成熟、欠完整的发展状态，而现存的金融监管法律制度、体系、监管方式、方法及手段等也远不能从容地应付传染性日益加强的金融风险。就目前的金融监管法律价值取向而言，金融监管的立法者也远未找到公平、效益、安全与秩序之间的最佳契合点。

此外，在过去的一百多年里，金融监管的理论一直发端于政府对经济干预的经济学理论，这种学说只注意到了金融体系对整个经济的特殊影响，却往往忽略了金融活动的本质属性与金融体系特殊性的研究，这不免使目前的金融监管理论停留在较肤浅的层次上。这就使人们难以从金融活动与金融体系的内涵中提炼出有效的金融监管理论，从而又导致金融监管的立法者难以找到合理而有针对性的金融监管理论作为立法的先导。这必然将引发监管的滞后，及金融监管理论和金融监管的法律取向徘徊于经济金融发展、对金融体系如何进行监管与监管宽严适度的尴尬情况之中。

再者，以前的金融监管理论的研究是以比较成熟的发达的市场经济为背景的，很少涉及不发达国家与地区的金融监管问题，这就在实然上产生了一种极不和谐的现象，即欠发达国家在金融监管的立法与实践、金融监管的国际协调与合作方面处于被动适应的局面。从法律的角度来看，这即是所谓的国内金融法律的国际化、国际金融法律制度的国内化。① 固然金融较发达国家的金融法律制度代表了较先进的法律文明，但是这种法律文明却没有考虑到不同国家所具有的不同的金融本土资源。而且，若作较深入的分析，这也意味着金融发达国家对金融欠发达国家的国际金融监管立法权的变相剥夺。② 鉴于以上原因的存在，同时为了对本书所论及的金融企业集团的监管提供一个较好的思维模式，笔者以为未来的金融监管理论、金融监管的立法应做到以下几点：

---

① 在此，笔者指发达国家凭借其综合实力将其相关的国内金融法律制度通过条约的方式上升到国际法的角度，然后金融欠发达国家则通过借鉴或移植的方式，或迫于外在的压力而将此种经过国际法的国内法引入到其国内金融法律制度之中。就目前来看，金融欠发达国家的金融立法大多采用了这种方式。

② 在此，以巴塞尔银行监管委员会为例，巴塞尔委员会是由十国集团（比、英、加、德、法、荷、意、日、瑞、美）和瑞士、卢森堡等 12 个国家的中央银行总裁组成的。众所周知，上述国家是国际政治经济生活中的实力派，就国际上所谓的三大经济支柱而言，上述国家的集中投票几乎可以作出它们所推崇的任何决策。这一点在具有股份制特色的、实行加权表决制的国际货币基金（IMF）的决策体制中表现得尤为突出。实践也证明：国际货币基金往往只是将七国集团内定的决策，事后批准执行而已。以实力来划分国际金融监管领域的权利、义务与责任等。这也印证了虽然巴塞尔协议不具备法律条文的效力，但是它具有约定俗成的不可抵御的威力，谁不重视它，不遵循它，谁就会在国际竞争中处于不利地位。如果哪国银行因种种原因没有按协议的规定办事，那么该行在从事海外业务时，就可能受到竞争对手甚至合作者们的歧视性对待。这种惩罚对违章者来说，可能比竞争更为残酷，它会感到在进入国际金融市场时阻力重重，或者在国际金融市场中寸步难行，如果它仍然一意孤行，不作任何调整，那么这种不利的局面很可能就此窒息了它的生命力。正因为巴塞尔银行监管委员会成员的特殊性，所以虽然巴塞尔协议非法律文件，仅对其成员国具有拘束力，但是仍对非成员国具有“系带约束性建议”的性质。笔者在肯定巴塞尔银行监管体系的积极效应的同时，也认为该体系也是对欠发达国家金融监管立法权进行变相剥夺的一个例证。见黎四奇：《国际金融监管不完善性之探析》，载《广西政法管理干部学院学报》2002 年第 1 期。

其一，良性的金融监管的法律制度必须以良性的金融理论为先导，所以在以金融企业集团为表现形式的金融自由化的今天，金融监管理论的探索应更多地从金融的本质属性及金融体系的运作特点出发。如机构型监管与分业经营体制相对，功能型监管与合业经营体制相对。（这一问题在下文中将以专章来探讨）因此，有效的金融监管体制不仅应从外在的角度来确定法定性监管制度，还更应从金融机构、金融体系内部的激励与相互制衡机制方面来探求可行的监管方法。

其二，尽管金融监管相对于创新来说存在着相对的滞后性，但是这并不能表明未来的金融监管法律制度永远处于被动适应的状态。因此，未来的金融监管立法应努力摆脱以危机为导向的轨道，应逐渐提高相关法律制度的先验性、事前性与灵活性。这也是构建可行的金融企业集团监管框架的必然要求。

其三，金融监管的立法、理论与实践应考虑到经济金融全球化的背景及其影响。经济金融全球化对金融监管提出了一个新的要求，即由于金融风险以汇率、利率作为传导机制向周边及全球扩散，金融监管的国际合作与协调已成为必然。同时，这也要求不同类别的国际金融监管组织之间不断地合作，比如三方联合论坛就是此种形势的产物。最近十几年以来，国际金融监管的合作与实践已得到了较大的发展，这主要表现在两个方面：一是巴塞尔银行监管委员会与国际证券监管者组织的富有成效性的工作成果，其大量的尝试与努力已使监管方式从行政命令、标准化模式、内部模型法一直发展到最近的预先承诺方案，这使监管效果越来越得到优化。同时，两大组织对监管信息的关注，已对金融监管理论有所突破，信息的交流与合作及重大信息的列举式的界定等已表明金融监管从其本质上就是金融信息的监管。二是金融诸业务的交叉与自由化已使两组织等深切地意识到跨行业监管的必要性，在此种理念的驱使下联合论坛的组建与工作便是一个有力的说明。然而，在未来的国际金融监管的协调与合作中，应改变金融发达国家“一言堂”式的立法状况。在确立新的国际金融监管举措时，应既反映发达国家的意志，也反映欠发达国家的意志。争取在相互承认的基础，求同存异。①

（三）小结

金融监管法律制度的确立与优化必须以良性而可行的金融监管理论为先导。从这一点来分析，在设计一种有效的监管框架时，立法者们就必然应以金融活动、金融体系、金融监管的起源及监管与创新的辩证规律为出发点，以求在金融监管法律的诸价值取向中找到最佳的平衡点。无论是确立安全优先论的金融监管理论，抑或效益优先的价值取向，理论的倡导者们与金融的立法者们都不能抹杀这样一种事实，即金融业从其本质上来说，它也是一种企业，也有其自身的利益追求。因此，安全先行的价值取向无疑意味着较严格的监管，这必然将抑制金融业追求利益极大化的本能，所以其寻求法律的真空便是一种必然的结果。法律规避与法律的内在要求便发生了痛苦的碰撞，这种碰撞的后果往往是法律务实地退让，因为监管性的法律需要巨额的成本，这既包括执法成本，也包括守法成本。

客观地分析，效益优先的价值取向是比较符合监管者与被监管者的利益的，因为金融监管的最终目的还是实现整个社会利益的最大化，而整个社会利益的极大化又是以微观上的单个的金融企业为基础的。这也正与经济分析法学的核心思想相一致——“效益”以价值得以极大化的方式分配和使用资源，是法的宗旨。所有的法律活动和全部法律制度，说到底，都是以有效地利用自然资源、最大限度地增加社会财富为目的。② 尽管此种效益极大化的观点有极端化之嫌，但是笔者认为不管立法者们在立法中确立何种价值优先的模式，他们都不能漠视法律效益追求之所在。可以说这也正是金融自由化理论一直长久不衰的原因之一。

---

① 黎四奇：《国际金融监管不完善性之探析》，载《广西政法管理干部学院学报》2002 年第 1 期。

② 李龙主编：《法理学》，武汉大学出版社 1996 年版，第 156～157 页。

就金融企业集团的监管而言，作者认为根据前文所述的理论，我们对其监管法律制度的设计必须从金融企业集团产生的原因、从其内在金融活动的特性、从集团内部的结构体系、从其内在制衡与外在监管及从国内与国际金融法律等方面进行考虑，此其一。其二是金融企业集团是金融自由化理论下的产物，是金融诸业务组合的较普遍的结构模式，其在一定层面上代表了国际金融业的新发展动向，这就要求未来的金融监管体制必须具有针对性、务实性与先见性。其三是金融监管从实然的角度来说就是信息的监管，但是由于监管者与被监管者之间永远存在着信息不对称现象，这一问题在金融企业集团结构中便表现得更为严重。因此，如何保证监管者所获取的信息具有及时性、准确性、完整性与适法性及如何在一国国内的不同监管者之间、不同国家的金融监管者之间确定较通畅的信息交流合作机制便成为现行的监管立法创新的一个重要问题。

第二章 金融监管法律体制之选择：金融企业集团有效监管的基础

第一节 金融企业集团对传统监管体制的冲击

一、金融监管体制之界定

为了对金融监管体制作较详细的阐述，必须分别对金融监管与体制进行单个性的探讨。金融监管即金融监督与金融管理的复合词，若欲对金融监管有较深入的理解，就必须对监督与管理两词进行一定的解释。

监督，在我国一般是指监察督促，国外常用 supervise 一词来表示，其通常被解释为照看、主管或检查①。管理（regulate）泛指管辖、管束、经营、处理等。在管理科学中，它是指一个或更多的人有意识、有组织地不断协调他人的活动，以达到任何个人所无法达到的某一共同目标。② 其中《布莱克法律辞典》将管理界定为："决定、确立或控制；依一定规则、方法或确立的模式进行调整；依规则或限制进行指导；受制于管理性原则或法律的管辖。"在经济学中，有些学者将管理称为管制或规制，其通常意义是指依据一定的规则对构成特定社会的个人和构成特定经济主体的活动进

① Henry Campbell Black: Black's Law Dictionary (Fifth Edition), p. 1290.

② 毛寿龙：《中国政府功能的经济分析》，中国广播电视出版社 1996 年版，第 3 页。

行限制的行为。①

基于上述分析，金融监管即指一个国家或一定区域的中央银行或其他金融监督管理当局依据法律的授权对金融业实施监督管理的称谓。其有广义与狭义之分。从广义上说，其既包括一国中央银行与其他金融监管者及区域性的或全球性的国际金融监管组织的监管，又包括各金融机构内部自律、同业自律性组织的监管、社会中介组织的监管等；从狭义上说，其一般只包括经过立法授权的一国国内或区域性的与国际性的金融监管者在法律授权的范围内依法定的程序所进行的监管。在监管实践与理论中，一般取广义说。就本书而言，作者亦以广义说论之。

体制是指被某些规律的相互作用或相互依赖的形式所联合起来的客体、观念或行为的集合。② 因此，结合上述金融监管的概念，金融监管体制即指为实现特定的社会经济目标而对金融活动施加影响的一整套机制和组织结构的总和。其由三要素构成，即监管主体(其主要解决由谁对谁监管的问题，核心内容是金融监管机关的设置及监管权力的配置等)、监管客体（其主要解决监管的对象问题，如银行业、证券业及保险业等)、监管的手段（监管者进行监管实践的总称，其一般包括法律手段、行政手段与经济手段)。由此可见，对金融监管体制的探讨涉及对金融监管主体的组织构成、监管权力的配置、监管程序的运作及监管对象的确定等问题。金融监管法律体制可依不同的标准进行一定的分类，如根据金融监管主体的多少，金融监管体制可分为一元化与多元化的监管体制。前者即指由某单一的金融监管机关实行高度集中式的单一监管体制。后者即指由两个或两个以上的金融监管者依各自的监管权限在法律授权的范围内，依法定的程序对各自的监管对象进行监管的监管体制。后

---

① ［日］植草益:《微观规制经济学》，中国发展出版社 1992 年版，第 1 页。

② ［美］莫里斯·博恩斯坦主编:《比较经济体制》，中国财政经济出版社 1988 年版，第 6 页。

者又可分为一线多元型与两线多元型的监管体制。① 依行业监管的标准，金融监管体制可分为机构型监管体制与功能型监管体制。

在此，笔者认为由于依金融监管主体的多寡来探索金融企业集团形势下的新金融监管体制的做法并不能从实质上解决新形势下的监管模式选择问题，② 所以在探讨金融企业集团下的有效金融监管体制时，就必须从行业监管的角度出发以便找到合适的监管体制模式，同时，又必须对目前在某些国家正在进行的依金融业的不同所设立的机构型监管体制进行深刻的检讨与反思，以求发现其与功能型监管体制之间的冲突性与可能存在的兼容性。为了达到这一目的，有必要对在金融业务综合化下的机构型监管体制所面临的挑战与冲击进行剖析。

二、机构型监管体制所面临的冲击

在金融监管理论中有句名言，即“同样的业务，同样的风险，同样的规则”。若作深入的分析，则不难得出这样的结论，即不同的业务、不同的风险、不同的规则。正如前文所阐述的一样，金融企业集团是金融自由化理论的产物，其本身就是对金融监管法律进行规避的结果。从这一点来看，金融企业集团本身就意味着新的金融风险，这种新风险不仅指以前金融监管体制下所没有的风险，其亦包括原有的风险及原有的诸多风险的不断组合所滋生的风险。因

① 张忠军著：《金融监管法论——以银行法为中心的研究》，法律出版社 1998 年版，第 104～105 页。

② 这主要是因为笔者认为仅依监管主体的多少进行分类并不能从实质上解决金融监管体制所应承受的使命，其只能说明一个国家金融监管者的多与少的问题。此外，从各国金融监管主体的设置来看，即使是在所谓的一元化金融监管体制的国家，它也直接或间接地存在多个金融监管机构。如在有些学者将西班牙定性为一元化监管体制的国家，但是在该国存在三个监管主体，即中央银行、证券监管机构与保险监管机构。因此，作者认为此种分类的方式是欠科学的。相反，依行业的不同而进行的监管体制的分类可能更加不利于有效监管体制的构建及监管权力的配备。

此，新的风险、新的金融理念对原有的金融监管体制的碰撞是在所难免的。这种撞击表现在以下几个方面：

（一）监管法律制度之间的协调问题

在金融诸业务分业经营的体制下，监管主体的设置是以金融行业为标准的。即所谓的分业经营、分业管理的机构型监管体制。如在美国的1999年金融大爆炸之前，其便是采取的分业监管的体制。在其国内存在着通货监理署（the Office of Comptroller of the Currency）、联邦储备系统（Federal Reserve System）、联邦存款保险公司（Federal Deposit Insurance Corporation）、证券交易委员会（SEC）等，各监管者依法律的分工对各自所负责的金融行业进行监管。然而，在金融诸业务交叉经营的情况下，由于业务之间的相互渗透性，所以依行业的类别所确定的监管法律制度必然存在滞后性及与其他金融行业的监管法律制度之间存有不协调性。比如银行监管制度与证券监管制度就有很大的差异性。这主要体现在监管的侧重点不同、监管的手段与方法不同。就前者而言，传统的银行监管制度的重点是保护存款人存款的安全及维护系统的稳健性。如日本《普通银行法》第1条明确规定，监管是以“银行业务的公共性为前提，以维护信用、确保存款人的权益、谋求金融活动的顺利进行，并为银行业务的健全而妥善地运营，有助于国民经济健全发展的目的”。德国《信用业法（银行法KWG）》第6条授权“联邦银行监督局监管所有的信贷机构，以保证银行资产的安全、银行业务的正常运营和国民经济的良好结果”。1981年美国通货监理署在其使命中宣告：“国家利益要求有一个安全与稳定的金融体系，该体系在竞争的市场上为公众提供尽可能多样的金融服务。监理署为此利益而努力的手段是使下列关系保持适当的平衡：促进与保证全国金融系统的银行业各成员的安全与健全，并要求它们高度遵守法律，促进金融服务市场的竞争、效率、一体化与稳定。”① 此外，

---

① 转引自陈晓：《中央银行法律制度研究》，法律出版社1997年版，第399～400页。

其《联邦储备法》第1条明确对该法的目的进行了说明："该法的目的之一是建立美国境内更有效的银行监管制度，其目标有四，即维持公众对一个安全、完善和稳定的银行系统的信心，为建立一个有效的和有竞争的银行系统、保护消费者，允许银行体系适应经济的变化而变化。"然而，对于证券监管制度而言，其更侧重于保护投资者和维护市场公平。实际上，证券法以保护投资者和促进社会经济发展为立法宗旨，以公开、公平、公正原则为基本理念。① 如我国证券法第3条即规定，证券发行、交易活动必须实行公开、公平、公正的原则。

另外，就两者的监管方法与手段来说，其亦存在着差异，如银行监管大多采取现场与非现场检查的监管方法，而证券监管则更多的依赖于信息的披露制度。尽管近年来，银行的监管者们也趋于信息的披露制度，但是在实践中此种监管的方法大多受到了各国所存在的信息保密制度的阻滞，所以监管的效果不太理想。在国际的金融监管协调与合作中，这种分歧就更加明显。如并表监管又成为对跨国银行进行监管的一种重要方法，但是各国的证券监管当局对这并无浓厚的兴趣，对此，有位学者作了这样的评述：各国证券监管机构远比银行监管复杂，各国证券监管当局的范围差异较大，证券监管的国际合作也更为困难。银行监管主要涉及审慎问题，而证券监管则涉及道义问题，如内幕交易、利益冲突、以非市场价格交易及与市场运作有关的如招股章程、会计标准等问题。② 对于该问题，国际货币基金组织在其一个报告中曾进行了说明，尽管应当以相同的方式管理类似的金融活动，但开发能同时适用于银行与证券公司的国际上可接受的监管标准是非常困难的。在此，可以以1996年1月巴塞尔委员会发布的《测定市场风险的巴塞尔补充协

① 符启林主编：《证券法》，法律出版社1999年版，第205页。

② T. R. Gavin Binghan: Securities Markets and Banking: Some Regulatory Issues, in Henry cavanna, Financial Innovation, Routledge Press, 1992, pp.92-93.

议》为例，该文件建议银行可以采用内部风险管理模式的方法，即风险价值法进行风险资本的测算，但证券监管机构不支持运用这种方法作为证券公司的内部控制模式。国际证券监管者组织曾警告说：那样会刺激公司寻求在降低资本要求方面最为有效的模式，而不是风险管理方面最为有效的模式。

鉴于上述的原因，在金融企业集团的模式下，思考如何解决金融监管制度的协调问题已是必然。实际上，这一问题已引起了相关国家、区域性国际组织及国际性团体的注意，如欧盟委员会与银行业、保险业的监管者已对金融行业中的多样化集团（diversified groups）的稳定性与清偿力表示关注。欧盟委员会与经社委员会（Economic & Social Committee）认为保险公司与所谓的金融企业集团内的其他金融机构日益密切的联系意味着在这方面应适当地采取审慎措施。同时，它们也在寻求平等的竞争场所（level playing field），以将一些可比较性的甚至是可统一性的清偿力管制规则及监管机制囊括其中。由于银行业是采取并表监管的，而保险业无论其是否为单一的公司或某个集团的成员，都是选择对每个法律实体单独监管的方法，因此，要对金融企业集团进行有效监管是比较困难的，① 但是监管协调仍有重大的必要性。作者认为对于此种协调应从国内与国际两个层面进行展开。同时，这种协调从应然的视角来看，它也不能停留在问题的表面，而应深入到目前的金融监管制度的机理中去，以求进行全面的监管制度的创新。客观来说，从一国国内出发进行相应的变革可能不会有太大的障碍，但是若从国际的角度出发可能对金融企业集团的监管制度的设计就是一个任重而道远的问题了，解决该问题的关键不在于监管主体的国际合作者们能不能提出富有建设性的监管设想，而是在于监管目的能否于一国内落到实处。

在金融监管制度的国际协调方面，我们已有了一些合力的结

---

① Lutgart Van Den Berghe & Kurt Verweire, Creating the Future with All Finance and Financial Conglomerates, Kluwer Acadmic Publishers, 1998, p. 202.

果。如在1993年1月，在巴塞尔银行监管委员会的发起下，成立了一个由巴塞尔银行监管委员会、国际证券监管者组织与国际保险业监管者协会组成的三方小组，该小组后来重组为联合论坛（Joint Forum），这是国际上对金融企业集团进行监管合作的第一次尝试。该论坛的章程要求小组形成有关改善银行、证券和保险监管者之间合作和信息交换的提议，发展未来监管金融企业集团的指导性原则。对于该问题，论坛于1999年2月发布了对金融企业集团进行监管的最终报告。

此外，在信息披露制度的协调方面，巴塞尔银行监管委员会与证券监管者组织两者也作了很多努力。1995年5月两组织联合发布了《关于银行和证券公司衍生产品业务的监管信息框架》，其提出了一个信息框架，监管人员可以用来加强向其报送的有关场内及场外衍生产品活动的信息。1995年11月其又联合发布了《银行和证券公司交易及衍生产品业务的公开信息披露》，该文件要求跨国银行与证券公司改善其衍生产品和交易活动的信息披露，这些报告清楚地表明，两方面的监管都把向公众披露信息视为促进市场约束力来鼓励审慎使用衍生工具的方法，而不是通过强制的管理限制，后者已被证明是无效的。1996年11月，其又出台了《关于银行和证券公司交易及衍生产品业务信息披露情况的调查》。①

（二）监管框架的调整问题

正如前文所言，在分业经营的体制下，金融监管法采取的是分业经营、分业管理的架构，但是在以金融企业集团为载体的混业经营的模式下，此种监管权力的配置结构显然已不能适应金融关系发展的内在要求。而且，若在混业经营的模式下，依然采用传统式的监管体系，其无疑会导致监管成本的增加及法律成本等的扩大。如在某一金融业务既具有银行业务又具有证券业务性质的情况下，若

① 国际清算银行：《巴塞尔银行监管委员会文献汇编》，中国金融出版社1998年版，第3～5页。

银行业与证券业的监管者都想对之施加监管权，就会导致监管的重叠与管辖权的矛盾，从另一方面来看，若两者都对之相互推卸监管责任，则会导致金融风险的扩散与蔓延。在此，以我国的香港为例加以说明。香港已实行了混业经营，但是其仍采取机构型监管的模式，如其金融管理局是银行业的监管部门，其证券及期货事务监察委员会是证券与期货的监管者，其保险业监理处负责保险业的监管。为了避免双重监管问题，其引入了豁免制度，但是随着越来越多的银行介入证券业务，该制度也变得越来越不可行。于是，1988年旨在全面检讨香港证券业的《戴维森报告》就已经指出综合监察的问题是，香港应否为整个金融服务业设立一个大监察机构，负责部分或所有金融服务行业的监管，甚至包括公司和会计事务在内。并且该报告亦指出："如果这样做，香港便会比其他主要金融中心领先一步，实施一项其他地方相信迟早会实施的措施。"①

实际上，《戴维森报告》反映了金融监管法理论中的一个重要的问题，即金融监管的立法与实践是伴随着金融关系与金融理论的发展而变化的。从应然的观点看，金融监管主体与权力的配备是呈对应关系的，如在分业经营的体制上，金融监管法律体系的构建是与机构型监管模式相对应的。在合业经营的体制下，其与功能性监管框架相对应。这一理论作用于金融立法的层面则表现为要求实行金融合业的国家和地区在其金融监管法律制度中应确立功能性的监管框架。其作用于国际金融监管的合作与协调方面则表现为要求不同的国际金融监管合作与协调组织相互之间进行交流与合作。

（三）中央银行最后贷款制度问题

防止银行挤提与执行货币政策是中央银行得以产生的原因。在这之中，中央银行的最后贷款人制度是达到上述两目标的重要手段。在分业经营的体制下，央行还可以通过以银行体系为载体而达

① 《香港证券业的运作监察——证券业检讨委员会报告书》，1988年5月，香港，第231页。

到其所设定的货币政策，及防止挤提现象的出现，然而随着金融机构间界限的日益模糊和公开市场业务的加强，货币政策的作用对象将并不局限于银行体系，而是应以整个金融体系为对象，那么在金融业务综合化的情况下，央行的最后贷款人的功能是否应延伸到除银行之外的金融机构呢？对此，学者们的看法并不一致。

如英国学者 Richard Dale 就认为，银行业与证券业的混合经营对最后贷款人职能的影响取决于对银行业务和证券业务交叉部分监管的不同方法。若银行与证券业务两者间的“防火墙”得以建立并确实有效的话，则最后贷款人职能将保持不变。若该防火墙没有建立或没有发挥作用，则很清楚最后贷款人职能可能会延伸到证券市场，以防止有问题的证券公司的风险传染给银行。① 然而，另有学者则认为，证券市场的发展意味着证券的发行和交易已成为货币和资产投资组合的越来越重要的补充，从而使证券市场的崩溃将对整个金融与经济体系的正常运作比过去那种主要的亏损者是个别持有者和新证券发行者的时候带来更大的危害。结果，在监管原理上就有一个微妙和有意义的变化，它不再在很大程度上局限于对单个债务人和债权人的保护，而是与银行监管的原理相似，并存在最后贷款者，以确保对整个经济有益及其流动性的持续性提供不致受到影响。②

比较这两种观点，不难发现，前者基本上是赞同将央行的最后贷款者职能延伸到除银行外的金融业的，但是其附带有一定的条件，即有效的金融防火墙的存在。在无防火墙或防火墙不能发挥作用的情况下，央行的该项职能是否发挥就成为一个视情况而定的问题。然而，后者观点则完全赞成将最后贷款人制度延伸到整个金融体系中，这是金融业务自由化的内在要求。

---

① Joseph J. Norton: Bank Regulation and Supervision in the 1990s, Lloyd's of London Press Ltd., 1987, p. 132.

② Henry Cavanna: Financial Innovation, Routledge Press, 1992, p. 89.

对于该问题，笔者以为在金融业务自由化的模式下，问题不在于此项央行的法律制度是否应加以延伸与发展，而在于怎样将之进行拓宽与延展。之所以这样说是因为在金融体系面临危机时，最大的问题是资金的注入问题，而在此时只有央行才具有此项职能与实力，所以其行使此职能是责无旁贷的，但是如何对央行的此项功能在新金融情势下进行重新的界定与设计倒是一个紧要的问题。若对央行的此项职能行使的限制过松，则可能又会导致新的道德风险。若对其限制过严，则又不能真正起到防范与化解风险的目的。因此，在新形势下，该项制度只能在这两者之间徘徊。这一观点对于在金融企业集团的模式下也同样地适用。

三、小结

金融监管法律体制是一个国家在金融监管法律创新与修正过程中不能回避的前提性问题。一般而言，在金融法律将银行等金融机构的业务范围进行圈定时，无疑与之相适宜的监管体制是机构型监管体制，即所谓的“分业经营、分业管理”的模式，因为防火墙的存在，金融风险是相对局限于某个金融行业的，其彼此之间的渗透性与传染性是非常低的。然而，在金融市场相对饱和的情况下，为了寻求更多的利润空间，银行等金融机构就会寻找法律的真空地带，以增加获利的机会。可以说，金融的自由化与全球化就是这样经营理念的产物。在金融机构已突破原有的分业界限时，原来配置的机构型监管框架就已显然滞后于金融关系的发展，从法学理论上讲，这就是规则创新的滞后性。上述机构型监管体制所面临的冲击就说明了这一问题。这一问题在金融业务自由化比较突出的国家对原来的金融法律规则提出了严峻的挑战。因此，有必要从现实的角度出发对机构型监管体制进行创新，从而确立功能性监管体制。

第二节 功能性法律监管：金融体制变革的国别研究

一、英国监管法律制度的变迁：从行业监管到跨行业监管①

在金融法律监管史上，英国的监管体制一直被贴上“非正式管理”的标签。然而，随着英国金融业的进一步开放，在金融监管法律制度上，其已从非正式的管理步入了法定性监管与自律性监管并举的模式，从机构型监管步入功能性监管的行列。

（一）机构型监管阶段

在1997年英国实行金融改革之前，尽管在1986年的金融大爆炸中其金融业已经实现了合业化，但是其金融监管法律框架仍然是行业性的机构型监管模式。其大体框架如下：英格兰银行负责对银行业的监管；1985年设立的证券投资局（SIB）及1987年成立的严重欺诈办公室（SFO）负责证券市场的监管与处罚，SIB主要通过各自律机构对证券市场进行监管，该局下设三个主要的自律性的机构，即个人投资局（PIA）、证券期货局（SFA）及投资管理监管机构（IMRO）；工贸部负责监督保险机构的偿付能力；伦敦的劳埃德保险社则主要实行自律管理。在此阶段，英国的金融监管体制从整体上看为分业监管的体制，且在该体制中其自律性的监管风格多于法定性的监管风格。比如长期以来，英格兰银行的监管不是依据缜密正式的法律规则与监管制度，而更多的是依赖“君子协定”

① 实际上，依金融行业的类别所确立的监管体制是机构型监管模式。在该种模式下，各经法律授权的证券业及银行业等的监管者具有明确的监管对象与范围。相反，在金融合业的情况下，由于金融诸业务之间的界限比较模糊，所以依行业的不同而进行监管的体制有欠准确性及易引起监管权限争议等特点。鉴于此，有必要依金融产品的功能与内在的性质进行监管，依此种理论所建立的监管体制即为功能性法律监管的体制或跨行业的法律监管体制。

或“道义劝说”来达到其监管目的。① 这种非正式监管的最大优越之处就在于其具有极大的灵活性，同时从另一个角度来看，这也是其最大的缺陷，因为该种监管较多地强调监管者的人为因素的作用，监管者的自由裁量权过大，这意味着对不同的被监管者可能实行不同的监管措施，从而可能造成受监管者之间的差别性待遇。除此之外，这也导致了监管的不可预测性与不一致性。因此，英国一直致力于使金融监管走上法制化道路的改革。在其银行业的监管法制化进程中两部法律起着重要的作用，即 1979 年的《银行法》与 1987 年的《银行法》。

1.1979 年《银行法》

该法的特点主要表现在以下几个方面：其一是在金融机构的审批上，其依据金融机构所提供的产品及其信誉的不同而将之区分为认可银行（recognized banks）和许可接受存款机构（licensed deposit - taker），② 然后在此基础上对其实施不同的监管，英格兰银行监管的重点是后者，而对前者的监管仍然是以自律为主；其二是该法确立了存款保护制度，这在一定程度上完善了英国金融监管中的市场退出机制。1979 年的《银行法》是英国金融监管走向法制化的第一次尝试，尽管其并没有从根本上改变英格兰银行传统的监管方式，但它毕竟使英格兰银行过去的实践开始以法律程序进

① 所谓道义劝说是指英格兰银行不以法律或指令，而是以自己的地位与声望，通过召开一定的会议或会谈等形式，提出一些指导性原则，以促使受其监管的银行自觉地配合其监管。

② 相比较之下，在此种法律架构之中，英格兰银行认为认可银行的信誉程度较高，所以对其监管比对许可接受存款机构的监管要松散些。See Elinger and Lomnica Comment: The Bank of England tended to supervise them (the recognized banks) less strictly than the licensed deposit takers, relying to a certain extent on good will and cooperation, Modern Banking Law (Oxford: Clarendon, 1994).

行。① 这本身就是一种金融监管的创新，这也是英国的金融监管体制步入功能化的第一个起点。

2.1987 年《银行法》

1979 年《银行法》并没有从实质上改变英格兰银行的非正式监管特色，其双轨制② 的监管思维在现实中也与立法者的初衷相左。另外，后来的银行危机也表明有必要对其进行改革，这就是 1987 年《银行法》出台的原因。该法的主要内容有：以单一授权制度（single authorization）取代双轨制，同时从资本要求、人员素质、经营原则等方面提高了对从业银行的最低要求；提高了会计师及审计师对银行进行独立审查的要求；提出了审批银行从业资格应优先从保护存款人利益角度出发的原则；英格兰银行在内部设立银行监管委员会，就银行监管问题为其提供建议；加强了对存款人利益的保护，将存款保险制度中的保险金额由 10 000 英镑提高到 20 000英镑。

深入地考察一下英国在分业监管阶段的改革，我们可以得出这样的结论，即其改革是不彻底的。虽然英国的金融立法者想改变其非正式监管方式的形象，而且也作出了很多努力，但是英国在该阶段的金融监管并没有完全改变其金融业自律监管的实质，在其监管法律制度中仍然是自律的成分多，法定的成分少。比如就其银行业的监管法制化进程来看，即使其 1979 年与 1987 年的《银行法》及其他法律法规的颁布，使英国金融监管走向了法制化、规模化，但英格兰银行仍保留较多的灵活性，如在决定何时及怎样行使干预权和监督权时，拥有较广泛的余地和自决权，即“弹性原则”。这固

① 孟龙：《市场经济国家金融监管比较》，中国金融出版社 1995 年版，第 26 页。

② 双轨制的监管策略是 1979 年英国银行法所确立的一种监管方式。在监管实践中即表现为英格兰银行根据商业银行的金融信誉度的高低来进行有区别性的监管。对其认可的银行则进行以自律为主的监管方式，而对于许可性的存款接受机构则采取较严格的监管。

然在一定程度上也有利于监管，但是这也会产生监管不力、不到位的情况，在这一阶段，习惯法与成文法相结合的非正式监管体系，以及弹性原则和谨慎原则，构成英格兰银行监管的主要风格。① 另外，就其证券业的监管者 SIB 而言，其主要是通过证券业的自律机构对证券市场进行管理，但没有权力对违规机构处以罚款或其他处罚，其惟一的手段就是取缔不服从管理的自律组织。② 在证券交易方面，证交所规则的效力要远远高于其 1958 年的《预防投资欺诈法》和《商业行为规则》这些议会的立法。对于收购行为的监管则都是通过收购小组的自律机构进行，即由该小组代表收购的利益当事方来实施收购法规。③ 1986 年的英国金融服务法是其金融大爆炸的重要标志，但是英国金融业的自律性传统在该法中有扩张之势。在该法案中，各监管机构仍保留金融参与者的身份，行业规则中保留一定的技术成分，对各类行为的管理权力下放给个别金融企业，且是否进行实施和制裁由管理者决定，而不能诉诸法院。因此，该法形成了法典框架下的自律性监管。④ 再者，英国在“1986 年金融大爆炸”后形成的金融监管体制也具有监管多元化的特点，比如从其金融监管机构的配置来看，其存在多个监管者各自对不同的金融行业进行监管，不仅如此，就是在同一行业内也有多个监管主体并存的现象，如对证券与投资业务就实行了双重监管的做法，证券投资委员会（SIB）下设三个自律性管理组织，分别对证券业务、个人投资业务、投资咨询与信托业务进行监督与管理。（见图一）这种机构型的多元化金融监管体制无疑与其《金融服务法》所

① 王桂梅:《国外金融监管组织结构的演变及我国的对策》，载《国际金融研究》2000 年第 9 期，第 49 页。

② 王琪琼等:《80 年代以来英国金融体制的变革》，载《国际金融研究》2001 年第 8 期，第 30 页。

③ Lain Macneil, The Future for Financial Regulation: The Financial Services and Markets Bill, The Modern Law Reviews, Sep. 1999.

④ Treasury and Civil Services Committee, Sixth Report 1994 - 1995: The Regulation of Financial Services in the United Kingdom.

规定的金融业务综合化规定不相符，因为其导致了金融监管机构的重复构建、监管成本的增加、被监管者效益的减少及可能的监管真空的存在。

总而言之，在英国金融业务合业化的情况下，在1997年前英国还没有确立与之相配的跨行业的监管框架。其金融监管法律制度仍然没有摆脱非正式监管的标签，仍然停留在功能性监管建设的探索阶段。

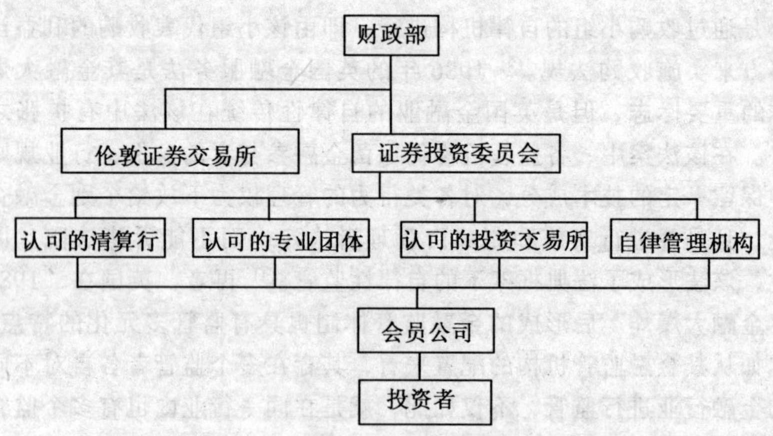

图一 英国“金融大爆炸”后的资本市场管理体制

注：1. 认可的清算行为伦敦清算行（LCH）。

2. 认可的专业团体：精算师学会、法律协会、苏格兰法律学会、北爱尔兰法律协会、英格兰与威尔士注册会计师学会、爱尔兰注册会计师学会、苏格兰注册会计师学会、注册会计师学会注册理事会。

3. 认可的投资交易所：伦敦证券交易所（LSE）、伦敦国际金融期货与期权交易所（LIFFE）、伦敦商品交易所（LCE）、国际石油交易所（IPE）、伦敦金属交易所（IME）、伦敦证券与衍生证券交易所（OMLX）。

4. 自律管理机构：证券与期货管理局（SFA）、投资管理监管组织（LMRO）、零售投资产品推销谨慎监督顾问（PLA）。

资料来源：霍学文：《英、美、日资本市场效率比较研究》，云南大学出版社1997年版。

（二）功能性监管法律框架的确立

在英国实现金融大爆炸之后，其一直没有停止过对金融监管体制构建的探索，如英国政府1997年在工党上台后成立了金融监管服务局①，以负责对银行、住房信贷机构、投资公司、保险公司的审批和审慎监管，并负责对金融市场、清算各结算体系的监管，但是英国真正实现其金融监管体制的实质性的改革，从行业监管步入跨行业的监管是从2000年6月14日其下议院通过《金融服务和市场法》开始的。该法共分为30个部分，433条，它的主要内容就是确立新的金融监管体系与监管机构——金融服务局（FSA，Financial Services Authority），其主要目的即在于给金融服务监管机构（FSA）提供一个单一的法律框架，以替代以前的机构型监管的法律框架。因此，该法赋予了FSA监管金融业所需的全部法律权限，要求金融服务局于2001年下旬在英国全面实施《金融服务和市场法》及该法所赋予的权限。

新法出台后，其继续保留了1986年《金融服务法》中对认可投资交易所与清算所的构架，但是金融服务局的权力比以前更大。FSA有权监管劳埃德保险市场。此外，1986年《金融服务法》规定认可的组织框架将不复存在。从事主流受监管投资业务的专业群体，如律师、会计师及精算师，将直接受FSA的授权与监管。②

同时，就2000年《金融服务与市场法》与其他以前相关的金融监管法的关系而言，其将协调下列各法律规定的金融监管安排：1979年《信用机构法》、1982年《保险公司法》、1986年《金融服务法》、1986年《住房协会法》、1987年《银行法》及1992年《互

① 实际上，金融服务局是英国1997年金融改革的成果之一，所以从严格意义上来剖析，金融服务局并非产生于英国1986年的《金融服务法》，但是从英国金融监管体制的发展来看，其与以前的投资与服务局（SIB）有渊源。因此，从这个角度来看，金融服务局是原SIB的继承与发展。

② 杨进军：《金融衍生品市场的监管》，中国物价出版社2001年版，第21页。

助协会法》。在新法生效后，以上法律的相应条款将会废止，其他法规，如1975～1997年的《保险客户保险法》，1923～1948年的《工业保险法》也会部分废止。因此，新法对以前的金融监管体制进行了系统性的重构。(新法所确立的金融监管体系如图二所示)

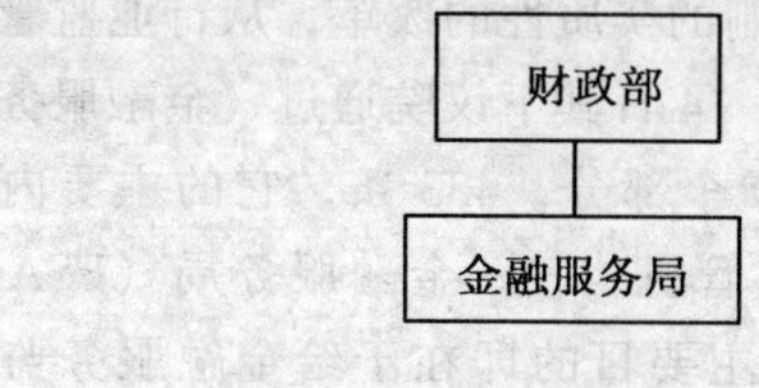

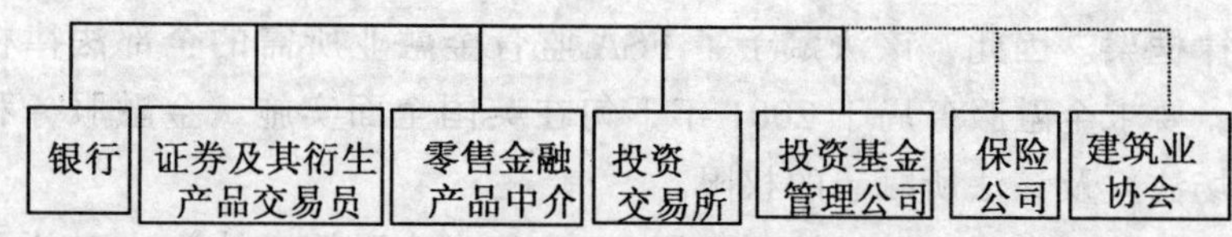

图二 英国新金融监管框架

1. 金融服务监管局（FSA）的法律地位

2000年的《金融服务与市场法》以法律的形式确定了金融服务监管局为英国惟一的、独立的对金融业实行全面综合监管的机构。根据该法的规定，FSA还具有制定有关法规、实施行业准则及给被监管者以指引和建议及藉以开展工作的一般政策和准则的职能。自2001年12月1日起，原有的监管机构一律停止运作，原用于监管金融业的法规都将被该法取代。同时，该法所规定的需要受其监管的金融机构、某些专业机构等都将无条件地接受其监管。

实际上，FSA在1986年的《金融服务法》实施期间就已经存在，其只是原证券与投资委员会（SIB）的延续与发展。从这个意义上讲，2000年的《金融服务与市场法》只是1986年法案的演进，而非实质性的突破。[①] 因此，若要了解 FSA 的内容，就有必要弄清楚 SIB 的性质。在 1986 年的金融大爆炸后，英国对其证券市场的监管制度进行重新打造，为此该法特设了一个半官方的监管机构——证券与投资管理局，其负责行使工贸部国务大臣委托的部分证券管理权力，依法对投资业及证券市场进行监管。[②] 因此，在对证券的监管制度中，该法设计了一种"授权模式"，即由财政部将监管权力授予一个"指定的代理机构"，但仍由其对监管负主要责任。这样一旦出现问题，财政部就可以收回或撤销该项授权。在新法中，其对以前的分业监管体制进行了全面性的改造与整合。其完全摒弃了这一授权性的模式，而将金融监管权全面直接赋予 FSA。此外，根据新法，英格兰银行审慎监管银行业的职责被剥离，其任务被界定为执行货币政策，发展和改善金融基础设施，充当最后贷款人以及保持金融体系的稳定。同时，所有的自律组织合并为一个单一的机构，所有金融机构的审慎监管由金融服务局总负责。由此，可以发现英国的金融监管体制在法律上已实现了从行业监管步入跨行业监管、从自律性监管为主法定性监管为辅步入法定性监管与自律性监管并重及将自律界定为法律范围内自律的监管时代。

2. 金融监管局监管的内容

若说金融企业集团是一个金融的百货公司，那么我们也可以说英国新法所确立的金融监管局就是一个金融监管的百货公司。正如 FSA 主席所言，这一新的机构将成为世界上监管范围最广泛的金融管理者。[③] 关于这一点，我们可以从以下几个方面得到认证：其一是金融监管局是一个名副其实的跨行业性的监管者，其监管的范

---

① Financial Services and Markets Bill, Part Ⅰ "Overview of Financial Regulatory Reform", cha. 2.

② 李仁真主编：《国际金融法专论》，湖北人民出版社 1995 年版，第 153 页。

③ Eva Lomnicka, Financial Services, British Business Law, Sep. 1999.

围几乎囊括了银行、证券、保险等所有的金融领域；其二是它将同时监管行业内部的行为与外部事务的处理；其三是从其所配置的监管权来看，其权力包括授权、立法、监督、调查与管理。①

（三）功能性监管法律框架的再监管②

功能性法律监管模式从总体上来说无疑是符合金融业自由化经营下的金融监管的内在要求的。然而，如同笔者在前文所阐明的一样，人为的制度不可避免地存在着这样或那样的不尽如人意之处。尽管在金融企业集团监管模式的探讨中，作者全力支持构建功能性的监管法律体系，但是这也不能表明这种体系的设想是完美无缺的。比如在该框架下，具有综合监管权力的监管者的权力过大且过于集中，这无疑为可能的权力滥用制造了隐患。另外，立法者也应明确监管者也是经济人，具有任何人所具有的一切缺点，而且作为经济人，其具有自己的偏好与需要，为达到自身或本组织利益的最大化目的，其很容易被少数团体利用，并成为其代言人。再者，由于对客观规律的认识程度与对这些规律的运用程度的差别，监管者即使主观上尽力想依据客观规律行事，但由于许多限制因素的存在，其结果可能与其期望相悖，由此而产生了监督行为的非理想化问题。③ 因此，一个多重性的外在与内在的制衡机制是必不可少的。对于这一点，英国 2000 年《金融服务与市场法》的立法者非

---

① 宋海鹰：《金融服务与市场法对英国金融监管的变革》，载《国际金融研究》2001 年第 5 期，第 30 页。

② 实际上，对于此处所论及的再监管问题，各国其他法律还是有相关规定的，这主要体现在各国的行政法、行政复议法与行政诉讼法等之中。比如，在受监管者对监管当局的监管措施存在异议时，其可以申请行政复议或提起行政诉讼。然而，这些法律上的救济措施并不具有特别的针对性，而且它也具有事后性的特点，不符合效率与效益的要求。再者，金融业是一种经营金融产品的特别性的产业，所以从效益与成本出发，立法者也必须另外设置一套法律机制，以保证监管的程序化、规范化与合法化。

③ 厉以宁：《非均衡的中国经济》，经济日报出版社 1991 年版，第 53 页。

常清醒地意识到了这一问题。因此，在该法中立法者借鉴了美国大法官 Brandeis 的名言："阳光是最好的消毒剂，电光是最好的警察。"基于此，新法规定了以下四项监管目标以确保 FSA 操作的透明性与可归责性，即市场信任、信息公开、消费者保护及犯罪预防等。为了确保这些目标在实践中能落到实处，新法构建一系列的监督机制，以对金融服务局的监管权力形成制肘。

1. 内部制衡机制

金融监管者可能的权力滥用固然一方面是由于其权力的过于集中，但是另一方面也可能源于其内部本来就缺少自我监督与制约的机构。基于这一思路，新法采取了三种方法来达到相互牵制的目的。其一是规定了 FSA 董事会成员的比例，其大部分董事必须为非执行董事。① 其二是依新法的规定，金融监管局必须建立一个完全由非执行董事组成的委员会，并赋予其金融检查的权力，类似上市公司中的非执行董事所行使的监督权。该委员会的职能分成三个层次：一是负责审查 FSA 是否以最有效、最经济的方式行使其职能；二是审查 FSA 内部的金融控制工具；三是决定委员会的主席与其他执行委员的报酬。② 其三是内部监督机制应采取仿效上市公司股东大会的形式，FSA 必须举行年度公开会议，以讨论其年度报告，并公布会议的程序与内容。③

2. 财政部与议会的监督

尽管新法已经废除了 1986 年《金融服务法》中的议会授权的模式，但是新法仍然保留或增加了议会在一定程度上的监督与检查权。这表现在以下几个方面：

首先，人事任免权上的控制。据新法的规定，财政部继续有权

① See Financial Services and Markets Bill, Sched. 1, para. 3 (1) (a). 金融监管局现有 10 个非执行董事，4 个执行董事。

② See Financial Services and Markets Bill, Sched. 1, para 4 (3).

③ See Financial Services and Markets Bill, Sched. 1, para. 11-12.

指定或撤销 FSA 董事会成员及其主席。① 同时，其亦有权指定董事会下属的非执行委员会主席的人选。在《金融服务与市场法》的第三部分，政府声明其指定行为应遵循“Nolan 原则”，即政府指定人选应考虑到所指定人选的经验与资历等情况，且不应受到某一利益团体的影响。另外，政府否决了其所指定的人选应通过议会听证会的提议，如果这样，“部长任免负责制”（principle of ministerial accountability for appointment）的原则将会被破坏。②

其次，为了确保财政部的监督权能有效地行使，新法赋予了其对 FSA 的调查权。这表现在两个方面：一是在涉及公共利益的情况下，财政部可以对某些金融行业的严重监管失误行使独立的调查权，这一权力的设立是从国际商业信贷银行（BCCI）与巴林银行倒闭事件的调查中得到启发的，其目的在于为提取重要证据提供一个法律的保障；二是财政部有权对 FSA 的操作每隔一段时间进行调查并发布独立的审查报告，并将报告提交给议会。此两项调查权的行使都由财政部自由决定。

再次，据新法的规定，FSA 负有每年向财政部提交年度报告的义务，具体说明其如何执行其监管职能，以便于财政部向议会提交。为了达到这一要求，新法又对年度报告的内容以及其附带的文件等作出了具体的规定。同时，赋予财政部对年度报告具体内容作出要求的权力。③

3. 公共监督机制

金融监管的目的一方面是维护整个金融体系的稳健，但是另一方面也应体现金融产品消费者的利益与要求。因此，从完善监管机制来看，金融监管者的监管活动也应被置于广大消费者的监管之

① See Financial Services and Markets Bill, Sched. 1, para. 2 (3).

② Financial Services and Markets Bill: Government Response to the Reports of the Joint Committee on Financial Services and Markets, HM Treasury, June 17,1999.

③ 如财政部可以要求 FSA 在其年度报告中必须列明其拟达到的监管目的，及可能采取的监管措施，同时其必须附带有非执行委员会的报告或其他具体事宜及报告等。

下，借助公众的压力迫使金融监管者之监管活动保持合法性、合理性、及时性、规范性及程序性。在英国所创立的功能性监管体制中，这一思想便得到了体现。事实上，早在1997年10月，FSA就已为此目的设立了“消费者小组”与“金融参与者论坛”。在新法中，这一做法得到了继承与发展，新法也要求FSA建立与维持这些小组与论坛，其小组成员由金融监管服务局来确定。为了保证小组成员的独立性，新法规定成员的选定应遵守“Nolan原则”，且这些机构主席的任免还必须经过英国财政部的认可。

虽然新法并没有对这些民间性团体的职能作出规定，而且其监督行为也只局限于对金融监管服务局的监管工作提出建议与批评等，但是这并不能表明这种监督机制不能达到所预期的法律效果。其原因有二：其一是财政部可以对FSA行使制约权，其可以直接要求FSA在提交报告时必须载明上述小组的工作建议，从而使公共监督机制间接牵制的目的得以实现；其二是从传统上而言，英国成文法较欠缺，深受习惯法的影响，这就使得英国人自重自律，节制克己，无需太多外在强制力的束缚。

4. 其他监督措施

为了保证对在功能性监管法律体制中处于最高位的金融监管者的制约完善性，英国的《金融服务与市场法》还规定了另外两类监督机制，即司法审查机制和特别调查与补偿机制。关于司法审查机制，新法承袭了1986年《金融服务法》的规定而决定成立“金融服务特别法庭”（Financial Services and Markets Tribunal），以审理被监管者与FSA之间的诉讼案件。① 这种监督机制一方面可以通

① 这种诉讼制度是双方面的：其一是当被监管者在认为监管者的监管行为不合法时，可以行使诉权。其二是金融监管局可以将那些严重违反市场行为守则的金融机构送上法庭，以接受相关法律的裁决。尽管有人对金融监管局的这一权力提出了质疑与争论，作者仍以为这种权力的存在还是有必要的，因为只有相互制约性的权力才是有保障的，且金融监管局表示其将谨慎地运用其职权，将其注意力主要放在严重违法的事件中，而不会将轻度违法或偶发性事件中的金融机构等当事人推上法庭。

过案件公开审理的方式从而使消费者的知情权得以实现，另一方面这种诉讼机制也可以迫使金融监管服务局进行合法合理的监管，同时也可以迫使被监管者严格地遵守金融监管法律中的规定。另外，为了防止当事人滥用其诉权，新法亦依惯例① 规定了在一定情况下 FSA 免予承担损害赔偿的责任，但恶意造成的损害除外；② 关于特别调查权，新法规定可以设立独立的意见调查机构，以对 FSA 的监管实践进行调查。③ 调查完毕，其必须作出报告，并由 FSA 针对该报告中所查实的情况进行改进。而建立补偿计划的目的是当金融机构破产时保护投资者与存款人的利益并向其提供有限度的补偿。为实现此目标，FSA 已成立了“金融服务补偿有限公司”（Financial Services Compensation Scheme Limited），以之为该计划的管理人。虽然该公司由金融监管局成立，但是其运作是独立于金融监管局的。

（四）评述

效益亦是法律的价值取向之一，所以良法也必须反映整个社会效益的实现。若这一命题是正确的话，那么在金融企业集团的监管体制中就必须存在功能性监管法律框架，以实现跨行业性的法律监管、以保证监管资源的合理与有效配置、以达到金融监管信息的共享及减少监管者的监管成本与被监管者的守法成本。从英国金融法律制度的改革历程来看，我们不难得出以下的结论：金融监管是法定型监管与自律监管的有机统一，功能性监管法律框架是金融业务综合化的内在要求，权力本身就是一种毒剂，它也需要内在的与外在的制约与平衡。

---

① 权力的滥用即意味着社会资源配置的效率低下，法律成本的增加，所以在各国的金融监管法律中其一方面赋予了相关当事人诉权，但是在另一方面其又规定了监管者的豁免权。如美国的证券法便规定了其证券交易委员会（SEC）的豁免权。巴塞尔银行监管委员会的核心原则也提议有必要对监管机构进行法律保护，以保证监管的权威性与一致性。

② See Financial Services and Markets Bill，Sched. 1，para. 19.

③ See Financial Services and Markets Bill，Sched. 1，para. 7 (2).

考察以上作为英国金融法律改革之大成的《金融服务与市场法》，作者认为以下经验是值得各国在构建对金融企业集团监管法律制度中借鉴或移植的。

其一是新法所确立的金融监管哲学。在英国的新法中，金融监管局的理念是：运用谨慎的规则来监管，而非以控制为基础去实现监管目的；大量运用外在的监管方式，而非以到金融机构内部进行调查为基础去实现监管目的；在监管中充分重视被监管者的会计报告，发挥专业人员的作用进行监管。尽管此种监管哲学并不能完全适用于其他国家，但是其对法定型监管的国家提供了一种监管思路，即在构建一国的法定型监管制度时，有必要将自律性的监管思维反映于其监管法律制度之中。除此之外，《金融服务与市场法》也提出了完善监管的六大原则，并要求在实施监管时必须同时考虑并作为新监管方式的指南。这几大原则是：使用监管资源的效率和经济原则、被监管机构的管理者应承担相应的责任、权衡监管的成本和可能带来的收益、促进金融创新、保持本国金融业的国际竞争力、避免不必要的对竞争的扭曲和破坏。①

其二是对被监管的金融机构之主要管理者责任的明确。在英国的新法中，其一改以前的做法，要求被监管机构的主要管理层直接对执行监管规则承担责任。否则，其必须承担相应的法律责任。这彻底地改变了过去的个人责任与公司责任相分离的、高层管理人员“只同甘而不共苦”的做法。此种举措无疑有利于金融机构内部治理的良化。

其三是对功能性监管机构的制约机构。权力可能被滥用，必须存在着另外一种权力以达到相互制约的效果，否则，会导致权力的

---

① 李文泓：《国际金融监管理念与监管方式的转变及其对我国的启示》，载《国际金融研究》2001年第6期。

滥用及可能的监管权力的寻租效应。① 在功能性监管法律框架下，虽然其是与金融业务综合化相配的一种应然的监管法律体制，但是这种监管体制本身就意味着处于金融监管权力顶端的监管者的权力过分集中。因此，若对其不存在另外一种权力的制衡，则可能会导致该种监管体制制度优势的丧失。在英国的《金融服务与市场法》中，其在一方面赋予金融监管局极大的监管权的同时，又在另一方面从司法、行政与社会等多个角度对这种体制进行了约束与限制。作者以为，这不能不说是该法中的一个创举，其为各国功能性监管法律框架的创建树立了一个良好的典范。当然，不可否认的是，对于英国新的金融监管法律制度的真正效应，人们拭目以待。

二、美国金融监管法律制度的演变

1999 年 11 月 4 日美国通过了《金融服务现代化法》，废止了在其国内实行了 66 年之久的《格拉斯·斯蒂格尔法》，从而结束了美国在金融法律制度上银行业、证券业与保险业等分野的历史。同时，该法的颁布也对美国以前的分业经营、分业监管的机构型监管体制进行了矫正与重构。因此，探讨其金融法律监管制度的演进亦具有重大的借鉴意义。

（一）《金融服务现代化法》出台前的监管体制

三权分立、相互制衡是美国整个政府体制的核心所在。② 这种分权与制衡的思想也在其金融监管体制中得到充分的体现。就金融监管机构而言，美国有多家法定的金融监管者，以实现金融监管权力的分权化及形成一种相互制衡的金融监管体制，而且在联邦与地

① 寻租（rent seeking）这一术语是美国明尼苏达大学教授安·克鲁格在其《寻租社会的政治经济学》一文中所提出的概念。在该文中，作者认为，在多数市场导向的经济中，对经济活动的管制比比皆是。这些管制各种形式的租金，以及人们经常为这些租金而展开竞争。在某些场合，这种竞争是完全合法的。在另一些场合，寻租采取其他的形式，如贿赂、腐败、走私与黑市等。

② 奕体宁：《美国三权分立漫议》，载《世界知识》1989 年第 5 期。

方之间，也存在监管权力的不同配置，如美国各州都有各自的金融法规与相关的银行监管机构。现详细分析如下：

银行监管方面，美国实行二元银行制度，即美国银行有国民银行与州银行之分。其中国民银行根据1864年《国民银行法》的规定，由通货监理署（OCC）① 批准，且其必须加入联邦储备体系(FRS)② 与联邦存款保险公司（FDIC）③，所以美国的国民银行除受到OCC的监管外，还必须接受美联储与联邦存款保险公司的监管。此外，州银行则根据各州银行法的规定，由各州银行局批准设立，它也主要受州银行局的监管。若其加入了FRS或FDIC体系，则应受到FRS或FDIC监管。实际上，深入地分析一下美国在分权思想的指导下所形成的这种二元式的银行监管体制，我们不难得出以下结论：虽然此种分权式的监管权力的配置在一定程度上可以在监管者之间形成一种相互牵制的作用，从而达到监管的程序化与

---

① 据《国民银行法》的规定，通货监理署的主要职责有：审批国民银行注册登记、宣布国民银行的清理；制订相应的管理条例和法规并组织贯彻执行；检查监督国民银行的资本营运；贷款结构和质量、存款安全管理、存款贷款利率水平等经营情况；对经营管理混乱或违反金融法规要求的银行，有权命令其停业整顿，直至吊销营业执照；有权撤换国民银行的正副行长等高级负责人的职务；有权对国民银行及其负责人处以罚款；有权接管国民银行的资产或指派专人代理经营等。

② 联邦储备系统的监管对象包括州注册的会员银行、银行持股公司、外国银行在美国的分支机构、会员银行的海外业务活动、银行跨州设立的分支机构等。其监管手段主要有现场检查与非现场检查两种。其监管内容包括资本充足性、资产质量、经营管理、盈利水平与流动性等。

③ FDIC是美国1933年银行法的产物，其对所有参加存款保险的银行都具有监管的权力。（据1933年银行法的规定，所有国民银行、FRS的会员银行都必须向FDIC投保，非会员的州银行与其他经营存款业务的金融机构可采取自愿的原则参加FDIC所提供的保险）其可以要求参保银行按期递交业务经营、财务管理等的报告与统计，并对其实行检查。此外，根据1989年《金融机构改革、复兴与实施法》，FDIC还可以通过储蓄协会保险基金对储蓄存款机构实施存款保险，并对其进行监管。

规范化的效果，但是在另一方面联邦与州银行设立所依据的法律不同、所认可的业务范围不同，所以这就导致了联邦银行与州银行之间的不公平竞争。此外，由于监管主体的多元化，在金融监管实践中也会形成监管者各自独立的势力范围。① 在美国的金融法律改革中，这也是常受到抨击的问题之一。

在证券业的监管方面，美国对证券市场的监管由三个层次构成：一是美国证券交易委员会（SEC），其负责全国证券市场的监督与管理；二是各州的证券管理机构，负责各州的证券发行与交易的法规在本州范围内实行；三是全国性的证券交易所与全国证券商协会，其负责对本组织成员的监督与管理，为自律性的管理机构。在其证券监管体系中，SEC 处于中心的位置，SEC 是一个独立的准司法性管理机构。其使命是执行由国会制定的各项与证券有关的法律，以保护投资者的利益及维持证券市场的有序运转，具体负责解释证券法的有关条文，负责证券发行的注册登记；负责证券交易所与证券交易人的注册与管理；及对违反证券法的行为进行法律制裁等。此外，SEC 还通过其管理和控制证券交易所，实施其管理职能。根据 1934 年《证券交易法》，所有证券交易所都必须在 SEC 处注册。证券交易所在管理、组织证券交易，提供证券交易的通讯、服务设备，制定各自证券交易所规章制度等各方面，都必须无条件地服从 SEC 的管理。②

在保险业的监管方面，保险业主要由保险厅依据各州的法律对保险公司与中介公司等实行监管。此外，为了通过交换意见而提高金融监管效果，其成立了全美保险厅长官会议（NAIC），其职责是

---

① 在实践中，这些法定的监管者在一定程度上成为了受其监管者的利益保护者。美国的全国信贷联社管理总署与联邦住宅贷款银行局所采取的政策便是一个较好的说明。如全国信贷联社管理总署，一方面为信贷联社的存款进行保险，并主张放宽加入联社的条件；另一方面又为联社的免税权利辩护。

② 胡英之：《证券市场的法律监管》，中国法制出版社 1999 年版，第 50 页。

综合各州保险厅的意见，制定具有示范性的法规，以保证各州的保险法与对保险业的监管在一定程度上达到统一性。

(二)《金融服务现代化法》之后的美国金融监管体制的重构

《金融服务现代化法》允许以金融控股公司的方式实现银行、证券、保险业之间的相互渗透，这就必然要求美国的金融立法者对新法以前的金融监管体制进行一定的调整。考察美国新法所确立的金融监管体制，我们发现现行的美国金融监管体制兼容了功能性监管法律框架与机构型监管法律框架的特点。具体分析如下：

依新法的规定，由FRB作为综合监管的上级机构，对金融控股公司实行监管。另外，由OCC等银行监管机构、SEC和州保险厅分别对银行、证券公司、保险公司进行分业监管。因此，从美国金融监管机构的设置、监管机关的从属关系及各监管机关的监管对象与范围来看，其采取了功能性监管与机构型监管相结合的模式。为了对这种相兼容的监管模式进行协调，新法对监管权的配置进行了一定的划分，如在FRB与分业监管机构在监管优先权上新法做出了明确的规定，FRB对金融控股公司集团进行整体性的监管，必要时可对银行、证券与保险等子公司的监管问题进行裁决。另外，该法规定，若分业监管机构认为FRB的限制监管内容有重大不良性影响时，分业监管机构具有裁决权。除此之外，为了确定对未来金融产品监管权的归属问题，新法也作出了相应的规定，具体如下：首先，在对产品金融性质进行认定时，由FRB负责；其次，对某种产品是否属于证券产品的审定权，由SEC行使；最后，对某种产品是否属于保险产品的审定权，基本上由州保险厅负责，但是当OCC认为有关产品属于银行性质，且在解释上与州保险厅发生分歧时，应遵循新法规定。

(三) 评述

三权分立的思想是美国法律制度构建的基石。这一思想也被植根于其金融法律制度之中。美国金融监管主体的多元化就是一个很好的证明。虽然以此种思维所创建的金融监管模式能较好地起到防范与化解金融风险的作用，因为权力之间的相互平衡促进了监管权力的合法与有效的行使，但是若从另外一个视角来考察就不难发现随着时间的流逝，这种分权式的监管体制也逐渐地显示出不足之处，如上文所提及的不同金融机构之间的不平等的竞争，及随着时间的推移，这些管理机构为了挽留及扩大受监管者而成为了受其监督与管理者的利益的保护者。在金融业务创新的情况下，这种制度的相对劣势就导致了法律制度创新的相对滞后。

1999年美国通过的《金融服务现代化法》可以说是美国版的金融大爆炸，但是有一点应说明的是，该法再次反映了美国在其法制建设中的实用主义哲学。为什么这样说呢？因为作者认为新法相对于其出台前的美国国内的金融情况而言，它并无实质上的突破，其只是借助于新法对其国内本已存在的金融业务综合化这一事实的承认而已。虽然新法也创建了功能性监管的法律模式，但是这种模式并非完全的功能性监管模式，在其监管框架中仍然体现了浓厚的分权的色彩，机构型监管框架的基本存在就足已说明这一点。因此，相对于英国的金融法律制度的演进来说，美国还是落后一步。其改革还是不彻底不充分。尽管如此，作者认为美国的金融法律制度还是可以给各国及国际金融法律制度的走势提供有意义的借鉴与参考：

其一是在金融监管法律制度的建设上，一国应从其本土资源出发，从而使所创建的金融法律制度能深刻地体现与反映本国经济、政治、社会文化与民族心理的内在要求。虽然三权分立的思想在作用于美国金融法律制度的构建中时存在着这样或那样的不尽如人意之处，但是应明确的是制度法本是人所制定的，其本身就有不可避免的缺陷。再者，从美国法律制度的内核来看，分权与制衡本就是其立法之本。因此，这一思想也必定折射于其金融法律制度的改革中。

其二是美国在立法中所表现出来的实用主义的哲学。从一般的法学理论来看，法只具有相对的稳定性，其永远滞后于社会关系的发展，所以要求现在的法能够反映与调整未来所有的社会关系也是不太可能的事。因此，面对社会关系的发展，立法者只能立于务实性的基础上对既存的法律进行深刻的反思与检讨。作者认为美国在其法律变革中所体现出来的实用主义的哲学是值得深思的。比如金融监管体制的选择，并不是一个非此即彼的问题。美国新法所确立的功能性监管与机构型监管相兼容的模式就说明了这样一个问题。这就说明，当一国在确立功能性监管法律模式时，其应从务实的角度出发，其不应全然地摒弃机构型监管模式。另外，就金融企业集团监管的国际合作与协调而言，在金融主权观念日益强化的今天，各国的监管当局更应从务实的角度出发。一方面其应注意到金融监管合作与协调的难度，然而在另一方面它也应充分注意到监管协调的必要性与紧迫性。

虽然美国《金融服务现代化法》所确立的新金融监管体制有上述的可借鉴之处，但是作者认为我们也必须对该以 FRB 为主的功能性监管法律框架有客观且清醒的认识。实际上，美国的此次立法也只是对原有的金融监管体制进行了局部的调整，而并没有完全触及其原有的基于分权而监管的监管体制。如依据新的监管法律制度，FRB 系统对银行业有制定统一的规章制度的权力，但是在日常监管工作中，其对银行业的监管还受到其他部门的牵制。如联邦政府批准成立的国民银行由财政部所属的货币监管署监管，但同时国民银行也要接受联储的监管。另外，美国各个州的政府也有权批准成立银行，并且各州都有自己的银行监管机构。根据美国法律的规定，州银行也可以成为 FRB 系统的成员，FRB 系统的银行必须投保于 FDIC，大部分非成员银行也可以向 FDIC 投保，这样 FDIC 就可以对参保的银行行使监管权。除此之外，美国还存在准银行性质的存款性机构，如储蓄贷款协会、储蓄银行等，与此相对应的监管机构是储蓄机构监督署，信用社的监管机构是联邦信用社管理局。而且这些非银行性的存款性金融机构还都有自己的存款保险体系。① 由此可见，这种复杂的相互牵制性的监管体系不利于功能性

① 黄运成等：《证券市场监管：理论、实践与创新》，中国金融出版社 2001 年版，第 103～104 页。

监管作用的发挥，而且也在很大程度上影响了监管的有效性，因为彼此独立的监管机构已在以前的监管体制中积聚了本部门的既得利益。因此，客观地来考察，美国功能性监管体制效用的发挥还是一个有待让实践来验证的问题。

三、日本金融监管法律制度的发展

（一）金融分业至合业：日本金融体制的演变

日本的金融法律制度脱胎于美国1933年银行法所创立的模式。在1948年5月日本颁布了其历史上的第一部《证券交易法》，该法第65条明确规定，日本商业银行与证券公司分业经营，这奠定了日本证券业与银行业分业经营的法律基础。然而，自20世纪70年代以来，日本的银行为了扩大其在欧洲金融市场上的份额，开始在海外设立分行或控股证券公司，以经营证券业务。针对这些情况，日本对其1981年的银行法进行了修改，以准许银行等金融机构兼营与公债有关的证券业务。因此，其1981年新银行法的出现是日本金融机构从分业经营步入合业经营进程中的重要一环。同时，修改后的《证券法》允许证券公司从事大额可转让存单交易，允许其设立中期债券基金，并用这些基金开设现金管理账户，而且证券公司还获准对其客户发放以公债为抵押品的贷款。由此，证券业也逐渐地渗透到了银行的传统业务。①

为了使其金融改革进一步深化，在1991年日本大藏省下属的一个金融制度研究委员会发表了《日本新的金融体制建议》的报告，证券业委员会也发表了一份金融改革的报告。这两份报告都提出了以下的看法，即放宽市场准入的条件有利于竞争，有利于改革目前的金融体制。在诸多因素的合力下，1992年3月日本政府向议会提交了16份有关金融体制改革的提案，其要点如下：通过许可母公司控制子公司50％以上的股权，而使金融机构能相互进入

---

① 夏斌主编：《金融控股公司研究》，中国金融出版社2001年版，第163页。

彼此的市场；暂时限制新设子公司的某些业务范围；商业银行将被允许从事资产抵押的证券交易与私募发行业务；设立金融防火墙等。1997 年 6 月，日本大藏省公布了"金融改革方案"。① 依该方案，日本的金融改革将于 2001 年完成。在五年的时间内，日本政府将取消金融分业的限制、银行的长短期资金业务的限制、外汇交易限制、金融衍生商品交易限制、场外交易限制以及证券交易手续费的限制等，从而在其境内实现金融业务经营的充分自由化。同时，日本也对其《外汇法》、《银行法》、《保险法》、《证券法》与《金融期货法》等进行了修订。另外，为了拓宽并巩固其金融改革的成果，日本也出台了一些新法律以规范与调整新的金融关系，如在 1997 年 12 月其国会通过了《金融控股公司解禁整备法》与《银行控股公司创设特例法》，其目的是从法律上认可金融控股公司。

从日本金融法律制度的发展来看，在金融自由化理论的指导与影响下，其金融业务的经营模式经历一个循序渐进的过程。在其从分业到合业回归的法律制度的确立与变革的演进中，由于特殊的历史原因，其深受美国相关金融法律的影响。② 因此，其金融法律制度演变的渐进式的特点及美国的影响等因素也必然地体现于其金融监管体制的构建之中。

---

① 日本此次金融改革的力度与深度并不亚于英国 1986 年《金融服务法》所带来的巨大效应，所以其 1997 年的金融改革被人们称之为"日本版的金融大爆炸"。

② 美国对日本法律构建的影响可以从两个角度进行说明：其一是日本对美国相关法律的效仿，如其 1948 年《证券交易法》所确立的分业经营的模式；其二是美国对日本金融法律、金融体系与金融监管的关注所带来的间接影响。从 1995 年开始，美国对日本的金融制度与金融监管法律制度表示出明显的关心。这主要源于日本在美国国内与全球范围内的金融势力的强大，若日本发生金融系统性风险，其必将波及美国乃至全球。于是，在 1995 年 8 月，美国财政部就日本的金融、资本市场及其在国际金融市场中的作用向其国会提交了一份报告。美国的这一态度在对日本金融监管改革形成压力的同时，也对日本的金融监管法律制度的改革走向产生了强烈的影响。

（二）传统的金融监管体制①

从整体上来看，日本传统上的金融监管体制具有一线多元的特点。其主要表现为大藏省与日本中央银行共同履行金融监管的职能。以下作者将分别对其各自的监管职能进行一定的剖析。

在日本的原金融监管体系中，大藏省拥有极大的监管权力，其下设银行局、国际银行局与证券局。其中银行局是负责对银行业实施监管的主要部门，国际银行局则主要负责对银行的外汇业务、国外放款和投资进行监管及外资利用政策的制定与实施，证券局则负责对证券交易机构的调查与规划。根据其1981年的银行法的规定，任何一家信用机构的开业经营、合并、停业、解散、增资及高级职员的兼职等都必须得到大藏省的许可；大藏大臣有权要求金融机构提交有关业务或财务状况的报告，并对其进行监督检查；大藏大臣认为必要时，可命令银行停止其全部或部分业务，对于严重违反法律的银行可撤销其经营许可证。② 其可以对以下的机构行使监管权：所有在日本登记注册的金融机构，其既包括国内民间金融机构、政府金融机构，又包括国内金融机构在国外设立的分行、办事处及外国银行在日本设立的分行与办事处等。

从上述分析可知，日本银行在其原监管体系中的作用是比较有限的。其主要是作为货币政策的执行者，而只对在日本银行开设往来账户或需从其取得贷款的金融机构行使监管权。截至1992年6月，日本各种金融机构约有6 558家，而接受日本银行监管的仅为

① 因为在探讨金融监管体制的发展与演变时，作者主要是从金融诸业务分与合对金融监管法律框架所提出的要求的角度来分析，即机构型监管体制与分业经营体制相对应，功能性监管体制与合业经营体制相对应。因此，若从该视角出发，笔者认为原日本的金融监管体制在宏观上还是应归类为机构型的监管模式，因为其存在着大藏省与日本银行的分业分权监管的问题。

② Maximilian J. B. Hall, Banking Regulation and Supervision: a Comparative Study of the UK, USA & Japan, p. 149.

651家。[①] 此外，日本银行对受监管的金融机构的管制具有协议的特点,[②] 即日本银行法规定，凡金融机构在日本银行开设往来账户，双方应签订协议，该协议中一般都载有“不反对日本银行根据需要进行入内检查”的条款，以便执行日本银行法第1、25条中有关“维护与扶植信用制度”的目的。另外从其监管手段来看，其具有窗口指导（windows guidance)[③] 的特色，在其监管实践中，日本银行主要通过对交易对象金融机构的资金筹措、资金运用等情况进行了解，从而指导该金融机构对顾客的贷款增加的额度不得超过其认可的范围。虽然这种窗口指导性的监管并无法律依据，但是日本银行可以凭借其提供资金的优势对相关金融机构进行间接的监管，所以这种劝说也就具有了强制性质，窗口指导也因此产生了一定的效力。[④]

从以上可知，在日本的原金融监管体系中其大藏省被置于中心的地位，实质上负责对所有金融机构的监管。其原因在于除大藏省直接或间接地对银行与证券公司等金融机构进行监管外，日本银行实际上也处于大藏省的直接或间接监管下。这就意味着多数金融机构受大藏省的直接监督与指导，在其这种监管体制中，我们不难发现，虽然它也有分权与制衡的特点，但是大藏省对日本银行的间接或直接的控制也使其失去了与大藏省相抗衡的能力，在监管法律体系中缺乏与英国新法相类似的牵制机制的情况下，其必然导致相关

① 陈小平等:《日本银行的监督检查与评价》，中国金融出版社1994年版，第40页。

② 《日本银行法》于1998年4月1日生效后，日本银行对在其内开设账户的金融机构的监管已受到法律的保护，其已不需要再同相关金融机构签订形式上的协议监管合同。

③ 窗口指导为日本银行监管的主要方式，它也被称为行政指导。在一般意义上，其是指通过告诫、建议、恳谈会、审议会、指导性计划、道义劝说等非强制手段，引导私人经济活动（参见莫于川:《市场经济国家的行政指导简考》，载《外国法学研究》1995年第4期)。

④ 刘玉操:《日本金融制度》，中国金融出版社1992年版，第253页。

监管者权力的过度集中。长期以来，大臧省集财政和金融大权于一身，处于日本官厅中的顶峰和核心位置。1997 年 11 月，山一证券与北海道拓殖银行等大型金融机构的倒闭，及后来接二连三的大臧省金融腐败案的曝光促使日本下决心对大臧省实行改革，并尽快建立一个新的金融监督机制。可以说大臧省在其监管实践中“一揽式”的做法是导致日本金融监管体制改革的主要原因之一。① 在诸多前后因素的压力下，1995 年 12 月 26 日，大臧省以大臧大臣谈话的方式发表了《关于金融监管的转换——今后的金融检查、监督取向和具体改善措施的汇总》，其明确了日本金融监管法律制度改革的动向。这包括：从历来重视金融机构经营基础稳定的保护性监管转向更加重视市场作用；金融机构应确立风险自负的原则；依市场规律监管，并保证监管的透明化与程序化；与外国金融监管机构开展信息的交流与合作等。1996 年 6 月，日本国会通过了《关于完善确保金融机构健全性经营有关法律的法律》。至此，日本便开始了对其金融监管体制的实质性改革。

（三）新的金融监管体制

金融厅是日本目前的专职性金融监管机构，其前身是成立于 1998 年 6 月 22 日的金融监督厅。日本对金融厅作为功能性监管机构监管主体的设立采取了三步走的方式。其一是在 1998 年 6 月将对民间金融机构检查与监督的职能从大臧省分离出来；其二是金融再生委员会的设立；② 其三是于 2000 年 7 月又将金融行政的计划

---

① 张大荣:《日本金融厅及其金融监管现状》，载《国际金融研究》2001 年第 5 期。

② 在 1998 年 10 月为了改善对有问题金融机构的处理，日本先后通过了《金融再生法》与《金融早期健全法》，同时也对《存款保险法》等相关法律进行了修订。依据《金融再生法》的规定，日本于 1998 年 12 月 15 日设立了金融再生委员会（Financial Reconstruction Commission），专门负责处理金融问题。该委员会直属于总理府，其下设事务局，专门负责金融破产处理与金融危机管理的计划与立案工作等。原金融监督厅为其下设机构。在 2001 年 1 月以后，随着日本金融体制改革的完成，金融再生委员会退出历史舞台而被金融厅取代。

和立案权限从大藏省分离出来，从而将金融监管厅更名为金融厅。

金融厅为总理府的一个外部局，其设长官一人，下设总务企划局、检查局及监督局。其中企划局主要负责金融厅的一些综合性事务、金融制度的确立以及金融的计划和立案等工作；检查局与监督局是从事实施金融事务的部门，检查局负责对金融机构的业务内容进行检查，监督局负责金融机构营业许可证的发放、撤销、发布停业命令等业务。此外，原先由大藏省管辖的证券交易监督委员会也转交金融厅管理。同时，为了确保金融厅在金融监管中的独立性，日本新的金融体制改革也对金融厅的人事任免权进行了相关规定，如金融厅长官由首相直接任命，金融厅内的人事任免权也由厅长官直接掌握与控制。这相对于1998年的改革来说，又更深入了一步，因为这种新的金融监管体制进一步摆脱了大藏省可能对金融厅的控制。

根据其改革的规定，金融厅的监管职能主要体现在以下几大块：对民间金融机构进行严格检查与监督；准确地了解相关的金融信息，以维护信用秩序；依据法律直接参与处理金融机构的破产案件；金融制度的建立与金融行政的计划与金融案件的立案；以及负责与农林水产省、劳动省等其他省厅进行协调，以对协调系统内的金融机构、劳动金库与非银行金融机构进行有效的监管。

（四）评述

从上述分析，我们可以看出日本金融监管体制的改革呈现出渐进式的特点。其基本上采取了分三步走的做法，其1998年的金融改革已在实质上确立了与金融业务综合化相适应的金融监管框架，但是这种框架还是不彻底的，因为在1998年新的监管框架下，虽然金融监督厅作为最高权威性的主体的地位已经得以确立，但是其仍在诸多方面受到大藏省权力的牵制。这是与日本金融变革的初衷相违背的，因为其金融监管体制重置的原因固然一方面是由于金融业务综合化的经营模式对传统的模式提出了挑战，然而其更深层次的原因即在于要对大藏省“一揽式”的做法进行矫正。因此，有必要对大藏省的相关权力进行再次剥离，作者以为这也是日本于

2000年7月又将金融行政计划与立案权限从大臧省分离出来的原因所在。可以说，历经两次金融监管权力的置换后，日本的金融监管法律体制已发生了实质性的改进与突破。这其中最突出的一点，是其已确立了与金融业务综合化相适应的功能性的金融监管法律框架，从而打破了依行业的不同而设立多个相互独立的金融监管机构的法律模式。这种模式无疑更加有助于其对金融控股公司等金融企业集团的监管。

然而，在肯定日本金融监管体制重塑的成效时，我们也必须注意到它也可能存在着不足之处。如金融厅不设地方分支机构，对地方银行、证券公司的检查、监督仍按原体制委任大臧省属下的地方财政局进行，这样金融厅监管工作的展开仍需要依靠大臧省的配合。另外，金融厅长官在停止银行、保险公司、证券公司等的业务经营或取消其许可时，如可能对维持信用秩序产生重大影响，须事先与大臧大臣就为维护信用秩序所采取的必要措施进行商议；在由存款保险机构提供资金援助时，如可能使存款保险机构财务状况发生显著恶化、对维持信用秩序等产生重大影响时，也须事先与大臧大臣商议；在对银行、保险公司、证券公司等进行行政处分、同意进行合并、取得破产金融机构的股权时，金融厅长官须通知大臧大臣。这些规定无疑极大地束缚了金融厅的监管权力。作者认为这种新的监管机制的实然作用与应然的作用还是有待考察的。

四、综述

他山之石，可以攻玉，考察与分析金融发达国家的金融监管法律制度的演变可以让人洞察世界先进的金融监管理念与实践。经过上述探讨，作者认为，就金融企业集团的监管体制而言，应确立与之相配的跨行业的金融监管法律框架。即功能性监管框架。英国2000年《金融服务与市场法》所确立的金融监管局、美国赋予FRB对金融控股公司全面监管的职能、日本金融改革所确立的金融厅便深刻地说明了在金融企业集团模式下这一金融监管体制的选择问题。除了上述国家之外，加拿大于1987年、丹麦于1988年、瑞典于1991年、澳大利亚于1998年也都确立了审慎监管的功能性监管法律框架。同时，德国、比利时、奥地利、爱尔兰、以色列、拉脱维亚、墨西哥与南非等国都有类似的改革倾向。加速这种金融监管体制重置的根本原因就是以金融企业集团为主要模式的金融自由化对原有的监管法律制度提出了挑战与要求，因为依金融机构所提供的产品的性质与功能来确定监管权的归属问题可以摆脱权属不清、重叠监管、监管真空等现象的出现。这与金融监管法中的效益最大化、成本最小化的要求相吻合。同时，这也与巴塞尔银行监管委员会及其倡导下的“联合论坛”的要求相一致。作者以为，在构建对金融企业集团的有效监管法律模式时，首先要解决的问题应是金融监管法律体制的选择问题，即机构型监管与功能性监管，或依行业监管与依跨行业监管的问题。这是由功能性监管体制的制度优势所决定的。其具体原因如下：

其一是功能性监管法律框架更能适应新形势下金融业发展对监管体制的要求。由于机构型监管对存在交叉现象的金融创新产品的监管划分缺乏科学的标准和统一的监管部门，各监管机关可能会在对不同金融机构共同参与的金融交易活动的监管中出现相互争夺监管权或是相互推诿责任的现象，这必将影响监管的效果，从而增加监管成本。然而，功能性监管则是根据金融产品所实现的特定金融功能来确定该产品的监管机构，其可以通过专门的原则和标准来对新出现的金融产品的功能进行定性，从而决定监管权的归属。从这一层面而言，功能性法律监管可以极大地鼓励新金融产品的出现，从而实现金融企业集团形式下的极大利益。

其二是功能性监管能够更加有利于金融产品的创新。机构性监管无法对跨行业的金融创新产品实施有效监管，致使监管者不得不通过行政手段来约束金融创新的发展，如此，合业经营的内在比较优势可能就难以实现。选择功能性监管后，由于该监管体制能够较好地决定金融创新产品监管权的归属，所以监管者对其不必加以约束来维护金融体系的稳定与安全，而是将新产品纳入法定的轨道，并对其实施有效的监管。

其三是功能性监管能够有效地防止金融风险的跨行业感染与积聚。在分业经营的体制下，采取的是分业经营、分业管理的做法，所以风险是被固定于单个金融行业的。然而，在合业经营的情况下，特别是以金融集团的出现形式时，由于经营是跨行业性的、融合性的，所以也就产生了金融风险游离于各个行业之间并相互感染的可能。显然，针对分业经营的监管体制并不能解决该问题。这时，必须引进功能性监管的理念，因为功能性监管强调的是跨产品、跨市场、跨行业的监管，其要求监管者依产品的功能来实施监管。这无疑有利于防止风险的扩散与积累。

就功能性监管法律体制而言，它也并非是完美无缺的。其一，实际上，该监管体制需要一个金字塔形的监管结构体系的存在，且在该塔的顶端必须确立一个最具权威性的金融监管主体，这种结构体系本身就意味着制度的缺陷，因为功能性监管法律框架是一个金融监管权高度集中的框架。因此，在各国探求确立功能性监管体制时，也有许多学者对其持怀疑、批评或否定的态度。他们认为，尽管在金融合业的情况下，金融机构之间传统职能的分工已被打破，但是这并不意味着所有机构都按照同一模式转向金融企业集团的经营形式。在现实中银行、证券及保险公司等金融机构之间仍然存在本质区别。即便是在金融企业集团内部，有关业务也是分开进行的，所以机构型监管体制仍然能够适应新形势的要求。其二是统一的超级监管者在目标上可能没有专业性的监管者那样具有清晰的监管侧重点。其三是此种监管体制可能会滋生新的道德风险，因为这种集中式的监管者更会令公众认为整个金融体系是安全的，从而会进行逆向的选择。① 其四是有可能导致监管者不能获取监管所需的信息，因为监管的多样化在一定程度上意味着不同监管者之间的竞争，不同的监管者会设法通过诸多的渠道获取与监管有关的信息，然而在功能性监管法律框架下，一些信息的获取渠道可能会被阻

① 刘宇飞：《国际金融监管的新发展》，经济科学出版社 1999 年版，第 226 页。

塞。因此，若从功能性监管框架的内在不足进行考虑，则其可以给立法者一个提示，即功能性监管法律制度优势的发挥还有待于建立与之相制衡的监督机制。英国的《金融服务与市场法》已给各国的立法者展示了一个良好的借鉴，即对功能性监管体制的不足进行完善的最好策略是从内在与外在两个方面着手。就内在而言，这主要借助于功能性监管法律框架内部所存在的制约机制；就外在而言，这主要借助于法律的硬性规定，如诉讼法律制度及其他法定团体或机构的检查与知情权的行使或公众舆论的压力等。

此外，就金融企业集团监管的应然型的功能性监管法律框架来说，其也并不意味着若要选择确立该模式，则必须完全摒弃机构型监管框架中的所有内容。作者以为，关于这一问题应从两方面进行考虑：其一是一国在确立本国的金融监管体制模式时，应考虑到本国法律制度的基本内核所在。在这一点上，美国给了我们一个很好的说明，美国法律制度构建的基础是分权与制衡，这首先反映在其国家结构形式中，然后体现于法律体系及具体的法律内容之中。因此，在其《金融服务现代化法》中，它也不能背离这种思想，故其多元化的金融监管主体的特点依然存在，但是在另一方面又为了与金融控股公司下的金融监管体制要求相一致，其赋予了 FRB 功能监管的职能。新法创立了以功能性法律监管为主、机构型法律监管为辅的两监管体制相兼容的制度模式。这种模式就是美国法律受本土资源影响的直接结果。其二是应从制度相补的思维出发。尽管机构型监管体制并不能适应金融企业集团下有效监管的要求，但是该体制毕竟具有监管权力的配置、监管对象与范围等相对简单与明确的特点。再者，在该体制发展的数十年中，其已经确立与开发出了一整套系统性的金融监管法律制度，如前文所述的行业自律、法律框架下的内控制度、信息的原则性要求与金融监管的国际合作与协调机制等，所以从这一点来看，功能性监管法律制度只能是原机构型监管体制的延伸与发展。对此，2001 年的《欧盟金融企业集团监管指令建议案》的咨询文件中有明确的表述。此外，针对该种情况英国的经济学家泰勒（Taylor）也提出了所谓的双峰（twin peaks）式监管框架的建议，其目的即在于确立两家在职能上有互补性的监管机构。一家是“金融稳定委员会”，其职责在于对金融领域里的系统风险进行审慎性的监管。另一家为“消费者保护委员会”，其主要是针对金融机构的机会主义行为进行合规性的监管。①

总而言之，从金融监管体制的发展态势来看，从对相关国家的金融监管体制法律制度的演变分析来看，作者认为可以得出以下结论：一是金融企业集团的有效监管必须构建跨行业监管的法律体制，即功能性监管法律框架；二是针对功能性监管法律框架也必须设计相应的监督与制约机构，这是该体制能有效发挥其应然作用的基本保证；三是功能性监管法律框架的确立并非是对以前所有的机构型监管体制内容的遗弃，相反其是一个兼收并蓄的问题。

第三节　功能性监管体制下的监管理念创新分析

在以金融企业集团为形式的金融自由化的情势下，由于传统的金融监管体制已在金融监管的实践中明显存在滞后性，这显然不符合有效金融监管的要求。1997 年 4 月巴塞尔银行监管委员会发布了《银行有效监管核心原则》，该原则认为有效银行监管应包括以下几项基本要素：良好的公司治理机构，硬性的市场约束及市场透

① 泰勒模式也在一些国家得到响应，如在 1997 年 4 月澳大利亚的 Wallis 咨询委员会便提出了构建双峰式监管框架的建议，其主张成立一个专门的针对金融机构行为的监管者与一个专门的对所有金融机构进行审慎监管的机构。这一建议在其 1998 年的金融监管体系变革中得到体现。如其现行的监管格局由四大部分组成，其具体如下：澳大利亚储备银行（ARB），其旨在保持包括支付系统在内的整个金融体系的稳健；竞争与消费委员会（ACCC），旨在维护金融体系内的公平竞争；证券与投资委员会（ASIC），其职能在于向公司以及金融机构提供诸如消费者保护与信息披露准则方面的市场行业行为标准；审慎监管委员会（APRA），其负责审慎性监管，以抑制系统风险，保护存款人等的利益。实际上，泰勒模式与美国《金融服务现代化法》所创建的监管模式如出一辙，为一种兼容式的监管体制。

明度与监督、监管。其目标在于维持金融体系之稳定与信心、监管操作上的独立性及监管者之正式权力、监管者对银行业务性质了解基础上的风险管理、风险评估基础上的监管资源之分配、银行资本充足性、监管者之间的合作，尤其是国际合作等。[①] 那么，在功能性监管框架下，是否存在有创新性的金融监管理念呢？结合上述英、美、日等国家金融监管立法与实践的创新和巴塞尔银行监管委员会所发布的文件所体现的精神及功能性监管的内在要求，作者认为目前的金融监管制度的创新主要表现在以下几个方面：从合规性监管到以充足资本为基础的全面风险审慎性监管、内控制度的法制化与规范化、信息交流与合作的国际化、监管程序的规范化与系统化等几个方面。

一、法定性的全面风险管理

全面性风险管理是巴塞尔银行监管委员会对银行业进行监管的一个重要原则，该原则力图达到任何银行都不能逃避监管及此种监管必须是充分的目标。为此，巴塞尔银行监管委员会近年来发布了一系列的文件，以对信用风险、市场风险、流动性风险、操作风险、法律风险、声誉风险、利率风险、汇率风险及国家与转移风险进行全面的风险管理。这也是国际银行业有效监管发展的基本趋势之一。

关于信用风险的管理，所涉的巴塞尔银行监管委员会文件有：《银行国际贷款的管理》(1982 年)、《大额信用风险暴露的衡量与控制》(1991 年)、《资产转让与证券化》(1992 年)、《贷款会计、信用风险披露的有效实践》(1998 年) 及《银行有效监管核心原则》(1997 年)。[②] 在此，作者认为有必要提一下《银行有效监

① 李早航：《现代金融监管：市场化国际化进程的探索》，中国金融出版社 1999 年版，第 335～343 页。

② 李仁真：《论巴塞尔协议的原则架构和性质》，载《国际经济法论丛》(第 2 卷)，第 352 页。

管核心原则》，因为该文件比较全面地体现了巴塞尔银行监管委员会对信用风险管理的见解。该文件从信用审批标准和信用监测程序、对资产质量和贷款损失准备金充足性评估、风险集中和大额暴露、关联贷款及国家风险或转移风险等方面对信用风险的监控提出了一整套较完善的体系。①

关于市场风险，早在 1993 年巴塞尔委员会便提出了制定银行市场风险资本要求的建议，1996 年初其正式公布了《巴塞尔资本金协议市场风险修正案》，该修正案具有以下特点：将市场风险纳入资本充足监管体制、确立了一套新的体现市场风险的资本衡量架构、提出了“三级资本”② 的概念与资本要求。

关于系统风险，在金融领域中，系统风险指由于政治、经济与社会心理等因素的影响，一个或多个银行倒闭导致整个银行体系发生“多米诺骨牌”效应的危险。系统性风险发生的可能性虽然不大，但是其可能造成的打击却是巨大的，甚至可以导致整个世界的金融危机。为防范国际支付清算体系中存在的系统风险，国际银行业与各国监管当局采取了各种不同的措施。这主要是发挥各国中央银行在支付系统中的作用。如美国联储电划系统（FEDWIRE）规定，当某一银行不能完成清算，支付体系不能受到损坏，中央银行将在该银行破产的情形下负偿付责任；英国与荷兰的中央银行则要求商业银行在透支其清算账户前提供流动资产作为担保。此外，一

---

① 在这里笔者想明确的是对于信用风险管理的建议并非《银行有效监管核心原则》的全部内容。实际上，该文件是巴塞尔银行监管体系的集大成之作，它高度浓缩了巴塞尔银行监管委员会与其他国家在金融监管领域的成果，集中体现了散见于以往巴塞尔委员会文件中的原则与精神，形成了一个全方位、多角度的风险监管框架。

② 所谓三级资本主要是指银行依国内主管当局的自由裁量而发行的、受限于一项“锁定条款”的短期次级债券。依该文件的规定，三级资本只能用于防范市场风险，其不得超过银行用于支持市场风险的一级资本的 250%，且在不违反巴塞尔资本协议的情况下，其可以用来替代二级资本，但同样不得超过 250%。

些民间的清算系统，如美国同业清算支付系统（CHIPS）和英国的清算自动支付系统（CHAPS）则规定了其成员之间负债的最高额。目前，也有不少国家或地区，如美国、欧盟等通过建立存款保证制度来维护金融体系的稳定。

正如上文所言，对于金融业风险的管理是全方位的与立体的。除了上述的风险管理制度与文件之外，巴塞尔银行监管委员会对其他风险也发布了为数众多的文件，在此笔者将其列举如下：1980年的《银行外汇头寸的监管》、1986年的《银行表外业务风险管理》、1989年的《计算机与电子系统的风险》、1992年的《衡量和管理流动性的架构》、1997年的《利率风险管理原则》、1997年的《关于2000年问题》、1998年的《操作风险管理》、1998年的《电子银行与电子货币业务的风险管理》及2001年的新的资本协议案等。

二、自律性监管的规范化与法律化

金融监管从狭义的角度看即指具有法定权威性的金融监管机构依法律的授权及法律规定的程序，对受管制的金融机构进行的监管，然而随着金融业务的深化目前的金融监管在理论上与实践上已突破了传统上的法定性监管理念。这表现在实践中即是完善的监管体制应是法定性监管与自律性监管的有机统一。因此，金融同业组织的自律性管理已成为金融监管体制中的一个重要部分。

自律性管理，简而言之，即是指金融同业组织的自我管理与自我约束、自我控制。其有两个基本的构成要素，即自律规则须由同一行业的从业组织人员共同制定，即规则的制定者同时也是规则的执行者，自律产生的动机是源于共同的利益追求。

对于自律性管理产生的机理，有的学者进行了相关的分析，而将其产生归于下列因素：自律组织比政府更熟悉金融业运作的具体实际情况；自律组织在执法检查、纪律监控方面比政府监管更具灵活性与预防性；自律组织在监管方面作用空间较大；金融业自律组织的存在有其客观必然性，即金融业的利益追求的实现必须以金融体系的稳健为基础。① 自律性管理的支持者们认为，在金融监管中监管者不应居于市场的第一线，否则将阻碍市场的灵活性与金融的创新。监管者应位于从业者的身后，其彼此间的距离应足够近，以使监管者能看清事情为什么以及如何发生，但又不能太近以至于抑制新观念的产生。这些理念的结果自然是突出从业者自己在管制中的显著地位。②

正是由于自律性管理在实践中的突出作用，有许多国家和地区已直接或间接地将其纳入了监管法律化的体系中。如法国 1984 年的《银行法》第 23 条规定，所有信贷机构都应从属于某一专业团体或隶属于法国信贷机构协会的中央组织机构。在比利时与荷兰，银行公会在金融监管中也具有正式监管的作用。如在比利时，其金融监管政策即具有金融管理当局与金融机构“共同协议”的性质。为此，其特别成立了一个委员会，由财政部及各金融机构代表组成，中央银行行长任委员会主席，委员会行使权力时必须事先与银行公会做好协商。③ 在荷兰，其中央银行在决定有关监管政策时，其必须征求银行公会的意见，以便按“君子协定”原则制定适宜的指令。在我国的香港，其银行同业公会是依 1980 年《香港银行公会法案》于 1981 年成立的一个自律性的同业组织。④ 该组织下设三个机构，即执行委员会、咨询委员会与法律委员会。其主要行使以下职能：与港府财政司协商后制定会员银行存款利率协议，并负责监督执行；调查、处理会员银行的违章事件及会员银行的投诉与纠纷；在取得财政司同意后，制定有关银行业务的规章；帮助对外

---

① 张忠军著：《金融监管法论——以银行法为中心的研究》，法律出版社 1998 年版，第 136～137 页。

② William D. Coleman, Financial Services, Globalization and Domestic Policy Changes, Macmillan Press Ltd., p. 182 (1996).

③ 盛慕杰主编：《中央银行学》，中国金融出版社 1989 年版，第 316 页。

④ 国世平主编：《香港金融监管》，中国计划出版社 2002 年版，第 104 页。

联系、负责提供咨询和处理有关法律事务等。另外，在这里值得一提的是美国，尽管其被贴上了正式管理的标签，但是自20世纪70年代以来美国通过了一系列修正案，以减弱政府对金融市场的干预，加强了自律性的机制，使金融行业的自我管理、自我约束日益成为其金融监管中不可或缺的内容。

虽然自律性的管理已被纳入了金融监管的范畴，且其作用与效果也在一步步得到强化，在有些国家自律也成为了监管法律的直接要求，但是笔者以为对其作用也不能人为地夸大，因为完善的监管制度必然是法定性监管与自律性监管的统一，而且在这两种监管的形式之中，法定性的监管也必须处于主导性的地位，因为其一相比之下法定性的监管更加具有严肃性、权威性与稳定性，这一点是自律性的监管无法比拟的。可以说这也是英国自1979年《银行法》颁布以来一直致力于加强法定性监管的原因；其二是自律性的监管是与英国以前的金融监管存在着渊源关系的。然而，应明确的是一种监管法律制度从其确立到发展是以其本土资源为基础的，比如自律性监管之所以在英国能占据着主导地位，能行之有效，其原因即在于英国社会经济金融发展是一种较少人为干预的自然的历史发展模式，而且在传统上英国缺乏成文法，深受习惯法的影响。因此，在引进与强化该种监管方法时，一国也必须对其效用进行客观的评估。

再者，作者亦认为自律性管理的规范化与法律化也说明了这样一个问题，即法律所授权的监管者与被监管者之间的妥协。为什么这样说呢？因为监管必须依赖真实、准确与及时的信息，但是监管者所获取的信息是远不能达到这样的标准的。我们从其信息取得的途径就可得出这样的一个结论，监管者信息的获取方式无非是以下两种：一是其亲自调查取证；二是被监管者亲自提交，在可能的情况下由监管者进行认证。因此，在监管者与被监管者之间永远存在信息不对称的矛盾，笔者认为这也是自律性监管得到加强的根本原因。实际上，银行业、证券业的监管者对自律性监管的认可已蕴含了这样一种思想，即金融行业界在追求本行业的利益的同时，其必须意识到利益的取得必须以安全为基础。从这一角度来看，监管者与被监管者的目标相同，因此金融行业公会在维护本行业的利益时必须行使一定的管理职能，以与监管者同舟共济。

三、内部控制制度优先的监管思维

有效的金融监管必须是外在与内在的监督和管理的结合。若从某个金融行业的高度来说对本行业的自律性管理是金融监管中不可或缺的一环的话，那么微观上的单个金融企业的内部控制机制便是此种自律性管理的核心所在。从应然的角度分析，有效的金融监管体制应是内控制度优先，因为只有被监管者最清楚其所面临的及潜在的金融风险。实际上，目前各国将内控制度纳入了其监管体制之中是银行倒闭所触发的一种监管理念。事实证明，巴林银行案、日本大和银行案及 BCCI 银行案等都是内部控制失灵所造成的。比如英国银行监督理事会在对巴林银行事件进行了 5 个月的调查后，其得出了以下的结论，巴林银行破产的主要原因是银行的管理失灵及其他最基本的内部控制机制失灵。该报告指出，巴林银行高层管理人员对巴林期货公司完全失控，银行内部控制机制失灵，银行总部的主管及金融衍生业务部门的负责人既不熟悉所主管的金融衍生业务，又没有稳妥地履行自己的职责。① 可以说上述所提到的银行倒闭事件只不过是冰山一角而已，这些为数众多的银行危机及区域性的与全球性的金融危机再次向一国及区域性的与全球性的金融监管者提出了一个要求，即对现行的监管体制进行反思，以便找到监管真空的所在。客观地说，监管灰色区域存在的内在原因即在于监管信息的不对称，因为对于监管者而言其是无法准确并及时地得知某金融企业有潜在的金融风险的。可以说这也是监管者对内控机制青

---

① 罗光：《从经营失败案例看银行的风险意识与内部监控》，载《国际金融研究》1996 年第 6 期。

睐的原因所在。①

（一）巴塞尔银行监管体系与内部控制

巴塞尔银行监管委员会在国际银行业的监管中起着举足轻重的作用，它不仅是对银行业进行监管理念创新的建议者，而且也是跨行业监管的倡导者与支持者。同时，该委员会在内控制度的建设方面也作出了巨大的贡献。可以说其创立的巴塞尔监管体系就充分地体现了内控制度的思想，因为几乎所有的巴塞尔银行监管委员会文件都涉及了以保护存款人利益、降低金融体系风险为目标的流动性、清偿力、外汇活动与头寸的监管内容。然而，监管是从外部进行的，由于监管活动的外在性，银行内控制度便成为保障其流动性与清偿力，最终实现上述目标的基础因素，如 1988 年的《巴塞尔资本协议》将内控思想具体化到资本充足率问题上，提出了核心资本、附属资本、表内资产风险权数、表外资产风险换算系数、总资本占风险资产的比例以及分级资本占风险资产之比例等要求。

除此之外，早在 1994 年 4 月，巴塞尔银行监管委员会与国际证券监管者组织联合发表了一份报告，该报告比较全面地概括了银行改善内部风险管理的七项重要因素，即：高级管理人员参与银行的总体政策设计；明确管理风险和经营衍生业务的权力和责任；银行内部审计人按照风险程度进行评估；重视向银行高级管理人员和董事会报告的资料的可靠性和及时性；在包括交易和非交易活动各项机构范围的基础上衡量和汇总风险；进行“压力测试”，包括对不利事件的识别和潜在可能性的检验，以及对银行抵御最不利事件

① 对于该问题，作者想作进一步的说明。内控制度的产生及愈来愈受到各国及国际性监管组织的重视的原因与金融行业自律性管理受到强化的原因是一样的，即由于信息不对称因素的存在，内控机制受到各国的关注是一种不得以而为之的事情。而且，这种制度的强化其本身也有着不足之处，比如被监管者同时也是监管者，那么这两者之间的关系该如何协调呢？这也是一个令立法者头痛的问题。因为自觉性的管理在资本的逐利本性的驱使下是会变得微不足道的，也易引起公众的质疑。因此，对于内控制度的探讨也只能是从一种应然的角度出发了。

能力的评估；定期考察基本方法及其模型的假设。该项建议对各国金融企业的内控制度的建设具有重要的指导意义。后来，集巴塞尔监管体系之大成的《银行有效监管核心原则》中的原则 14 与原则 15 更是使内控制度具体化，如：

原则 14 规定，银行监管者必须确定银行是否具备与其业务性质及规模相适应的完善的内控制度。这应包括对授权和职责配置的明确安排；将银行承诺、付款和资产负债处理方面的职能分离及对上述程序的交叉核对；资产保护、完善、独立的内部或外部审计；以及检查上述控制措施与有关法律规章遵守情况的职能。

原则 15 规定，银行监管者必须确定银行具有完善的政策、做法与程序，其中包括严格的“了解你的客户”之政策，以促进金融部门形成较高的职业道德与专业标准，并防止银行有意或无意地被犯罪分子利用。

在上述原则的指导之下，《银行有效监管核心原则》又将银行企业的内部控制制度作了进一步的具体化，这表现在以下几点：

内控的目的方面，确保一家银行业务能根据银行董事会制定的政策以谨慎的方式经营。为达到这一目标，其具体包括以下几个方面的措施：只有经过适当的审批方可进行交易；资产得到保护而负债受到控制；会计及其他记录能提供全面、准确与及时的信息；而且管理层能够发现、评估、管理和控制业务的风险。

内部控制的内容方面，这主要包括以下四个方面，即组织结构(职责的界定、贷款审批的权限分离和决策程序)、会计规则（对账、控制单及定期试算等)、双人原则（不同职责的分离、交叉核对、资产双重控制和双人签字等）及资产与投资的实物控制。①

除了原则 14 与原则 15 外，《银行有效监管核心原则》中其他内容也关系到内控制度，并对其具有指导与参考价值。如在“发照程序”的监管中，其提出了银行经营计划、控制制度与内部组织结

---

① 国际清算银行：《巴塞尔银行监管委员会文献汇编》，中国金融出版社 1998 年版，第 26 页。

构，董事与高级管理人员的资格，以及对包括资本金在内的财务预测等，这些也属于内控制度的问题。再者，在“持续性银行监管的安排”中，其再次重申了银行资本充足率这一内部控制制度中最基础性的问题，提出了银行信贷风险管理、市场风险管理及其他风险管理的要求，亦对银行信息管理、会计准则与会计记录等提出了要求。①

在此之后，巴塞尔银行监管委员会于 1998 年又发布了一个关于银行业内控制度的框架文件，其包括了一个健全的内控系统所应包括的所有重要内容，既是银行机构建立和完善内控制度的指导性文件，也是监管当局评估银行内部控制制度是否完善与有效的重要依据。②

(二) 欧盟对金融企业集团内控机制的要求

内控机制作为增强金融业安全性与稳定性的重要手段已得到国际上各监管者的普遍重视。除发挥金融同业组织的监管作用外，各金融机构的内部控制和内部管理对其自身业务乃至整个金融体系的影响也越来越大。③ 随着金融业务综合化、金融自由化与全球化的到来，各国监管当局不断向金融机构施压，促使其改进和加强内部控制机制，尤其是强调金融机构要对那些有风险或潜在风险较大的业务领域加强监督和管理。金融机构是否具有完善的内控制度已成为其市场准入中监管者所要考虑的重要因素，也是监管者日常监管中的重要内容。这对具有优良内控传统的欧盟各成员国而言更是如此。其此种传统便折射于欧盟对金融企业集团的监管框架之中。

2001 年欧盟对金融企业集团监管指令建议案除了在第 10 条专

---

① 康书生著：《商业银行内控制度：借鉴与创新》，中国发展出版社 1999 年版，第 47 页。

② 凌晓东：《金融控股公司的内部控制》，载《国际金融研究》2001 年第 4 期。

③ 孟龙：《市场经济国家金融监管比较》，中国金融出版社 1995 年版，第 29 页。

门规定了内部控制机制外，内控机制的思想体现在欧盟对金融企业集团监管的各个方面。比如：在防止金融企业集团内受管制实体的同一资本被重复计算时，该建议案第 5 条第 2 款规定，各成员国或监管当局应要求受管制的实体在金融企业集团的层面上备有适当的资本充足率安排，及关于资本充足的合适的内控机制。在规制金融企业集团内的关联交易及风险集中时，建议案第 6 条第 2 款规定，各成员国或所涉的监管当局应要求被管制实体，在金融企业集团的内部备有合适的风险管理程序及内部控制机制。实际上，在欧盟对金融企业集团的监管框架之中，其自始至终贯穿了一种监管思维，那就是有效的监管应是外在监管和内在制衡的有机统一。

在区域性与全球性的国际组织推崇与强化内控机制监管理念的同时，这种思想也被反映于或移植到各国的国内法之中，成为法律的直接要求。比如我国央行 1997 年便通过了《加强金融机构内部控制的指导原则》,① 该原则成功地吸取了巴塞尔文件中有关内部控制原则的合理成分，并结合中国金融业的实际加以适当的变通，确立了中国金融机构内部控制的目标与原则，规定了内部控制的要素与内容、建立内部控制的基本要求、内部控制制度的管理与监督等。② 证监会则通过了《证券公司内部控制指引》，该指引第 2 条规定公司内部控制包括内部控制机制和内部控制制度两个方面。内部控制机制是指公司的内部组织结构及其相互之间的运行制约关系；内部控制制度是指公司为防范金融风险，保护资产的安全与完整，促进各项经营活动的有效实施而制定的各种业务操作程序、管

---

① 2002 年 9 月，中国人民银行为促进商业银行和健全内部控制，防范金融风险，保障银行体系安全稳健运行，依据《中国人民银行法》、《商业银行法》等法律规定和银行监管审慎要求，制定了《商业银行内部控制指引》。该指引对内部控制制度的要素进行了探索性的规定，其主要包括以下几个方面：内部控制环境、风险识别与评估、内部控制措施、信息反馈、监督评价与纠正等。

② 余劲松主编：《中国涉外经济法律问题新探》，武汉大学出版社 1999 年版，第 624 页。

理方法与控制措施的总称。其第5条规定，公司完善内部控制机制必须遵循以下原则：健全性原则、独立性原则、相互制约性原则、防火墙原则及成本效益原则等。其第6条规定，公司制订内部控制制度必须遵循以下原则：全面性原则、审慎性原则、有效性原则、适时性原则等。2000年4月6日，证监会又通过了《关于加强期货经纪公司内部控制的指导原则》。该原则对内部控制制度进行了界定，如其第2条规定：期货经纪公司内部控制制度，是指期货经纪公司为了保证其各项业务的规范运作，实现其既定的工作目标，防范出现经营风险而设立的各种控制机制和一系列内部运作控制程序、措施和方法的总称。内部控制制度包括内部控制机制和内部控制文本制度两个方面。内部控制机制指期货经纪公司的内部组织、组织结构及其相互之间的制约关系；内部控制文本制度指期货经纪公司为规范自身的经营行为、防范风险而制定的一系列业务操作程序、管理办法和各项措施的总称。德国银行监督局则颁布了《对经营金融交易的信用机构业务管理的基本要求》，其从管理层的自我监督与控制、风险控制与管理、操作程序的监督与牵制及内部审计人员的再监督等几方面对其境内的金融机构内控机制的构建进行了规定。

此外，新西兰储备银行于1996年1月起推行新的监管制度，提出央行虽然有责任保护银行体系，但是当银行出现问题时，中央银行不再出面挽救，并希望促进商业银行完善其内部控制制度。此项改革旨在防止商业银行在存款保险与央行的最后贷款人制度下产生的道德风险。这样央行通过间接的方式向其属下的金融机构施压，以迫使其构建良性的内控制度。

（三）小结

内部控制制度的强化实际上是信息不对称现象的产物，是监管者与被监管者之间达成的一种妥协与默契。作者认为内控制度受到各国及区域性与国际性金融监管者的关注是一种必然的结果，因为无数的金融业的危机已证明内控机制的失灵是问题的症结所在。在一个金融企业内，一个没有受到约束与制衡的结构体系本身就蛰伏着系统性金融风险。因此，相互牵制相互制约就成为监管者的必然要求。客观而言，应然性金融监管体制应从金融企业的内部切入，以从企业的内部找到完善的金融监管的突破点。同时，法定性的监管者再从侧面进行施压，以迫使受监管者遵守监管规则。

再者，制度法本是人制定的，但是人认识客观规律的程度又是有限的，所以制定的规则总是处于一种相对完善的状态。这对于内控制度来说同样如此，所以在树立内控制度法制化与优先化的理念的同时，也应明确其不足，被监管者逃避监管的欲念总是存在的，这样看来银行业、证券业与保险业等的监管者作为守夜人的职责与功能不能被弱化不能被从意识上被低估。

四、强调监管法定程序的规范化与全程化

金融监管从其本质上来看是一个系统性的工程，其意味着监管应该是全方位的与立体的。另外，金融监管法律制度是一个国家法律体系中的重要组成部分，也是法制化中的一个重要内容，所以金融监管也应是一个规范化的过程。可以说这也是考察一个国家的金融监管体制是否完善的一个重要标志。就目前的金融监管体制来看，这一观点也表现于各国的金融监管制度中。一国一般从市场准入监管、运营监管与市场退出监管三个方面进行了必要的区分。在具体操作过程中，其主要有市场准入监管、救援性措施及退出监管等。

（一）市场准入监管

事前的防范胜于事后的救济，所以市场准入阶段的监管可以将劣质的金融企业排除在金融市场之外，这是监管的第一道防线。此时，监管的范围主要包括对银行等企业的入市登记、资本充足性、业务范围及贷款集中度等方面的审查与认证。比如，美国联邦储备银行在决定是否对一设立中的银行给予许可时，其主要考虑以下四方面的因素：银行盈利的前景（即申办之中的银行能否成功并且具备赢利的能力）、银行管理层人选的资格、银行资本结构的充足性及将由该银行服务的社区的需要和方便程度。此外，为了保证以上

因素不被忽略，银行管理部门要求发起人在申请书中包括以下内容：业务计划；银行管理层人选的个人情况与财产情况；预编的银行财务报告和对在建银行的财务与运作前景的估计；关于对金融工具、服务项目的需求以及目标市场现在的竞争情况。

(二) 救援性措施

在实践中，当某一金融机构出现支付危机时，一般由中央银行来行使最后贷款人的职能，以避免银行等金融机构倒闭。① 对此，各国的法律对其有相类似的规定。如在德国，其联邦银行与银行界成立了“流动资金银行团”，专门对流动资金发生困难的商业银行提供资金援助。在美国，其联邦储备银行对商业银行设有贴现窗口，提供调节信用贷款、季节性信用贷款、延期性信用贷款等。在英国，英格兰银行的紧急援助方式有：提供紧急贷款、提供借款担保、必要时接管发生困难的银行。此外，在卢森堡与新加坡，由于在传统上都没有本国的中央银行，所以其最后贷款人的职能的行使比较特殊，如在卢森堡，执行最后贷款人职能的是一家比利时国家银行，新加坡货币管理当局则是通过掌握对银行是否提供清偿力援助的决定权力的办法来起到最后贷款人的作用。为了防止银行过度依赖最后贷款人功能的发挥而产生的道德风险，其最后贷款人的职能范围一般不予公布。

(三) 市场退出监管

金融企业是市场经济中一个特殊的主体，所以对其应设定一些特别的法律机制，以免“城门失火，殃及池鱼”。就目前各国的银行业的市场退出制度来看，各国大多采用存款保险制度，以维护银

① 央行最后贷款人的职能从其产生开始，其所针对的对象就是商业银行。那么，在金融企业集团的情况下，该项职能是否应延伸到集团内的其他非银行性的管制实体，对于这一问题，正如同作者在前文所言，由于在以金融企业集团为模式的金融业务合业化的情势下，金融风险并非锁定于金融风险起源的某个金融企业，所以从防止连锁反应的目的出发，作者认为虽然目前各国的中央银行法律制度对此还缺乏相应的规定及相应的实践，但是最后贷款人职能的重新界定已是立法者与监管所面临的一个必然的问题。

行客户的信心及整个银行体系的信用与信誉。近年来，一些国家的存款保险机构除了被用来保护存款人利益外，还被赋予了金融管理、金融援助和破产处理等多项职能。如美国于1991年底通过的《联邦存款保险公司改进法》的核心内容即是建立快速调控中心，以及对资本款达到法定水平的机构实行严厉的制裁措施与相关的控制制度。

另外，从区域性的角度来看，一些区域性的国际组织已将存款保险制度纳入了其市场退出监管的范畴，以作为金融监管的最后一道防线。如欧盟于1994年4月正式通过了《关于存款保险安排的指令》(94/19/EC)。该指令明确规定了存款保险安排的母国控制原则，并力图保证每个成员国都能遵循存款保险的最低水平。该法律文件对欧盟各成员国的存款保险制度起到了重要的协调作用，同时也对存款保险制度的国际协调与合作产生了深远的影响。比如，在1997年3月巴塞尔银行监管委员会公布了《巴塞尔委员会成员国的存款保险安排》，该文件从存款保险所覆盖的范围、管理与运作方式及融资这三大方面对成员国所实施的存款保险制度进行了调查与比较。

(四) 小结

正如同前文所言，金融法律监管是个系统性的和立体性的工程。从完善的监管框架来看，其应该构筑多重金融防火墙，这反映在金融监管法律制度中即表现为市场准入监管、运营性监管与市场退出监管。就金融企业集团而言，这本就是原金融体制下的衍生物，所以在对其监管法律制度的设计上立法者或设计者不能背弃以前的金融监管法律制度中较符合金融企业集团监管的规则或模式。从这一点出发，作者认为我们可以得出一个这样的定论，即金融企业集团监管的法律制度只能是以前相关法律制度的继承及法律创新的总和。因此，在金融企业集团的模式下，上述分三阶段的监管策略在对其监管的法律创新中也要得到充分的体现。

五、金融法律监管的国际化

金融主权本是一国国内的事情，但是随着金融的全球化与自由化，金融风险更加具有传染性与渗透性，其产生的多米诺骨牌效应并非以金融危机源所在国为界，而是以利率与汇率机制为传导作用向全球波动。这就使金融法律监管的国际合作与协调成为必要。金融法律监管的国际化主要表现在两个方面，即区域性的与全球性的监管合作与协调。

(一) 区域性的合作与协调

欧盟是金融监管区域性国际化的典范。早在1977年其便通过了《关于协调有关从事信用机构业务的法律、规则和行政规章的理事会指令》，到80年代又相继推出了《关于对信用机构进行并表监管的指令》、《第二银行指令》、《关于信用机构自有资金指令》与《关于信用机构自清偿比率指令》等。在90年代，其通过了《禁止洗钱指令》、《并表监管指令》、《投资服务指令》、《资本充足指令》及《存款保险指令》等。其后，欧盟又通过了《关于信用机构设立与经营的指令》及《关于对金融企业集团进行补充监管的指令》等。从这诸多的指令中，对欧盟在区域性金融监管的国际化我们可以浓缩出以下特点：以最低限度的协调与相互承认原则为基础，确立了单一执照银行制度；确立了以母国为主、东道国为辅的综合监管模式；协调并在最低限度上统一了银行业的监管标准；确立了对非欧盟信用机构的对等互惠原则。应该说欧盟在监管的合作与协调方面的力度是极强的，因为其颁布的一系列指令对成员国具有法律约束力，各成员国有义务履行，这在一定程度上克服了巴塞尔文件无法律约束力的缺陷，这种法律上的约束力为欧盟在金融监管上的协调化、同步化与一致化提供了强有力的保障。可以说欧盟在金融监管各方面所作的努力将对未来国际金融监管法的走向产生了深远的影响。

另外，在此值得一提的是北美自由贸易协定（NAFTA），该协定就金融服务贸易规则、设立资格、跨境服务、国民待遇、最惠国待遇、透明度、争议的解决等作出了规定，该协定并不寻求实现美、加、墨这三国法律上的一致性，它所寻求的是在确保东道国管制权的同时，保证市场准入的自由。① 这也是对金融企业的市场准入问题上的一次尝试。

（二）金融法律监管全球化的合作

在这方面具有重要影响的当首推巴塞尔银行监管委员会，巴塞尔委员会自其成立以来发布了为数众多的文件，这些文件围绕国际银行业的审慎监管及其风险化解与防范问题，提出了一系列原则、规则、标准与建议，并实际上建立了系统的巴塞尔监管体系。近年来，由于金融企业集团的出现，其又对金融业的跨行业监管提出了诸多建议与指南。尽管巴塞尔委员会并非一个正式的国际金融监管组织，其发布的文件也并不具有当然的法律约束力，但是由于其代表着全球主要的国际金融中心的银行监管当局，所以其对各国金融监管法律制度的构建有着深刻的示范效应。

除此之外，1994 年的《服务贸易总协定》（GATS）及《全球金融服务协议》（FSA）也在金融监管的国际化方面起到了作用。如 GATS 即从金融服务贸易的角度切入到金融监管领域：市场准入、透明度、最惠国待遇和发展中国家的特殊待遇。而且上述两协议在最惠国待遇的基础上将全球大部分的银行、保险、证券与金融信息的贸易纳入 WTO 争端解决机制之中。这在一定程度上有助于具有强制力的统一的国际金融监管规则的形成。

（三）小结

金融的全球化与自由化意味着金融法律监管需要国际合作与协调。这是新的金融关系对目前法律的革新提出的要求。实际上，从上文来看金融监管的国际化已取得了一些富有成效性的成果，如欧盟金融业监管的同步化与协调化便是一个较好的例证，但是我们必须明确的是欧盟金融监管的最低限度的协调是存在着深刻的背景

---

① Catherine England, Governing Banking's Future: Markets vs Regulation, Kluwer Academic Publishers 1991, p. 28.

的，这种合作化的模式并不是一个放之四海皆准的模式。

另外，尽管巴塞尔监管体系在目前的金融监管国际化机制中起着举足轻重的作用，但是我们也应清醒地意识到巴塞尔委员会并非一个具有法律人格的国际组织，所以其发布的诸多文件的法律性质还是一个有待探讨的问题，这也是有些学者定性为“带约束性建议”、“相当于国际惯例”① 的原因所在。

再者，金融是一国经济的核心。在金融主权日益强化的今天，让一个主权国家将过多的金融监管权让渡给某个国际组织，这也是非常困难的事情。就目前监管协调国际化程度较高的欧盟而言，它也面临着内部离心力的问题。实现其金融监管的目标依然任重而道远。

尽管金融监管的国际化存在着上述的制约因素，但是也不能抹杀其功能与使命。实际上，金融法律监管的国际化是完善一国金融监管体系过程中不可缺少的一环。就金融企业集团的监管而言，由于大多数的集团具有跨国性的特点，所以国际金融监管协调的力度与深度也决定着有效的监管框架的构建。这就表明一国在确立对其监管法律制度时，必须借鉴或移植巴塞尔银行监管委员会的工作成果与建议、欧盟在金融监管制度同步化中所采用的原则或框架及WTO体系中的相关规则。

六、评述

金融监管法律体制发展的新动态表明完善的金融监管体制是法定性的外在监管与自律性的内在管制的有机统一，是一个由市场准入监管、运营监管与市场退出监管组成的系统工程。这种监管理念在分业经营、分业管理的体制下已完全得到确立，那么金融企业集团的金融监管体制该如何处理这个问题呢？笔者认为，在新的监管体制中，这种监管理念也必须得到反映，因为新的监管体制毕竟是

① 刘丰名著：《国际金融法》，中国政法大学出版社 1997 年版，第 9、49 页。

原有模式的继承与发展，其并不存在非此即彼的问题。对此，欧盟2001年《金融企业集团监管指令建议案》对此作了较好的说明。

2001年指令建议案采取了承认、协调或修订相关行业监管指令的做法，以消除各监管指令之间的不一致性。从总体上说，建议案对行业监管指令并不采取排斥的态度，相反是通过修订很多指令之间的相互冲突及重叠之处来和建议案的规定保持一致。比如建议案第4条第1款规定：在不有损于行业监管规则的情况下，各成员国应规定对本指令第1条所指的，并为金融企业集团之组成部分的受管制实体的补充性监管，其监管范围及方式应依本指令的规定进行。另外，在关于计算资本充足性的附录1中亦有依2000/12/EC指令第54条及98/78/EC指令的规定来计算资本充足性的表述。因此，行业监管指令和跨行业的监管指令建议案之间是一种相辅相成，紧密联系的关系。同时，笔者认为行业监管仍然是监管金融企业集团的基础，因为集团毕竟是由经营银行、保险、证券业的金融机构组成的，且从本质上来看，跨行业的监管安排也并不能完全地和行业监管安排割裂开来。关于排他性的问题，欧委会也提出了以下的看法：

作为起点，对金融企业集团监管指令的采用从理论上说，并不能导致不适用行业监管指令，这也就是说，集团中的银行业、投资公司等仍然应受到行业监管指令的约束，并不存在行业监管者的监管责任完全向协调员转移的问题。

若集团是由持股公司主导的，欧盟委员会对开发排他性的监管方法是感兴趣的，因为控股公司不可能同时既是混合金融持股公司，又是金融持股公司或保险持股公司。

然而，若集团属于金融企业集团监管体制的范畴，行业监管指令将继续适用于由受管制实体主导的集团内的同质性子公司。此种性质的集团并不能阻止监管者将持股公司纳入依行业监管的范畴，即使监管者认为这对于在行业的层面上评估资本充足性是必要的。

若集团由信用机构、投资公司或保险公司等受管制的实体主导，行业监管指令将适用于集团内的同质性子公司，特别是在计算资本充足时；另一方面，对金融企业集团的监管体制将适用于整个金融集团，因为从理论上，母公司性的受管制实体的监管者为整个集团监管的协调员，所以跨行业性的集团范围内的监管对行业性的监管起着补充的作用。

可能有人会认为行业监管规则与跨行业监管规则兼容的方法可能会导致过多的重复性监管。实际上，这一担心是多余的，因为在新的金融企业集团的监管体制中，从长远与应然的角度来看，一国有建立功能性监管框架之必要。在该框架中，由于存在着最具有权威性的监管者，其与其所下属的监管部门之间有垂直关系，且依法律的授权其可以行使相应的监管权力配置权，所以这两者之间的有限性的兼容是可以保证的。由此看来，作者认为在设计金融企业集团监管法律制度时，功能性监管架构、自律性的行业公会的管理、内部控制制度的设计、国际金融监管的合作与协调的深化等在机构型监管体制中得到反映的法律制度也必须进一步在金融企业集团监管模式中得到再现。因此，在本书的论述中，作者拟从金融企业集团触发的较特殊的法律问题进行探讨，而对在行业监管体制中已得到认可与表现的金融监管法律制度在此不作进一步的论述。

第三章 金融企业集团的资本充足法律监管

第一节 资本界定及资本充足法律监管的必要性分析

一、资本的界定

适度的资本是防范与化解金融风险的一种比较可行而有效监管方式，在原有的分业经营、分业管理的金融业法律制度框架下，这一审慎监管方法也仅适用于银行业的风险监管中，这一点我们也可以从颇有影响力的巴塞尔银行监管委员会初期的国际金融监管所作的协调成果中得到印证。然而，在金融业的跨国经营的形式下，金融风险已并不全然地锁定于某一固定的金融行业内部，也不限于某一固定的国家。相反，它以利率与汇率机制等为媒介向其他金融业及其他主权国家扩散，所以从跨行业的角度及跨国的最低限度的协调与合作的角度重构资本充足监管的法律理念已势在必行，但是在各国会计法律制度各异的情况下，如何界定资本是阐述本论题的前提所在。在此，笔者拟从经济学与法学及国际金融监管协调的层面对资本进行界定。

（一）经济学上资本的界定

实际上，资本一词源于拉丁语中的“caput”，其本意即为首、首要之意。在中世纪之前，它一直是与利息相对应或相区分的本金之义，仅适用于金钱借贷关系。① 16 世纪之后，随着工商企业的

① J.H.Farrar’s Company Law, 2nd ed., Butterworths, London and Edinburgn, 1998, p. 133.

发展，资本这一术语的内涵也得到不断的发展，股本已开始逐步成为资本的核心内容。从经济学上来说，资本是指被章程所规定的用于贸易的货币储备资金或基金。① 一般来说，企业资本是作为与负债相对应的范畴而存在，其核心部分仍然是指工商企业主投入企业营运并藉此获取利润的那部分初始财产及其价值，即所谓的业主资本。②除了上述界定之外，在经济学上，还包括企业成立后的新增利润，在会计学上，它主要体现为企业的资本金、公积金和未分配利润。然而，从学理的角度看，经济学者对资本的认识还未达到统一。如有的认为狭义上的资本仅指企业的净资产，即总资产减去负债后的余额，它代表着企业的真正的偿贷能力。广义的资本，则除了包括企业的业主资本外，还包括借贷资本，即凡可供企业长期支配或使用的资产均可视为企业的资本，而不论其真正所有权人是谁。因此，从以上分析可见，伴随着经济的发展，资本已被赋予了丰富的内涵，呈现出动态发展的特点。

尽管对于资本的界定在经济学上还没有完全达成共识，但就其实质而言，西方经济学者与马克思主义经济学家都认为，增值性应该是资本在商品经济社会中所具有的共同属性。如现代西方经济学权威人士萨缪尔森认为，资本是产生租金或者随着时间的进程而取得收益的生产要素。马克思主义经济学认为，资本是能够带来剩余价值的价值。因此，可以发现对于资本的增值性，马克思主义经济学与西方经济学并无不同之处。实质上，资本除了所有者不同外，并没有国有资本比私人资本级高还是低之说，也没有天然的政治属性之分，即没有社会主义性质的资本与资本主义性质的资本之区

① 冯果：《现代公司资本制度比较研究》，武汉大学出版社 2000 年版，第 9 页。

② L.C.D.Gower's, Gower's Principles of Modern Company Law, 4th ed. London Press, p.214.

别。①

结合上述的讨论，我们对于资本不妨可以作以下的认识，即经济学含义的资本，通常是指与物质再生产过程紧密联系的一种能够带来增值的生产要素，这一定性着重体现的是资本的经济价值或财产价值，至于其来源及权利归属则非其所关注。资本是企业从事经济活动的物质源泉，任何企业组织离开资本即无以生存。②

（二）法学上的界定

由于经济学学者是从经济学的视角基于资本增值来对资本进行解释的，这种解释还不足以揭示这一术语的全貌，因为它没有对所有权的归属问题进行划分。再者，由于本选题是基于法律层面上的研究，所以从法律意义上对资本进行界定便显得尤为重要。

实际上，由于各部门法都有其各自的侧重点，所以资本在法律上的含义也有所不同。如 Latham C. J. 就认为，主张资本在任何一个部门法中都只有惟一的一层意思是很不现实的。③ 它主要出现在信托法、财政法与公司法中。然而，必须确定的是，在公司法中对资本的界定是相对稳定的。如公司法上的资本常指公司的注册资本，即由公司章程所规定的、股东认缴的出资总额。尽管大陆法系和英美法系国家之间，由于奉行的资本制度不同，公司资本的含义存在不少差异之处，如英美法系国家由于采取授权资本制，在公司资本的表述方面，要比实行法定资本制度的大陆法系国家丰富得多，存在着授权资本、发行资本、认缴资本和催缴资本等概念，但是有一点却是共同的，即公司的资本不包括借贷资本，也不包含经济学上的公积金和未分配利润，它仅相当于经济学上的业主资本或

---

① 张代重：《国有资本营运》，清华大学出版社 1998 年版，第 16～17 页。

② 冯果：《现代公司资本制度比较研究》，武汉大学出版社 2000 年版，第 10 页。

③ See Incorporated Interest Pty Ltd. v. Federal Commission of Taxation (1943) 67 CLR 508 at 515.

资本金，即股本。实际上，若对经济学与法学上的资本的界定进行一定的比较，我们不难发现，经济学上的资本呈现为动态的特点，其落脚点在于资本的增值性。相反，法学意义上的资本则具有静态的特点，其目的在于从所有权划分的层面进行分析。这一差别的原因何在呢？深入研究，不难发现这是法律的特殊功能及公司法的使命所决定的。由于合伙企业与非法人性的独资企业的业主对企业债务承担无限责任，所以除税法和破产法有必要求企业保持财务账簿并计算盈亏外，对业主的个人财产与企业资产作出区分并无实质意义。然而，对公司来说，情况则完全不同，因为股东仅对公司的债务承担有限责任，公司资产成为公司对外承担责任的惟一担保。因此，法律就必须将公司的资产与股东个人的财产进行严格的区分，并尽可能保持公司资本的相对充足性与稳定性，从而确保公司债权人的利益及交易的安全性。可以说，这也是公司法确立一系列有关资本筹集、资本维持及资本不变的原因所在。基于此，从公司法意义上讲，公司资本主要是指注册登记的由股东缴纳或承诺缴纳的出资总额，以便为公司债权人利益的实现提供最基本的物质保障。

（三）巴塞尔银行监管委员会对资本的界定

虽然在各国的公司法中，一般都有对资本的界定，但是这种定性并不能满足金融全球化对金融企业集团跨国监管的需求。因此，进行必要的国际合作与协调也在所难免。如巴塞尔银行监管委员会在早期便从国际的层面上对资本进行协调性的界定，如该委员会认为由于各国会计准则、核算方法、金融体制和各种金融工具使用的广泛程度等方面的不同，各国银行法对银行资本内涵的界定也存在很大差异，这是造成国际银行间不平等竞争的主要根源。① 于是，为了维护公平而有效率的竞争，由美、英等金融发达国家的监管者代表组成的巴塞尔委员会（后简称为巴塞尔银行监管委员会）在1975年通过了《对外国银行监管的原则》，随后在1983年又对该

① 国际清算银行：《巴塞尔银行监管委员会文献汇编》，中国金融出版社1998年版，第38～39页。

原则进行了修订，后在 1988 年通过了《关于统一国际银行资本计量和资本标准》的文件。该文件将资本分为两大类：其一是核心资本，又称为一级资本、第一档资本；其二是附属资本，又称为二级资本、第二档资本。

从巴塞尔银行监管委员会关于资本的文件来看，其并没有对金融工具或储备作为资本所必须具备的特征进行任何概念性的界定。然而，在讨论混合资本工具时，其又对资本进行了实质上的区分。其中核心资本主要包括以下项目：永久性的股东权益、公开储备及少数股东权益等。附属资本则包括未公开的储备、资产重估储备、普通准备金或普通呆账准备金、混合债务资本工具及次级长期债务等。从其对资本的双层次分类来看，核心资本具有以下的特点：资本的价值相对比较稳定、资本的成分在世界上大多数国家的法律与会计制度上具有共同的性质及作为市场判断资本充足性的最佳基础。

再者，为了防止一级资本与二级资本之间的比率失衡而使银行面临资金不足的风险，该文件也对一、二级资本的额度进行了限制性的规定，其要求银行资本基础中至少有 50% 的核心资本及从税后保留利润中提取的公开储备，附属资本的总额不得超过核心资本总额的 100%。

另外，为了保证银行资本的真实性，以有足够的资金抵御可能的金融风险，该文件又规定以下部分应从资本总额中扣除：一级资本中的商誉、对没有并表列账的银行及财务附属公司的投资、对其他银行与金融机构资本中的投资。

客观地说，1988 年的巴塞尔资本文件① 是银行危机的产物，

---

① 由于巴塞尔银行监管委员会并非一个具有国际法律人格的国际金融监管合作与协调的国际组织，所以其所发布的文件的法律效力问题还是一个有待考察的问题。尽管作者亦认为其实际上已成为一个国际金融监管的组织，其所发布的文件也具有实然上的法律上的约束力，但是作者仍倾向于将其称为“巴塞尔资本文件”，因为若将其称为“巴塞尔资本协议”则具有一种对其进行一次性定性的做法，而且这也会给人误导，从而使人认为该协议是一种国际法程度上的协议。因此，笔者认为将其称为“巴塞尔文件”为宜。

它对银行资本的界定进行了第一次国际上的协调性的尝试。从该文件对资本的区分来看，其并没有对资本进行一个硬性的定义，相反其采用了从侧面切入的做法，其对一、二级资本的列举就充分地说明了这一点。尽管如此，其仍然对各国法律中对资本的界定起到了重要的示范性作用。（对于这一问题，将在后文中探讨）而且，深入地分析，即使从一国的国内金融法律制度来看，要求其从法律上用概念的方式穷尽资本的一切内涵也是有些牵强的，这也是美、英等国家纷纷仿效该文件中的做法的原因所在。

二、资本充足监管的必要性与有效性分析

（一）资本充足监管的必要性

信用、信心与信誉是金融机构经营的生命力之所在。因此，金融机构就必须具有充足的资本，资本的充足性要求也就当然地成为金融监管机构在市场准入监管阶段中的不可缺少的一环。所谓资本充足要求（Capital Adequacy Requirement），即指金融机构资本应保持既能经受坏账损失的风险，又能正常运营而达到盈利的水平。①

对于资本充足性的功能各国都有较深入的认识。如英格兰银行在1980年发表了《资本的衡量》这一文件，其确认资本的重要功能表现在四个方面，即银行可能遭受的损失；对潜在的存款者表明股东用自己的资金承担风险的意愿；作为对总的经营基础投入资金的适宜形式；提供无固定融资成本的资源。② 美国银行家协会在《银行的资本金是否充足》的报告中对资本充足性的作用也进行了列举：提供一个随偶然损失的“资本缓冲器”，从而使存款人自始至终得到保护；为购置房屋、设备与其他营业所需的非盈利性资产提供资金；满足银行管理当局有关针对可以招致的风险而备足资本的要求；向公众保证即使发生贷款损失与投资损失时，银行有能力

---

① 潘金生等：《比较银行法》，中国金融出版社1991年版，第182页。

② 江曙霞：《银行监督管理与资本充足性管制》，中国金融出版社1994年版，第40页。

及时偿付债务，并能继续为公众服务。① 此外，亦有学者认为资本充足性主要在于要达到以下几个目的：保护债权人的利益、使得金融机构得以正常地运营、为银行的股东创造一个具有竞争性的回报率、遵守监管机构的要求。

尽管不同的国家及不同的学者从不同的角度出发可以赋予充足的资本不同的功能，但是作者认为资本最实质性的作用即在于防范及吸纳可能的金融风险所造成的损失，从这一点来看，其可以间接地起到强化投资者信心及加强其自身信用与信誉的作用。然而，也必须明确的是并非某金融机构的资本越充足就意味着其经营的安全性越高其盈利性也就越大。从债权人的角度来看，资本的多少只意味着银行等金融机构偿债能力的高低；从银行等金融机构的角度来看，其可能意味着经营成本的多寡、竞争优势的强弱及盈利可能性的大小等。因此，从银行等金融机构的角度出发，有时其对于备有过多的资本要求并不具有兴趣，而且由于其经营的是资产负债业务，所以其总是希望以极小的资本获取极大的利润。正是由于银行等金融机构基于这种思路有逃避最低资本要求的倾向，所以金融监管在其市场准入监管与运营监管中就必然地要对银行等金融机构的资本充足性情况进行检查与监督。②

在原分业经营的体制下，由于各金融行业是各依其法定的业务范围进行运营，所以金融业的风险是被相对锁定于各金融机构内部

---

① ［美］D. B. 格拉迪等著，谭秉文等译：《商业银行经营管理》，中国金融出版社 1991 年版，第 465 页。

② 关于资本充足监管也有的学者从安全网的理论出发，认为即使在一国的金融监管体制之中不存在资本充足监管的规定与要求，也可以达到银行业安全与稳健的目的。其认为这些安全网措施包括：金融监管当局的紧急援助制度、存款保险制度、贴现窗口作用等。对于这一有悖现实的观点，作者不能苟同，因为安全网本身就存在缺陷，其并不能使每一位债权人得到保护；安全网的存在可能导致逆向选择的道德风险；金融机构破产的外部效应过大；资本充足率监管与安全网措施相比，社会成本较少，因为前者为预防性监管手段，而后者则为善后性的监管方法。

的。然而，在金融企业集团化的情况下，由于这种分离的局面已经被打破，某银行公司的金融风险随着关联交易情况的发生也可以向集团内部的其他公司或部门渗透。因此，这也必将使起源于银行业监管的资本充足监管的理念扩展到集团内的其他证券公司、保险公司等金融机构。实际上，各国的法律都对证券公司、保险公司等规定了最低的资本要求，但是一般来说其并没有规定上述公司的资本在其全部资产中所占的比率，这主要是源于经营理念上的差别，因为银行的业务是资产负债业务，其具有“以小搏大、以短放长”的特点。然而，在集团化经营的模式下，这种格局已被改变。伴随着业务交叉所带来的金融风险的相互传染已使得监管者也必须将非银行的其他金融机构纳入资本充足监管的范畴。

(二) 资本充足监管有效性分析

资本充足监管只是对银行等金融机构进行有效监管的方法之一，属于审慎监管的范畴。资本充足虽然在一定程度上能达到保护存款人债权及防范与吸纳潜在风险的目的，但是资本的高要求也意味着高成本，所以金融监管者及资本充足法律原则的立法者们在监管实务中及相关法律的设计中就必须对资本充足监管的成本与有效性进行估量。

从理论来看，现代资本充足性监管的有效性就是此种资本管制达到管制银行等金融机构的经营能力，而与此相应的则是指关于资本性监管在积极监管银行经营目标的成本与对应收益的比较分析。① 在实践中，为了测定资本充足监管的有效性，各国一般采用以下三种方法：其一是利用资产收益率（**ROA**）这一指标来衡量银行经营的盈利性，这是因为资本充足性管制要求银行等机构增加资本，并减轻其资产组合的风险，若其结果确实降低了现代银行业经营中的盈利，则此时的资本充足管制就是无效的；其二是了解与分析银行等金融机构资本百分比的变化，这是因为资本管制的主要

① 伍海华等：《现代跨国银行论》，东北财经大学出版社 1996 年版，第 361 页。

目的是要降低总的银行等资产组合风险及其破产的可能性，但是此种方法并不能直接识别资本的简单增加是否降低银行资产组合的总风险；其三是测定银行资产组合的总风险，而后将其同此前的风险及其后的资本充足监管结果进行有效性的比较分析。若对银行活动的资本监管增大了对应的银行经营风险，并产生了与监管者的意愿不相符的结果，则此时的资本充足监管便是无效的。

三、小结

从法律上对资本这一术语进行界定是对金融企业集团开展有效资本充足监管的前提。尽管在经济学上与法学上对资本的界定有不同的见解，但是笔者认为这种差别主要是源于分析问题的视角不同。比如，在经济学上，其立足点在资本的增值性，但在法学上为了明确公司对其债权人的法律责任，就有必要确定责任的承担者，所以以所有权为切入点来对资本进行定性也有着该学科明显的特色。尽管如此，经济学上的界定与法学理论上的界定还是有共同点，那就是合理充分的资本是有效防范与化解金融风险的审慎方法之一。同时，也应明确的是资本的界定也是一个动态发展的过程。就法律上的界定而言，在不同的法律部门中，其定性也存在差异性，这是由不同法律部门的使命与价值取向所决定的。比如，在银行法与证券法中，对资本的定性就有较大的不同。这无疑给金融监管法的立法者及金融监管的实践者提出了一个挑战。同时，从国际层面来考察，国际金融监管的合作与协调在这一方面也会遭遇一个瓶颈。可以说这也是本书拟从国际金融法的层面及从国内金融监管法的层面进行比较研究的原因所在。

客观地说，要求在资本的界定问题上达成国际性的统一与协调是比较困难的，而且就一国国内来看，其在不同的行业中对资本的定性也不大一样。这就说明，在对资本充足监管的国内立法与国际协调之中，金融监管的立法者与国际金融监管的协调者们应从务实的角度出发，认识到采取巴塞尔委员会资本协议文件中的列举式的实践是切实可行的。

实际上，从一国的公司法等法律来看，一国都对公司设立有最低注册资本的规定，这也是公司进入市场的必备条件，所以就从一般性而言，资本充足监管并非一个全新的概念，就银行等金融机构的监管而言，该原则只是原国内法之中对一般性公司最低资本要求的放大。这样看来，各国对同一性质的公司所要求的资本量是不同的。而且对资本的定性的差异更加剧了这种不同所引发的不公平竞争的结果。对于这一点，巴塞尔银行监管委员会也有相关的认识，其认为从税务角度来看，各国对呆账准备以及从留存收益中提取的资本储备的财务处理与会计科目均存在着差异，这种差异可能在一定程度上损害了国际银行真实资本状况之间的可比性。统一各国的税务制度虽然是理想的解决办法，但是这是巴塞尔银行监管委员会力不能及的。然而，若它影响了各国银行系统资本充足率的可比性，委员会则会对这些税收与会计方面的情况予以审查。因此，资本充足监管的国际协调与合作就在所难免。

在金融监管之中，资本充足监管最先体现于银行业的监管中。这是由银行的资产负债业务的内在性质所决定的。然而，在目前的金融情势下，同质性与异质性的金融企业集团日益增多，这对传统的资本监管方法产生了巨大的冲击，如巴塞尔银行监管委员会在其1988年的资本统一计量与资本标准的文件中就表明：委员会承认，银行的所有制结构以及它们在各种金融集团中的地位正在经历着一场重大的变革。为了保证目前银行的所有制结构不应损害银行的资本状况或不应使银行面临集团内部其他机构带来的风险，委员会将根据各成员国的具体法规，继续审视这些方面的进展，以确保银行资本的质量。因此，在金融企业集团监管的框架下，原用于银行业监管的资本充足原则也必须适用于对整个集团资本充足性的评估与衡量。

金融监管亦需与之相配的监管成本，这对于资本充足监管而言同样是如此。因此，监管者在其监管实践中也应不时地对其资本充足监管的有效性进行评估，以便为资本充足监管的立法改革提供指南。作者认为在资本充足监管已被各国金融监管者纳入其监管体系，并得到国际协调的情况下，现在问题的关键在于寻求最佳的资本充足率，该比率既不能过高也不能太低。对于这一问题，巴塞尔银行监管委员会的诸资本文件似乎已经给我们提供了一个答案，即8%的目标资本比率。实际上，对基础比率的确定问题也是一个动态发展、存有国别差异的问题。因此，该比率的确定仍是以现在及未来的探索与实践为基础的。

第二节　并表监管：集团资本充足监管的实际效应分析

既然资本充足监管已必须拓展到金融企业集团内的整个金融机构与其他相关的非管制实体，那么从有效监管的角度来看，就不能单个地计算集团内某个银行等金融机构的资本充足率，而必须从整个集团的层面上来核算集团是否达到了监管者对资本充足率的要求。目前世界各国对资本充足的计算主要有以下几种方法：一是资本与存款负债的比率，如芬兰商业银行法规定，银行股本不得少于全部负债的4%；丹麦法律规定，银行的净资本不得少于全部负债与担保的8%。二是资本与存款负债比率法，如德国规定，贷款与投资之和不得超过自有资本加储备的18倍。三是资本与总资产比率法，如美国从1981年开始便要求其银行总资本与总资产的比率为6%。四是资本与风险资产的比率法等。然而，在金融企业集团的情况下，该如何从整个集团的层面来计算集团的资本充足率呢？在监管的实践中，各国已开发出了相类似的核算方法，即并表监管的方法。以下对并表监管的方法进行一定的分析。

一、并表监管的概念及特征

（一）并表监管的概念

所谓并表监管是与单一监管相对应的一种持续性监管方法，其起源于欧美等发达国家跨国银行对银行业监管所普遍遵守的一项基本原则，是指对一银行或银行集团所面临的所有风险，无论其机构注册于何地，应从银行或银行集团的整体予以综合考虑的一种监管方法。①

实际上，该监管理念早就体现于1979年3月巴塞尔银行监管委员会发布的《银行国际业务的并表监管》文件中，该文件首次明确提出并表监管是银行监管的一项基本原则，并指出银行监管机构不能满足于单个银行的稳健，除非它能使银行的全球业务在总体上受到监控。该文件最后强调：所有母国监管机构都应在自身监管体系内与现有条件下实施下述公认原则，即所有银行的资本充足率和经营风险都应在其国际业务总体层面上受到监管与评估。同时，东道国应尽其所能为上述监管活动的实施提供条件。随后1983年的《巴塞尔协定》再次重申“母国监管当局对其所负责的银行或银行集团，基于其全球业务总体监控其风险状况（包括风险集中与资产质量等情况）与资本充足性”。在1992年，巴塞尔银行监管委员会又出台了《巴塞尔最低标准》，其将并表监管浓缩为以下四项最低标准：一是所有国际银行或集团都应受到一个有能力实施并表监管的母国当局的监管；二是任何跨境银行的设立都必须获得母国与东道国当局的双重许可；三是母国当局有权收集银行海外机构的信息；四是若东道国当局断定一外国银行的母国并表监管不存在或不充分，则可对该机构的设立进行限制或禁止。后来，在1996年的《跨国银行业的监管》文件中，并表监管这一概念又一次得到重述，在其附录B中并表监管被定义为：考虑到银行集团的所有经营风险，无论其在何处注册，都应以整个银行集团为对象进行监管。换句话说，这是一个监管当局对银行集团的总体经营进行监管的过程。此外，在巴塞尔银行监管委员会1997年的《银行有效监管核心原则》中这一持续性的整体性监管方法再次得到肯定。该原则第23项规定银行监管者必须对其活跃的国际银行组织实施全球性并表监管，对于这些组织在世界各地的所有业务，特别是其外国分

① 参见李仁真主编：《国际金融法》，武汉大学出版社2000年版，第112页。

行、附属机构与合资机构从事的各项业务，进行充分的监控，并适用适当的审慎要求。在对银行业等进行监管中，并表监管之所以被置于一个如此重要的地位，其根本原因即在于一旦关联企业陷入困境，就会面临丧失信心的风险。这种扩散性风险所触发的后果远远超出了关联企业所法定承担的责任。并表监管有助于集团经营的稳健及强化公众投资者的信心。简而言之，并表监管具有以下三大目的：

一是确立充分监管的原则，以确保集团内部所有的金融机构都受到应有的监管。

二是防止在同一集团内部流动的同一笔资本的双重杠杆（double-leveraging of capital）效应。

三是保证银行集团的子公司或其他机构无论其在何处注册，都可在全球的基础上受到评估与控制。

（二）并表监管的特征

全面地考察并表监管原则形成的历史及其在实践中的表现，其具有以下的特点：

其一，从并表监管的主体来看，并表监管是由银行等集团的母国监管当局实施的监管。①

其二，从并表的实践来看，并表监管是以银行等集团的合并账表为基础的。这是它与单一性监管的本质差别，后者在监管方法上仅以单个的金融机构的资产情况为基础，而并表的对象则包括银行总行或母公司及其海外分行、子公司以及参与银行等。根据《跨境银行监管》文件的规定，这里的银行集团既包括非银行公司和金融附属公司，也包括了直接的分支机构与子公司。

---

① 所谓母国监管当局，在一般情况下是指在金融企业集团中占主导地位的金融机构成立地的金融监管机构。如为集团所有的或控制的主银行的母国当局，或拥有一机构最大股权的某实体的母国当局等。如在欧盟金融市场中，其就是指给予某一信用机构以银行许可或执照的成员国主管当局。

其三，并表监管与财务会计并表存在着本质的不同。① 前者既是定性监管，又是定量监管，后者只是一个机械的计算过程。例如，在业务领域或风险截然不同时，合并账目并不适宜，但这并不意味着应忽略风险。进一步而言，有的风险也需在当地进行管理。比如虽然流动性问题应根据单个市场的情况或单个货币的情况进行分析，但集团流动性至少应保证主要资金中心的需要。此外，市场风险是监管者决定有没有必要进行合并的另一种风险。此决定取决于银行是集中管理市场还是分区域管理市场风险。而且，若法律规定对资本流动进行控制，则银行就没有必要审慎并表，以抵消市场及其他风险。

其四，从监管的延续过程来看，并表监管是一种持续性的审慎监管方法。就金融监管而言，监管是一个动态的持续性的过程。这一点也必然要反映于并表监管的实践中，从而保证监管者能在集团的层面上、国际金融业务的总体上对银行等集团的资本充足情况进行综合的识别、评估、监测与控制。

并表监管是金融业务集团化与自由化的产物，属于金融审慎性监管原则中重要的一环。作者认为，该金融监管的实践之所以有如此之大的影响力并被体现于各国的金融监管法律制度中，其根本原因即在于该项监管的方法所表现出的全新式的金融监管理念：其一是该方法的终极目的即在于从集团范围的高度对其所有的资本进行评估、检测、监督与管理，这一基本思路即印证了适度与合理的资本要求是防范与吸纳风险的最强有力的保障。其二是该方法在金融业务跨国化的情势下，在一定层面上确立了金融监管权的归属问题。比如在 1983 年经过修订的《外国银行机构的监管原则》的巴塞尔文件从母国监管与东道国监管两个方面确立了母国并表监管与东道国当地监管两大基本原则。前者要求母国监管者负责对国际性

① 实际上，就并表监管与会计财务并表的本质差别而言，从对金融企业集团的监管来看，前者是目的，后者是手段。会计财务并表的要求只是金融监管机关实现其并表监管的基础。

银行或银行集团在全球范围内从事的所有业务，包括银行海外分支机构的业务活动，在综合并表的基础上予以监管，后者要求东道国监管者负责对其境内经营的外国银行机构在单一基础上予以监管。二者相补，统一构成有关跨国银行机构的有效监管原则体系的核心。① 其三是并表监管体现出了在审慎性监管中，金融监管是一个持续性过程的特点。另外，该监管方法也是充分监管原则的体现，即在金融业务全球化与自由化的情况下，对银行等集团的监管应是充分的，任何金融机构者不能逃避应有的监管。因此，该方法也可以给各国的金融监管立法与实践提供一定的借鉴。

二、有效并表监管的条件

虽然并表监管在金融业务集团化、国际化与自由化的情况下，不失为一种监督与管理资本充足性的良好方法，但是该监管方法目的的实现还有待于监管权力的分配问题的解决。从一国国内的层面来考察，以并表监管的方式评估其境内的某个金融集团的资本充足是不会存在法律上、会计计算上与认识上的诸多的障碍的，但是若从全球的角度来看，要达到并表监管的目的，则还需要对不同国家之间的金融监管权进行重新配置。这是有效并表监管的前提与基础。因此，有必要分析并表监管的有效条件。作者认为从并表监管的产生及其完善的进程来看，有效并表监管应包括以下三个方面：母国的并表监管权、东道国在并表监管中的作用与并表监管中的信息合作机制。

（一）母国的并表监管权

对金融企业集团的并表监管是由母国监管当局进行的，所以对母国的并表监管权的确定是非常重要的。对于这一问题，巴塞尔委员会于 1992 年 7 月发表的《对国际银行集团及其境外机构的最低监管标准》在其四项主要原则中则包含有这样的思想。该四项原则

---

① 参见李仁真：《论巴塞尔银行监管体制的原则框架》，载《国际金融研究》1998 年第 12 期，第 9 页。

为：所有的国际银行应当由执行并表监管职能的母国监管，母国监管当局有权禁止妨碍监管的公司组织结构；跨境设立银行应当首先征得东道国与母国监管当局的同意；母国监管当局应当有权获得跨境银行的信息；及若东道国监管当局认定未满足上述三标准中的任一条时，其可以采取限制性措施，或阻止其设立银行机构。因此，从这些标准来看，母国在并表监管中被置于中心的地位，但现在的问题是如何界定母国的监管权的范围及怎样划分母国与东道国之间在此种监管中的并表监管权。由于金融主权是一国国家主权的核心成分，而金融监管权又是金融主权的中心所在，所以一国是不会轻易让渡其金融监管权的。因此，对并表监管权的范围进行硬性的规定是不可取的，结合巴塞尔银行监管委员会的《最低标准》与《跨境银行监管》等文件，母国的并表监管权主要表现在两个方面，即知情权① 与跨境检查权。

关于知情权，为了进行有效的综合并表监管，母国监管当局应当了解银行等在其他国家管辖范围内所设立的分行或附属机构所从事业务的定性与定量方面的信息。就前者而言，其主要包括银行等集团所具有的风险管理机制、内部控制与内部的审计制度、附属公司的所有权与控制权的变化、质量管理与对管理者的资格审查及资产质量与集中程度等；就后者而言，其主要包括银行的资本充足率、大额风险暴露或法定贷款限制额（包括内部风险暴露）及资金与存款集中程度等。

此外，为了对并表监管中的母国的信息知情权的有效性进行估量，巴塞尔银行监管委员会《跨境银行监管》附录 B 中的实施全

---

① 知情权是一个具有广泛内涵的概念，从集团资本充足的并表监管来看，它也涵盖了母国与东道国之间的信息分享与合作机制。从实质上来看，作者认为在国际金融监管的合作与协调之中，知情权主要表现为相关金融监管的信息的获取权。鉴于信息的分享与合作机构是一个复杂的体系，在论述中作者不可能穷尽其中的一切内容，所以借用了知情权这一说法，以起到抛砖引玉的作用。

球监管的权力对此确定了一系列的考察方法，如母国监管当局是否有通过检查与审计报告等方法来核实信息的准确性的能力、母国监管当局是否能定期收到集团主要机构的有关信息、其是否能够搜集到集团内部关联交易的信息、其是否具备足够的手段以防止精心设计的旨在阻碍并表监管的公司治理结构的存在等。

关于跨境检查权，母国的监管机构固然可以在其国内从市场准入、运营及退出监管三个方面获取与综合并表相关的信息，但是并表监管中知情权的实现更应依赖于跨境检查权的实践，以克服监管中的信息不对称现象。如 1996 年由巴塞尔银行监管委员会与离岸银行监督者组织① 所组成的工作小组即认为，母国监管当局应具备充分的能力，运用各种评估技术审查其所监管的银行集团的境外经营情况，这些评估技术对于监管过程来说十分关键。这就意味着，若监管检查是监管过程的核心，则母国监管当局就应能够凭借现场检查收集信息。为了平衡母国监管当局的需要与东道国当局的利益，母国监管当局可以在东道国的帮助下，自行收集有效综合并表监管所需的现场信息。与此同时，该小组建议采取以下措施：若母国监管当局与东道国监管当局联合进行现场检查，则由东道国对一些敏感业务行使监管权，并由东道国与母国联合审核，以保护客户隐私；若母国监管当局独立进行现场检查，则东道国可以决定是否参加；若东道国监管当局依据母国监管当局的要求进行现场检查，则应将检查报告递交母国监管当局；指定的外部审计师应将其依据母国监管当局的指令所进行的现场检查报告递交两国监管当局；银行总部的内部审计师应将其现场的检查报告提交给母国与东道国监管当局。

另外，《跨境银行监管》附录 A 也对母国监管机关的跨境检查

---

① 该组织成立于 1980 年，其是离岸金融中心银行监管者之间就有关金融监管问题进行合作的论坛。其成员包括巴林、巴巴多斯、开曼群岛、塞浦路斯、直布罗陀、根西岛、香港、新泽西、马耳他、毛里求斯、新加坡与巴拿马等。

权规定了标准化程序，这主要体现在以下几个方面，即母国的通知义务、解释义务、承诺义务、东道国对信息披露例外告知的义务及其协助检查的义务等。①

为了从整体上对母国的并表监管权进行衡量，一般来说，可从以下几个角度进行评估，从而证明其是否有能力实施并表监管：母国监管当局对市场准入管制能否实行充分而有效的控制；其对资本充足性、资产质量、贷款集中程度、流动性及市场风险等是否实施了审慎性监管原则；跨境现场检查的能力；与被监管者是否存在有效的定期对话安排；以及对银行外部环境进行监管的能力等。

（二）东道国在并表监管中的作用

并表监管是对传统的“东道国监管优先原则”的突破，因为在并表监管中，母国监管处于核心的地位。然而，并表监管并非完全排斥东道国的监管，相反并表监管的有效性仍需要东道国的协助与配合，而且客观而言对跨国金融企业集团的有效监管应是母国并表监管与东道国单一监管的统一。在这种监管安排中，母国从宏观上进行整体性的监督与管制，东道国则从微观上进行配合与协调。从理论上来看，并表监管意味着母国监管权的扩大与延展，在一定程度上表现出“域外法权”的特点，然而对东道国而言则意味着对金融监管权的自我约束与限制。在实践中，作者认为在对金融企业集团的资本充足性进行并表监管中，东道国的作用主要体现于两点：其一是协调作用，其二是监督作用。

就协调作用而言，这一点是非常明显的。在并表监管中若无东

① 母国监管当局的通知义务指在其打算检查某金融机构于东道国管辖区内所设立的某一分支机构或附属公司时，其应将该事实告知东道国监管当局；解释义务是指母国监管当局应对其现场检查的目的与内容向东道国监管机关进行解释；承诺义务则指母国监管当局应向东道国监管当局保证，在所适用法律允许的最大限度内，检查所获取的信息只能用于特定的监管目的，在没有征得东道国监管机关许可的情况下，不得将该信息转交给第三方，及不得另作他用；协助的义务则指在母国实行跨境检查时，东道国监管机关负有协助的责任，以保证母国跨境检查的正常进行。

道国的协调，是很难想象其能发挥预期的效果的。这种协调表现在对金融企业集团监管的各个方面，从市场准入监管直至市场退出监管之中。鉴于金融监管必须依据可信之信息，所以此种协调主要体现在跨境现场检查中的协调与配合。

就监督作用而言，由于在并表监管机制中母国监管当局的权能过大，所以为了保证监管的有效性也有必要确立东道国的约束与制衡的作用。1992 年 7 月的巴塞尔银行监管委员会的《最低标准》文件中的原则 3 便对此作了说明。后来，《跨境银行监管》文件又对此原则进行重申，并进一步使其具体化，这主要表现在母国监管当局信息获取权、跨境现场检查权中的各个方面。如在母国监管当局对所获取的信息的使用范围上，其规定若东道国监管当局有充分的理由怀疑母国监管当局没有将信息用于审慎性监管，则东道国可保留不提供此类信息的权利。此外，在信息的分享与合作中，东道国与母国的协商是非常重要的，这本身就是东道国监督权的体现。

（三）并表监管中的信息分享与合作

并表监管的有效性依赖于银行等集团的母国监管者能够及时地获取并表监管所需的信息，在金融全球化的情况下，受并表监管的对象大多位于东道国。因此，母国与东道国之间信息交流与合作机制的确立是有效并表监管的前提与基础。对于该问题，巴塞尔银行监管委员会与离岸银行监管者组织所组成的工作小组便认为有效并表监管依赖于存在一个信息自银行等机构向其总行或母银行或母国监管者等流动的一个明晰的信息流程。在该流程中，信息能够从附属机构或分行向总部或母银行传递，能够从母银行或总部向母国监管者流动，能从附属机构或分行向东道国监管者流动，能从东道国监管者向母国监管者流动。在此，我们不难发现该流程是一个环环相扣的过程，若在某个环节出现信息流动阻滞的现象，则会影响到信息的有效性、准确性与及时性等。

此外，为了减少并表监管中的监管成本，该小组认为在寻求详细而准确信息的过程中，母国监管者应对所获取的信息进行定性与定量两个方面的分类。同时，在吸收过去经验的基础上，母国监管者亦必须区分必需提供的与希望提供的信息，重要的与非重要的信息。然而，从监管实践来看，母国的并表监管中的信息获取还面临着东道国的一些法律上的障碍，这主要体现在其信息的获取权与东道国银行保密法（Secrecy Laws）与信息封锁法①(Blocking Statutes) 之间的关系。无论从历史上看还是从现实中看，许多国家的法律均要求从事某特定职业的个人与机构保守从业务经营中所获得的秘密的义务。就银行等金融机构对其客户而言，前者对后者的账目以及与账目相关的资料负有保密的义务，这是长期以来形成的惯例，② 比如美国的法院曾作了以下的裁决："银行在任何时候均不得认为它有自由向外界透露与客户账目相关的细节是可以理解的。不容侵犯的保密性是银行与客户关系的内在的和最根本的原则之一。"③ 此外，在存在信息封锁法的情况下，东道国的监管机关根据其法律的规定也负有不得向任何他国提供信息的义务。尽管如此，巴塞尔银行监管委员会认为，银行保密法等不应成为阻碍监管者确保国际金融体系稳健的理由。同时，国际上有关交换信息机制的建议，也不应该危及银行对其客户所负有的保密义务，但与严重刑事犯罪活动、恶意规避审慎监管行为相关的信息除外。

从以上的分析来看，为了确保对金融企业集团资本充足性监管中母国获取监管所需信息流程的通畅，就有必要在国际的层面上建

① 该法主要是针对来自外国的查证行为而设计的，是指一国法律明确规定，其政府工作人员除非获得特别许可，否则不得向来自外国的查询提供任何信息，或有条件地提供部分信息。该法是一种对抗性报复措施，其原先的目的在于制止或报复美国对其反托拉斯法的滥用及美国法院经常扩大其法律的域外适用或其裁判的域外执行。然而，在金融监管的信息交流中，一国从维护其国家安全出发，它也可以依赖于该法的规定拒绝向他国监管者提供与监管相关的信息。

② 参见王贵国著：《国际货币金融法》，北京大学出版社 1996 年版，第 452 页。

③ 参阅 Peterson v. Idaho First National Bank，美国《爱达荷判决集》，第 83 卷，第 474 页。

立一种缓冲机制，以解决信息的获取与保密法之间的矛盾。作者认为在这种缓冲机制中，立法者们应借鉴巴塞尔银行监管委员会等的建议，对信息的获取规定一些条件，这包括以下几个方面：所获取信息的目的应当是特定的，而且具备监管性质；所得到的信息应当严格地仅限于从事审慎监管的官员，在未事先征得东道国监管者同意之前，不得将信息传递给第三方；母国与东道国监管者之间应存在双向性的信息交流机制，但并不一定要以互惠为基础；在客户没有明示的情况下，应采取一切可行的措施对所获得的信息进行保密；在采取行动之前，信息接受者应当与信息提供者协商。

三、欧盟对并表监管的立法

(一)《1983 年并表监管指令》

若说巴塞尔银行监管委员会对于并表监管的规定是具有指南性质的话，那么欧盟在该方面更多的则是具有法律性、可操作性与实践性。欧盟对并表监管的规定最早规定于 1983 年的《关于在并表基础上监管信用机构的指令》，这是欧盟进行并表监管的第一个法律文件，其适用范围包括《第一银行指令》所定义的所有欧共体信用机构。依该法的规定，母国监管者应在并表的基础上对信用机构进行综合性的并表监管，其并表对象包括母公司的分行及银行子公司与金融公司等。同时，它对强制性并表的对象也作了规定，若某一信用机构对另一信用机构或其他金融机构的持股达到 50％以上，则其必须被纳入并表监管的范畴。

实际上，欧盟 1983 年的并表监管指令是对现实进行深思后的产物，其主旨在于实现单一市场化，并在整个欧盟体系中对金融集团的风险进行监控。如欧盟的前身欧共体委员会早在 1981 年 9 月便向理事会提交了一份关于在并表基础上对其信用机构进行监管的指令。如该委员会提出，在共同体内部，各国一般仍然只实施单一监管，而且由于各种保密法的限制及其他法律障碍的存在，各国监管当局之间并无有效的联络与传递信息的机制，这可能就是导致跨境银行业监管真空存在的原因。因此，可以说该指令是 1983 年巴塞尔协定的产物，这主要与促进欧盟内部自由及在整个欧盟范围内建立单一银行市场的最终目标相联系，即通过规定母国监管当局对作为银行集团组成部分的信用机构实施全面监管。然而，必须明确的是，该指令仍有一些不足之处，如它并没有将由一家非银行持股公司主导的公司纳入并表范围中。而且，该指令也并没有对并表监管进行统一的界定，在实现审慎性标准的并表监管体制所必需信息的事项上各成员国也没有达成共识，这无疑是对指令作用的致命一击，1991 年发生的国际商业信贷银行(BCCI)倒闭事件已说明此问题。因此，对该指令的进一步的改良已是必然。

(二)《第二银行指令》相关并表监管的规定

实际上，欧盟对金融机构的并表监管的改良与相关法律制度的整合也是随着金融情势的变化而发展的。基于前文的论述，笔者亦以为这种法律制度的修正在一定程度上也具有金融危机导向性的特点。此外，客观地说，欧盟关于并表监管的法律规范也并非锁定于一些专门性的指令，如并表监管的原则在其《第二银行指令》得到重申，并有些实质性创新，如该指令第 19 条规定，若某一信用机构欲于其他成员国设立分行，则其应事先通知其母国监管者。该项通知应包括以下内容：分行设立所在的成员国名称；营业计划，包括分行组织结构及经营业务品种；分行地址及分行经理人情况等。母国监管者在收到通知后的 3 个月内，应将通知转交给东道国。其第 20 条规定，任何信用机构，在第一次欲经营跨国银行业务时，其必须通知母国监管当局。母国在收到该通知后的 30 天内将通知转交给东道国。根据其第 13～15 条的规定，母国对信用机构的监管事项包括：自有资金与资本充足率、银行持有转投资之比例、流动性、大额授信、市场头寸风险（market position risk)、会计及经营程序、内部管理架构及银行大股东的变换情况等。同时，母国与东道国基于共同监管可以要求信用机构提供以下资料：营业计划、分行地址、分行经理人名称及详细存款保证计划等。

(三)《1992 年并表监管指令》

1991 年国际商业信贷银行倒闭，该事件促使国际社会对国际金融体系的安全性进行检讨与反思。这种反思的直接结果是巴塞尔银行监管委员会于1992年发布了《巴塞尔最低监管标准》，以强调在全球的层面上进行综合性并表监管的重要性。这一成果也被欧盟吸收，欧盟理事会对以前的并表监管指令进行了修订，出台了第92/30/EEC号指令①。该指令的适用对象范围较1983年并表监管指令更为广泛，使银行之任何关联企业皆可能被纳入并表监管。同时，其对非成员国之外国银行，就规定通过谈判签署协定的方式，以求第三国能配合并表监管的实践。② 其并表监管的内容至少应包括对整个银行集团等的清偿力监管、资本充足性监管、大额风险的监管及内部控制机构的评估与监测等。其并表监管的对象包括母公司与子公司或母公司与其所控制的其他公司等。同时，为了使并表监管对象明晰化，该法第3、5条对母公司所控制的公司的认定标准也作了相应的规定，其认定标准包括：任何银行控制另一家银行或其他金融机构为子公司，或以直接或间接方式持有另一家银行或其他金融机构20%以上之投票权或资本者；③ 金融控股公司所拥有的子公司；受母公司重要影响的其他公司，即使其没有参与该公司的经营活动或与其无资金往来关系；在单一管理体系（single management）下的两家或两家以上的公司，而非以追求契约行为为目的；经理部门或监事会大部分皆为相同成员之公司；及辅助性银行服务之企业等。

实际上，考察一下1992年的并表监管指令与1983年的并表监管指令，不难发现前者比后者更具有可操作性，内容更为全面，目的性也更强，并表对象也被扩大。如1992年指令在其序言中声明，

---

① 92/30/EEC: Council Directive of 6 April 1992 on the supervision of credit institutions on a consolidated basis; OJ 1992, L 110/52.

② 洪德钦：《欧洲联盟监理体系之研究》，载《欧美研究》第31卷第4期，第836页。

③ 从该规定来看，92/30/EEC指令拓宽了原1983年并表监管指令的适用对象范围。原指令所采取的比例是50%。这表明综合性的并表监管已成为从国际与金融集团的层面进行有效监管的实践之一。

并表监管的宗旨有二：其一是保护所涉机构的存款人的利益；其二是确保共同体金融体系的稳定。另外，在并表领域中，该指令第3条明确规定，拥有信用机构或金融机构子公司，或在这类机构中持股的任何信用机构，都必须受到并表监管。再者，由某一金融持股公司所主导的所有信用机构者得在该金融持股公司的合并金融状况的基础上受到监管。①

除上述指令外，2000年欧盟出台的具有法律规范整合性特点的《关于信用机构设立与经营的指令》，又在事实的基础上对以前并表监管的法律规则进行了重申与整合，这些规定主要体现在该法第三章“并表监管”中的第52～56条，如其第56条第1款便规定，每一拥有另一信用机构作为其子公司，或在此类机构中持股的信用机构应接受并表监管。第54条规定，承担并表监管责任的监管机关，为了监管之目的，必须要求所有信用机构及金融机构性的子公司接受充分的并表监管。

四、小结

金融企业集团经营模式不仅继承了以前分业经营体制下的金融风险,而且它也产生了一些新的金融风险。然而,吸纳与化解金融风险最有效与最可行的方法是集团具有合适的资本充足率。因此,以前适用于银行业监管的资本充足监管的原则也必须延伸到整个集团,而要达到衡量与评估集团范围内的资本充足情况也就有必要采取并表监管的方法。笔者认为在各国构建对集团监管的并表监管方法时,其首先应明确并表监管方法的内在性质,即并表监管法本身就意味着母国与东道国监管的分权,母国是整个集团的监管者。此种监管模式的设计有点类似于在金融自由化下一国所确立的功能性监管框架,所以从这方面来探讨,母国与东道国之间的协调与合作是并表监管有效性的关键所在,而这协调与合作的内核又是母国监管者的信息获取权的实现。除此之外,东道国的约束与限制亦是有必要

---

① 参见李仁真主编：《欧盟银行法研究》，武汉大学出版社2002年版，第107页。

的,因为权力之间的相互制衡也能在一定程度上确保母国并表监管权行使的适当性与有效性。因此,根据欧盟并表监管的实践及巴塞尔银行监管委员会所发布的文件,我们可以得出这样的几个结论:

第一,有效并表监管是母国监管、信息分享与合作机制及东道国监管三者的有机统一。

第二,并表监管是一个非常广泛的概念,对资本充足率的监管并非其惟一的目的,它也涵盖了其他诸如内控制度、流动性等问题,所以作者认为各国监管者及相关的国际监管组织或团体也必须清楚地意识到现行并表监管范围之不足。虽然并表监管是对金融企业集团进行资本充足监管的有效方法之一,但是我们必须注意到并表监管的产生主要是针对同质性的金融企业集团,而在异质性集团的情况下并表监管会面临更多的复杂问题。再者,资本的同一集团内部的循环也给并表监管带来了障碍,所以如何克服资本的重复计算也是当今立法者所应深思的问题。此外,由于各国对资本界定不一,所以母国监管者对金融企业集团的资本充足性监管结果也只能作为有效监管评估的一个方面。否则会导致在国际金融市场上不同国别的金融企业集团间的不公平竞争行为。

第三,对金融企业集团的资本充足性进行并表监管,也并非意味着监管者完全摒弃与其相对的单一监管法。实际上,一国在监管实践中也可以采取综合性的方法,即单一加总法(Solo-plus)。对此,三方小组进行了深入的探讨,认为可以采纳并表监管的方法,也可以采用单一加总法,以对整个集团的资本进行评估。①

第四,有效信息的获取是有效并表监管的基础所在。因此,东道国与母国监管者之间通畅的信息交流机制便成为了有效并表监管

① 三方小组也对这两种方法作了进一步的说明,其认为并表监管这一监管方式是针对母公司或控股公司的,尽管对单个机构可以依据其各自的资本要求,继续实行单一监管,但是为了确定金融集团是否具有充足的资本,有必要将关联公司的资产负债进行并表,然后,将并表的结果与母公司的资本进行比较。单一加总监管是一种针对集团内部各实体的监管方法,即根据集团内部各单个机构所属的不同监管者对资本的要求,分别对其实行单一监管。然后,在此基础上,对集团的资本充足性进行质量评估。

的核心问题。笔者认为，这一点对于具有超国家性的欧盟来说可能并非一个难以解决的问题，因为单一市场目的本身就已在一定层面上蕴含了金融监管法律制度在最低限度上的协调一致化或趋同化，但是对于其他国家而言，问题可能就不会这么简单，所以这就需要这些国家之间在信息的交流机制上达成相关的共识，适度地解决信息交流与银行保密法之间的瓶颈。

第三节　资本充足监管的个案分析

资本充足监管是巴塞尔银行监管委员会在金融危机的启示下倡导的监管原则，该原则体现了其成员国及国际上其他各国的监管者的一种理念，即强化银行等金融机构的资本要求，以吸纳可能的银行等机构的危机所引发的冲击。因此，这种监管性的思维也必然反映在委员会参加国的金融监管的国内立法与监管实践之中。同时，在这些金融发达国家的示范效应下，此种监管理念也会向世界各国放射与扩散，从而最终也被借鉴或移植于其国内法之中。金融企业集团也是金融自由化、全球化与综合化的标志性载体，所以对其实行资本充足性的监管也是各国相关法律规则的必然要求。因此，比较分析各国在该方面的实践与立法也有着时代意义。

一、美国资本充足监管的立法与实践

（一）美国资本监管的确立阶段

在美国，其资本充足监管具有较长的历史，比如在其金融监管中存在“联邦监管内统一银行评级体系”。该体系就包括对资本充足性的检查与评估。① 实际上，美国对资本充足监管的实践最早体

① 即所谓的“骆驼评级法”，该评级方法从五个方面对银行的经营状况进行监管，资本充足率、资产质量、管理水平、收益状况及流动性于1976年开始在美国三大联邦监管部门中使用。1997年1月，美联储在CAMEL评级体系中新增加了进行评级的第六个要素——敏感性，即强调银行对市场风险的敏感程度。

现于 1909 年加利福尼亚银行法提出的一个资本充足率（即标准资本/总存款的比率）的衡量标准，后来其又被体现于通货监理署 1914 年度报告中，① 该报告建议将银行资本金对总存款额的最低比率定为 10%，以作为美联邦级银行资本的最低要求，其后该建议成为某种正式的规定而被广泛使用。后来在 20 世纪 30～40 年代，银行大量购买政府公债，从而使得 10% 的比率要求也不能适应银行业务发展的需要，监管当局便将该比率降低到 7%。20 世纪 50～60 年代，通货监理署还提出资本对投资资产比率的概念，将风险资产定义为除现金与存放同业存款之外的全部资产，该比率定为 20%。美联储也将资本适宜度定为 20%，资本金定义为股东权益加呆账准备金。联邦存款保险公司（FDIC）则把一些长期债券作为资本，将资本适宜度定为资本与平均总资产的一定比率。②

在 20 世纪 70 年代末，资本充足的监管有了进一步的发展。其通货监理署、联邦存款保险公司及联储同意使用下列可选择的比率来确定资本充足性：股本与总资产之比率、总资本与总资产之比率、分类资产与总资本之比率、贷款与总资本之比率、固定资产与总资本之比率、分类资产与总资本之比率、损耗处理储备（reserve for charge-offs）与净损耗处理比率、净损耗与贷款比率及资产增长率与资本增长率的比率等。③ 美国三家联邦级监管者于 1981 年对银行资本制定了统一的共同标准，将资本分为一级资本与二级资本，并规定一级资本与总资产的比率最低不得低于 5%，后来这一

---

① ［美］伊曼纽尔·N·鲁萨基斯：《金融自由化与商业银行管理》，中国物价出版社 1992 年版，第 150 页。

② 李豪明著：《英美银行监管制度比较与借鉴》，中国金融出版社 1998 年版，第 111 页。

③ Alan, Gart, Regulation, Deregulation, Reregulation: the Future of the Banking, Insurance, and Securities Industries, p. 119.

主体内容被1988年的巴塞尔资本协议文件吸收。① 在巴塞尔委员会于1988年颁布了资本协议文件后，美国执行资本/风险加权资产的新比率，并依照委员会的文件的建议分两个阶段来实施。第一阶段是从1990年12月31日至1992年12月31日，在此期间，所有的国民银行的资本充足率不得低于总资本/风险加权资产的7.25%；第二阶段是从1992年12月31日开始计算，在此期间，所有的国民银行应当保持总资本/风险加权资产的最低8%的比率。在依风险为基础的原则建立起来的标准以外，所有国民银行必须保持至少为3%的最低一级资本/总资产的杠杆比率。

（二）1991年《联邦存款保险公司改进法》对资本充足监管的规定

在1992年2月，美国财政部迫于要求银行体制改革的压力提出了一份名为《金融体制现代化：使银行更安全、更具有竞争力的建议》的报告，以试图改变30年代建立起来的银行制度，但是由于该提议涉及面太广，力度过强而未获通过，而最终被1991年《联邦存款保险公司改进法》代替，该法不仅涉及银行保险基金增资，而且还创造了衡量银行资本水平的监管框架，以保证充足资本与精确评估资本的需要，从而使该框架被誉为“及时纠正行动”。在该行动下，美联邦监管机构对银行的资本下降采取了更为严厉的监管反应。“及时纠正行动”标准已成为影响银行资本水平的主要管理因素。其具体内容如下：

---

① 就美国资本充足监管的实践被巴塞尔银行监管委员会文件吸纳的现象来看，其深深地反映了国际社会在金融监管立法中的一大特点，即金融发达国家国内相关法律的国际化。对于这一现象，作者认为应从两个方面进行分析：其一是积极的方面，这种国际性立法实践具有一定的指导性作用，其可以给金融欠发达国家的金融立法提供借鉴与示范的效应，这肯定有利于国际金融体系的稳定；其二是消极的方面，这种将相关国内法律上升到国际的高度的做法损害了金融欠发达国家的利益，因为在确定国际金融监管的规则时，其并没有考虑到上述国家的特殊的金融状况，这无疑损害了这些国家的国际金融立法的参与权。

1. 资本充足水平的划分

根据1991年的立法,银行的资本水平被分成五个等级,即良好资本、充足资本、不足资本、严重不足资本与极其缺乏资本等。对资本进行如此分类的目的在于决定及时纠正行动的框架及监管者是否应采取制约性的措施。处于前两个级别资本水平的银行没有监管上的问题,所以无须制约性的行动,但是若某银行的资本水平低于前两类,则其会面临一套法律上的制约措施及相应的监管指导。

2. 资本充足的计算方法

为了对银行的资本充足进行评估,监管机构主要得考察3个资本比率,即总资本与风险资产比率、一级资本与风险资产的比率及一级资本与总平均资产比率(杠杆比率)。在具体评估的过程中,监管者是采取综合性的评估方法,即银行监管当局依据上述3个资本比率的数值来确定每一家银行的资本水平,对于良好与充足型银行而言,其满足或超过3个资本比率的最低标准;对于不足资本或严重不足资本的银行,只要低于其中之一的比率就属于此种情形;对于极其缺乏资本类型而言,是其有形资产少于总资产2%的银行。①

3. 管制措施

管制措施② 主要表现在以下几个方面：一是对资本不足银行的管制。当一银行出现资本不足时，依1991年法的规定，该银行必须立即提交一份资本恢复计划，以将准备金提高至良好或资本充足的状态。若该计划被批准，其执行将被置于严密的监控之下，在其资本充足达到法律的要求之前，该银行不得为支付管理费、分红及派发股息、开设新分行或经营新业务等行为。二是对资本严重不足银行的管制。若某银行的总资本与风险资产的比率在6%以下，

① 参见李豪明:《英美银行监管制度比较与借鉴》，中国金融出版社1998年版，第113页。

② 若某一银行的资本状况达到1991年法所规定的良好或充足的标准，则其属于资产状况良好。在该情况下，银行的监管者一般不会再对其进行资本充足性的管制，除非其资本水平降到了法定的要求以下，所以在此处讨论时，作者没有对资本达到法律要求的银行的资本监管措施进行分析。

且有大量的问题贷款，管理与盈利水平不高，则在除监管者要求其资本达到法定的要求以外，监管者还可以采取以下监管措施：要求该银行出售其有表决权的股票进行增资、指定其被一家持股公司收购或同另一家银行合并、限制其支付存款利息、禁止接受代理行存款、限制其与附属机构间的交易、撤换高级主管人员以提高管理水平、出售其子公司或非存款性的附属银行或机构及其他监管者认为适当的措施。三是对资本极其不足银行的监管。若某银行的资本充足率在3．5%以下，则其资本水平应被纳入极其不足的类别。在该种情况下，该银行机构应接受以下监管措施：除非有适当机构或联邦存款保险公司采取其他行动来达到“及时纠正行动”的目的，否则该银行必须被监管者接管或置于其保护之下，直至其达到法定的资本要求；在60天后，若无FDIC的事先同意，该银行不得对其附属债务支付本金与利息；未经FDIC事先的书面许可，其亦不得为下列行为：进行非正常业务的任何实质性的交易、进行会计的获利变更、以高杠杆率扩张其信贷及支付超额的补偿或红利等。

（三）州成员银行资本充足性指南

美国是实行的两线多元性的监管体制，所以其对州银行与国民银行适用了两套不同的监管体制。为了对州银行的资本充足率提供监管指导，美联储发布了《州银行资本充足性指南：基于风险的计算》①（即修改后的《条例H》的附录A）。该计算方法的主要目的

① 该指南与《银行控股公司资本充足指南：基于风险的计算方法》同于1993年12月31日生效。这两者之间的不同之处为：一是对资本的定义不同。州成员银行不能将累积性永久优先股计入一级资本，即核心资本中。然而，银行控股公司则可以同时将累积与非累积性永久优先股计入一级资本，但是在银行控股公司的一级资本中，累积性永久优先股不能超过一级资本其他成分的1/3。即不得超过一级资本总额的1/4。否则，超出的部分应计入二级资本中。二是其适用对象不同。州指南只适用于所有的州成员银行，后者适用于并表资产在1.5亿美元以上的整个银行控股公司。对并表资产低于1.5亿美元的银行控股公司来说，则只适用于其控股的银行。然而，在符合以下条件的情况下，即使其并表资产少于上述的数额，后者也同样适用：所从事的非银行业务具有高度的杠杆性质及对公众负有大量的债务。

是：使管理资本的要求对银行之间的不同风险状况更加敏感、在估量资本的充足性时表外的贷款风险暴露情况都考虑进去、尽量减少影响银行持有流动性高与风险低的资产的消极因素及使全球大银行的资本充足性评估有更高的一致性。①

该风险资本计算指南既对资本进行了定义，也规定了计算加权风险资产的框架，在计算时将资产与表外项目归入几个基本风险范畴。银行的风险资本比率的计算方法是合格资本与加权风险资产之比。合格资本由核心资本成分与补充资本组成。其中核心资本成分或一级资本至少应占其合格资本的50%，核心资本由下列项目组成：普通持股人之股权、合格的非累积性的永久性优先股票、并入合并报表的子公司股权账户中的少数股东权益等。补充资本也被称之为二级资本，其主要由以下资本项目组成：永久性优先股票与相关的溢价额、贷款与租赁损失准备金、定期次级债务与中期优先股票及混合资本工具与强制性可转换债务证券等。此外，在计算资本充足性时，必须将下列项目扣减：商誉、对银行或财务子公司及其他公司中的投资、相互持有的银行机构资本工具等。

此外，美国《金融服务现代化法》也延续了资本充足监管的原则，如该法规定，若某银行控股公司不满足一定的先决条件，它就不能从事任何被新法所允许的新金融业务，也就是不能扩展成为金融控股公司。该先决条件最主要有以下三个方面：一是银行控股公司已向美联储提出金融控股公司的申请，同时提交有关下属存款机构已达到资本充足与管理健全的标准；二是依据现行监管体制，该银行控股公司的所有下属存款机构达到资本充足与管理健全的标准；三是金融控股公司或其他存款机构在最近根据1977年社区再投资法所进行的检查中达到满意的等级。否则，美联储不得允许其从事任何的金融业务活动。②

---

① 陈元主编:《美国银行监管》，中国金融出版社1998年版，第126页。

② 陈炜恒：《美国金融改革法评价》，载《金融法苑》2000年第2期，第46页。

（四）小结

从以上我们可以看出美国对资本充足的监管经历了一个渐进式发展的过程。在这个过程中，其与巴塞尔银行监管委员会的资本协议文件呈现出并行发展的特点。一方面作为巴塞尔银行监管委员会的主要支持者与倡导者，美国对巴塞尔委员会的资本协议文件的构建有着潜移默化的作用，即美国的相关监管实践与立法被巴塞尔银行监管委员会吸纳。另一方面因为在巴塞尔银行监管委员会内部也存在着许多其他制约因素，所以巴塞尔银行监管委员会出台的新文件也必将对美国国内的金融监管立法产生影响。对于这一点，从其对资本充足率监管的立法实践来看，其便力图与巴塞尔银行监管委员会的建议或指南保持一致。

然而，有必要注意的是由于银行业与证券业等之间本身就存在着对资本界定的差异性，对银行进行资本充足监管的规则是不太可能完全适用于证券公司等金融机构的。① 因此，对后者就有必要依据行业规则设计不同的资本管制规则。从美国的立法与实践来看，其对资本的监管便具有多元性的特色。如早在美证券交易委员会产生之前，纽约证券交易所就对其会员规定了资本充足的要求。如在1922年，其资本要求是证券公司自有资本加上客户应收款的10%，其后到1929年3月，其资本要求是客户应收款为5%、政府债券

① 对于银行业与证券业之间资本界定的差异性问题，我们可以以美国为例。在美国，在核定银行的资本时，与巴塞尔委员会的资本协议保持一致，其银行资本被划分为核心资本与附属资本，且核心资本必须占全部资本的50%，附属资本不得超过核心资本的100%。除此之外，在计算资本充足率时，商誉、对其他关联公司的投资及相互持有的银行机构资本工具必须从总资本成分中扣除。然而，在计算证券公司的资本充足率时，据统一资本条例的规定，证券行业的资本由股权、市场确定价值的资产净值与标准的次级债务组成。其中次级债务可以是借入的现金或借入的证券及条例附件D所核准的其他几种次级债务。在计算时，依据净资本保护条例的规定，资本的计算必须达到以下三项要求：扣除不流动资产、扣除对所持的风险资产的折扣、通过上述两步扣除后得出净资本后再根据净资本与业务规模确定资本充足率要求。

为10%及其他证券为30%。后来，1934年的《证券交易法》使对证券公司的资本要求法律化，该法规定任何证券公司的负债不得超过其自有资本的20倍。1938年的修正案即15节（C）（3）授权SEC制定自己的资本充足率要求，从此SEC便开始了依“净资本保护条例”（net capital rule）对证券公司资本充足性的监管，①但该条例也有不足之处，因为当时的条例规定证券交易所的会员对资本充足监管具有豁免权，因为SEC认为那些证券交易所（主要是纽约证券交易所）的资本充足率比自己的更全面。② 为了克服这种不公平竞争的现象，同时因为证券公司倒闭、被兼并或被收购等事件的影响，也为了履行1970年《证券投资者保护法》中的相关规定，SEC推出了两项改革措施：一是于1972年通过了“客户保护条例”。其目的在于采取以下方法保护投资者的利益，即限制证券公司使用客户的资金来为其业务进行融资，及将投资者的账户与公司账户进行分离。因为该条例在理论上与实践中的价值，它被SEC视为证券监管中的关键性进步，是其财务偿付计划中的核心。③ 二是在1975年，SEC修改了其对净资本的规定，出台了适用于所有证券公司的“统一资本条例”（Uniform Net Capital Rule）。虽然该条例历经修订，但其至今仍是SEC对证券公司进行资本充足监管的核心依据。

虽然对证券公司的资本充足监管已被SEC纳入了审慎性监管的范畴，但是我们应明确的是，相对于银行业的资本充足监管而言，其还是存在着薄弱性与不全面性，法律上的漏洞也依然存在。如在计算有分支机构的证券公司的资本充足性时，依“统一净资本条例”的规定，只有在证券公司对其分公司或子公司的债务提供正式的担保或承担义务时，该条例才适用于整个证券公司集团。该规

① Louis Loss, Joel Seligman, Securities Regulation, 3rd, 1991, pp. 3130-3131.

② 杨亮：《美国对证券公司资本充足率的法律监管》，载《民商法论丛》第13卷，第560页。

③ SEC, Securities Exchange Act Release, No. 18417, 13 January 1982, p.6.

定可能导致的后果是许多母公司性的证券公司为了逃避监管而采取控股公司的组织结构。纽约的联邦储备银行的研究表明，对证券公司的资本充足的并表监管必须建立在这样的基础上，即证券公司能在财务上独立于其母公司与不受管辖的分支机构。①

从以上可知，尽管对银行业与证券业等的资本充足率的监管是美国审慎性监管中不可或缺的一环，但是在金融控股公司的发展新形势下，美国现行的资本充足监管法律规则还是存在严重的滞后性，其不足以防范金融控股公司所引发的金融风险，因为金融控股公司是由多个关联公司组成的公司集团，资金的相互流动是不可避免的。② 这样在核定整个集团的资本充足率时，由于信息不对称，监管者就有可能将在集团内流动的同一笔资本进行两次或两次以上的计算。这样做的直接后果是，虽然从形式上看集团在整体上似乎是已达到了法定的资本充足要求，然而实际上集团的实有资本远远低于法定的标准。因此，在对金融控股公司等金融集团进行资本充足监管时，立法者就有必要开发出一种跨行业的资本充足监管法律规则。同时，在可能的情况下，也有必要对资本进行重新的界定，以求使证券业、银行业与保险业等的资本要求达到一定的统一与协调。

二、英国资本充足监管的实践

(一) 资本成分构成

资本是商业银行生存与发展的基础。英格兰银行对银行的资本充足性是极为重视的，认为资本充足是银行稳健经营的最主要的衡量指标。其银行资本构成由以下资本项目形成：实收普通股和不可赎回的优先股、股票发行溢价额、损益账户余额、总储备（包括被

① Gary Haberman, Capital Requirements of Commercial and Investment Banks: Control in Regulation, Federal Reserve Bank of New York Quarterly Review, 1987, autumn, p.26.

② 在金融企业集团中，资金的流动方式是多样的。比如，集团内部的相互借贷行为、一公司对另一公司的投资及集团内部公司之间的交叉性持股等。

许可的内部储备)、能够自用于弥补未来损失的普通坏账准备金减去与延期税收资产(deferred tax asset)有关的部分、在非完全所属的并表企业中的少数股权、符合要求的次级债务。为了进行审慎性监管，在考核资本充足性时，还要对基础资本成分作进一步的处理，即从资本基础中扣除对非并表附属机构与相关企业的投资、商誉、房产设备和其他固定资产及所持其他银行的资本债务。

为了保证资本的真实性与有效性，英格兰银行也根据信贷风险、投资风险与强制销售风险(forced-sale risk)三种风险类型对不同的资产进行一定的折算。如英格兰银行的存款余额等资产的风险权重为0%；对银行的同业贷款、流通券与短期国库券的风险权重为10%；对政府部门的贷款及对银行与政府部门的票据承兑的权重为20%；对其他国内外居民的票据承兑、英国公共部门的债券担保与其他或然负债的权重为50%；标准商业贷款、外币总头寸的权重为100%；关联贷款与对非公司的投资为150%。①

(二)资本充足性的比率监管

在资本充足性的衡量比率上，英格兰银行基本上参照了巴塞尔银行监管委员会资本协议中的做法，即将银行所需资本与银行资产的风险挂钩。然而英国不实行统一的比率，而是依据银行业务的性质与特点，设定不同的资本充足率。②

其一是触发比率(Trigger Ratios)。该比率是依1978年《银行法》规定的授权标准所能接受的最低资本比率。在确立触发比率额度时，英格兰银行要考虑以下因素：银行的特点、规模、风险组合与分散化；管理经验；经营市场的特点、稳定性与风险等；股东或控制者的支持与监控；体系与监控的充分性；其他管理者的监管程

① 李早航：《现代金融监管市场化国际化进程的探索》，中国金融出版社1999年版，第255～256页。

② 尽管如此，作为巴塞尔银行监管委员会的成员国，英国有义务遵守巴塞尔银行监管委员会在其诸资本协议中所规定的最低限度的8%的目标资本比率，所以8%的资本充足率在英国被称为“最低清偿比率”(solvency ratio minimum)，适用于其境内的所有银行。

度。① 在实践中，英格兰银行制定的触发比率通常比巴塞尔银行监管委员会所定的8%的目标资本比率高，其最高达50%，而且，在适用该比率时，英格兰银行一般是考虑银行贷款的风险集中程度。若风险集中度增加，则要增加风险资产的资本比率来反映风险程度的增加，这也相应地增加了触发比率。

其二是目标比率（Target Ratios)。该比率是一个与触发比率相对的概念，设定于触发比率之后，其目的在于有效防止意外地违反触发比率。在一般的情况下，该比率至少要比触发比率高一个百分点。相对于触发比率而言，商业银行对目标比率有较大的发言权，而且在很大程度上依赖于银行业务的性质与商业循环季节变化所带来的风险。然而，在另一方面，在设定目标比率时，英格兰银行仍可以行使控制权，如在银行认为其目标比率可能少于触发比率的一个百分点时，其必须获得英格兰银行的许可。

（三）资本不足的矫正措施

充足的资本虽然能使银行有足够的资本对投资者债务的清偿提供有力的保证，但是高资本意味着较高的成本，所以银行等金融机构并不总是希望持有充足的资本额度的。因此，监管者外在的矫正措施是必不可少的。在这方面，与前文的论述一致，英格兰银行采用两种不同的处理方法，即针对违反目标比率与触发比率的处理。②

就对目标比率的违反而言，其可以分为恶意与善意两种形式。若违反是属于恶意的，则在该银行能提供充足的保障体系，持续管

---

① 李豪明：《英美银行监管制度比较与借鉴》，中国金融出版社 1994 年版，第 54 页。

② 1998 年 6 月 1 日，英国对其金融体制进行了巨大的变革，新的金融体制对英格兰银行的金融监管职能与货币政策的职能进行了分离，英格兰银行与其专业性监管机构的监管职能被全部移交给了金融服务局。这一做法在随后的《金融服务与市场法》中也得到了肯定。尽管如此，英格兰银行仍然可以对金融监管施加一定的影响，因为根据其新的金融体制，英格兰银行负责金融体系基本设施的建设与改进，及在特殊情况下，为防止影响单个机构的风险波及金融体系的其他部分，其可以采取官方的操作进行干预。

理资本充足率，阻止其资本低于目标资本比率，且英格兰银行对这些举措感到满意的情况下，英格兰银行可以决定不采取进一步的措施；若违反是善意的，则这表明银行处于资本缺乏的状态之中，在该情形下，银行应在给定的时间内安排一个补救计划，并告知英格兰银行，以决定该计划是否可行。

就对触发比率的违反而言，英格兰银行认为对该比率的违反是一个严重的问题，因为其表明银行无充足的资本来支持其业务的风险，不能达到银行法规定的授权标准。在此种情况下，通常的补救措施是英格兰银行与该银行进行磋商，以寻求能使资本充足率达到法定要求的安排。

（四）评价

英国是巴塞尔银行监管委员会成员国，所以其有义务执行巴塞尔银行监管委员会所定的8%的目标比率的规定。通过以上的分析，我们对英国的资本充足率监管可以得出以下的几点看法：其一，英国是属于严格实行资本充足率监管的国家，我们可以从其对触发比率与目标比率的规定中了解到这一点。比如其所定的触发比率就远高于巴塞尔银行监管委员会所定的8%的目标比率。其二，源于历史的原因，英国对资本充足的监管亦具有非正式管理的特色，比如在某银行出现资本不足时，更多是该银行主动与相关监管者进行磋商，并提交使资本恢复到正常水平的计划或安排。其三，从英国资本充足监管的传统来看，其重点对象是银行业而非证券业。从历史上看，政府对证券交易所及其会员基本上采取的是自由放任的做法，国家立法对证券市场也只是进行间接的监管，如在1986年以前，英国还没有证券法或证券交易之类的专门法律，证券的监管主要由《公司法》与《防止欺诈法》等法律法规中有关公开说明书的规定、资本发行管理的规定及证券商登记等规定组成。因此，英国对证券市场的监管主要以自律为主，缺乏法定的色彩。同时，又由于证券业务与银行业务有本质上的差别，所以英国对证券业的资本充足性监管的规定还是比较薄弱的，只体现于其《公司法》对开业最低注册资本的规定。纵观其1986年《金融服务法》与2000年的《金融服务与市场法》，它也没有对金融企业集团进行统一资本充足监管的规定，所以在新形势下，对金融业进行统一的资本充足监管也是一个英国立法者与监管者所应研究的课题。

三、日本资本充足监管的实践

（一）日本资本充足监管的实践

日本银行并没有对银行的资本充足率应直接达到的比率作出规定，但是早在 1954 年其大藏省便开始将自有资本比率的管理纳入其审慎性监管之中。自有资本成分主要包括股东权益、普通贷款损失准备金、固定资产退废储备及其他专用储备。次级债务不包括在自有资本之中。然而，由于所定的目标比率偏高（为 10%），且又缺乏法律上的强制性，金融机构的资本比率也很少达到这一要求。后来，为了改善日本银行的资产质量状况，大藏省在 1985 年对这一比率进行了首次修订，而将新的标准比率定为总资产或总负债的 4%。对那些有分支机构的金融企业还规定了补充指标，即自有资本加 70% 的证券资本盈余要达到总资产的 6% 左右。此外，对非居民债权的风险资产率也规定有专门的指导性指标。

在 1988 年巴塞尔委员会出台了资本的统一计量标准后，日本大藏省于同年也作出规定，凡海外有分支机构及设有子公司的金融机构与自愿选择适用国际标准的金融机构应适用国际标准，其余金融机构仍依原日本标准执行。在 1992 年，日本对其《银行法》进行了修订，修订后的《银行法》第 14 条第 2 款规定，大藏省大臣可设置用于判定金融机构经营稳健的标准，这一规定改变了大藏省进行资本充足监管无法律根据的局面。然而，应明确的是，尽管从很早开始日本已开始了资本充足监管的实践，而且这种实践也取得了法律上的依据，但是在其早期修正措施出台之前，日本国内并无对达不到比率要求的银行的处罚性规定，而且在资本充足监管上对其国内与国外的银行实行歧视性的待遇。这也就是说，原有的自有资本比率在修正措施产生之前并不能对日本金融机构在国内经营的健全性等起到约束的作用。相反，若是在海外经营的银行达不到这一比率要求，则其有可能受到来自东道国监管部门的处罚。

为了使资本充足率的监管规范化及提高日本金融机构的资产质

量，1998年4月1日日本启动了早期修正措施。① 该修正措施是以金融机构对资产质量的自我检查评定为基础的。依据其相关规定，各金融机构在会计决算期后，应当向监管当局提交评定结果，并向外界进行信息披露。同时，修正措施也对被披露的财务报表提出了要求，即其应能够真实、准确、客观地反映金融机构资产的真实性。若监管机构在经过检查后，认定其自有资本比率低于标准值时，其便可以采取相应的挽救措施。该挽救措施的具体内容是将未达到规定的资本比率的金融机构分成三类，然后监管当局依金融机构所属的类别，确定相应的整改措施。其具体内容如下：

其一是若从事国际业务的银行依国际统一标准的自有资本为4%～8%，专营国内业务的银行依日本国内标准的自有资本为2%～4%，则监管当局应令其制定使其资本比率达到法定要求的计划。② 这是第一类别。

其二是若从事国际业务的银行依国际统一标准的自有资本为0～4%，专营国内业务的银行依日本国内标准的自有资本为0～2%，则其属于自有资本严重不足，监管当局可以责令其制定资本计划、控制与压缩总资产的增加、禁止进入新的业务领域、缩减现有业务、禁止新设分支机构、缩减现有分支机构、缩小子公司和海外公司的业务规模、压缩或禁止支付红利、禁止高息吸收存款等。这是第二类别。

其三是若从事国际业务的银行与专营国内业务的银行的自有资本不足0%，即资不抵债时，则金融厅可以采取以下矫正性措施：责令其停止部分或全部业务，但是在出现下述情况时，可以采取第二类措施：一是加入所持隐含收益后净资产为正值；二是加入所持

---

① 早期修正措施是一个具有特定内涵的概念，它是指为了在既定的期限内使银行资本与风险资产的比率达到巴塞尔银行监管委员会所规定的目标比率（8%）而采取的措施。

② 此处的监管当局应为日本金融厅，因为在1998年6月大藏省金融检查部、银行局与证券局的金融监管部门合并成立了原金融监督厅，后在2000年将金融行政的计划与立案权又从大藏省分离出来，并将金融监督厅更名为金融厅，所以现应由金融厅行使对银行等金融机构资本充足的监管权。

隐性收益后净资产为负值，但是在综合考虑相关情况后预计净资产肯定会转为正值。① 此外，即使非该类别的金融机构，若并入隐性亏损后净资产仍为负值或预期肯定为负值时，相关监管机构也可以向其发出停止营业的命令。

在修正措施实行后，日本《银行法》第 26 条第 2 款明确规定以自有资本比率为采取修正措施的标准。同时，日本也对资本的计算方法进行了修改，以与国际标准同步。具体的修改内容包括：分子项的自有资本与分母的资产项。②

（二）评价

早期修正措施以自有资本比率为客观指标，其初衷在于充实银行业的资本。日本在这方面所采取的措施表明其力图在资本充足率监管方面与国际接轨。从其早期修正措施的内容来看，包括了市场原理、自担经营风险、信息披露、提高透明度及重视审慎监管规则等因素，具有一定的积极意义，所以这一措施也反映在日本新的金融监管体系之中。

然而，在另一方面，我们也必须对日本的资本充足率监管有一个深入的认识，那就是日本早期修正措施的实行是内外压力的产物。日本是巴塞尔银行监管委员会的成员，所以根据 1988 年资本协议的规定，其有义务在 1992 年底使其银行业的资本充足率达到 8%，但是在 1987 年时，日本银行界的自有资本比率只有 3% 左右，处于国际较低水平。因此，要在数年内将其银行业的自有资本比率拉高 5 个百分点确实有点困难。尽管如此，在美国等国的施压下，其又有采取新举动的必要性。除此之外，日本在其国内也深受其银行业自有资本不足现象的困扰。因此，在内外因素的挤压下，

① 此处的相关情况包括以下几项内容：一是已采取的经营改善计划及个别措施的实施状况及今后实施的可能性；二是不良资产比率的状况等因素；三是业务收支率等收益率的状况。

② 分子项的修改内容为：次级债务等负债类资本筹措手段按与国际标准同样限度计入自有资本中、有价证券的隐含收益不计入资本中、退休金专项准备金等用于特定目的的准备金项目应扣除；分母项的修改为：原总资产应为风险资产，并采用与国际标准相同的风险权数。

其最终启动了早期修正措施对银行业自有资本的监管。

虽然对自有资本的监管是其修正措施的核心内容，但是其在监管实践中的效应却大打折扣。这源于两方面的原因：其一是日本银行业自身资产状况欠佳；其二是监管者的纵容与姑息。在 1997 年 11 月以来日本金融机构受大规模破产冲击的情况下，日本金融监管当局在具体实施资本充足监管方面作了相当大的调整。如在 1997 年 12 月允许无海外机构的银行延期一年执行早期修正措施；在自有资本比率计算上，允许债务人存款与其债务相抵，并改股票的会计方法为原价法与低价法的选择等。① 因此，在实践中，其对自有资本的监管在一定程度上流于形式，效果并不理想。

除上述之外，日本对金融业资本充足的监管无论在立法上，还是在实践上都与英、美等国一样面临同样的课题，即在金融业务自由化的情况下，如何对整个金融企业集团进行资本充足率监管和如何对跨行业资本进行界定等。关于这几方面的问题，若从一个国家的内部来探讨，相对来说可能会较容易解决一些，但是若从全球的角度来分析，问题就会复杂得多，因为金融主权因素的存在，一国的金融监管机关是不可能对同一笔资本于某一金融集团内的经常性流动进行跟踪的，所以在无金融企业集团监管的国际合作与协调的情况下，就不可避免地会出现同一资本被多次计算的现象。

四、小结

资本充足监管作为金融审慎监管中不可缺少的环节，其最先体现于世界各国对银行业的监管中。这种监管实践的产生与银行的资产负债业务的性质相符合，因为在银行的全部资产中，其自有资本是极其有限的。因此，为了从宏观上确保整个金融体系的安全，从微观上保护债权人的权益，要求银行具有足够的资本对债权人进行

---

① 原价法系按照购入股票的价格计算，低价法系依据购入价格与市价较低者计算。采用原价法时，只要所持股价在决算期不低于上一决算期股票价的一半以下，就没有必要进行冲销，所以其又被称做“不被股价左右的自有资本比率对策”，但是这一做法与依市价进行核算的国际实践相悖。

担保就成为金融监管法的必然要求。相反，对证券业而言，由于其主要是从事证券的自营业务、经纪业务与承销业务，其业务的规模与其资产状况大多是持平的。对保险公司而言，其专门性储备金(technical provisions)① 可以用来对潜在的债权进行清偿，所以风险性相对较小。因此，在传统的金融监管中没有将证券业、保险业等也纳入资本充足监管的范畴。

在分业经营的体制下，由于各金融行业都有各自法定的业务范围，所以资金的流动都是依市场规则操作，且其彼此间流动也必须严格依法律的规定进行。这样，同一笔资本被重复计算的现象是很少产生的，因此也不会在很大程度上影响到银行资本充足率的真实性。然而，在金融企业集团的模式下，这一局面被打破，就可能发生非透明性的、恶意性的资本在集团内的频繁流动，如若金融集团内的银行公司为了提高其资本充足率或在其资本比率达不到法定要求的情况下，将其公司内的部分或全部债务转移给其控股的子公司。这种做法的直接结果是银行规避了相关国家对其进行资本充足率监管的要求。同时，为了达到这一结果，其下属的子公司也可以直接暂时性地向该银行公司提供资金，以应付监管机关的资本充足监管检查。若在对银行业、证券业与保险业等都存在资本充足要求时，其可以通过集团内部的同一资本的频繁流转而达到满足其资本充足监管的目的。

从以上对英、美、日三国的资本充足监管的实践来看，其监管主要是针对银行业，而对证券业与保险业等的资本充足监管还比较单薄，而且这三国都没有确立统一的对金融企业集团进行资本充足监管的立法。这根本的原因如下：

其一是各金融行业间及各国在会计准则上的差异性。在不同的金融业之间，会计惯例具有不同的要求，这使得对诸行业间的资本

① 在人寿保险公司中，该专门储备金主要由活动性保单储备金（active policy provision)、红利与回扣储备金及期待性保险费储备金（unearned premium provisions）等构成。然而，在非人寿保险公司中，一般是在保险事故发生时才确定专门性储备金，且在每一财政年度末，对其利用统计法或个案法进行估量。

框架进行比较变得很复杂。比如，证券公司所持有的金融资产必须依据市场价值来计算。然而，银行与保险公司所持有的大多数资产就不是依市场价值来计算的。而且，在某些情况下，也不可能将现有价值与账面价值之间的差额当作两者的合格资本进行计算。将源于市价计算的会计要求所产生的收益与成本和可能存在于不同资产类别的资本处理的差异性进行衡量也是不现实的。此外，对于价值评估所造成的损失也同样如此。同时，在会计处理上的其他差别也使得人们不能对不同行业的资本进行具体的比较。这包括以下几方面的差异性，即不同储备金类别界定上存在的差异性、资本成分界定上的差异性及收入界定上的差异性。

其二是资本及储备金相对重要性的不一致性、不同行业资本界定的差异性。资本界定的不同也是在对金融企业集团进行统一的资本监管中所面临的一个难题。一般来说，在银行业、证券业与保险业中合格的核心资本都是由股本及公开储备组成的。然而，在不同的行业间，甚至是在同一行业内对资本的合格性的规定也是不同的。比如，对银行业而言，一级资本主要由股本及公开储备构成，但也包括某些混合性债务工具。同时，股本必须是足额实交的，公开储备主要包括保留利润及总的法定储备金。二级资本包括未公开储备、重估价储备金，如源于对自有不动产的重估所产生的收益、某些具体条件下的附属性债务工具等。在欧盟，若将其保险业务中的核心资本成分与银行的核心资本成分进行比较，则会发现两者之间有很多差别。保险公司的股本主要是由实交的股本构成，若该自有资本的25%已实交，则同时也包括没有实交的股本或初始资金的一半。在某些条件下，合格的清偿成分也包括累积性的优先股及附属性债务。对于将该两资产项目包括在内的条件与银行的补充资本要求的条件大体相类似。另外，人寿保险公司也可以将其资产负债表中的利润储备包括在内，若其可以用来弥补任何损失，或向保单持有人支付保险金。

其三是资本计算方法与风险概念的差异性、资本要求适用范围的不一致性。银行业资本充足监管的重点是并表监管，其目的在于根除资本的双重计算。修订的巴塞尔资本协议打算扩大这种并表的范围而将银行持股公司包括在内，且在必要的情况下，规定单独测试与次并表监管的多种标准。在美国与欧盟模式中，对保险公司的资本控制一般是以单独监管为基础的。此外，在通过计算公司的调整清偿力来避免双重计算时，欧盟在其对保险集团的单一加总框架中（solo plus framework），也对资本加总方法作了规定。在美国，根据净资本规则，对证券公司的资本是单独进行监管的。然而，在欧盟证券公司一般要接受并表监管。

其四是对最低资本要求遵守上的差异性。即使是以所达成共识的准则为基础，在资本监管规则的遵守上各国之间还是存在着差异性，因为这些准则只是一种最低的要求。比如，信用评级机构及市场分析师在评定一个金融公司的级别时就起着重要的作用，他们可以形成自己的评定某些公司与最低资本要求相对的实有资本模式。这样，这些公司就可以决定持有多少资本，以对市场预期作出回应。而且，各国的监管当局也在最低资本要求上设定了不同的资本充足率要求。

尽管从一国国内层面来分析，要对资本进行统一定性还有难度，且就目前而言要将资本充足监管拓展到非银行性的金融公司或其他非受管制实体还缺乏可行性，再者从国际的视角来考察，尽管巴塞尔银行监管委员会及三方联合论坛已在这方面有了些创新性的尝试，但实践证明其效果也不是很明显。然而，在金融自由化与全球化、金融风险跨行业化及跨国化的情势下，各国一方面应力图在本国内开发能同时适用于金融诸业务的资本充足监管规则，另一方面在国际层面上应以“最低限度的协调原则为基础”加强在此方面的国际协调与合作，以在对会计准则、资本的计量方法、跨行业资本的界定等问题上达成共识。

第四节　集团资本充足监管的国际协调

一、欧盟对金融企业集团的资本充足监管

消除金融服务贸易障碍，追求资本流动的自由化，协调各成员

国的金融监管规则，以使各成员国的金融监管法律制度同步化与一致化一直是欧盟的重要目标。在协调欧盟成员国的金融监管法律制度中，对其信用机构资本充足率的监管也是其区域性协调与合作中的一个重点。而且由于欧盟的许多国家亦是十国集团的成员，所以巴塞尔资本充足监管的标准被自然地融合于欧洲统一市场发展战略中，比如欧盟信用机构自有资金的共同标准在1988年2月欧盟部长理事会议上获得通过，1989年4月和1989年12月又先后通过了关于信用机构的《自有资金指令》及《清偿比率指令》。此外，为了推进统一大市场计划，建立像监管银行一样对投资公司和银行的证券业务进行监管的共同框架，欧盟于1993年通过了《资本充足率指令》(Capital Adequacy Directive, CAP)，将资本充足率列入了对投资公司的监管。①

(一)《自有资金指令》和《清偿比率指令》相关分析

《自有资金指令》在巴塞尔资本协议区别一级资本和二级资本的相同基础上区分了“原始自有资金”和“附加自有资金”。根据《自有资金指令》的规定，自有资本由以下项目组成：资本额（包括实收资本及股本溢价，但累积优先股不能被计算在内）、各项储备金（包括累积损益在内）、重估价准备金（revaluation reserves）、调整项目（value adjustments）、其他项目（依该指令第3条规定，这些项目应具备以下两个条件：一是这些项目可供银行自由使用，以弥补其正常营业中的风险所造成的损失；二是这些项目在银行内部会计记录上已有所记录）、合作型银行会员承诺费（commitments）及基金型银行借款人承诺出资额、有到期日之累积优先股等。另外，在计算信用机构自有资金时，下列项目应予以扣除：银行之库藏股票、无形资产、当期重大损失等。全部附加自有资金不得超过原始自有资金（即最多为其100%），附加自有资金的某些项目不得超过原始自有资金的50%。该指令还规定了自有资金具体项目的标准范本，但不排除成员国采用适当的较严格标准。《清

① 杨亮、林晓君：《欧盟对投资公司资本充足率的监管》，载《法学评论》2000年第3期，第8页。

偿比率指令》则明确规定，一家银行的资本与资产必须保持在一定比例的水平上，具体地说，即信用机构的自有资金同经过风险调整的总资产和表外项目的比率目标为8%。并允许成员国监管当局制定更高的标准。该指令还规定清偿比率的计算一年不得少于两次，拥有子公司的信用机构的清偿比率应在合并的基础上计算。

此两个指令是和第二银行指令同时颁发的、更为具体的指令，此两指令遵循巴塞尔协议所建立起来的原则，强调了信用机构自有资金的意义，划清了自有资金的形态，规定了自有资金的最低比率及对应的计算方法。① 如《自有资金指令》在充分分析银行自有资金重要性的基础上，就说明了在对跨国银行业的经营管理中应该充分认识到银行自有资金的管理。然而，应注意的是尽管两指令是巴塞尔资本协议的有力回应，尽管它也印证了金融监管中的一个基本原理，即资本充足是金融机构吸纳可能损失，强化信誉、信心与信用及缓解风险的有力工具，但是其出发点和落脚点都在于同质的银行集团。在综合化金融业务日益深化的态势下，行业性的资本监管规则并不能完全适应跨行业性的资本监管的要求。

（二）对《资本充足率指令》的相关分析

《资本充足率指令》出台的目的主要在于通过并表的方式解决投资公司的资本充足监管问题，如该法第7条就将并表监管原则推广到投资公司。并表监管原则主要涉及三类问题：应接受并表监管的机构、并表监管的范围和并表监管的例外。

就并表监管的机构而言，任何银行或投资公司，只要其拥有银行或投资公司的分支机构，或者拥有这类公司的股权（持有至少20%的股权），就都应被列入并表监管的范围。金融控股公司如拥有银行或投资公司等分支机构，也应被纳入并表监管。对于开展多种业务的控股公司，虽然该法对其没有明确并表监管要求，但银行或投资公司等分支机构的监管机关有义务关注集团内的其他活动。

就并表监管的范围而言，在并表监管中亦应纳入资本充足率和

---

① 参见伍海华主编：《现代跨国银行论》，东北财经大学出版社1996年版，第38页。

大额风险监管。若集团实行并表监管，成员国可以选择不对母公司或其子公司分别适用资本充足率和大额风险的规则，但是要采取一定的措施以保证资本在集团内得到合理配置。若成员国不作上述选择，又要被管制实体遵循并表监管，则一机构交易账簿① 的风险应和另一机构进行抵消。

此外，如同 1992 年并表监管指令一样，《资本充足率指令》中的并表监管要求也存在以下例外性规定：若子公司在第三国开展经营活动，且该国对必要的信息交流存在法律障碍，则该子公司应被排除在并表监管外；若对公司或持有股权的公司实行并表监管将产生不当性或误导性，则对其可以不适用并表监管的安排；若金融集团中不包括银行，集团内各投资公司都满足以下条件，那么其可以被排除在并表监管外：使用限制性资本定义、符合《资本充足率指令》的资本充足要求和大额风险限制、建立了监管和控制集团内所有其他金融机构资本来源与融资的机制。

客观来说，《资本充足率指令》确实在一定程度上弥补了以前资本充足计算规则的不足，比如，按原先的安排，《资本充足率指令》仅适用于特定类型的投资公司，但是为了消除英、德之间的分歧，后同意按照功能标准将资本充足率指令适用于银行和投资公司的某些类型的风险。② 为此，还专门设立了交易账簿的概念，该概念的诞生调和了欧盟内部的矛盾，为全能银行和投资公司创造了平等的竞争环境。但是本指令也存在一些不足之处：尽管在该指令第 7 条中规定了并表监管的安排，但是其仍然主要是针对投资公司，其立足的基点仍然是从行业监管的角度出发；再者，交易账簿虽然

---

① 交易账簿是为了调和英国和德国之间的矛盾，在《资本充足率指令》中创设的一个概念，其目的在于将银行或投资公司等机构的证券账簿和其他业务分开。交易账簿要单独遵守适用于证券交易的比较宽松的资本充足率规则。

② Brian Scott-Quinn, EC Securities Markets Regulation, in Benn Steil, ed, International Financial Market Regulation, John Wiley, Chichester, 1994.

调和了英、德之间的矛盾，① 但是其本身也存在一些缺陷，如《资本充足率指令》对资本的可选择定义允许自由使用次级债务来支持银行的交易账簿，这将导致交易账簿中的风险事实上最终还是由支持银行其他业务的自有资本来承担，这无形中增加了银行的经营风险，违背了银行经营的安全性原则。②而且交易账簿将导致银行业务与交易账簿之间的转换，这也给监管带来一定的难度。《资本充足率指令》本身就是诸多矛盾调和的产物，建立于相互协调、相互承认的最低标准的基础之上。此种最低标准是欧盟法确立的基石，但是也反映了其固有的不足，指令中关于并表监管的例外规定便印证了这一点。与《自有资金指令》和《清偿比率指令》比较，它也并没有克服上述的不足。鉴于此，对于资本充足率的监管有必要从整个异质性的金融集团的层面上进行设计。在设计中，有必要考虑到以下两个问题：

其一是保证对集团内各实体承担资本充足率监管职责的监管者之监管目的不会因为金融企业集团的出现而受到损害。因此，有必要确保集团内各单个的被管制主体具有足够的资本，这就要求采取一定的措施以防止同一资本在同一金融企业集团的多个实体之间被重复计算（double gearing）及防止母公司发行债券，并将其收益作为股权转让给其受管制的实体，以起到过度的杠杆效应（excessive leveraging）。

其二是在创立资本充足评估方法时，应该承认每一行业中现已存在的资本充足规则。在一定程度上，行业性的资本充足规则被认为是既定的，因为其反映了每一金融行业的不同本质及所暴露的风险和监管者所采取的不同的风险管理与评估方法。

实际上，上述的观点也体现在 2001 年指令建议案第 5 条中，

---

① 英、德矛盾的焦点在于德国的监管体制是为了保证银行的清偿力，从而将次级债务列于法定资本之外。然而，英国则相反，其监管机关承认投资公司先进管理技术的合法性，从而主张将短期次级债务作为法定资本，以降低对投资公司的资本要求。

② Richard Dale: the EEC ' s to Capital Adequacy for Investment Firms, Journal of International Securities Market, autumn, 1995, pp. 211-218.

如该条第 1 款规定在不损害行业监管规则的情况下，监管当局应根据第 2～5 款的规定、第 2 节有助于补充监管措施之规定及附录 I 之规定，对金融企业集团内受管制的资本充足进行补充监管。该条第 2 款则明确了对金融企业集团进行资本充足监管的要求，如其规定，各成员国或所涉监管当局应要求金融企业集团内的受管制实体在集团层面上能够提供自有资金、备有资本充足率的安排及关于资本充足的合适的内控机制。该条第 3 款则对资本充足监管的实体进行了限定，这包括：93/6/EEC 指令第 7 条第 3 款中所指的企业，98/78/EC 指令第 3 条第 2 款中所指的企业及 2000/12/EC 指令第 1 条第 1 项与第 5、23 款所指的信用机构、金融机构及提供辅助性银行业服务的经济组织。①

（三）对欧盟新资本协议草案之分析

欧盟新资本协议草案主要包括三方面内容，即最低资本要求、监管评估程序及市场约束机制。其中，有关信用风险、操作风险等的最低资本约束是其核心，监管评估程序与市场纪律起着补充作用。根据该文件，资本要求不仅适用于欧盟所有的信用机构，而且适用于投资公司，其要求金融集团内的每个信用机构或投资公司应在独立的基础上持有充足的资本。监管者可以在个案的基础上，允许信用机构或投资公司遵循相应的资本要求，但是应同时满足以下条件：一是次级合并的资本必须具有充足性；二是在金融集团内不存在阻碍盈余资本内部移动的法律障碍；三是若金融集团内任一受管制实体的资本低于法定的资本要求，则其母公司有义务在集团内部进行盈余资本的调配，从而使其达到法定的资本要求。在最低资本要求上，欧盟新资本协议草案以原有的规定为基础，延续了以前

---

① 93/6/EEC 指令即《资本充足监管指令》（Directive 93/6/EEC on the Capital Adequacy of Investment Forms and Credit Institutions on a Consolidated Basis）；98/78/EC 指令即《保险集团指令》（Directive 98/78/EC on the Supplementary Supervision of Insurance Undertakings in Insurance Groups）；2000/12/EC 指令即《关于信用机构设立与经营的指令》（Directive of the European Parliament and of the Council of 20 March 2000 relating to the taking up and pursuit of the business of credit institutes），OJ 2000，L126/1.

所适用的统一资本定义与资本对风险加权资产的最低比率。然而，其对风险加权资产的计量问题进行了重构，新的资本框架主要涉及信用风险与操作风险。对于信用风险，新资本文件提出了标准法、基于内部评级的初步方法及高级方法；对于操作风险，则规定了基本指标法、标准法与内部计量法等。在监管评估程序上，欧盟新资本协议草案要求评估要遵循四项原则，即信用机构应备有与其风险状况相适应的进行资本评估的一整套程序；监管者应对信用机构内部资本充足情况及其策略进行核查，若它对结果不满意，则可以采取相应的监管措施；监管者应保证信用机构能达到最低的资本要求，并有能力要求其持有高于最低要求的资本；监管者应能及时地采取监管措施，以避免信用机构的资本低于最低要求。若信用机构的资本达不到法定要求，则监管者应迅速采取补救措施。在市场纪律问题上，其核心在于提高信用机构与投资公司财务报表的透明度。为了达到这一目的，欧盟新资本协议草案要求被监管的信用机构等履行信息披露义务，这包括核心披露与合理披露，核心披露指信用机构等应披露资本结构、资本成分，而合理披露类似于巴塞尔新资本协议草案中的补充披露，一般是指信用机构等应将有助于市场参与者及监管者评估其金融状况的信息进行披露。①

欧盟新资本协议草案大大地加快了欧盟金融市场一体化的进程，同时也加速了欧盟金融监管法的整合性与完善性，如该草案摒弃了传统的单一化的监管方法（one-size-fits-all），为被监管的信用机构等创设了一系列可选择的方案，这包括其原资本充足监管中的标准化法及内部评级法等。此外，其不仅适用于欧盟信用机构，也适用于投资公司，无论这些金融机构的复杂程度如何，也无论其是位于单一市场内部或是外部。结合欧盟新资本协议草案的全部内容，我们不难发现其虽然仍以信用机构的信用风险为重点，但是它也对投资公司的非交易组合风险产生了一定的影响，如用于计算交易对手风险的信用风险权重，关于回购、证券化贷款等问题的处

① See EU Commission Services' Second Consultative Document on Review of Regulatory Capital for Credit Institutions & Investment Firms, Feb. 5 (2001).

理。再者，欧盟新资本协议草案有关操作风险的资本要求、监管评估程序及信息披露等均对投资公司具有约束力。因此，在一定程度上可以说欧盟新资本协议草案远远超越了1993年《资本充足监管指令》的相关规定。尽管如此，笔者认为，我们对该草案也应有个公正的认识与理解，欧盟出台该文件，其目的有二：一是与巴塞尔银行监管委员会的新资本协议草案保持一致，以适应新的国际金融监管理念；二是在欧盟特殊情况的基础上，对其已有的资本充足监管规则进行反思或检讨。因此，从其初衷来说，欧盟新资本协议草案并非是针对金融企业集团的资本充足监管的。比如，其对金融企业集团内部的同一笔资本的重复计算问题就并没有进行具体地规定，而且该草案仍以以前的《自有资金指令》等为出发点，依然将信用风险作为其重点，其侧重的对象仍然是信用机构。不过，鉴于欧盟在此之前已出台了2001年《欧盟对金融企业集团监管指令建议案》（后称之为2001年建议案），所以也无必要再对集团的资本充足监管规则进行重复性的规定。

（四）防止资本重复计算的监管

避免资本的重复计算是对金融企业集团监管的重点之一，这也是符合巴塞尔2001年新资本协议的精神的。对此，2001年欧盟指令建议案附录Ⅰ《对资本充足监管中监管当局所应遵循的原则及采用的技术计算方法》作了详细的规定，如附录Ⅰ中规定，监管当局必须摒弃以下做法：在金融企业集团层面上，重复计算适合作为自有资金的资本成分，及重复计算任何不当的关联交易所造成的自有资金；为了确保根除资本的重复计算，监管当局应通过类推的方式适用有关行业监管规则所规定的原则。另外，2001年指令建议案在附录部分亦规定了以下的技术计算方法：会计并表法（Accounting consolidation based method）、扣除与累加法（Deduction & Aggregation method）及资本要求扣除法（Requirement deduction method）与综合法。

实际上，在创设避免资本重复计算的方法时，欧盟委员会并没有试图确立新的方法以防止双重计算或杠杆效应。在探讨了联合论坛（the Joint Forum）所确认的方法，及《保险集团指令》（IGD）

与《并表监管指令》（CSD）所描述的方法后，欧盟委员会对其作了技术上的分析，并获益匪浅。其得出的结论是这些方法在实质上是相同的，尽管它们在名称上存在差异。比如，联合论坛的建筑区分法与会计并表法相对应、风险基础法与扣除及累加法相对应、风险基础扣除法与资本要求扣除法相对应。这对应的三种方法是相类似的，它们具有同样的目的；而且，它们也是同等的，因为在可以接受的结果内，其可以产生类似的结果，可以适用于金融企业集团内的各被管制实体。

鉴于异质性的金融企业集团的跨行业性，在确定资本充足率的监管时，亦应保证监管者具有一定的弹性权力，这一点对于有效的金融监管而言也是必不可少的。2001 年指令建议案第 5 条第 4 款便作了如下的规定：各成员国或承担补充监管责任的监管当局，在计算补充性资本充足比率时，在下列情况下，可以决定不包括某一特定的实体：其一是若该实体位于第三国境内，且该第三国对必要的信息交流存在法律障碍，但不会有损于监管当局拒绝授权的行业监管规则，在该情况下有效实施其监管职能受到阻挠；其二是若对金融企业集团内被管制实体的补充监管存在可忽略性的目的；其三是若就补充性监管之目的而言，包括该实体是不合适的或具有误导性。对于这一问题，欧盟委员会亦认为在实践中，监管者应有一定的自由裁量与灵活的权力，以对某个特定的集团综合适用上述的三种方法（对于这一点，2001 年指令建议案附录 I 中特别规定了“综合法”），因为可能对整个金融企业集团来说，上述三种方法无一是可行的，尽管其可能很好地被适用于评估集团内子公司的资本充足性。

（五）跨行业资本的界定

实际上，就防止同一资本在同一集团内被重复计算的方法而言，它在监管实践中能否落到实处，还有待于对管制资本的定义达成共识。根据欧盟的审慎监管的立法，三个金融行业对资本使用了不同的界定。而且，就行业性的监管指令而言，为了保证资本的充足性与避免资本重复计算而采取的措施之间也存在一定的差异，比如《并表监管指令》以会计并表法规定了对同质性集团的监管；

《自有资金指令》规定了扣除在信用机构与金融机构中的持股及持有的其他资本票据的方法;《保险集团指令》则规定了会计并表法、扣除与累加法及资本要求扣除法。针对此种差异性,2001 年指令建议案统一了技术计算方法,并增加了“综合法”。然而,在对跨行业资本的界定问题上,其并没有作出相关的规定。对于这一点,欧盟委员会认为,在短期到中期的时间框架里,跨行业性地协调资本的定义是不大可能的。笔者认为,在 2001 年指令建议案中之所以没有对资本作统一的界定是因为不同的金融行业的风险、目的、操作原理等的不同。因此,对于资本的要求也是不同的,所以在跨行业的范围内对资本作统一的界定也是不大现实的,较可行的方法是依然根据行业性的规则来界定资本。

尽管如此,为了解决某一行业的资本在何种程度上可以用来满足金融企业集团的资本要求,欧盟委员会已确认了一些适用于银行、投资公司及保险机构的共同资本成分,即跨行业资本(cross-sector capital)。据此,金融企业集团的资本可以分成以下三类:跨行业资本、银行/投资公司的行业性资本及保险行业资本。

此种划分的吸引人之处是它考虑了欧盟内资本充足规则未来发展的可能性。若未来关于法定资本的行业监管规则趋同,那么能够作为跨行业资本的项目之数量也会增加。就目前而言,能作为跨行业资本的有:实交资本、储备、先期取得的利润及其他项目等。

此外,欧盟委员会认为行业监管框架所许可的资本成分必须符合资本要求的规定。若其对金融企业集团资本充足率的评估具有重大意义,且其被监管者接受,那么适用上述原则是至关紧要的。这也和既存的行业资本充足指令的规定相一致。然而,该原则会产生两个重要的后果:

其一是行业资本只有在该行业资本要求许可的标准内被承认。比如,在金融企业集团中,潜在储备将仅仅是用来满足保险企业要求的合格资本,且其以保险规则许可的标准为限。因此,该资本成分的余额将适用于作为整体的金融企业集团。

其二是必须确定金融企业集团所拥有的余额性跨行业资本的数量。在实践中,每一“区”(block)是由跨行业性与行业性资本成分混合而形成的。集团在何种程度上利用后者而不使用前者来满足该区内的资本要求将决定整个金融企业集团可利用的余额性的跨行业资本的数量。然而，在对金融企业集团监管的实践中，会计并表方法并不总能区分跨行业资本成分的来源。可行的做法是：首先使用行业资本来满足行业资本要求，然后余下的行业资本成分与没有使用的跨行业资本将用来满足整个金融企业集团的资本要求。①

在确定金融企业集团的余额跨行业资本时，还必须考虑到对余额性的资本在集团间的流动可能存在限制。比如，即使其对于所在行业的最低资本要求而言是余额性的，但是对于余额资本仍然可能有管制性的法律约束。这可能是对余额存储要征收大笔税费，亦可能是第三国存在资本或外汇管制等。因此，要真正使余额性的资本成为跨行业的资本，在法律上，还应许可余额性的资本在集团之间的流动。无疑若采取此种做法，将必然增加监管的难度。

尽管欧盟相关金融企业集团的立法并没有对跨行业间的资本作统一的界定，但是笔者认为欧盟委员会在其咨询案中提出的跨行业资本成分的概念不能不说是金融企业集团监管理论中的一大突破。尽管由于各金融业风险不同而不可能对资本作一个统一的界定，但是跨行业资本成分毕竟代表了功能性监管框架下的一种新态势。再者，对于防止同一笔资本在金融企业集团内被重复计算的技术性方法，2001 年指令建议案更是采取了兼收并蓄的做法：其一它概括了《并表监管指令》、《自有资金指令》、《资本充足指令》及《保险集团指令》中对资本的计算方法；其二是它吸纳了 1999 年联合论坛中的建筑区分法、风险基础累加法及风险基础扣除法。此外，2001 年指令建议案及其附录中对相关资本充足问题的规定在一定层面上也反映了巴塞尔委员会 2001 年 1 月的新资本协议的要求。如 2001 年的新资本协议框架中除了继续保留外部评级这一获得资

---

① European Commission, Consultation Document of EU Directive on the Prudential Supervision of Financial Conglomerates, Market/3021/2000.

产评级的方式外，更多地强调银行要建立内部的风险评估体系，① 2001年指令建议案则规定各成员国或监管当局亦应要求受管制的实体在金融企业集团的层面上备有适当的资本充足率安排，及关于资本充足的合适的内控机制。另外，2001年新资本协议草案就考虑到控股公司下的不同机构并表问题，在产品方面，涵盖了证券化资产和银行持有证券的资本要求，同时巴塞尔委员会也着手推动和保险业监管机构的合作，以进一步推动新规划的发展。新协议草案从机构和业务等各个方面，推广了经典的最低资本比例的适用范围，这为银行业全能化发展环境下，金融业合并监管的形成确立了重要的政策基础。② 实际上，2001年新资本协议草案的思路和2001年欧盟指令建议案，也有相似之处，即指令建议案是针对金融业务全能化、综合化的金融企业集团的，指令中对集团内部及整个集团的资本充足要求的规定便说明了这一点。

（六）评述

欧盟银行监管法是国际区域性合作与协调的成功范例。它的形成和发展，不仅对于其成员国的银行立法以及欧洲单一银行市场的有效监管具有重要的意义，而且为各国银行法乃至国际银行法律制度的发展与完善提供了不可多得的经验。其提出的或创建的一些法律原则与概念如单一许可、相互承认、母国控制、第三国的互惠等对国际金融监管法律制度的发展产生了深远的影响，它代表了金融监管合作与协调领域的新成果及新的监管理念。这种新成果，从其外在形式来看表现为有形存在并有序运作的欧洲单一银行市场，从其内在机理来看则表现为共同体内成员国基于政治、文化、经济等因素的相似而产生的银行法律制度上的认同与整合。这在一定程度上反映了国际经济日趋一体化对法律制度趋同化的内在要求。

就其对金融企业集团的资本充足监管而言，作者认为其有许多

---

① 毛晓威、巴曙松：《巴塞尔委员会资本协议的演变与国际银行业风险管理的新发展》，载《国际金融研究》2001年第4期，第48页。

② 陈卫东：《新巴塞尔资本协议评价》，载《国际金融研究》2001年第3期，第6页。

成功之处。首先是其对信用机构资本充足率的监管已从基于行业性的资本充足率监管步入了跨行业性的资本充足率监管。在监管的实践中，欧盟充分地意识到其以前的针对同质性金融集团进行资本充足监管指令的不足，如《自有资金指令》主要是面向银行业的，《资本充足指令》主要是针对投资公司的，《保险集团指令》是针对保险企业的，这就可能导致了立法资源的浪费，因为对不同的金融行业分别进行立法，这可能导致法律规定的重复与相互矛盾的现象，对于这一点，欧盟委员会在其 2001 年建议案的咨询文件中就明确地予以了说明，它认为在处理相类似的审慎监管问题上，存在不一致现象，且不同的行业监管指令涵盖了同一金融集团。此外，原有的立法本身也有不足之处，如 ISD① （投资服务指令）确立了对证券交易所的最低标准及证券公司的单一执照制度。然而，ISD 并没有导致商业行为规则之间富有意义的协调，因为其第 11 条第 2 款规定了行为规则的实施与遵守是东道国的责任。将此种权力赋予成员国实际上违背了相互承认的原则。此外，当一投资公司除在东道国外而没有在其他成员国设立分支机构从事跨国业务时，如何执行这些商业行为规则的规定也不清楚。有人认为在此种情况下，应适用其母国的商业行为规则，② 但是此种解释有悖于该法第 11 条第 2 款所达成的政治妥协。而且，若受损害的投资者打算在东道国提起诉讼，则有可能导致民事管辖与监管管辖的不一致，及导致母国法律的域外适用。③ 因此，对原有的金融集团监管的立法进行整合已成为必然要求，这也是 2001 年建议案出台的根本原因。在该法中，其第 5 条对金融企业集团的资本充足监管进行了具体的规定，其附录则对集团内的资本计算方法进行了详细的说明。毫无疑

① Council Directive on Investment Services in the Securities Field, No.93122,1993 O.J.(L141)27 Corrected 1993 O.J.(L170)32 and 1993 O.J.(L194)27.

② See Christopher Cruickshank, Is There a Need to Harmonize Conduct of Business Rules? In European Securities Markets, supra note 52, at 131, 132-133

③ See Johannes Kondgen, Rules of Conduct: Further Harmonisation? In European Securities Markets, supra note 52, at 115, 126.

问，这给各国的立法者提供了立法技巧上的思路，即在实行金融业务综合化的国家，为了更好地对金融企业集团进行监管，其不应采取单行立法的方式，而应采取综合立法的方式，以避免相关法律规定的重复及不一致。笔者认为，在欧盟对集团进行监管的立法中，有一点是特别值得各国立法者借鉴的，即对跨行业资本的探讨。在该指令建议案的咨询文件中，欧盟委员会提出了跨行业资本的设想，其认为该资本可以由以下几项构成，即实收资本（paid-up capital）、各种储备（reserves）、先期取得的利润（profits brought forward）及其他项目①。在各国对资本界定不一的今天，这无疑能给各国带来启示，同时这也有利于各国在对金融企业集团的资本概念上达成协调。

二、对巴塞尔资本协议的分析②

（一）对1988年资本协议的分析

随着国际银行危机的触发，1988年巴塞尔银行监管委员会公布了《关于统一国际银行资本计算与资本标准的协议》。该文件的主要内容体现在以下几个方面：

其一是资本构成。该资本文件将银行资本分为核心资本(即一级资本)与附属资本(即二级资本)两部分。其中核心资本主要包括实收资本、公开储备金。实收资本由已发行的且足额实交的普通股与永久的非累积性优先股组成。在所有的资本组成中，核心资本不

① 根据咨询文件中的附录2《跨行业资本成分》的规定，其他项目包括：没有确定期限的附属性债务工具（subordinated instruments），在一定条件下，包括没有期限的累积性优先股（undated cumulative preferred shares）。

② 虽然巴塞尔资本文件所针对的对象主要是从事跨国业务的银行，但是笔者认为尽管如此，对资本文件的探讨还是具有重要的意义，这是因为银行业仍然在整个金融业中占据着重要的地位，而且在金融业务彼此渗透的今天，银行这一概念已得到极大的扩展，其业务范围也并非局限于传统的资产负债业务。因此，在探索对金融企业集团的资本充足监管时，必须将巴塞尔资本协议的多个文件并入探讨之中。否则，这种设想是不完整的，而且从对这些资本协议的分析中也可以得到一些关于集团资本充足监管的启示。

得超过整个资本的50%;附属资本由非公开储备、资产重估储备金、普通准备金与普通呆账准备金构成。其不得超过资本总额的50%。另外,附属资本中的长期次级债务不得超过核心资本的50%。

其二是风险加权制度。在该文件的第二部分中，委员会将银行资产的风险分为无风险到十足风险，即0、10%、20%、50%与100%的5个风险权数；对资产负债表外项目采用0、20%、50%与100%的4个风险加权系数。①

其三是设定了目标资本比率。根据文件的规定，到1992年底，从事国际业务的银行资本与加权风险资产的比例必须达到8%。

其四是关于过渡性的安排。该安排的目的在于保证个别的银行在过渡期内提高其资本充足率,以在该期限内达到目标比率的要求。

巴塞尔资本文件对跨国银行的资本性监管产生了巨大的影响。首先，它使银行的管理模式从资产负债管理走向风险资产的监管。在传统的资产负债管理模式中，它强调资产负债表两边的对称原则，力图形成安全性、流动性与盈利性的均衡与对称。该种理论的价值是通过利率敏感性管理及资金流动性管理方法实现的，但是这两种方法的前提是假定资本的本金没有风险，并以资金的流动为基础，以盈利性为出发点及归宿的，但是在对跨国银行进行监管中不能不考虑风险的存在，因为银行管理需要防备各种不同的风险，对大多数银行来说最主要的是信用风险，即对方不能还款的风险。②而且，资本协议文件拓宽了对银行监管的范围，使对银行监管的对象从资产负债表内业务延伸到了表外业务。该文件所确定的银行资本、资产比率的计算方法及最低资本标准有利于消除跨国银行业领域的不平等竞争的根源,③ 这与巴塞尔银行监管委会员的初衷保持一致。其次，资本协议对目标比率及核心资本限额的规定对银行业

① 刘丰名:《国际金融法》，中国政法大学出版社1996年版，第43页。

② 江曙霞:《银行监督管理与资本充足性管制》，中国金融出版社1994年版，第136页。

③ 岳彩申:《跨国银行法律制度研究》，北京大学出版社2002年版，第320页。

的杠杆效应进行了制约，这无疑更加有利于银行业的稳健经营。①

虽然1988年的资本协议具有上述的诸多积极作用，但是它也存在一些不足之处。这主要表现在以下几个方面：该文件只考虑到银行业所面临的信用风险，而没有将市场风险、操作风险等考虑在内；在确定国家信用风险权重问题上的规定过于简单（如对于OECD国家与非OECD国家的风险权重的确定）；从具体的同类资产的计算看，它也没有将同类资产不同的信用差异性加以考虑；容易导致监管者在监管中过分依赖于资本充足率的监管，从而产生新的金融风险，如在1993年底巴林银行的资本充足率已超过8%，1995年1月其还被认为是安全的，但一个月后，其破产而被接管；容易导致监管套利现象的发生，如通过采用控股公司的形式来降低对资本金的监管约束、通过资产证券化而将信用风险转化为市场风险等，以达到降低对资本金的要求；其监管的重点是银行，而没有将对证券公司、保险公司等其他金融机构的资本监管包括在内等。

(二)《资本协议市场风险补充规定》的分析

鉴于1988年资本文件的不足，同时也由于1995年英国巴林事件与日本大和事件的影响，巴塞尔银行监管委员会在1996年正式发布了《市场风险修正案》。该文件的主要内容如下：

其一是将市场风险纳入到资本监管的范围之中，并对其进行了界定。市场风险指因市场价格波动而导致表内外头寸损失的风险。符合这一定义的市场风险包括交易账户受利率影响的各类工具及股票所涉及的风险与整个银行的外汇风险和商品风险。

其二是开发出了三级资本的概念及资本要求。所谓三级资本主要是指银行依国内主管当局的自由裁量而发行的、受限于一项“锁定条款”的短期次级债券。② 其只能用于市场风险的防范，不得超

① 银行业是一种经营金融产品的特殊行业，其从事的业务具有以短放长、以小博大的特点。在其全部资产中，其自有资本是极其有限的，其资产的运作具有杠杆效应。上述比率额的规定有利于限制其业务的杠杆效应的规模。

② 锁定条款（lock-in clause）即若银行在偿付利息与本金（即使其已到期）会导致银行不能达到最低资本要求，则停止偿付。

过支持市场风险的一级资本的250%。且该三级资本可替代二级资本，但同样不得超出二级资本的250%。

其三是创设了新的衡量市场风险的方法，即标准化法与内部模型法。

从该文件的内容来看，其极大地突破了以前巴塞尔资本协议的适用范围，将市场风险包括在其中，同时它也对资本充足率的计算确定了新的方法，即标准化法与内部模型法。这在一定程度上使资本充足率的计算表现得更加客观与具体，有利于国际银行与非银行机构的金融机构之间的竞争。然而，我们对该文件也必须有个清醒的认识，即其对于金融衍生工具的考虑还是不够充分的，如没有考虑到衍生工具价格对主要基础工具价格的敏感性，即基础工具价格波动变化的风险；此外，对于计算交易项目的资本要求只考虑市场风险，对于银行项目的资本要求只考虑信用风险，也欠合理。① 当然必须承认的是该文件是在巴林银行事件与大和事件刺激下的产物，也在一定程度上将源于衍生产品的市场风险纳入了监管者的视野之中。可以说，从该市场风险修正案诞生时起，其并没有完全使巴塞尔资本文件达到完全良性化的程度，仍有进一步完善的必要。1999年新资本协议草案的出台便是一个很好的说明。

(三) 新巴塞尔资本协议草案② 的分析

鉴于以前资本协议的不足，1999年6月巴塞尔银行监管委员会公布了新的资本协议文件征求意见稿。该意见稿由以下6大部分组成：第一部分是对1988年资本协议的分析与回顾；第二部分是

---

① 宗良：《跨国银行风险管理》，中国金融出版社2002年版，第161页。

② 巴塞尔新资本协议草案最初出台于1999年，后屡经修订。2004年6月26日，国际清算银行网站发布消息，代表巴塞尔银行监管委员会的10国集团的中央银行行长与银行监管当局负责人举行会议，一致同意公布《资本计量与资本标准的国际协议：修订框架》。至此，这部经过长达6年艰难谈判和三稿意见征询，在国际金融领域影响重大并引起广泛关注与争议的新协议终于正式出台。见陈忠阳：《风险的国际协议与国际协议的风险——评巴塞尔新资本协议正式出台》，载《国际金融研究》2004年第8期。

新资本文件的目的；第三及第五部分是协议的适用范围；第四部分是三大支柱；第六部分是委员会下一步的工作。该意见稿的核心内容是三大支柱，即最低资本要求、监管部门的检查与监督及市场纪律的约束。征求意见稿发布后，得到了世界各国监管当局与银行界、学术界的积极评价与反馈。在全面综合考虑了各方的意见并经深入讨论后，巴塞尔银行监管委员会于 2001 年 1 月 16 日公布了《新巴塞尔资本协议草案》，其对 1999 年的意见稿在内容上作了以下重大改进：一是对标准法中的风险加权数进行了修改；二是提出了评估资本金的方法，即标准化法、基础性的内部评级法（IRB 方案，Internal Ratings Based Approaches）及高级 IRB 方案；三是对于信用缓释技术进行确认，并进行了详细的规定。巴塞尔银行监管委员会在最新的一版征求意见稿中认为，在银行执行标准法测定自己的资本充足率时，各金融监管当局有责任认定一家外部信用评级机构（ECAI，External Credit Assessment Institution）的评级能够达到以下几项要求，即客观、独立、透明、充分的信息披露，具有充分的资源及评级的可靠性。同时，委员会也要求 ECAI 借鉴国际知名评级公司的评级方法，以保证评级的系统性、科学性、独立性与公正性。

全面地考察 2001 年新资本协议框架，不难发现其延续了 1988 年巴塞尔协议中以资本充足率为核心、以信用风险控制为重点、突出强调国家风险的监管思路，并吸收了《有效银行监管的核心原则》中提出的银行风险监管的最低资本金要求、外部监管、市场约束三个支柱等原则，进而提出了衡量资本充足比率的思路与方法，以使资本充足比率与各项风险管理措施更能适应当前金融市场发展的内在要求。①

具体来说，新的资本协议草案的较成熟之处可以从继承与发展两个角度进行探讨。首先，就继承方面而言，新协议再次重申资本充足率监管仍是国际银行业监管中的重要角色，新协议草案在其最

---

① 毛晓威：《巴塞尔委员会资本协议的演变与国际银行业风险管理的新进展》，载《国际金融研究》2001 年第 4 期，第 48 页。

低资本要求中仍然包括这一个方面的内容，即资本定义、风险头寸的计算及根据风险程度确定资本的规定；就其发展性而言，新协议确定了更为灵活的风险衡量方式，放弃了1988年资本文件中的单一化监管框架（one size fits all framework）。为了保证资本评级的可靠性，确定了内部评级与外部评级的选择性方法。同时，也对利率风险与操作风险提出了资本要求，并适当地扩大了资本充足的约束范围，在一定程度上制约了资本套利行为。如在新的资本框架中，以商业银行业务为主导的控股公司也应当受到资本充足率的约束。除此之外，根据新框架，对于非银行机构的大额投资也要从银行的自有资本中扣除，其建议对于单笔超过银行资本总额15%的投资，及此类对非银行机构的投资总额超过银行资本规模60%的投资都要从银行资本中扣减。①其次，新资本框架中对市场约束机制的引入将会极大地改善现代公司的治理结构，它对银行的资本结构、风险状况、资本情况等核心信息的披露提出了具体的要求。如新框架提出根据信息的重要程度，银行在资本文件的适用范围、资本构成、风险披露及资本充足比率四个方面进行披露，披露的频率应为一年两次。该要求应适用于所有银行，而采用内部评级法、信用缓释技术与资产证券化的银行则必须披露相关信息。再次，新的资本框架对如何应对金融创新的挑战给予了高度的关注，如其就资产证券化问题提出了新的风险权重计量方案，并建议对某些短期承诺采用20%的信用风险转换系数，明确指出，降低信用风险的技术如信用衍生产品的近期发展使得银行管理的水平大幅度提高。委员会建议采用更为一致与经济的方法来处理降低风险的技术，从而涵盖衍生产品、担保与表内项目净额结算。

（四）评述

资本充足率的监管仍是审慎性金融监管中不可缺少的环节。对于这一点，美国纽约联邦储备银行行长 William McDonough 在

① 无疑该项建议有利于银行金融风险的防范，因为其可以防止银行的风险过于集中，但是这将会对那些在非银行领域内有广泛投资的银行产生巨大的冲击，从全球范围看，日本、西班牙与德国的银行可能受到的冲击最大。

1997年9月的国际银行家协会召开的会议上作的一个题为“转变中的监管角色”的演讲中就再次声明了这一观点，其认为：资本金在金融监管中的重要角色还将继续下去，银行业监管者在考虑资本金时，关键要看这家银行是如何去管理其风险敞口的。新巴塞尔资本框架对原有的资本文件的继承与发展也再次肯定了这一监管理念。尽管该新的资本框架主要是在国际上活跃的大银行（Internally Active Banks），但是其触角已开始延伸到其他金融行业，如新框架对银行控股公司的资本充足要求。而且，作者认为从另外一个层面来分析，巴塞尔资本框架也对金融企业集团的有效监管提供了较好的启示，这大体表现在以下几点：

其一是金融监管需要国际金融监管立法与实践在最低限度基础上的协调与合作，1988年的资本文件、市场风险修正案及新的资本框架便是一个很好的范例。这一点对于金融企业集团的监管而言更是如此，因为跨国银行业务经营的跨国性特点、东道国与母国金融主权的存在、金融业务经营体制等的差异性更是使集团的风险复杂化，所以合作与协调的必要性十分明显。

其二是巴塞尔资本文件的历经变更说明金融监管是个动态，而非静态的过程。这对于金融企业集团的监管来说更是如此，因为集团本就是金融业务动态化与复杂化的衍生物。

其三是金融监管是一个诸种金融监管措施环环相扣的过程。如巴塞尔银行监管委员会认为，只有充分履行新资本框架中的三大因素与《有效银行监管核心原则》才能保证全球银行的安全。实质上，从新资本框架所设立的三大要素来看，我们不难发现其本身就是一个层层递进的过程，如从最低资本要求到外部的监管再到市场纪律的约束。那么，在对金融企业集团的监管立法与实践之中，这种紧扣性的监管思路也有必要得到体现。

其四是金融监管本身就是对重大金融信息的监管。信息披露制度便表现在新的资本框架之中，这不能说不是一个创举，这种建议性的安排在一定程度上突破了传统上银行对其客户的保密义务。对于此种建议，国际货币基金组织与世界银行都支持这一做法。① 在对金融企业集团的监管中，重大信息的获取更是至关重要的。

三、联合论坛对集团资本充足监管的建议

对金融企业集团进行统一性的监管也是巴塞尔银行监管委员会所关注的热点问题之一。早在 1993 年在其发起下成立了一个非正式的证券、保险与银行业的三方小组，这是第一次由三个部门的监管者共同处理有关金融企业集团的风险问题。② 后来，在 1995 年，该三方小组联合发布了《金融企业集团的监管》文件，其对金融企业集团的定义、监管现状及问题归类、监管方法、资本充足问题、集团内在的风险及混合性企业集团等方面的监管问题进行了一定的探讨。其后，为了继续三方小组的工作，推进三个领域监管者之间的国际合作，该小组改组为联合论坛。该论坛于 1999 年 2 月提交了对金融企业集团进行监管的最终报告。该报告由以下五个文件组成，即《资本充足的原则文件》、《资本充足原则的补充问题文件》、《监管者信息分享框架》、《监管者信息分享原则文件》、《协调员文件》、《适宜性原则文件》及《监管问卷》等。在下文中，作者将依据《资本充足的原则文件》（Capital Adequacy Principles Paper）及《资本充足原则的补充问题文件》（Supplement to the Adequcacy Principles Paper）对集团的资本充足监管问题进行一定的考察。

（一）集团资本充足监管的原则

为了对金融企业集团进行较好的资本充足监管，联合论坛提出

---

① 当然，对于新资本框架中的这一建议我们还要进行客观的认识，如欧洲中央银行就认为，有效实施新框架中的披露规则将遇到两方面的挑战：其一是会计准则的国际一致性程度较低所产生的挑战。即使是在市场一体化程度较高的欧盟，不同国家的披露要求，如贷款损失准备、不良资产、交易资产组合（Trading Portfolio）的评估都不相同。其二是各国监管当局所拥有的与银行信息披露相关的监管权限不同，从而有可能影响市场竞争的公平性。（引自《金融时报》2001 年 11 月 10 日第 9 版）

② 陆泽峰：《金融创新与法律变革》，法律出版社 2000 年版，第 319 页。

了一些资本充足性的指导性原则。这包括以下五大原则：避免资本重复计算原则、防止债务转移原则、中介公司参股处理原则、非受管制实体资本评估原则及集团内资本适当分布原则。以下将对这五原则作进一步的分析。

避免资本重复计算原则的目的在于防止同一笔资本同时被两个或两个以上的法人作为抵御风险的缓冲器。当金融企业集团内的某个实体持有同一集团内另外一实体发行股票所获取的资本金来核算其资本充足率时,就会产生资本的双重或多次计算的情况。双重计算是指集团从外部筹集的资本被计算了两次:第一次被母公司计算为自有资本,第二次则被其子公司计算。多次计算的情形则指,在前一种情况下,子公司又将法定资本提供给集团内的第三级实体,从而导致母公司从外部筹集的资金被第三次计算。在实践中,重复计算资本金通常是表现为母子公司之间的资金拨付形式,但是它也有其他的表现形式,如某个实体持有集团机构组织中的上级机构或某个平级附属公司所发行的法定资本金。实际上,从法律上说,此种自有资本的重复计算所触发的主要问题并非所有权结构问题,而是其对金融企业集团的整体资本评估所产生的负面影响,因为同一笔资本的重复计算会高估集团从外部筹措的资本金。这就要求监管者对集团内的资本有个清醒的认识,即尽管集团内部的同一笔资本的流转可能会对单个公司的资本充足性有所帮助,但是只有向集团外部投资者筹集的资金才能对整个集团提高自有资本上的支持。因此,在核算集团的资本结构时,就有必要扣除集团内部持有的法定资本金。

除此之外，还有必要注意交叉持股情形。如当集团内的两个实体相互持有对方发行的法定资本金时，情况也会有所不同。在该情况下，两笔交叉持有的资本都不能被视为是从集团外部筹集的资金。为了保证集团层面上的资本的真实性与有效性，解决的方法是，在对集团整体资本进行估量时，将此两笔集团内部持有的资本予以扣除。另外，在对集团进行监管中，监管当局亦应对集团内部的所有权结构予以关注，因为虽然在集团结构体系中，不可避免地存在至少一实体对另外一实体的持股问题，但是大量的集团内部的持股可能会导致某个实体的金融风险以更快的速度向集团内的其他实体渗透。

防止债务转移的原则是指在核算集团的资本时，应防止母公司将其债务以股本的方式转移给其下属的子公司，所导致的杠杆率过高。如当母公司为了改善其资本状况时，其发行债券，或者将利润转成其在子公司的股权或其他法定资本时，就会产生财务杠杆过高的效应。在该种情形下，子公司的杠杆效应要比单独核算时大得多。虽然此种杠杆效应并不意味着不安全或不稳定，但是若母公司债务的转移使被监管者承受了不适当的压力时，那么这种杠杆效应就应被纳入审慎监管的范畴。另外，当该母公司为非管制实体时，① 监管部门对集团整体资本充足性的评估，需要包括该公司的资本结构对集团所产生的影响。为此，监管当局应能获取该控股公司的相关信息，以便进行监管，如该公司的外在清偿能力。

中介公司参股处理原则。在对集团进行资本充足监管时，除了债转股及非管制性母公司控制情形外，监管者还应设计一种机制，以防止某些非受管制的中介公司② 的控股对集团资本评估的影响。所设计的评估方法应能反映出中介公司对集团内另一实体提供法定资金的情况，且集团整体资本充足的衡量方法的使用应能有效地消除中介公司的影响。

非受管制实体资本评估原则。在集团资本充足监管中，应包括一种处理集团内非管制性实体的风险机制，该风险源于从事租赁、

---

① 管制实体一般是指依据金融监管法律的规定应接受监管当局监管的银行机构、证券公司与保险公司等机构。在集团的母公司为非受管制的实体时，其可能不会受到监管者监管要求的约束。然而，其作为母公司也必将对集团内附属性的其他银行子公司、证券公司与保险公司等的经营与运作产生影响，所以从务实的角度来说，作者以为在金融监管中，母公司也应被纳入监管对象的范围。

② 此类的中介公司只是为集团提供一些中介性的服务，不直接参与集团的运作。其可以是非交易性的金融控股公司，其惟一的资产是对其子公司或对从事被监管实体辅助业务活动的公司的投资。而且其所控制的股权也是有限的，并不占绝对的数额，所以此种类型的控股公司与集团的母公司是存在本质差别的。

再保险及代收账款等与受管制实体相类似的业务。在实践中，处理该种风险有很多方法，如用代理资本（capital proxy）替代法定资本法，或运用总额扣除法（total deduction）等。对于业务同金融业务相类似的非管制实体，监管者应根据金融业务的性质来选择相应的资本监管方法。通常对集团内的再保险公司就是运用代理资本的方法，但若该方法不适用于集团内的再保险时，则该集团内的保险业监管者在评估被监管集团保险人的单项资本充足水平时，应当考虑到允许再保险人经营再保险业务是否具有审慎性。虽然在衡量集团资本时，非管制实体不被包括在内，但是若监管者有确切的证据表明集团内的一个或多个管制实体对其提供支持时，则应该通过代理资本或总额扣除法将其纳入到集团的资本评估之中。

集团资本适当分布原则意在解决对受监管子公司的参股问题及保证少数股东与多数股东的权益问题。在这方面公司法与会计惯例为识别与描绘集团关系提供了框架与机制。联合论坛认为，尽管资本评估与加总的方法的精确性要由监管者根据对集团关系的评价来决定，但是从审慎性监管的角度考虑，会计处理的方法是资本核算的出发点。其具体处理方法如下：

其一是当集团对受管制实体的参股既不会产生控制权，也不会有重大影响时，对该受管制实体的投资应视为对类似公司的投资，并依据单独监管者之规则（solo supervisor 's rules）来进行资本充足性的评估。这种方法通常适用于集团控股公司比例低于20%的情况，同时也适用于持有非管制实体20%以下股权的情况。

其二是当集团对受管制的子公司的持股超过一定比例，从而获得部分控制权时，只有按比例分配的控制资本超出子公司的自有资本要求的差额才能被用于弥补母公司或集团内其他实体的风险所造成的损失。另外，在核算资本时，监管者也应将下列情况纳入集团整体资本充足的评估之中：

1. 低于50%的参股可能有时被认为不具有重大影响或面临风险，尤其是当有表决权的参股在20%以下，股票持有者不能获取选举董事会成员的权利，其所持有股份满足了大额风险或资产扩散的规则，且无必要对业务扩展计划进行协调时。

2. 根据会计惯例，在对子公司的参股会产生控制权或重大影响时，那么在对集团进行资本充足评估时，必须对该参股进行充分的并表，且应将少数股东的权益与集团股东的资金分开。这种处理方法的基础是，若该子公司被出售或与其资产相对应的资金被转让给股东（通常是以红利的方式）时，则少数股的股东可以获取相应比例的收益。根据审慎性监管的原则，在出现资本不足时，只有超出子公司管制资本要求的自有资本才能在原则上被用于防范母公司或集团内其他实体所可能遭受的风险损失。这种方法适用于参股比例在50％的情况。

3. 在对集团的参股进行评估时，也有必要考察资本在集团内的分布情况。因此，资本的分布也是监管者在监管实践中所应关注的问题。这是因为虽然集团资本足以吸纳或然风险所造成的损失，但是不充分的资本分布也可能使集团内部的受管制实体面临一定的风险。鉴于此，在进行资本评估时，应当考虑管制资本超额部分的转移是否受到了限制，如法律、税制、其他股东权益及外汇管制方面的限制。同时，在监管者进行集团资本充足评估时，其应将子公司的多余资本限定在母公司或集团的其他部门内可以使用的资金上。

此外，监管者也应注意到在对非全额持股的子公司完全并表时，可能会高估集团所能支配的自有资本量，所以对此类公司进行并表监管时，监管者应对集团的总资本额作适当的处理。相反，依比例分摊损失也不能充分表明母公司所应实际承担的提供额外资本金的责任。若母公司要全部承担填补子公司资本不足的责任，则子公司中的任何单项资本的不足都应被纳入整体集团的资本评估之中。这样看来，若集团对子公司的控股比例越大，则其被要求提供资本弥补的可能性也就越大。

（二）集团资本充足的计算方法

由于在金融各行业中对资本界定、会计处理上的差别及业务性质上存在的差异，所以对集团资本充足的计算是集团监管中的一大难点所在。实际上，对于这一问题，早在1992年1月国际证券监管者组织（IOSCO）技术委员会与巴塞尔银行监管委员会就进行了首次磋商，以求开发出对银行业与证券业的共同的最低资本衡量方法。在此次磋商中，巴塞尔银行监管委员会提出了建筑区分法(building-block approach)，但两者并没有达成协议，这主要是因为双方在一些关键性问题上存在争议，特别是在必须用以支持衍生工具的资本数量方面不一致。

实质上，对于确立这一标准学者们之间也没有达成共识，如反对者认为：证券商的资产负债表的资产都是由具有流动性的证券构成，这与银行的资产恰好形成对照，因此无需像银行那样实行资本充足率的要求。再者，针对巴塞尔银行监管委员会已同意运用内部模型计算风险损失与资本要求，有人认为，允许证券商运用风险评估模型作为内部控制模型会导致公司寻求在降低资本要求方面最有效的模型而非风险管理最为有效的模型。① 若对这些观点进行实然性的分析，则会发现其是不完全成立的，因为其只是从单个金融行业的角度来看待资本充足监管问题，即以传统的各金融业严格分工的格局为出发点的。相反，目前的情况是，这种局面已被打破，在金融企业集团的框架下，集团内部资金的流转已使得以前仅限于银行业的资本监管规则受到挑战，因为银行资金向集团内其他金融实体的流动已表明资本充足监管应该是面向集团的，而非面向单个的金融企业，关于这一点，从前文的分析中，我们也可以得到引证。联合论坛最终文件的诞生也说明了这一难点性的问题。最终文件中《资本充足文件》的附录一文件《衡量与异质金融企业集团相关的监管性方法》对集团资本的计算规定了四种方法，即建筑区分法(building-block approach)、风险加总法（risk-based aggregation risk)、风险扣除法（risk-based deduction risk）及总扣除法（fall-back treatment for double gearing)。原则上，使用这四种方法对同一集团资本的计算所产生的结果应是相同的。另外，在具体计算时，其都是以单一的度量方法为基础的，其中文件认为使用全部扣除法对于识别与判断资本的重复计算是很有效的。下面就对这三种

---

① 国际货币基金组织：《国际资本市场：发展、前景及关键性政策问题》，中国金融出版社 1996 年版，第 157 页。

方法进行一定的分析。

1. 建筑区分法①

该法适用于可以得到集团财务合并报表的情形，可用来计算集团内部各类业务与整个集团的资本充足程度。其基本思路是利用集团已有的财务合并报表，将金融企业集团合并报表下的资本，与集团内部各类业务的管制资本要求之总额进行比较。其具体操作程序是先将合并报表上面的机构划分为银行、证券、保险与非受管制实体四大类。根据定义，集团表内与表外账户或风险暴露可以合并扣除。然后，计算每个受管制实体或部门的资本要求，将每个集团成员的实有资本同所要求的资本进行比较，来确定资本的充足与否。对于资本不足的实体可应用从其他部门报表内可自由转移的资本填补。最后，将每个受管制实体的资本要求与未受管制实体的代理资本进行加总，并将之与集团的法定资本进行比较。

另外，若金融企业集团的母公司为受管制实体，其业务在集团中占支配地位，则适用“变更性的建筑区分法”（modified building-block approach）会更为有利。该法从母公司的法定资本中扣除其他金融子公司的资本要求与从事相类似业务的非受管制实体子公司的代理资本。然后，将调整后的母公司的资本要求与母公司自身业务的法定资本金进行比较，以评估资本的充足性。

从建筑区分法的操作来看，其对集团资本的计算依然是以各金融行业的资本核算为基础的。该法对集团内部各实体的分类就已表明了这一点。同时，我们也注意到在对集团的资本进行评估时，该法也将非管制实体纳入了集团的资本要求范围，代理资本的概念便是一个例子。此外，也应注意的是，该法与后面的风险加总法一样

---

① 对于建筑区分法，不同的学者有不同的翻译。如有的学者将其称为“分块审慎法”（见叶辅靖：《全能银行比较研究——兼论混业与分业经营》，中国金融出版社 2002 年版，第 241 页），或将其翻译为“积木式的构成要素法”（见刘宇飞：《国际金融监管的新发展》，经济科学出版社 1999 年版，第 165 页），或称之为“分类度量法”（见凌晓东：《多元化金融集团的监管：原则与方法》，载《国际金融研究》1999 年第 8 期），或“基础审慎法”（见夏斌主编：《金融控股公司研究》，中国金融出版社 2002 年版，第 311 页）。

是采用的资本比较的衡量法，即将加总的资本与集团的法定资本要求进行评比，所以该法对集团资本充足性的评估具有间接性，在一定程度上来考察，其只具有借鉴的意义。

2. 风险加总法

风险加总法与建筑区分法极为相似，其适用于以下两种情形：其一是当无法得到完全并表的财务报告或集团内的风险暴露不易被全部消除时；其二是从未经并表的资料中计算资本金更为方便，且不扣除集团内的敞口风险时。该方法的基本思路是，在集团的实有资本中，扣除向上、向下和横向的持股额，然后将其与集团的应有资本要求进行比较。因此，当子公司以母公司的账户进行成本核算时，应将母公司与子公司的资本加总起来作为集团的资本，然后从总资本中扣除母公司参股子公司的账面价值。

在核算集团的外部资本时，该方法特别适合适用于以下情形：集团内部持股关系不明确；或集团内部存在复杂的内部交易。集团外部资本的具体计算方法是，将母公司和所有子公司来自集团外部的资本全部相加。这些外部资本包括少数股权、符合条件的外部债务、来自集团外部交易的保留利润及其他符合条件的资本。原则上，在子公司倒闭或出售时，属于集团的外部资本应由集团收回。然而，与这笔资本相应的资金很容易转让给集团内的其他部门，且不会受到对子公司的清算与出售进行限制性规定的约束。

基于风险加总的另一种审慎的形式是，将各子公司的法定资本要求或集团在各子公司的投资中的较大数额相加，然后，将子公司的资本额与母公司的法定资本要求进行相加，得到整个集团的资本额要求，最后将其与集团的外部资本进行比较。

在适用风险加总法核算集团的资本充足状况时，监管者应注意以下要点：一是应将母公司与子公司的法定资本要求与代理资本加总；二是将母公司与子公司的实有资本进行相加；三是扣除上游或下游资本；四是排除任何不可转移的资本项目；五是比较实有资本金与所要求的资本金，以对集团的资本充足进行评估。

3. 风险扣除法

该法与风险加总法相类似，其区别在于风险扣除法是从母公司的角度进行分析，允许利用一个实体的资本盈余去抵消另一个实体的赤字。该方法侧重于母公司或集团内其他部门可获得的资本支持的能力。这种方法要计算集团内每个公司的资产负债情况，利用未经并表的相关资本的资料，从而得出每个相关公司的净资产量。

由于风险扣除法假设可以转移一个实体的资本盈余，以便缓冲集团内另一实体所存在的风险，所以这种方法适用于依持股比例对子公司合并报表的情形。在使用该法时，应关注两方面的问题：其一是本法的要点；① 其二是该方法与风险加总法的差别。② 实际上，该集团资本计算方法的核心在于集团内部资本余缺的可调剂性，即可利用集团内某一实体的盈余去冲抵另一实体自有资本的不足。因此，对于监管者与集团的管理层来说，如何确保盈余资本在集团内部的可转移性就是一个关键性的问题。

4. 总扣除法

以上三种方法都是通过检查母公司与其子公司的资本充足性来排除资本的重复计算问题。除此之外，联合论坛也提出了一种更为简便的方法来避免同一笔资本的多重计算，即总扣除法。所谓总扣除法即指完全扣除母公司在子公司里的所有投资的账面价值。对此，有些监管者还希望从母公司的自有资本中扣除子公司的资本不足额。具体地说，即运用这种方法，母公司的投资为零，或负值。总扣除法存在一种假设，即集团内的子公司的资本盈余可以用来对母公司提供资本支持或进行债务清偿，以及不存在资本不足的现象。另外，从该法的功能来看，其目的在于评估资本的重复计算对母公司资本充足性程度的影响，而非用来对金融企业集团整体充足

① 风险扣除法的要点主要体现在以下几个方面：一是应从母公司的资本账户开始；二是应将母公司在子公司的投资从其资本额中扣除；三是应加上经过调整的资本，以及每个子公司资本的盈余或不足；四是应从调整后的资本中扣除母公司的单独资本要求；五是应从集团的角度计算资本的盈余情况。

② 该方法与风险加总法的差别表现在三个方面：一是对集团资本的评估是从母公司的角度进行分析；二是着重考虑每个子公司的盈余与不足；三是以比例并表为基础。

程度进行评估。监管者在适用该法时，应特别注意以下几点：一是子公司的投资必须从母公司的资本中扣除；二是应将集团内任一实体的资本亏损考虑在内；三是应将调整后的资本额与母公司的法定资本要求进行比较。

5. 评述

对金融企业集团的资本充足性的评估是金融综合化经营下金融监管的立法与监管者所面临的一重大难题，因为集团内部复杂的结构体系决定了外在性的监管者不可能对集团内部的资金流转进行有效的追踪性监管。这似乎表明集团对资本的监管永远有规避金融监管法律制度的空间。作者认为，联合论坛中的《资本充足原则文件》已给各国的立法创新及监管当局提供了良好的启示，即在集团框架下，仍有可能开发出一种能够防止同一笔资本被多重计算的机制来。全面地考察该文件的内容，笔者以为，该文件有以下几点是值得各国金融监管法律创新借鉴的：

其一是在对集团进行资本充足监管中应考虑到监管法律制度的系统性与全面性。比如，在该原则性文件中，在考察集团的资本充足时，联合论坛将提供中介服务公司的控股、集团内部资本的分布情况及非受管制实体等都纳入了对集团进行资本评估的范畴。这种情况极大地拓宽了资本充足监管的范围，因为从一般的意义上来说，该审慎性监管的原则只是针对金融机构的，但是根据该文件中的规定，我们可以发现若集团内的非受管制实体从事类似于管制实体的业务时，则在评估整个集团的资本状况时就必须将这些非受管制实体纳入资本充足监管之列。除此之外，鉴于集团内部的控制与被控制关系，在集团内部各实体之间的资本也就存在有一定的相互补充性与支持性，关于这一点，该文件提出了两点要求，即资本内部的可转移性及资本分布结构的合理性。这些建议与举措无疑有助于优化资本结构提高其吸纳损失的能力。

其二是文件对资本计算方法的设想的现实性与可行性。作者认为尽管联合论坛提出了四种建议，但是这四种建议的宗旨是相同的，即防止资本的多重计算，保证集团资本评估的真实性与有效性。另外，在计算时，可选择的方法也并非是惟一的，它也可以是上述方法的综合，如文件声明虽然每种方法都从不同的角度分析资本，但关于资本充足水平的最终结论应当是相似的。同时，监管者在自愿运用单个方法或综合运用各种方法时应该留有一定的余地，应该根据特定的情况进行必要的修改，而且监管者应使用那些最能识别金融混合体所承担的风险性质的方法或那些最能识别与特定金融混合体结构有关的潜在弱点的方法。

实际上，联合论坛对集团资本充足监管的建议也产生了一定的影响力，如在2001年《对金融企业集团监管的指令建议案》的附录一①《集团资本充足率的计算》中便吸收了论坛的思想，如欧盟的会计并表法（accounting consolidation based method）与建筑区分法相对应、扣除加总法（deduction and aggregation method）与风险加总法相对应、要求扣除法（requirement deduction method）与风险扣除法相对应。

虽然论坛的《资本充足文件原则》等对防止集团的资本重复计算提供了有意义的借鉴，但是我们也必须对该文件的实际效果有客观的认识。作者认为在世界各国会计法律制度各异、资本成分不同及资本比率要求宽严不一等情况下，要对集团的资本状况进行有效而真实的衡量还是任重而道远的。欧盟之所以在法律上已有了采纳这些建议的迹象，那是因为在金融监管法律制度上最低限度的协调是欧洲经济一体化中的重要一环。

① 该附录的主要目的在于对金融企业集团的资本充足计算问题进行规定，其主要内容体现为两点：一是关于资本充足计算的技术原则；二是资本充足计算的具体方法，即会计并表法、扣除加总法、要求扣除法与综合法等。

第四章　对集团内部交易与风险集中的法律监管

金融企业集团属于关联企业① 的范畴，其产生的根本原因即在于利用集团内部的结构关系以实现协同效应、规模效应，从而降低运营的成本，增加整体上的效益。若从这一点考虑，集团内部的交易与风险的集中与集团的产生是并存的。实际上，集团内部的交易与风险集中所滋生的效应是双向性的，即在适度的符合市场规律要求的限度内，其是有利于市场稳健的，从这一点来看，对金融企业集团与其监管者而言，其产生的是一种双赢的结果。反之，则会触发新的金融风险，危及整个金融体系的安全。由于金融企业集团在实质上是一种经营金融产品的特殊行业，且由于金融资本的趋利性，集团的经营方向并非总是沿着理性的轨迹运作，所以监管当局有必要运用金融监管法律规则对集团的内部交易与风险集中进行适当的规制，如欧盟就规定，关于金融企业集团内的关联交易及风险集中，在欧盟立法进一步协调以前，各成员国应设定数量上的限额或允许其监管机关设定数量上的限额或采取其他能达到类似目的的监管措施。②

---

① 关联企业是企业之间为达到特定经济目的通过特定手段而形成的企业之间的联合（见施天涛：《关联企业法律问题研究》，法律出版社 1998 年版，第 6 页）。

② 见欧盟 2001 年《对金融企业集团监管指令建议案》第 6 条第 4 款之规定。

第一节　内部交易与风险集中的界定及法律监管一般原理分析

一、内部交易的界定与监管分析

(一) 内部交易的界定

集团内部交易（intra-group transactions）即指发生在金融企业集团内各实体之间的业务往来。对于该概念，2001 年《对金融企业集团监管的指令建议案》第 2 条第 16 款作了明确的界定，依该款的规定，集团内部交易指金融企业集团内被管制实体直接或间接地依赖于同一集团内部的其他实体来履行契约性或非契约性的、支付性或非支付性债务所进行的任何交易。从该内容来看，集团内部交易的进行必须是在受管制实体与集团内其他实体之间完成的，这样就将集团内两非受管制实体之间的交易排除在外。这也在一定程度上缩小了内部交易的范围。

尽管存在上述定义，集团内部交易还是一个具有广泛内容的概念，这在一方面容易使监管者在监管的实践中面临法律规定不明确，而无法进行有效监管的局面，然而在另一方面又可能导致监管者的权力过大，从而将适度的内部交易也纳入其监管范围之中。为了解决这一矛盾，欧盟在其《对金融企业集团监管的指令建议案》的咨询文件中又采用了列举的方式对内部交易进行了具体的界定。该文认为，内部交易包括以下内容：交易性运营（trading operations）（集团内某一实体和同一集团内另一实体所进行的交易或为后者的利益所进行的交易）；集团内短期流动性的集中管理；管理提供及其他服务安排；大额股东的风险暴露（包括诸如承诺及担保等贷款与表外业务的风险暴露）；同集团内其他实体之间的资产购买或出售；源于同集团内其他公司处理客户资产所产生的风险暴露；向集团内其他公司所提供的担保、贷款及承诺或前者所给予的担保、贷款与承诺；源于保险或重复保险的转让风险；在集团内实体间所进行的转让和第三方当事人相关的风险暴露所进行的交易等。①

(二) 内部交易监管所引发的问题

正如前文所言，单纯内部交易的出现并不是监管者关注的问题，因为此种交易对集团内的管制实体，既可能是有害的，也有可能使之从中受益。比如，从有益的方面来看，集团可以利用内部交易来改善其风险管理，寻求效率，管理其资本等。然而，金融企业集团的出现及其运作的复杂性已极大地拓宽了内部交易的范围，如已出现了一些重要类型的内部交易，这包括衍生业务及有偿服务安排（fee－for－service arrangements）等。此正如联合论坛在其《监管信息分享框架文件》中所表述的一样，这反映了金融行业控制与管理制度的演变及组织结构的变化。

集团内部交易结构的变化及其重要性对监管者提出了挑战。一般说来，在内部交易产生以下结果时，监管者将进行监管性的干预：一是内部交易导致资本或收入不适当地受管制实体的转移；二是内部交易是以当事人一方不同意，且是以对某一受管制实体不利的条件进行的；三是内部交易可能会对集团内部的单个实体的清偿能力、流动性及赢利性产生不利影响时；四是当内部交易具有监管套利动机时。

在内部交易采取有偿服务安排，并代表了一种持续性的债务而非单笔债务的转让形式时，监管者与集团就有必要考虑这些交易标的价额，以确定其是否依市场价格进行的，及是否有害于其他受管制实体或相关客户权益。同时，从本质而言内部交易也不能使交易方逃避传统形式的管制。对这些交易来说，监管者一般应让受管制实体承担对集团内部关系的管理与监控的责任。

再者，集团内部交易的扩展及其组成的变化已使得金融风险更

---

① 实际上，欧盟所列举的集团内部交易的种类是在借鉴或参考联合论坛 1999 年 9 月《集团内部交易与风险暴露》（Intra-Group Transactions and Exposures）的基础上形成的。不过，在论坛文件所列的内容中多了一项内容，即交叉持股。

易传染给集团内的受管制实体，且也潜在性地使对陷于困境中的受管制实体的解决方案变得更加复杂。若破产体制（insolvency regime）在不同的国家之间及不同的监管部门之间存在差异时，就国际上活跃的金融企业集团（internationally active financial conglomerates）而言，对后一问题的关注就显得尤为重要。在这方面，内部交易风险就可能成为一种行业性的（sectoral）或集团性的风险集中，这将使本不善于此种监管的监管机关及集团面临严峻的考验。

再次，在集团内，通过股份的购买或其他会导致受管制实体资本减少的方式，金融资源会从某个受管制实体转移到非受管制的母公司或其他非受管制实体。尽管这种资金的流转并非总是有害的，但是这也是监管者所关注的一个问题。（对这一问题，在前文对集团的资本充足监管的介绍中作者已进行了相关分析）集团内各实体是否只与集团的内部成员进行交易，还是与外在的当事人交易也将影响到与非受管制实体相关的内部交易风险，因为这些外在的当事人会将新的风险引入到集团之中。在这一方面，监管当局自非受管制实体获取信息手段的有效性也将影响其对该非管制实体内部交易的监管水平。

鉴于上述原因，在开发对内部交易的监管举措时，单个的监管者有必要在改善风险管理、更有效的资本控制及成本与效率的关注之间达成平衡。这就说明监管者有必要洞察内部交易在集团中的作用及其固有的特征。比如，因为内部交易具有双边性的特点，所以监管者在行业层面上的监督与管理是解决内部交易所触发的监管问题的主要方法，但监管者对内部交易的监管在很大程度上还是依赖于其他的监管措施，如资本充足监管、现场或非现场检查等。

此外，若内部交易与其相关的监管体制存在重大矛盾时，对集团进行监管的有效性将会受到影响。在集团内有非受管制实体存在时，情况更是如此。因此，在构建内部交易的某种行业性监管制度时，立法者就必须全面地了解集团内各交易实体的监管环境、内部交易监管的关键所在及监管中的灰色区域。对每一笔交易，监管者都应清楚集团内的每一实体是否都受到充分而有效的监管。同时，由于集团的业务经营具有跨行业性特点,所以不同行业的监管者或部门之间的合作与交流对于内部交易监管的有效性也是非常重要的。

同时，由于信息不对称因素的存在，监管者在其监管体制中亦有必要要求集团内的各实体具有对内部的重大交易进行评估、监控与管理的程序，以作为其风险管理系统中的一个组成部分。一般认为，有效的内部控制（effective internal control）与公司治理（corporate governance）是防范与化解内部交易风险的有效方法。除了集团内部的控制与监管者的监管之外，通过提高市场纪律的公开披露也有助于对内部交易进行良好的管理。集团对内部交易的公开披露可以满足以下两个目的：其一是其能通过其他市场参与者的压力来提高市场纪律的约束性，这样能有助于监管者采用较好的风险管理方法。通过披露，债权人也可以对集团内其他法律实体的发展在何种程度上能够影响到单个法律实体债务的履行有更好的理解。其二是披露也有助于监管者对重大集团内部交易的了解。当监管者发现披露是寻求进一步的问题与讨论的起点时，这种披露也可以减轻集团所面临的义务。

然而，应明确的是市场纪律的有效性是有条件的，即披露必须具有及时性、可靠性、相关性及充分性的特点。基于通过对集团所公开的金融报表的审查，集团对内部交易的披露是极其有限的，但是在另一方面集团内部交易范围的拓宽又有可能产生大量的会引起麻烦的信息。在这方面，关于集团内各法律实体之间主要关系的、及时而详细的信息就被视做对年度披露或其他定期披露有效性补充。

实际上，集团内部交易是关联交易的一种，所以其必然触发许多法律问题。比如对交易的界定就存在一定的难题，如美国法院在 Hoffman Machinery Corporation vs. Ebensterin 一案中将其解释为："能够引起一定法律后果的任何处理事务的行为，包括购买、销售、代理、借贷、担保等活动，是一个比合同更为宽泛的术语。"① 而

① 转引自柳经纬等著：《上市公司关联交易的法律问题研究》，厦门大学出版社 2001 年版，第 10 页。

《韩国商法》第398条将其定性为一切财产上的行为，不仅包括债权契约、物权契约，而且也包括债务免除等单方行为，还包括债权转让的承认、债务承认、无因管理等法律行为。[①] 此外，从法律地位上来说，关联交易双方当事人是平等的，但实质上是不平等的，因为关联交易的本质特性即在于“交易表面上发生在两个或两个以上当事人之间，实际上却由一方当事人决定”。[②] 除此之外，集团内部交易人在关联交易中存在利益冲突，且此种交易在客观上存在着不公平性及权力滥用的风险。

（三）内部交易监管的法律原则

根据布莱克法律词典的解释，原则（principle）是指法律的诸多规则或学说的根本真理，是法律的其他规则或学说的基础或来源；确定的规则、程序或法律判决，明晰的原理或前提，除非有更明晰的前提，不能对之证明或反驳，它们构成一个整体或整体的构成部分的实质，从属于一门科学的理论部分。[③] 与此相对的法律原则，则指可以作为规则的基础或本源的原理与准则。它没有预先假定任何具体的事实状态，没有规定具体的权利与义务，也没有确定具体的法律后果。[④] 从实质上来说，法律原则体现法律的本质与基本精神，是指导某一领域或某种类型的法律规范与法律的核心。基于此，内部交易的法律原则则为指导对集团内部的交易行为进行监管的法律规则的灵魂。它是对此种行为进行监管实践与针对性立法的基础。内部交易监管的法律原则表现在以下三个方面：

1. 独立竞争原则

所谓独立竞争原则是指金融企业集团内各法律实体间的任何一

---

① 吴日焕著：《韩国公司法》，中国政法大学出版社2000年版，第507页。

② ［美］罗伯特.C.克拉克著，胡平等译：《公司法则》，工商出版社1999年版，第177页。

③ Henry Campbell Black: Black 's Law Dictionary, p. 1074.

④ 参见沈宗灵：《现代西方法理学》，北京大学出版社1992年版，第300页；张文显：《法学基本范畴研究》，中国政法大学出版社1993年版，第56页。

项业务往来，都必须按在同样条件下，以从事相同或相类似交易的彼此没有关联的独立企业在公开竞争的市场上达成的标准，来衡量并确定金融企业集团内部交易的定价与有关成本费用的分摊。① 该原则原本是税法中用来防止联属企业利用转移定价与不合理分摊成本与费用逃避税的国内法律措施。如我国《外商投资企业和外国企业所得税法》第 13 条规定："外商投资企业或者外国企业在中国境内设立的从事生产、经营的机构、场所与其关联企业之间的业务往来，应当按照独立企业之间的业务往来收取或者支付价款、费用。不按照独立企业之间的业务往来收取或者支付价款、费用，而减少其应纳税的所得额的，税务机关有权进行合理调整。"作者以为，金融企业集团是关联企业的一种表现形式，在集团内的各法律实体提供金融服务时，也存在转移定价与不合理分摊成本与费用的问题，所以有必要防止与矫正此种现象。在实践中所采用的矫正方法一般是对金融服务或产品的价格进行适当的调整，如采用比较价格法、成本加利润法与转售价格法等。② 我国台湾地区的"金融控股公司法"第 44～45 条对独立竞争的原则也有具体的规定，如其第 44 条规定，金融控股公司之银行子公司及保险子公司对下列之人办理授信时，不得为无担保授信：该金融控股公司之负责人及大股东；该金融控股公司之负责人及大股东为独资、合伙经营之事业，或担任负责人之企业，或为代表人之团体；有半数以上董事与金融控股公司或其子公司相同之公司；该金融控股公司之子公司与该子公司负责人及大股东。

2. 完善的风险管理程序原则

该原则所包含的内容是，监管者应直接地或间接地通过集团内

① 参见余劲松主编：《国际经济法学》，高等教育出版社 1994 年版，第 440 页。

② 比较价格法是指依据金融企业集团内各实体提供给无关联的当事方的同类金融产品与金融服务确定价格的方法；成本利润法是指依金融产品与服务的成本加适当利润的方法；转售价格法是指依金融企业集团内各法律实体购进金融产品或接受金融服务后再提供给无关联的第三方的价格扣减合理差价的确定方法。

的管制实体来采取必要的步骤，从而要求集团备有良好的风险管理程序，包括与集团内部交易紧密相关的风险管理制度。且在必要的时候，监管者可以考虑采取合适的措施，如监管性限制，以强化集团内部的风险管理规程。

实际上，该原则主要是针对内部控制制度而言的。许多由内部交易引起的监管性问题，特别是传染性效应（contagion effect），可以依赖集团内部存在的内部控制机制得到解决。对于监管者来说，它也希望金融企业集团内部配备有内部控制的框架，以对集团内部的交易风险进行评估、监控及管理。集团内部的良好风险管理程序是从董事会或其他适当的机构（other appropriate body）① 所批准的纲要与程序开始的，是从董事会与每一受管制实体的高级管理人员积极性的风险管理行动出发。这种程序应包括对集团内部重大内部交易进行评估与监控的统一的框架，以便对集团内部的交易进行详细的分析与采取相应的风险矫正措施。在此，信息管理与报告系统对于良好的风险管理方法是至关重要的。

3. 及时监管原则

对集团内部交易的监管应具有及时性，这就要求监管者应在必要的时候通过定期性的报表或其他的方式对集团的内部交易有个明晰的了解，从而便于对重大的内部交易进行监控。除此之外，监管者也可以基于集团公司治理与内部控制制度的本质与范围设计对重大内部交易进行监管的方法。为了保证监管的有效性与及时性，监管者应享有信息的获取权，或基于单独监管及并表监管的方法使监管者享有重大内部交易的信息知情权。

4. 重大内部交易公开的原则

对内部交易的公开披露可以提高市场纪律的约束性，因为有效

① 关于金融机构的公司治理，不同的国家有不同的做法。在有些国家，若非排他性的，董事会对经理部门行使主要的监督与管理职能，以便于确保后者能履行其职责。因为此种原因，人们将其称之为监管性董事会（supervisory board）。这意味着董事会没有经理性的职能。然而，在其他国家，相比较之下，董事会具有更广泛的职能，其可以对金融机构的管理设定总的框架。

的公开披露可以让市场参与者对具有良好的内部交易风险管理系统的集团进行回报，反之，集团将因失去市场份额而受到惩罚。为了保证公开披露的有效性，披露的信息应具有及时性、可靠性、相关性与充分性等。鉴于集团内可能存在的内部交易种类的多样性，公开披露不应仅以内部的交易量为重点，而是应有助于金融报表的阅读者能够对集团的运作有更深入的了解。毋庸置疑，这也意味着必须加大对集团主要内部交易定性信息的披露，如集团内部交易的范围、重要性和其风险管理等以及对定量信息的披露。此外，公开披露也有助于监管者对集团内部交易的风险进行评估，并引导其发现集团内部所存在的重大问题。

由于集团内部交易具有很大的隐密性，所以要进行有效的监管对于监管当局来说也是有一定的难度的。法定的监管机关在很大的程度上也只能依赖于集团内部的控制制度与公开披露等。因此，可以说上述的四原则并非独立化的，而是体现为一种环环相联的关系。事实上，在 2001 年《对金融企业集团监管的指令建议案》的咨询文中，欧盟委员会便对规制集团内部交易与风险集中表现出浓厚的兴趣，其认为对内部交易与风险集中的监管应建立在以下三大支柱之上，即集团内部应具有内控机制及系统性的内部管理体系、向监管者的报告制度及监管者实施监管的正式权力。笔者认为，从理论上来看，在对集团内部交易进行监管法律制度的设计时，监管者与立法者应首先将集团内部的内控机关置于中心地位，同时将集团内部控制机制的建设纳入法律化的范畴。然后，为了保证内控制度的有效性，监管者必须强化集团对内部交易的披露，即报告制度。

二、风险集中的界定与监管分析

（一）风险集中的界定

风险集中是从金融业务规则中衍生而来的一个概念，其是“不要把鸡蛋放在同一个篮子里”原理的体现。它在不同的金融行业中产生的原因是各不相同的，且各国对其进行监管的侧重点也不相同。以下作者拟对其进行一定的探讨。

在保险行业中，风险集中指源于保险公司的资产、负债及其表外资产项目所遭受的风险暴露，其包括未来保险金索赔所遭受的风险。在监管中，监管当局可以使用许多方法来提高公司的资产组合，并期望公司能拥有承销保单及再保险单，从而避免过度的风险集中。其他的监管方法包括交易额度的限制、额外专门性的准备金、对投资进行法律上的约束、对用来满足资本要求的资产可接受性的限制及对保险计划适当性的审议等。另外，报告制度也是在对保险公司的风险集中进行监管中不可缺少的一部分，在保险公司风险集中度接近法定的限额时，有些监管者还要求该保险公司履行附加的报告义务，而且监管者也可以要求保险公司备有一定的政策与程序，以对其风险集中进行审慎性的管理与控制。

在银行业，监管者将其对大额风险暴露的指南并入到其国内的金融监管框架中，这种指南鼓励监管当局以银行业的资本为基础对单个客户或有共同利益的客户的风险暴露施加数量上的限制。此外，有些国家也对银行的投资进行数量上的约束。一般来说，监管者都要求银行备有进行审慎性管理与控制其风险集中的政策与程序。若某个银行不能对风险集中提供担保，有些国家的银行监管体制就会对银行施加额外的资本金要求或采取其他的行动。如 1987 年的《英格兰银行法》规定各银行应向英格兰银行提供大额风险管理政策与令人满意的说明，确定对同一客户的贷款最高标准，若某银行对同一客户的贷款超过其实收资本 10%时，则其应于事后告知英格兰银行，并应额外增加坏账准备金。德国《信用业法》第 13 条规定，当某银行对每一客户贷款超过其自有资本的 15%时，则其应向联邦银行报告。此外，所有巨额贷款不得超过银行自有资本的 8 倍，而其中五笔最大金额的贷款不得超过自有资本的 3 倍。我国《商业银行法》第 39 条也明确规定，对同一借款人的贷款余额与商业银行资本余额的比例不得超过 10%。

在证券行业，监管者一般要求证券公司具有健全的内部控制系统与风险管理体制，以对风险集中进行识别与适当的管理。同时，这些监管性措施又以对证券公司的严格资产流动性要求及信用要求为补充。在有些国家与地区，和银行一样，证券公司也同样受到大额风险暴露规则的约束。如欧盟的《大额风险暴露指令》就适用于信用机构与投资公司，其将大额风险定性为因超过信用机构或投资公司自有资金 10%的交易而产生的风险。其规定，单笔的大额风险不得超过自有资金的 25%，所有的大额风险累计不得超过自有资金的 800%。

以上对风险集中的分析都是以金融行业为基础的，在分业制的法律模式下，不同的行业具有各自的经营范围，所以在风险集中的表现上就比较单一化，即只发生于某个银行公司、证券公司或保险公司内部，而一般不会向外扩散，且从其危害性来说，这种单向性的风险也不会对整个金融系统产生很大的冲击。然而，在以金融企业集团为模式的合业经营的体制下，风险集中已突破了行业的限制，对这一问题我们可以从对跨行业下的风险集中概念的界定中找到切入点。

对于合业经营下风险集中的概念，欧盟 2001 年《对金融企业集团监管的指令建议案》第 2 条第 17 款作了如下的规定：风险集中指金融企业集团内由相关实体承担的可能遭受损失的所有风险暴露，且这些风险暴露数量大，其足以威胁到金融企业集团内被管制实体的清偿力或其金融头寸。该风险暴露可能是由于信用风险、投资风险、保险风险、市场风险，或上述诸风险的综合或相互作用而引发的。从该概念可以看出风险集中具有以下特征：第一，它为金融企业集团内一个或多个实体所可能承受的损失；第二，风险集中数额大，并足以损害金融集团内一个或多个相关实体的清偿力或其金融头寸；第三，它是由以下原因所引发的，即源于对客户的信用风险暴露，源于在与风险相关的公司或不动产的投资，源于地区性或其他相关联的保险风险及源于投资性或契约性等的诸风险的综合。

此外，联合论坛在其《风险集中原则文件》(Risk Concentration Principles) 中也对风险集中作了如下的界定：风险集中指金融机构可能遭受的、足以危及其安全或维持其正常运营的风险暴露。风险集中可以通过金融产品或服务交易履行的方式，或通过诸种风险组合的方式，产生于金融企业集团的资产、负债或表外项目。就特定的不利形势而言，此种潜在损失反映了集团头寸的规模与损失的程度。在实践中，风险集中可以以多种形式表现出来，其主要包括以下风险暴露：单个的对方交易风险暴露、集体性或相关实体性的对方风险暴露、位于特定地理区域的对方风险暴露、对工业行业的风险暴露、特定产品的风险暴露、对服务提供者的风险暴露及自然灾害可能造成的损失等。

从上述界定，我们可以得出这样一个结论，即风险集中是源于集团内某个或多个实体而可能使整个集团不能正常运转的风险。在金融企业集团的情况下，风险集中的概念已不同于以前分业经营、分业管理法律制度中的贷款集中性风险，它已超越了行业性风险的范畴，具有跨行业的特点。

（二）风险集中所引发的监管性思考①

金融监管法的目的在于维护金融体系的稳健与安全。这就要求金融监管者必须将易触发金融风险的金融行为纳入其监管范围。这一观点对于集团的风险集中监管同样适用。为了识别风险集中在集团范围内所产生的危害，对大额损失在集团内是如何形成进行评估是非常有帮助的。对此可作如下的分析：

集团层面上的损失可以反映跨行业相类似风险暴露损失的总额。这些也是大额风险规则在传统上所防范的主要损失类型。这些损失不仅会消耗全部的资本资源，而且若相对于市场规模或造市能力（market-making capacity）而言，若该损失头寸非常大，则短期资产的流动性也会受到损害。

集团层面上的风险可以反映风险系数情况。这些系数对不同实体的不同类型的风险暴露具有影响，如自然灾害可以导致集团内部

① 在金融理论中有这样一种观点，即高风险、高收入；中度风险、中度收入；低风险、低收入；没有风险就没有收入。尽管作者并不完全赞成这种看法，但是这也至少在一定的程度上说明了金融理论中风险与收益的关系。因此，就此处所论及的风险集中而言，它也是相对的，即适度的风险集中可能是有利于整个集团的利益的。若从这一点来看，监管者所要关注的问题只是如何寻找监管的平衡点。鉴于此，在后文中，作者将对风险集中的监管进行实证性的探讨，所以此处的讨论主要是宏观层面上的。

保险公司的损失及银行业信用资产的损失，若两者在受灾区域都进行了投资。

集团层面的损失也可以反映风险系数之间的相互作用。比如，源于汇率下跌而产生的衍生产品或外汇契约所造成的损失可能会扩大，若同样的价格走向影响了交易对方住所所在国的金融能力或交易对方的偿还能力。当此种汇率价格的走势也使其他不相联系的行业遭受损失时，此时集团的损失可能会进一步加剧。

集团层面上的损失也可以反映出以前所遵循的相互关联关系的无效，如对资产质量上的关注会导致所有风险资产价值的减少，若以前的资产评估方法是不具有相关性的。

总而言之，从以上对损失的分析我们可以看出当集团内的某个实体发生风险集中时，其可以向集团内的其他实体渗透与蔓延，并进而使整个集团都受到影响，所以风险集中并不限于行业的层面，而是具有外溢性效应（spillover effects）。源于集团内某个实体（无论其是否为受管制性或非受管制性的实体）的过度的风险集中都可能向集团内的其他实体传播，因为这些实体通过信誉或内部交易或两者兼而有之的形式紧密联系在一起。比如，若集团内部的证券业务活动发生了严重损失，则由于声誉或集团内银行业与证券业之间密切的金融联系的缘故，其银行业的运作就可能会遭受流动性风险或市场准入方面的困难。尽管流动性风险的传染性最有可能导致此种损失，但是当集团内某受管制实体具有大额的风险暴露时，其他风险也很有可能会产生类似的损失。

大额风险可能会威胁到整个金融企业集团的持续性运营，这显然会引起监管性的关注，以对风险集中进行确认、监控及查明其是否受到适当的管理程序的约束。这种监管性的思维一般是从行业的层面上开始的，但是在风险集中是产生于集团层面上时，无论其是否源于单个法律实体或源于跨行业性的风险或源于集团内风险集中的相互作用，它都可以影响行业性监管的效果。此外，若在界定风险集中或设置限额上有不同的方法，或若集团内存在非受管制的实体时，法律要求上的差异性也可能会诱导集团内的实体利用法律上的盲区逃避应有的监管。因此，在监管中，监管者应确保其对单个受管制实体的监管目标不会受到重大风险集中与集团内监管套利而造成损失的损害。这也说明在对风险集中进行监管的过程中,集团内的任何实体都不能逃避应有的监管,且此种监管应是充分而有效的。

实际上，集团内的风险集中所具有的累加性与传染性也给监管者提供了一种新思维，即在监管实践中，监管者必须督促集团内部对其风险管理程序的构建，且监管者也必须在集团范围内对可能的风险集中进行评估。此外，由于金融的全球化，集团内的各个实体的地域性分布也具有跨国性的特点，所以单从一国的层面要想对整个集团的风险集中进行充分而有效的监管也是非常困难的。因此，集团设立与经营的跨国性也对风险集中的有效监管提出了严峻的挑战。再者，在集团范围内对风险集中进行评估也使得监管者的信息获取权显得尤为重要。无论是在并表监管的体制中，还是在对集团进行监管的其他方法中，监管者都应能够获得集团内关于风险集中的足够的信息，这可以要求集团向监管者提供，或通过相关监管者的双边性或多边性的会议来取得监管所需的信息，或提高监管者的信息收集权来获取可靠的信息。客观说来，行业性的监管者也可以从跨行业的风险集中的评估协调中，在信息交流方面受益。对于在信息方面的交流与合作方法，联合论坛在其《协调员文件》与《监管信息分享文件》中有详细的讨论。（这一问题将在后文中进行详细的讨论）

随着集团的发展，在这些集团内部结构中的风险集中的复杂性也在日益增加，且对于风险管理的分析及信息要求也在日益增长。这些变化也对监管者提出了要求，即在监管中，监管者必须洞察风险集中的内在本质，并继续改善其对风险集中的识别与监控方法。因此，监管当局认为集团的以下做法对配合其对集团风险集中的监管是至关紧要的，即集团应配备有合适的体系以对风险集中进行评估、监控、管理及控制，且集团应将该种体系作为其在集团层面上对风险进行管理的一部分。

除了集团的风险管理体系与监管者的外在监管外，通过提高市场纪律而进行的公开披露也非常有助于对风险集中的监管。对集团的风险集中所作的披露具有以下两个目的：一是它可以通过市场参与者的压力来提高市场纪律的约束性；二是披露有助于监管者了解集团内的重大的风险集中。然而，在强化以信息披露为核心的市场纪律的约束性时，监管者也必须客观地意识到金融的自由化本身就包含了金融信息的自由化，所以在信息过于量化的时代，并非所有的信息都有助于对风险集中的监管，若监管者对所有的信息不加任何区别，则可能会造成监管资源的浪费。因此，对于风险集中所作的信息披露应具有可靠性、及时性、充分性与相关性的特点。

（三）风险集中监管的原则①

关于对集团内风险集中进行监管的策略必定要求监管者具有正式的权力来迫使金融机构减少其过度的风险集中及其他的风险暴露。在某些情况下，可能监管者具有足够的权力来对金融企业集团范围内的风险集中进行监管，但是在许多情形下很可能监管者并不具有这样的权力。尽管如此，在所有情况下，监管者应具有充分的权力来收集信息，以确保其能在跨行业的层面上对重大的风险集中进行监管，并了解集团内部的风险管理情况。此外，行业性的监管者也应该审视其是否具有足够的权力来保护集团内的受管制实体免于受到风险集中的影响，如要求其减少风险暴露或提高该管制实体的资本水平等。若监管者缺乏足够的监管权，则其应该寻求其所需的额外的权力。在对集团进行风险集中的监管中，监管者在其监管实践中应遵循以下几项原则：

① 1999年12月联合论坛关于集团内部交易与风险集中的研究小组(the Study Group on Intra-Group Transactions & Exposures and Risk Concentrations) 在事实的基础上开展了对风险集中管理的调查工作。此次调查是采取双问卷的形式进行的，该问卷一主要是关于监管性的实践；问卷二是关于集团的实践。在该次调查中，工作组调查了十家金融企业集团对其风险集中的管理实践，这其中的六家为银行所主导的从事证券业与保险业的集团，其中的两家为保险公司所主导的从事银行业或证券业的集团，其中一家为证券公司主导的兼从事银行业的集团，最后一家为从事银行业与保险业的混合业务集团。然后，在调查的基础上，小组提交了报告，即《风险集中的原则》，所以此处的探讨以该文件为主。

原则一是监管者应直接或间接地通过集团内的受管制实体采取措施，规定集团应备有适当的风险管理程序以对集团范围内的风险集中进行管理。同时，监管者也可以利用监管性的限额（supervisory limits）来强化这些公司层次上的风险管理程序。对于被监管者内部的风险管理程度，《有效银行监管的核心原则》中的原则 15 也有明确的表述，该原则认为银行监管者必须确定银行具有完善的政策、做法，其中包括严格的“了解你的客户”的政策，以促进金融部门形成较高的道德与专业标准，并防止银行有意或无意地被罪犯所利用。

原则二是监管者应及时地通过定期的报告要求或其他的方式来对集团的重大风险集中进行监控，以便于对金融企业集团的风险集中有个明确的理解。

原则三是监管者应鼓励被监管者对风险集中进行公开披露。

原则四是监管者应与其他的监管者紧密联系，以知晓彼此关注的监管问题，并在与风险集中相关的、认为适当的监管行动上相互协调。

原则五是监管者在对受管制实体或集团的重大风险集中进行监管时，其监管应具有有效性与适当性。

三、综述

由于在合业制下风险集中与关联交易已超越了以前概念所涵盖的内容，因此对这两者进行准确的界定是非常困难的事情。关于这一点，我们从联合论坛与 2001 年《对金融企业集团监管的指令建议案》的相关规定中可以看出来。事实上，作者认为，在各国对关联交易与风险集中进行监管性立法时，上述两者的界定技巧还是值得借鉴的，即采用概述与列举式的界定方法。

另外，就集团的内部交易与风险集中而言，我们也必须 有客观而公正的认识。事实上，这两种现象并非金融企业集团模式下所产生的特定物，它是与控股公司的经营模式相伴而来的。差别只在于金融企业集团是一种以经营金融产品或提供金融服务的特殊企业而已。就各国的公司法、证券法等而言适度的符合市场竞争条件的风险集中与关联交易是允许的。这一观点对金融企业集团内的内部交易与风险集中也同样适用。因此,在适度的内部交易与风险集中是允许的情形下(对于这一点联合论坛亦持同样的看法),监管者所关注的重点是适度范围外的集团内部交易与风险集中。过度的风险集中与内部交易无疑会对整个集团的稳定产生巨大的冲击,这也是监管的真正原因。在以前的监管法律制度中,监管主要是以行业为基础的,然而在金融业务自由化趋势下,很明显,这种立法与监管的思维已失去了原有的基础,所以在金融企业集团的框架下,对于风险集中与内部交易的监管视角必须从整个集团出发,这也是由集团结构下金融风险的渗透性与传染性、信息的不透明性等决定的。对于该问题,欧盟在其《对金融企业集团监管的指令建议案》的咨询文中就认为,监管者在对集团内部交易与风险集中进行监管时应关注以下四个要点:风险的传染性(risk of contagion)、利益冲突的风险、监管套利(supervisory arbitrage)、集团内综合监管体制的缺乏。①

通过对内部交易与风险集中的监管的反思与分析,从监管理论上来说,对这两种金融企业集团框架下的缺陷治理的最好策略是内部控制与外部监管并重。就集团内部控制而言,集团内的管理层与集团内的各实体在其风险管理体制中应完善内部控制制度,以形成对内部交易与风险集中监管的第一道防线;就外部的监管而言,监管者应强化集团的信息公开披露,并要求集团保证所提交的信息的真实性、可靠性、及时性与充分性。为了达到此目的,赋予监管者正式的而充分的监管权是必不可少的。

① Consultation Document: Towards an EU Directive on the Prudential Supervision of Financial Conglomerates, MARKT/302/2000.

第二节　集团内部交易与风险集中法律监管的实证研究：金融防火墙法律制度的构建

一、金融防火墙法律制度① 的构建必要性分析

内部交易所引发的利益冲突（conflicts of interest）问题是金融企业集团模式受到众多学者批评的制度缺陷之一。② 正如作者在前文所言，集团内部交易是与关联企业相生相伴的，这也是企业集团化的根本原因之一，但是由于集团内部存在的复杂的控制与被控制关系，这种在复杂的控制关系下所产生的内部交易就会有悖于法律所追求的公平、公正的价值取向，这其中的利益冲突便是一个很好的说明。可以说对于利益冲突问题的监管也是对内部交易问题进行规制的一个重要环节。

所谓利益冲突是指某个人或某些人或其他的主体对不同的某些

① 有的学者将金融防火墙称为中国墙，作者以为在金融企业集团中将其称为金融防火墙可能会更恰当些，因为中国墙是为防止多功能证券商之间的利益冲突而设计的一种机制。然而，在金融企业集团中，防火墙的适用范围要比中国墙宽泛得多。因此，为了避免误解，可以引进金融防火墙的概念，但是在探讨金融防火墙时必须对中国墙问题进行相关的分析，因为金融防火墙这一概念是从中国墙衍生而来的。

② 集团内部交易是发生于金融企业集团内各法律实体之间的交易。从交易当事人的相对性来看，其并不涉及第三方的问题，但是由于集团内部的结构关系，这种交易与集团内的法律实体与集团外的当事方还是有联系的，因为这种形式的交易不具有对等的公平性。比如，集团内部的交易价格或成本可能就会低于与集团内的实体与外在的第三方交易的价格或成本。因此，从这一点来说，利益冲突与内部交易是两个相关的问题，欧盟在其 2001 年《对金融企业集团监管的指令建议案》的咨询文对风险集中与内部交易监管说明中便阐明了这一观点。这也是作者将利益冲突并入金融企业内部交易与风险探讨的原因。

个人、某些集团或组织以及某种事物在忠诚与利害关系上发生矛盾的现象，或者说是一个人的自身利益与其对他人所负的受信义务相冲突的情形，或者一个人对两个或两个以上的人负有相互冲突的受信义务的情形。① 如一家金融机构的经理人员或董事，同时又兼任其他与之有竞争关系的金融机构的董事，在此种情形下，这些经理人员或董事在对待与他们有关系的这些金融机构的忠诚上以及在谋求这些金融机构的利益上，就可能发生矛盾或冲突。② 利益冲突为英美衡平法中一个重要的概念，如英国学者 Pennigton 就认为："当一个人作为另一个人的代理人行事时，若在他接受委托时，或在事后他担任了第一人的代理或与之有重大的个人利益，而这种利益的存在可能产生这样一种实质性的危险，即他可能不为他所代表人的最大利益行事，在这种情况下，他就处于一种利益冲突的位置。"在实践中，利益冲突具有以下主要特征：一是利益冲突是一种状态，在该种状态下，受托人的个人利益与委托人的利益存在发生冲突的可能性，所以利益冲突并非局限于某种特定的行为。二是利益冲突强调的是冲突的可能性，换言之，即是委托人的利益会遭受损害的可能性。因此，其并不限于相关当事人的实然性损害。即使受托人并没有给委托人的利益造成实际的损害，甚至可能带来利益，但其仍可能会构成利益冲突。三是利益冲突可以因委托人的同意而免责。若受托人事先将可能出现的利益冲突充分地告知了委托人，且得到委托人的认可，则将不构成利益冲突。③ 四是利益冲突是一种客观的状态，受托人主观上是否具有过错并不重要。比如即使受托人主观上无损害利益的意图，甚至是出于对委托人利益的维护，其仍可能构成利益冲突。

---

① Scotland, Introduction, Twentieth Century Fund Report, Abuse on Wall Street: Conflicts of Interest in the Securities Markets (1980), p. 4.

② 王继祖等译：《帕特曼报告》，商务印书馆 1980 年版，第 398 页。

③ 焦津洪：《论管制知情交易的自律机制》，载《中外法学》1998 年第 5 期，第 40 页。

实际上，各国公司法中对董事的竞业禁止义务的规定便是对利益冲突进行调整的内容之一。如日本《公司法》第 264 条第 1 项规定："董事为自己或第三者进行属于公司营业范围的交易时，须在董事会公开出示该交易的重要事实，并取得同意。"德国《股份公司法》第 88 条第 1 款规定："未经监事会许可，董事会成员既不允许经商，也不允许在公司业务部门中为本人或他人的利益从事商业活动。未经许可，他们也不得担任其他商业公司的董事会成员或者业务领导人或者无限责任股东。监事会的许可只能授予某些商业部门或商业公司或某种商业活动。"我国《公司法》第 61 条也规定："董事、经理不得自营或者为他人经营与其所任职公司同类的营业或者从事损害本公司利益的活动。"我国 1997 年刑法第 165 条也对其所应承担的法律责任进行了明确的规定："国有公司、企业的董事、经理利用职务便利，自己经营或者为他人经营与其所任职公司、企业同类的营业获取非法利益，数额巨大的，处 3 年以下有期徒刑或者拘役，并处或者单处罚金；数额特别巨大的，处 3 年以上 7 年以下有期徒刑，并处罚金。"然而，在金融企业集团的情况下，利益冲突问题远比各国公司法所已调整的董事与经理人员等的竞业禁止义务要广泛得多。它不仅表现为集团内各法律实体内部董事、经理等人员可能存在的利益冲突，也可能会表现为集团内各实体之间、各实体与集团之间、各实体与外部的交易方之间及集团内各法律实体的股东与各公司等机构之间的利益冲突等。具体来说，集团内的利益冲突现象有以下几种形式：①

1. 集团内的银行机构诱导客户甚至予以资金上的支持，使其购买集团内的证券公司承销的证券。

2. 银行替借款人发行债券以抵偿无法收回的贷款，将信贷风险转嫁给客户。

---

① 由于信息不对称因素的存在，金融企业集团内的利益冲突问题有许多的表现方式，所以笔者在此列举中不可能穷尽一切与集团相关的利益冲突现象，而只能列出其中的一小部分。

3. 银行利用存贷业务了解客户的金融信息，以决定是否包销该客户的证券，并利用信息从事内幕交易。

4. 以非银行等金融机构主导的母公司强制银行子公司与集团外的其他主体进行交易，从而在该子公司与集团之间产生的利益冲突。

5. 多名贷款人向集团内银行公司的信贷部门同时申请同种类贷款，信贷部门以不公平的贷款条件进行分别对待。

6. 银行将其在集团内所掌握的与证券交易相关的内幕信息提供给与其存在密切联系的客户而从中受益。

7. 分支机构将其未销售出去的证券转入银行的信托账户。

8. 银行与其分支机构存在交叉董事关系，这可能会影响到经营决策的公正性与合理性。①

9. 集团内的保险公司利用其从集团内其他实体掌握的客户信息向客户推销不好的险种。

10. 集团内的银行公司可能会要求零售业务部门或投资顾问部门推荐其证券，或阻止上述部门不要发表会对其证券产生不利影响的意见。

11. 在证券经纪商与自营商之间的限制消除后，证券经纪商与自营商在交易中亦有可能发生利益冲突。如证券经纪商可能会为了自身的利益而对客户的账户进行"揩油交易"（churning the customer 's account）、市场做市商可能会将那些无人购买的证券存入其管理的账户或敦促经纪部门将这些证券向零散的客户进行推销、投资银行部门或某个成员可能会向关系较好的客户透露有关公司的非公开信息并从中牟利、投资银行部门可能会要求基金管理部门购买其承销的证券等。

很明显，集团内的利益冲突违背了法律的基本价值取向，即公平与正义的原则，因为公平要求机会均等，正义被认为是人类精神

---

① Hary McVea, Financial Conglomerates and the Chinese Wall: Regulating Conflicts of Interest, Claredon Press (1993), p. 34.

上的某种态度、一种公平的意愿与一种承认他人的要求与想法的意向。① 从以上利益冲突所表现出的各种形式来看，其显然有悖这两大原则，且从其可能产生的影响来看，利益冲突可以滋生以下的负面效应：危及银行的安全，增大其经营风险；证券内幕交易损害了众多投资者的利益，这不仅违反了证券法中的公平、公开、公正的原则，而且也可能使集团疲于诸多诉讼；造成某个实体的风险向集团内其他实体的渗透；产生系统性的金融风险而使整个金融体系失灵等。对于利益冲突问题，人们早在20世纪30年代就已有了较深入的认识，如在美国股市1929年大崩溃之后，美国参议院银行与货币委员会在其1931年的报告中发表了以下的观点：过去10年投机过度的经历是更多的商业银行广泛参与证券市场业务赞成的，这种参与加速了金融与商业的崩溃，损害了国家经济组织的稳定。② 因此，针对利益冲突所引发的负面效应，金融监管的立法者必须对目前的法律进行反思，以便能对其进行相应的矫正，从而达到矫正的正义。这就要求在金融企业集团的各法律实体之间构筑“金融防火墙”。③

---

① ［美］E·博登海默著，邓正来译：《法律哲学与法律方法》，中国政法大学出版社1999年版，第264页。

② Joseph J. Norton: Bank Regulation and Supervision in the 1990s, Lloyd 's of London Press Ltd, 1991, p.124.

③ 有的学者并不赞成在金融企业集团各实体之间构建金融防火墙，其认为利益冲突问题可以通过采取以下的途径加以解决：要求集团内的银行机构在向其持股公司提供贷款时，事先征得监管当局的许可；银行所披露的信息与客户同意书表明，政府存款保险不包括客户的股权投资；要求银行的股权投资部分具有较高资本要求；银行若不遵守有关规定或有过错，监管当局有权予以制裁。实际上，这些设想将集团内部的利益冲突的表现方式简单化，而且它也没有完全考虑到监管者与被监管者之间所存在的信息不对称现象。再者，依据以上对代理法的分析，我们也可以推知在出现利益冲突时，集团内的当事人要想为自己开脱也是非常有难度的。因此，全盘考虑，还是应该采取以建立金融防火墙法律制度为主、上述措施为辅的做法。英美等国的实践也说明了这一点。

二、理论上的挑战与防火墙法律制度的确立

（一）金融防火墙法律制度理论上的挑战

在金融防火墙的构建过程中，该种法律制度面临一个法律理论上的挑战，即代理法中相关规则对它的影响。这表现在两个方面：一是代理人对本人的诚信义务；二是代理人知情应视为本人知情。

就代理人的诚信义务而言，与其他代理人一样，金融企业集团内的证券商等主体对其客户负有最大诚信与忠诚义务。其在履行其职责时，不得使其客户的利益与自己的利益相冲突，也不得使其一个客户的利益与另一客户的利益相冲突。① 对此，美国 1958 年的《代理法（第二次）重述》（Restatement（second）of Agency）第 387 节与第 394 节作了如下的表述：除非另有商定，代理人有义务在所有与该项代理相关的事务中仅仅为该代理人的利益行事，而且除非另有规定，代理人在行使代理职责期间，其不得与和本人具有利益冲突的人建立代理关系或为之效劳。实际上，根据代理法的一般原则，代理人不得在没有披露的情形下自己与本人进行财产交易，也不得利用其代理人身份牟取秘密的利益。同时，代理人亦负有义务不得利用或传播本人向其提供的，或在履行代理过程中所获取的，或在不违反其代理义务时所获得的秘密性信息与资料。这就要求在实践中，为了保护自己的利益，代理人必须将有关的利益冲突的情形向本人作充分的披露，并征得其同意，否则代理人将要承担相应的法律责任。对于这一问题，美国 SEC 的确认规则（confirmation rules）要求其多功能证券商进行如下的披露：其是否作为该客户的代理人，其他某个人的代理人，或同时作为该客户与其他某个人的代理人，或作为本人自营。

就代理人知情应视为本人亦知情而言，美国《代理法重述》第 272 节认为，本人的责任受到代理人在其对本人具约束力的代理权

① 万猛、刘毅著：《英美证券法律制度比较研究》，武汉工业大学出版社 1998 年版，第 134 页。

限范围之内代理事务时所获取的信息与资料的影响。在适用该原则时，必须符合以下几个条件：一是代理人具有代理权；二是知情是在行使代理权期间获得的；三是代理人负有向本人告知的义务。如基于该原则，金融企业集团内的证券公司的某个业务部门的雇员在雇佣期间所获取的信息通常被视为该证券公司所获得的信息。其承销部门在对某客户进行必要调查中所取得的有关该客户的信息亦应被视为该证券公司知情。

以上的两代理法中的规则对金融企业集团中金融防火墙法律制度的构建提出了挑战。作者以为这种挑战主要表现在以下两点：

其一是在适用代理规则的情况下，会令人对构建金融防火墙法律制度的必要性产生质疑，因为从代理人所负的诚信义务与代理人知情归责于本人两规则来看，似乎该两规则就能有效地防范与制止集团内部所可能发生的利益冲突。然而，在实践中，代理原则并不能较好地解决集团内部的利益冲突。如就多功能证券商在从事经纪业务时，若其不将其证券承销部门所掌握的信息告知其客户，则在该客户之利益受损时，依据代理人知情归责于本人的原则，则该券商可能会面临违反诚信义务的指控，且进一步讲，若对上述两原则进行严格的解释，金融企业集团内的多功能证券公司将无法从事正常的业务，无法发挥多功能性的作用，时刻会面临内幕交易等的指控。

其二是代理规则与金融防火墙法律制度之间的协调问题。若在金融企业集团内的各实体间已构筑了防火墙，那么代理规则是否仍然适用？若适用，其与金融防火墙之间是一种怎样的关系？除此之外，在这两者并存的情况下，金融防火墙所产生的法律效果是否可以优先适用于代理规则。这是在架构防火墙法律制度时，立法者所要思考的问题。

（二）金融防火墙法律制度的确立

尽管金融防火墙的设立受到了传统的代理法的挑战，然而在实践中该制度很早就已体现于相关国家的法律之中。早在 1933 年，美国就制订了与此相关的法律。如美国 1933 年《银行法》中的第

16、20、21与32条便对商业银行与证券公司之间在人事安排、资金往来、业务范围等方面设立了防火墙，即格拉斯·斯蒂格尔墙。此外，作为其1933年《银行法》之一部分的《联邦储备法》第23条A款也对银行与其分支机构或非银行的分支机构可能进行的各种金融交易，从数量与性质上都做了限制。① 制定该条款的目的在于规范密切关联的经济实体间可能出现的利益冲突，避免银行为了这些关联机构的利益不适当地使用银行的资源，从而维护银行的安全与稳定。② 在1991年该法又增加了第23条B款，要求关联机构间的交易必须建立在公平的基础上，即要求银行与它的分支机构在进行某项交易时，所依据的交易条件必须在实质上与银行与非关联机构进行相同交易的条件一样，否则，其就不能进行交易。

另外，就金融防火墙法律制度的前身中国墙而言，它也最早产生于美国，它作为防止内幕信息在多功能证券商内部流动而被滥用的一种自律性措施，是与关于禁止内幕交易的法律相伴而生的。③ 其著名的美林案（the Memrrill Lynch Case）使多功能证券商各业务部门之间的中国墙第一次步入了美国证券监管制度中。在该案中SEC以美林证券公司违反了10b－5规则④ 为由向其提起了行政诉讼。对此，美林公司没有从正面承认指控，相反其提出了相应的解决方案，这其中便包括中国墙制度。虽然该案使中国墙这一证券管理的法律问题出现，但是其并没有解决中国墙的法律效力问题。如SEC表示其丝毫没有指望中国墙将具有任何法律上的效力。这也

① 沈四宝主编：《国际商法论丛》（第3卷），法律出版社2001年版，第381页。

② Veryl Victoria Miles, Banking Affiliate Regulation under Section 23A of the Federal Act, Banking Law Journal, 1998, Vol. 105, pp. 476-509.

③ 李仁真主编：《国际金融法专论》，湖北人民出版社1995年版，第193页。

④ 10b-5规则是SEC根据美国《1934年证券交易法》第10条（b）款所制定的规则，其根本的目的在于禁止包括内幕交易在内的各种证券欺诈行为。

意味着在该案之后若美林公司的高级职员或其他雇员利用内幕信息交易，或者客户以违反诚信义务为由对其提起指控时，则有可能公司内部中国墙不能成为一种抗辩的理由。后来的斯莱德案（the Slade Case）使中国墙制度趋于成熟。在该案中被告希尔逊证券公司（Shearson & Hammill Co.）辩称：公司内部建立了中国墙，禁止各业务部门之间的信息的流动。零售推销员对投资业务部获得的信息一无所知，所以其不必对客户承担诚信的义务。在对该案重审时，第二巡回法庭要求查明被告公司内是否存在中国墙。同时，SEC也对该案发表了以下两点看法：一是证券商应公平地对待其客户；二是重大的内幕信息不能在证券市场上被利用。在总结经验的基础上，SEC建议证券商除构建中国墙外，还应将其拥有内幕信息的证券编制一个“限制名单”（restrictive list），并在内部规定任何人不得就限制名单中的证券进行买卖的推荐，亦不得就名单上的证券为其客户的全权代理账户进行交易。自该案后，构建中国墙，并辅之以限制名单的作法开始流行于美国证券业。①

在此之后，中国墙的做法也得到了法律上的认可，如美国1980年的SEC第14e-3规则、1984年的《内幕交易人员制裁法》、1988年的《内幕交易与证券欺诈执行法》。比如，14e-3规则规定，任何人在从收购要约人或目标公司获取有关一项潜在收购的重大的非公开信息之后而交易该目标公司的证券，都是非法的行为。然而，若一证券商，包括兼营经纪和自营业务的多功能证券商，其作出该项交易决定的具体人员事实上并不知晓该非公开信息，且该证券商已在其内部建立起了相应的规则与程序，以阻滞上述具体的决策人员获取此类非公开信息，在此等情形下，该证券商即可享受该规则规定的豁免。集美国反证券欺诈之大成的1988年《内幕交易与证券欺诈执行法》也有相类似的规定，如其第3（6）节对所有兼营经纪与自营业务的证券商课以特别的监察义务，包括要求其

① 刘丰名：《国际证券市场热点法律问题对中国的启示》，载《武汉大学学报》1994年第5期。

“制定、保持与实施书面的政策和程序，合理地防止重大的非公开信息的滥用”，并且其明确规定：任何有控制权的人，若既不知情，又无不当行为，且遵守了上述的监察义务，则可免予承担因内幕交易而应归责的民事责任。

以上所探讨的大多是关于在同质性的存在关联关系的金融机构之间或金融机构内部的防火墙的构建问题。实际上，在很早以前美国已有了针对银行持股公司防火墙构建的实践与立法。如在1987年与1989年，美联储发布了28条禁令，第20节即是关于防火墙。这些防火墙的规定限制银行控股公司内部的金融交易与信息交流。① 其具体措施是：银行不得为了支持证券公司的变现性而向公司贷款或提供担保；禁止银行向证券公司贷款；银行与证券公司之间在人事上不得有连锁兼职的现象；除非客户同意，银行与证券公司之间不得进行信息交流；证券公司不得由银行支持，也不能被纳入联邦存款保险体制之中等。

随着美国金融立法的演进，金融防火墙制度也在其1999年11月通过的《金融服务现代化法》第五篇（对经纪商与自营商的监管）中得到再现，如该篇的501节对第三方经纪协议就作了如下的规定：经纪商或自营商在银行场所内提供经纪服务的区域被清晰标明，并且在可行范围内，与银行的日常吸收存款业务在物理上进行有形分离；银行根据合同或其他协议使用广告促销材料宣传在银行获得一般的经纪服务时，必须在材料上明确表明经纪服务是由经纪商或自营商提供的，而非由银行提供；银行雇员在涉及经纪交易的事务方面，包括为经纪商或自营商的关联雇员作会晤安排，只能担当文员或办员；除为客户代管或托管计划外，银行不经理客户的证券账户等。

---

① 不过，随着金融自由化的全球化趋势，及在日本与欧盟等国家与地区的金融机构竞争的压力下，在1997年美联储最终摒弃了该20节的大部分内容。甚至，其还逐步提高了银行控股公司自非银行经营的证券业务中的获得比例，即从5%上升到25%。

在美国的示范作用下，英国也在20世纪80年代初引进了中国墙制度，如在其1983年《有执照交易商（行为）规则》中，将中国墙定义为："建立的一种安排，借以使从事某一部分业务的人所获信息，不被从事另一部分业务的人直接或间接地利用，从而得以承认，各个业务部门的分开决策没有涉及业务上任何部分或任何人在该事情上可能持有的利益。"后来，这一概念为其1986年的《金融服务法》重申，且该法授权给以前的证券与投资管理局，对建立中国墙可以采取以下的特别规则："经许可从事投资业的人，他在一部分业务中所获取的信息，能对其所从事的另一部分业务的客户保密。"若证券商的行为符合该规则，则其行为将不被视为欺诈。同时，该法在引进中国墙制度时，还对多功能券商实行"账户分离"与"两极化"（polarization）的做法。①

（三）评述

纵观全球，从各国的金融法律制度来考察，金融业务的经营模式从本质上来说不存在绝对的分业与合业的问题，这两者之间所呈现的是一种"你中有我，我中有你"的关系，即分与合只是一个相对的问题。如美国的《格拉斯·斯蒂格尔法》在确立银证分野的同时，也对两者的融合保留了一定的余地，如其商业银行可以对美国政府与其他联邦政府机构发行的债券进行证券投资与买卖；在不超过银行自有资金与盈余总额10%的数量范围内，商业银行可以对股票、债券等进行投资；且该法并不适用于美国银行海外的证券业务。对这一问题，我国的《商业银行法》也有相似的规定，如其第3条规定，商业银行可以发行金融债券、买卖政府债券等。此外，依据其第43条的规定，我国的银证业务的分离也只是对内不对外的。因此，从这一点来看，不管是在分业经营的情况下，还是在合业的体制下，都有建立"金融防火墙"法律制度的必要性。只不过

① 所谓账户分离是指多功能券商将其自身的账户与其客户的账户相分离；两极化是指将只经销独家发行证券的专销代理与可经销各种发行证券的独立中间人加以分离，不允许一身二任。

防火墙结实的程度存在差异而已，美联储在1997年放弃了防火墙制度中的大部分内容就说明了这一点。另外，作者认为防火墙也有同质性与异质性之分。前者主要是针对同质性的金融机构或其关联企业而设立的，如多功能证券商与银行集团等，后者主要是针对异质性的金融机构的，如本书所论及的金融企业集团。

三、金融防火墙法律制度的具体构建

在实践中，金融防火墙的具体构建主要有以下几种方式，即法人分离型、资金流动限制型、人事流动限制型、业务限制型及信息交流限制型等。以下，作者对其进行简单的分析：

法人分离型，是指银行业或证券业要从事其他的金融业务必须采取银行或证券子公司的形式。在实践中，这主要表现为银行控股公司、投资银行控股公司、金融控股公司及异业子公司四种形式。此处的投资银行控股公司是由美国众议院议员 Leach 在其于1995年2月提出的议案中所倡导的一种合业经营的组织模式。① 该种类型的公司拥有批发性的金融机构与一家证券附属公司，批发性的金融机构应不是参加存款保险的州会员银行，它不能吸收被保险的存款与低于10万美元的存款。金融控股公司是美国1999年《金融服务现代化法》在银行控股公司的基础上所创设的一个新概念，在该公司模式下，传统上分业经营的金融机构仍然保持了各自独立的法律地位，阻断银行、证券与保险业之间风险传递的防火墙在法律形式上仍然存在。② 实际上，金融控股公司是一个涵盖银行控股公司与投资银行控股公司的概念，根据美国国会议员 Baker 于1995年2月所提出的议案，该模式将允许任何金融或非金融公司成为受联邦保险的存款机构的附属机构，并通过存款机构与其他附属机构从事

---

① Isaac Lustgarten, US Financial Services Reform, International Banking & Financial Law, Vol. 13, No. 11 (April 1995).

② 黄毅、杜要忠：《美国金融控股公司的监管》，载《金融法苑》2000年第12期，第15页。

广泛的跨市场的业务。① 异业子公司是日本 1992 年《金融制度改革法》的成果之一。该法不允许银行控股公司的存在，银行介入证券业务需要采取证券子公司形式，证券公司亦然。②

资金流动限制型，主要是指在金融企业集团内部各法律实体之间的资金往来应受到一定的约束。如美国对银行控股公司在这方面的约束有：若无自由上市交易的证券作完全的担保，银行控股公司必须将出于清偿债券之目的而向证券子公司提供的贷款从公司的自有资本中扣除；除非以清偿政府债券为目的，禁止银行控股公司有其他的附属机构向证券公司提供贷款；若银行控股公司的资本充足率没有超过 8%，则其不得向证券子公司进行资本转移。

人事流动限制型是对金融企业集团内各实体的高级管理人员任职的限制，如日本对其从事金融业务的母子公司在这方面的规定有：母子公司从事经常性业务的董事与职员不得连锁兼职；证券子公司设立后 5 年内，自己任免的人员应当达到职员总数的 50%，而且证券子公司内的重要职员在离职两年内不得担任母公司内证券关联部门的职员。③

业务范围限制型是指集团内银行与证券公司等法律实体之间的业务往来应受到严格的约束。一般而言，从整个集团的层面上来看，其金融业务是多元化的，但是从集团内各单个性的金融子公司来看，其业务是单一性的，这意味着在集团内部的各银行公司、证券公司与保险公司等之间的业务在一般的情况下是独立进行的，而且即使在有内部交易的情形下，交易也必须依前文所述的"独立竞争原则"进行。如日本就有这样的规定，证券公司明知某项证券发

---

① 张忠军：《金融监管法论——以银行法为中心的研究》，法律出版社 1998 年版，第 181 页。

② 刘筱琳：《银行业与证券业兼营下的利益冲突与"防火墙"法律制度探讨》，载《法学评论》1999 年第 6 期。

③ 林丽香：《银行之参与证券业务——日本近年之修正法》，载台湾《法政学报》1995 年第 4 期，第 1～20 页。

行所募集的资金是用于清偿发行公司对其银行母（子）公司的贷款，但若没有事前告知投资者的，则该项交易必须被禁止；公司发行有价证券时，该证券公司不得担任主承销商。

信息交流限制型是禁止对交易有重大影响的信息在集团各实体之间的自由流动，防止内幕交易现象出现的措施。如美国就规定在银行与证券子公司之间必须设立“中国墙”，未经客户同意，银行与证券子公司之间不得进行秘密信息的交换。日本相关法律规定，非经客户同意，证券公司中主要职员不得从银行母(子)公司处取得关于发行公司的重要信息，也不得将自身的重要信息提供给母(子)公司。

实际上，金融防火墙的表现形式是多种多样的，除了以上的几种之外，还存在有形隔离法，如为了对集团内的利益冲突问题进行规制，法律还可以规定，集团内不同的公司不得设于同一建筑物内，若其处于同一建筑物内，则必须位于不同的楼层，且必须在建筑物外部分别设立出入口，以方便其客户能够分别出入。同时，也可以规定，母子公司的电脑设备与会客室的使用应受到一定条件的约束，如当子公司与母公司需要共同使用电脑设备时，则必须有特别的程序设计使双方都无法通过终端获得彼此的信息；另外，母子公司或子公司之间也应分别设置会客室以阻滞信息的自由流动。客观地说，在对金融企业集团的金融防火墙进行法律设计时，该项制度是上述诸多隔离形式的综合，而非某项单一限制措施的使用。我们从美、英、日等国的实践中也可以得出这一结论。

四、金融防火墙法律制度的例外原则

金融企业集团金融防火墙的构建是有其功能的，其目的有两点：一是保证集团内部交易的公平性；二是在受到违反诚信义务指控时，被指控者可以将之作为一种免责的事由。关于防火墙的功能我们也可以从中国墙制度的作用中得到印证。从英美等国的实践来看，中国墙可以起到两种目的，其一是作为一种防御性的政策措施，禁止或限制多功能证券商内一个业务部门的人员拥有的内幕信息被其另一个业务部门的人员利用；其二是作为多功能证券商在受到客户以从事内幕交易或违反诚信义务所提出的指控时的一种法律上的免责事由。然而，任何法律规则都具有相对性，这一命题对金融防火墙制度也同样成立，更何况金融防火墙制度是法律框架内的自律，具有浓厚的自律色彩。因此，在实践中，若绝对地承认防火墙的免责性质，则有时会产生不公正的结果，若金融企业集团内的母公司为了实现集团的战略利益，强行地要求其银行等子公司以过低的价格与他方当事人进行交易而使该等子公司遭受重大损失，则这种交易行为无疑会有损子公司股东及其债权人的利益。若在子公司的股东或其债权人以母公司的不当行为为由而提起损害赔偿之诉时，该母公司可能会以集团内设有防火墙为由主张免责。这显然又是防火墙制度面临的另外一个法律问题。因此，对于金融防火墙制度有必要设立例外原则，即“揭开法人面纱原则”（piercing the corporate veil）、“深石原则”（deep-rock doctrine）、“控制股东的诚信义务原则”（fiduciary duties of the controlling shareholder）。

以上第一、第二两个原则的适用，其主要目的在于保护子公司债权人的利益。在适用“揭开法人面纱原则”的情况下，若子公司表现为母公司的代理人、工具、化身，充当母公司的傀儡或部门，母公司就要对子公司的债权人负责任。① 此时，法院将否认子公司的法律人格，而将子公司与母公司视为同一主体。在适用第二个原则的情况下，母公司对子公司的债权，在子公司支付不能或宣告破产时不能与其他债权人共同参加分配，或者分配的顺序应次于其他债权人。② 这样，在子公司因为其母公司的干预而出现支付危机或破产时，其债权人的利益可以得到适当的保护。在子公司中，相对于大股东而言，少数股的股东处于一种弱势的地位，所以有必要对其合法的权益进行保护，第三个原则的目的即是如此。根据该原

① 石静遐：《母公司对破产子公司的债务责任》，载《法学评论》1998年第3期。

② 施天涛：《关联企业法律问题研究》，法律出版社1998年版，第34页。

则，母公司作为子公司的大股东，其必须对子公司负有诚信义务，所以母公司不能为任何可能有害于公司少数股股东的行为。否则，母公司必须对子公司的少数股股东负相应的损害赔偿责任。

金融企业集团作为一种特殊形式的关联企业，母子公司在微观层面上的利益冲突，及由此造成的母公司与子公司债权人或股东之间的利益冲突是不可避免的。为了防范集团将金融防火墙作为一种抗辩理由为自己开脱，有必要对这种自律性的机制创设例外性的原则。作者认为，在司法实践中，以上三原则的综合适用是非常有必要的，其有利于使集团的金融监管者发挥金融防火墙的积极效应，节约监管成本。

五、综述

虽然金融防火墙法律制度可以阻止集团内某个法律实体的风险向集团内另一个实体渗透与蔓延，而且在实践中也有设立的必要，但是金融防火墙是否能真正地起到防火的作用，这还是一个值得人们深思的问题。如许多人都认为防火墙只有在集团处于良好经营状况的时候才能起到作用，当集团内的某个实体经营业绩欠佳，特别是金融机构经营业绩欠佳时，这道防火墙可能就会形同虚设。① 有关人士在评价美国《联邦储备法》中的第 23 条 A 款与 B 款时，就曾指出：防火墙并不是无法渗透的，在银行情况不好的时候，它很容易被动摇。② 保罗·沃尔克在 1986 年国会听证会中曾指出：“经验表明，当银行控股公司的一个分支机构甚至一个相关商业企业困难时，它往往会加以援助，以维护整个组织的声誉。”③ 而且，在

---

① 黎四奇：《金融企业集团监管中的金融防火墙法律制度分析》，载《中南大学学报》2004 年第 1 期。

② Shull and White, supra note 41.

③ See Statement by Pawl Volcker, Chairman of Fed, before the Subcommittee on Commerce, Consumer and Monetary Affairs of the Committee on Government Operations, US House of Representatives, 11 June 1986, p. 23.

实践中对于这一看法也有例证，如在 1970 年，美国加利福尼亚联合银行在瑞士的分支机构因从事未经授权的期货交易损失了约 4000 万美元，该联合银行自愿为后者的债务承担责任。

另外，我们知道金融企业集团是实现金融诸业务合业经营的一种组织模式，其目的在于通过集团化实现金融自由化下所带来的规模效益。虽然金融防火墙法律制度的设立从整体上看是有益于集团的，但是其毕竟是对集团经营的一种限制与约束，所以若防火墙设置不当，就有可能与集团稳健经营的初衷相违背。这正如格林斯潘所言：很明显，过高过厚的防火墙会降低规模效益，并且会增加金融机构的成本。若成本提高了，却并没有达到预想的效果，那么我们就必须会问为什么还要设置这样的防火墙。①

尽管存在上述不同的争议，但是作者依然认为我们不能因为某种制度固有的内在不足，就抹杀其具备的制度优势。金融防火墙法律制度作为一种对金融企业集团的利益冲突进行监管的制度还是有其可取之处的，实然性的确立已说明了这一观点。问题在于怎样恰当地保持这道墙的“厚度”，及消除其消极的影响，这也是立法者在每一次立法中对每一法律规则所应考虑的问题，因为立法者主观性思维所反映出来的具有客观性的法律规则并不能解决一切问题。

第三节　对集团风险集中法律监管的务实性思考

一、对风险集中法律监管的国别分析

（一）英国

对大额风险的监管是以前英格兰银行非现场监管的一项重要内容。英格兰银行认为，对单一客户、某一集团、某一经济部门或某金融业务领域的超额贷款将使银行承受巨大的风险，所以有必要将

① Alan Greenspan, “Statement before the Committee on Banking, and Urban Affairs”, US Senate, 76 Fed. Res. Bull. 731 (1990).

该种大额风险纳入审慎监管体制中。

通过前文的探讨，我们知道英国的金融监管具有很浓的非正式管理的色彩，这一点也同样体现在其对大额风险的监管之中。如在其1987年银行法以前，英国法律并未明文规定银行向同一借款人的放款最高上限。只是在1983年4月，英格兰银行发布了一项通知，其建议各银行将其向同一借款人或集团公司的放款控制在相当于放款银行资本总额的10%左右。同时，该文件也对此处的放款进行了限定，放款包括贷款、担保与承兑汇等。此外，上述的通知并不适用于与主权风险相关的固定政府的贷款。对与外国政府相关的主权风险的监管，英格兰银行采用了个案处理的方法。后来，于1984年10月发生的英国约翰逊·马斯银行（Johnson Matthey Bank）倒闭事件在银行界引起了很大的反响，使人们开始对英国的金融监管制度进行反思，反思的结果是对其1979年的银行法进行审议，然后在此基础上通过了1987年的银行法，该法第38条规定了银行对大额风险履行报告义务的标准，其内容具体如下：

对10%的大额风险的报告义务，即对超过资本基础10%的大额风险，商业银行要在事后迅速告知英格兰银行，且其必须填报20个最大的大额风险情况。

对25%的大额风险的报告义务，即任何涉及相当于放款银行资本25%的交易应事先向英格兰银行报告。同时，在对某项交易有特别担保物或由母银行提供保证时，若英格兰银行同意，则可允许该项交易额突破25%的限额。

此外，为了保证被监管的银行所提供的相关大额风险资料的真实性与可靠性，英格兰银行亦要求每一家银行的董事会提供大额风险的管理政策和具有可信性的说明，内容包括：银行所能承受的最大风险总额时限与规模；如何确定总限额内的某一单项限额；大额风险政策、有担保与无担保的大额风险的差别、对内部与集团的大额风险管理政策及由担保者提供信贷担保的程序；检查、管理、控制风险暴露的程序，检查管理的性质及频率；在向英格兰银行履行报告义务时，完成与签署报表的责任与分工。

（二）美国

美国银行法历来对银行向单一借款人放款的数额加以严格的限制。除其各州银行法对非联邦储备制度成员银行的放款分别加以具体规定外，其联邦银行法亦有明文的规定，如在1982年以前，美国的《国民银行法》规定，联储系统的银行对任何自然人、法人、合伙组织的放款总额不得超过该银行自有资本与盈余的10%。其1982年的《甘恩·圣杰曼存款机构法》将该比率改为15%。若有足够价值，且具有适销性的抵押品为担保，该比例还可以放宽到25%；放款包括贷款银行及其在美国开业的子公司的放款总和。

在监管实践中，除了上述总的贷款上限外，对内部不合理的贷款的检查也是监管者在对风险集中进行监管中所关注的重点。内部贷款是指某银行向本行职员发放的贷款。在20世纪30年代的金融危机后，该种集中性的贷款便受到了监管者的严格检查与监督。如《联邦储备法》第22条第g款与第h款便规定：会员银行给予银行董事、主要股东、职员的贷款，必须与外部贷款执行同一标准，并且这些业务所带来的风险不能超出正常的贷款风险。在通常情况下，单笔内部贷款不得超过25 000美元，若其超过50万美元，则必须由银行董事会予以批准。在实际操作中，内部贷款限制是通过报告制度与银行检查加以实施的。因此，在每一季度银行必须将其对行政职员、董事及主要股东的内部贷款加以记载，对超过银行资本5%的内部贷款与股东的数目等也应填制报表一同上报，并在现场检查中接受进一步的审查。

另外，在分析美国对风险集中的监管制度时，也必须注意到其“骆驼评级制度”对风险集中监管的影响。一般而言，某个银行的贷款越集中①，则意味着其风险越大，在对其资产的质量状况进行评级中，其级别也就会越低，这种借助评级制度来对风险集中进行的约束也是美国监管此种风险的一个特点。

（三）欧盟

对大额风险的监管是欧盟金融监管中的重要一环，欧盟认为贷款过于集中于单一客户或互有关联之企业集团，将可能导致不当的风险集中，这将有损于其信用机构的偿付能力及资产的流动性。同时，其认为若各成员国能在相互承认的基础上对信用机构授信的额度达成最低限度的协调，即设定放款限额的共同标准，则一方面将会增加金融体系的安全性，另一方面又会提高投资者的信心。因此，欧盟于 1992 年出台了 92/121/EEC 指令，即《大额风险指令》，该指令一方面要求被监管的信用机构向相关的监管当局提供对大额风险进行评估的资料，另一方面要求各成员国监管机关之间及成员国与第三国监管机关之间在适用该法律制度时能进行适度的协调与合作。② 在具体的监管方法上，欧盟也是采用的比例限额的方法，如上述指令就规定，若对同一客户或一组相关联的客户的同一笔放款超过了银行自有资金的 10%，则应将其视为大额风险。

---

① 实际上，在探讨风险集中时，人们关注的焦点一般落脚在银行对某一当事人的集中性贷款所引发的风险。若要从宏观的角度来分析，这种定论也是不完全正确的，如当贷款集中于某些产业时也可能会产生集中性的风险，比如当某银行主要投资于房地产时（贷款性的投资），在该产业不景气的情况下，银行的资产就会遭受损失。另外，若某银行的服务主要局限于某个区域，则在该区域的经济萧条时，该银行也存在有些资产不能回收的风险。因此，从实践来看，风险集中的表现方式是多种多样的，这种多样化也给法律带来了难题，因为监管者不可能限制银行不向某个地方投资，而且法律在一般的情况下也不会赋予监管者这样的权力，因为这会造成地区与地区之间、行业与行业之间的差异与不公平。欧盟的立法与联合论坛的观点是有代表性的。鉴于金融企业集团主要业务的金融性，所以在此作者主要探讨了贷款集中性的风险控制的法律问题。

② Manus Egan, Justin Rushbrooke, and Nicolas Lockett, EC Financial Services Regulation (London: Chancery Law Pub., 1994), Chapter 6, pp.6-20.

同时，单笔的风险敞口不得超过银行自有资金的25%，所有风险敞口不得超过银行自有资金的800%，这些限额性的规定既适用于单一监管的情形，也适用于并表监管的情形。

此外，为了确保对大额风险监管的可操作性，《大额风险指令》第3条也规定了银行的披露义务。对于这种披露义务，成员国得采取两种不同的方式：一是银行每年将所有大额授信至少申报一次，该年新增之大额授信若超过先前申报的20%，则应告知监管当局；二是至少一年四次报告所有大额风险暴露的情况。①

二、对同一借款人的界定

如何界定同一借款人是防范风险集中的大额授信风险的重要前提，比如就金融企业集团而言，当集团内的银行子公司向集团内的两个或两个以上的借款人进行授信时，若将这两笔贷款以个案进行计算，则可能不会产生风险集中的问题，但是由于集团内所存在的关联，这种核算的方法无疑掩盖了本已存在的放款集中性风险。因此，从监管的有效性来看，有必要对同一借款人从务实的角度进行界定。

英国1987年银行法第38条规定，所谓同一借款人是指在财务方面相互有联系或相互影响的不同实体或自然人。即使两个以上的借款人不属于同一集团公司的成员或不具有母公司与子公司或姐妹公司的关系，只要其中之一借款人的财务情况可能受到其他借款人经营状况或财务情况的影响，该两个借款人便应被视为同一借款人。

我国香港地区1992年的银行条例第81条规定，一家银行向同一借款人的放款不得超过银行资本与储备金总额的25%。该条例所指的同一借款人包括以下几种情况：一是任何一个人，包括自然人与法人；二是同属于一个母公司或同一公司控制之下的两个或两

① 李仁真主编：《欧盟银行法研究》，武汉大学出版社2002年版，第137页。

个以上的公司；三是任何控股公司及其下属的一个或多个附属机构；四是任何控制一个或几个公司的人。依据该规定，所有相关公司或个人均应被视为同一借款人。那么，就金融企业集团而言，若某贷款人向集团内多个子公司借款，则其应被视为向同一借款人的贷款。若向该集团借款，相应地它也应被视为同一借款人的借款。若集团内的银行子公司向集团内的两个以上的其他子公司借款，则它也应被视为同一笔借款而纳入风险集中监管之行列。

美国在对同一借款人的认定上采用了比较务实的做法。如在下列情形下，不同的借款人将被视为同一借款人：借款人偿付贷款的资金来源相同；一个借款人之收入或支出之50％来源于另外一个借款人，且该两借款人处于相同的第三者的管辖之下；不同借款人从同一银行贷款以便取得同一个企业的控制权。同时，在实践中，美国对公司借款采取了更为严格的准则，如即使借款人并非公司借款人的一部分，但若公司能从该借款人的借款中受益，则该笔借款应被视为受益公司的借款。这即意味着一个公司的借款应包括其自身的借款与其子公司的借款。换言之，处于同一母公司控制之下的子公司的借款应被视为母公司的借款。此外，在向外国政府贷款时，美国也规定了同一借款人的认定标准，如其联邦货币审计署就规定，外国政府与政府机构、政府部门等应被视为同一借款人，除非相关的贷款可以满足渠道与目的标准。①（此处的渠道是指借款者有能力以自己的，即不同于政府的财政收入或资金来偿付贷款。目的标准是指借款者取得的贷款必须用于借款人所从事的业务）。

德国《信用业法》第19条规定，对单一贷款与巨额贷款实施限制的借款人指以下两种情形：其一是若某项借款是以自己的名义，但为他人与其他企业利益被计算取得，则该实际借款人与他人及其他企业一同被视为借款人；其二是属于同一康采恩的全体企业，或通过合同约束的全体企业。

① 王贵国著：《国际货币金融法》，北京大学出版社1996年版，第370页。

从以上的分析来看，在对放款的风险集中进行的监管中，对于集团性的借款人的认定是难点与核心。如巴塞尔银行监管委员会在其《有效银行监管的核心原则》文件的原则 9 中便规定，银行监管者应确保银行的管理信息系统能使管理者有能力识别其资产的风险集中程度，对此银行监管者必须制定审慎限额，以限制银行对单一借款人或相关借款人群体的风险暴露。同时，该文件认为，控制授信集中度的一个重要问题就是如何识别单一借款人之间的潜在联系。在界定有关系的企业时，仅仅考虑那些需要并表的企业是不够的，那些拥有共同的所有者、共同的控制者与共同的管理层的企业，也需要引起关注。实际上，在巴塞尔银行监管委员会 1991 年的《大额信用风险的衡量与管理》文件中，委员会建议各国的监管者在认定集团客户时，可以参考欧洲议会于 1986 年 12 月的推荐函中所使用的定义，即一有关联的客户集团是指两个或两个以上的自然人或法人，拥有从同一家信用机构及其任一附属机构获得的贷款，也不论是在联合或分别的基础上获得的，但它们通过下列关系而联系在一起：

1. 其中一人对其他人拥有直接或间接的控制权。

2. 对信用机构而言，它们的累计风险体现的是同一风险，这表现在它们的相互联系是如此密切，以至于当某一方发生损失时，其他各方也会受到影响。这些关联有以下几种表现形式：共同所有权、共同董事、相互交叉担保及在短期内无法替代的在商业方面直接的相互依赖。①

三、大额风险限制的例外原则

对大额风险敞口的限制的目的是分散与化解金融风险，但是若在其并不存在风险时，监管者仍然对该种大额放款进行规制，这显然会造成金融监管法价值中的效益与安全之间的失衡，所以在确立

---

① 这一建议后来被《大额风险指令》采纳。虽然在该指令中使用的措辞不同，但是其对客户集团的界定与以上相类似。

对风险集中的管制及对同一借款人的认定原则时，也必须确立例外性的原则。这也是金融企业集团自身效益的要求。否则，就会产生以下两个结果：一是金融业发展的滞后；二是监管法律成本的增加。因此，世界各国及相关地区都有例外性的规定。虽然这些规定有一定的差异，但是其在以下交易中各国和地区对例外性的规定是相同的：一是对本国政府或地方政府及由其担保的贷款；二是具有特殊性质与法律地位的借款客户的贷款；三是一些具有特定抵押品的债权。下面将对此进行一定的说明。

美国的例外规定包括：若相关银行向其下属的子公司或附属机构贷款，则其不受贷款上限的约束；商业票据贴现所产生的风险集中不受限制；联储的成员银行购买其他银行发行的银行承兑汇票不受上限的限制。

我国香港地区在对银行的放款规定25%的上限时，又规定该上限不适用于银行间、接受存款公司间以及接受存款公司与银行间的贷款、抵押贷款、银行间资金的转移及向香港政府的贷款等。

德国《信用业法》在第19条的基础上又设立了第20条来规定例外性情况，这包括：对联邦、州、区或地方联合会提供的信贷；最迟三个月到期的、对其他信用机构自该机构的现金贷方结余所发生的担保的债权；对注册地点在本法有效范围内的公法法人的信贷；对欧洲经济共同体、对欧洲煤钢联盟及对欧洲原子能联盟与对欧洲投资银行的信贷等。

新加坡银行法第25条规定，对放款限额的规定不适用于：与政府之间的交易；同业间的交易；购买电汇或因电汇所需贷款；任何与新加坡进出口有关并通过信用证、汇票、担保或票据等形式所需要的资金融通；任何经当局批准的其他交易。

四、风险集中监管的难点

风险集中监管已引起了世界各国监管者的关注，而且各国在其国内的相关银行法律制度已对此作出了相应的反应，这包括对授信最高上限的设定、披露与报告的义务、内部的风险管理程序、同一借款人的认定标准及例外性规定等，在适用这些制度时，各国基本上都采用了综合性的原则，即并行与系统适用的方法。

除了国内法的反应之外，一些国际性的团体或组织也对该问题进行了深思，以求达成最低限度的国际标准。如在关于授信限额问题上，巴塞尔银行监管委员会、世界银行及欧盟都建议银行对单一私人部门非银行借款人以及对集团借款人的风险敞口都不能超过银行资本的25%。世界银行同时建议，对无抵押授信的限额应不超过银行资本的15%，同时其认为贷款是否存在抵押也不应成为影响银行设定风险集中限额的主要因素，因为除非该抵押权已经实现，否则其价值也是难以衡量的。巴塞尔银行监管委员会认为，对银行的一些特定的交易对手如中央、公共部门及银行同业等可以不设定限额或给予更高的限额。

此外，在授信敞口的计算上，巴塞尔银行监管委员会与世界银行都建议其计算应包括所有债权与交易，同时也应覆盖表内与表外的各种交易。因此，从国内及整个国际的层面来分析，风险集中的监管已经有了一定的发展。

尽管对风险集中存在以上的监管实践，但是这种监管还是不充分不完整的。不论是从国内法的角度，还是国际金融法的角度来看，对风险集中的监管还是存在一些难以突破的难点。这大体表现在以下两点：

其一是各国对风险集中的监管仍是以大额信用风险为重点，而没有将其他的因素考虑在内。如巴塞尔银行监管委员会在《大额风险的衡量与管理》文件中就提出另外三种看法：一是不论银行与监管者如何严格地对单个债务人实行限额性的控制，总会有银行因几家相当大的债务人由于类似的原因同时倒闭而遭受损失。地区性小银行很难不受地区经济不景气的影响，要防止此类风险，实在困难，但又有必要性。二是风险也可表现为信贷过于集中于某些经济领域或地区，从而使授信银行不能承受某一特别产业或地区经济衰退所带来的打击，这也是监管者所应考虑的问题。三是若银行的贷款比较集中，即使这些贷款中无一笔贷款超过了法定的限额，则该银行所面临的潜在信用风险仍然大于贷款对象多样化的银行，这也属于变异性的风险集中。

其二是在衡量与监管大额授信风险时，在目前的情况下，国际上还远未达到最低限度的协调，如在对下列概念的界定上还有待统一：信用风险的含义、单个借款人与关联借款的定义、放款限额的标准与开始报告的最低水平、过分集中或类集（clustered）贷款所生风险及对单个地区或经济领域投资所生风险等。

五、结论

在金融企业集团的框架下，由于在集团的各法律实体之间都设有金融防火墙，所以从微观方面来说，集团内的各子公司仍然是相对分业经营的。鉴于此，笔者认为金融企业集团下的风险集中的法律监管制度不应与以前对风险集中的处理方法有本质上的不同，其完全可以在相当大的程度上吸收分业体制下风险集中监管的成功做法。然而，通过上文的实证性分析可知，现行的风险集中监管模式还是不尽如人意的。作者认为有效可行的风险集中的监管法律制度应是一个从国内与国际双层面进行规划的动态发展的过程。结合各国国内法的探索及巴塞尔银行监管委员会、世界银行与欧盟等的成功经验，这种有效的监管应涵盖以下内容：信用风险的界定、借款人的认定、授信限额的设定、披露与报告的义务、集中贷款资产的监视、健全的内部管理与检查程序、对各经济领域或地区可能风险的监控及防范法律规避的相关措施等。

第四节　内部控制：集团内部交易与风险集中有效监管的重要保证①

信息不对称是影响金融法律监管有效性的一个主要因素。由于金融企业集团是凭借复杂的控制与被控制关系而形成的集团，所以对监管者而言，这种信息的不对称现象将会更加严重。为了解决这种矛盾，造就一种信息在监管者与被监管者之间流转的畅通流程，许多国家都从法律上对金融机构的内部管理与控制提出了要求，如德国银行监督局颁布了《对经营金融交易的内部控制》，英格兰银行于1997年2月颁布了《银行内控与第39程序》，1997年6月欧洲货币当局也发布了《信用机构内控制度》，我国中国人民银行也于1997年5月颁布了《加强金融机构内部控制的指导原则》，2002年又出台了《股份制商业银行公司治理指引》及《商业银行内部控制指引》等。

从国际的角度来看，欧盟2001年的《对金融企业集团监管指令建议案》中的第6条第2款规定，各成员国或所涉的监管当局应要求被管制实体，在金融企业集团的内部备有合适的风险管理程序与内部控制机制，这包括健全的报告制度及会计程序，以确认、评

---

① 实际上，内控制度不仅是防范与化解内部交易与风险集中监管的有效方法，而且对于其他风险的监管也是极其重要的。因此，本节所论述的内容同样也适用于对金融企业集团其他风险的监管。对于内控制度的效用，巴塞尔银行监管委员会在发布《银行内控制度的框架》文件时，当时的委会员主席威廉·麦克当诺（William J. McDonough）在谈到文件出台的背景时说："巴塞尔委员会关注银行业内部控制问题是因为，从全球银行业来看，内部控制缺陷是发生重大损失的主要来源。若这些机构拥有完善的内部控制机制，本来可以避免发生这些问题。"笔者认为，内控制度与公司的内部治理是两个相同的概念，这两者的目的都在于在公司之间达成一种平衡的约束机制，在董事会与股东会等公司内部结构之间进行合适的权利与义务的分配，从而防止权力滥用及损害公司与相关股东的权益。

估、管理与监管金融企业集团内的关联交易及风险集中所产生的敞口风险。巴塞尔银行监管委员会于1994年7月发布了《衍生产品风险管理准则》，该文件中风险管理程序监督部分便要求衍生产品的经营机构建立有效的内部控制与完整的风险报告过程。1997年该委员会又发布了《有效银行监管核心原则》，在该文件的原则14与原则15对内部控制的构建提出了具体的设想。如原则15认为，内部控制应包括四个主要内容：组织结构（职责的界定、贷款审批的权限分离与决策等）、会计规则（对账、控制单、定期试算等）、双人原则（不同职责的分离、交叉核对、资产双重控制与双人签字等）以及对资产与投资的实际控制。1997年9月其又发布了《利率风险管理原则》，该文件的原则10便规定，银行必须为其利率风险管理程序设立适当的内部控制系统。定期独立地评价内部控制系统的有效性与完整性是该系统的一个基本组成部分，必要时还应修改或加强内部控制。同时，应将此类的评估结果提交给有关的监管当局。其后在1998年9月该委员会又通过了专门性的关于内部控制的《银行内控制度框架》。该文件从内控文化、识别与评价风险、内控措施与责任分离、对内控制度的监测及监管机关对内控制度的评价等几个方面对内控制度的架构提出了建设性的指南。考虑到内控制度的构建是以公司为对象的，而金融企业集团大多又是由多个公司实体所组成的集团，所以在构建对金融企业集团内部交易与风险集中的监管时，基本上可以借鉴或移植上述集内控制度之大成的《银行内控制度框架》文件。以下，作者将以该文件为基础，对金融企业集团的内控制度的架构进行探讨。

一、金融企业集团内控文化的构建

在银行内控文化的建设方面，巴塞尔银行监管委员会提出了分别针对董事会、高级管理人员与公司内控文化的三个原则。①

---

① 参见思远：《银行内控制度基本原则》，载《金融法苑》1998年第9期。

原则 1 规定，董事会具有下列义务：批准、定期检查银行的经营策略与重要步骤；了解银行经营中的风险，明确可以接受的风险程度，确保公司的高级人员采取必要的措施，以识别、衡量、监测与控制这些风险；审核公司的组织机构；确保公司的高级管理人员能对内控制度有效性进行监测；董事会最终有义务建立与维持完善、有效的内控制度。

原则 2 规定，高级管理层有义务实施董事会批准通过的经营策略和方针；制定和完善有关的制度和程序，以识别、衡量和监测银行业务中的风险；建立和完善内部组织结构，明确相互的权力和责任；确保赋予下级的任务能够得到有效的执行；制定适当的内控政策；对内控制度的有效性和是否完善进行监测。

原则 3 规定，董事会和高级管理层有义务促进银行内部职业道德水平的提高，在银行内部建立一种控制文化，向内部各级职员强调和宣传内部控制的重要性。银行的所有职员都应该了解各自在内控制度中的作用，全面投入内控制度的建设。

金融企业内控文化意识的培养与构建是内控制度得以有效发挥其预定价值的有力保障。这一点对金融企业集团来说同样是如此。笔者认为在这种内控制度的设计与意识的培育中监管者应发挥公司内部治理机构的作用，即董事会、监事会与经理部门之间职责的配置与相互的牵制作用。就董事会的构成来说，由于在传统上其成员大多是由集团内不同实体的股东选任或母公司向其子公司指派的，所以其更多地代表了股东的利益，在利益追求的驱使下，这无疑不利于良性的内控制度的确立。因此，有必要引进独立董事① 的做

---

① 独立董事（outside directors，independent directors），也称外部董事，是相对于内部董事（inside directors）而言的。在美国，独立董事是指与公司没有聘用关系或其他显著的经济联系的董事。我国证监会在其《关于在上市公司建立独立董事制度的指导意见（征求意见稿）》中将其界定为“不在公司担任除董事外的其他职务，并与其所受聘的上市公司及其主要股东不存在可能妨碍其进行独立客观判断的董事。”

法，这是由独立董事的特性决定的，由于独立董事与金融企业集团内的各公司的经营管理没有利害关系，其对董事行为的制约就不会出于私利，也不会考虑满足某一种单独的利益要求，而是会兼顾相关利益的需要。此外，独立董事可以保障其他控制机制的效用不会因董事或董事会的恶意行为而受到损害。① 因此，在公司的治理结构中，各职能部门应职责分明，比如公司的董事会应在宏观上把握，并制定内控制度基本方案，这包括内控制度的要求、所要达到的目标及内容等。然后，由经理部门具体执行有关内控制度的决议与政策，如定期对从事内控工作的人员进行培训，制定内控工作人员薪金的标准等。公司的监事会可以履行对内控制度的监督工作，如其可以对董事会内控制度的规划提出改进意见，对违反风险管理程序的行为要求董事会或经理部门进行矫正等。总而言之，金融企业集团诸公司内部的各职能部门应相互配合，以在整个集团范围内形成一种重视内控制度的文化氛围。

二、风险的识别与评价

金融机构自身对金融风险进行识别与评价是节约监管成本、防范风险于未然的有效手段。对于这一点，《有效银行监管核心原则》中的原则 13 就认为，银行监管者确保银行建立全面的风险管理程序，包括董事与高级管理层的适当监督，以识别、计量、监测与控制各项重大的风险，并在适当时为此设立资本金。由于金融企业集团的内部交易与风险集中较以前相类似的风险更加具有内在性与隐秘性，所以集团内部管理层的自我风险识别与评价的效用是非常重要的。

对此，《银行内控制度框架》中的原则 4 作了如下的表述：为了建立一个有效的内部控制制度，必须有效地识别和持续地评价有关风险，特别是对银行经营目标有负面影响的重要风险。同时，也

① 董新凯：《谈对董事会的控制问题——兼谈独立董事制度》，载《法律科学》2002 年第 1 期。

必须对银行所面临的其他风险进行评价，这主要包括信用风险、国家和支付转移风险、市场风险、利率风险、流动性风险、经营风险、法律风险和声誉风险等。内控制度还是一个随时间发展的过程，其必须随时加以修改和完善，对新的或者以前没有控制的风险进行控制。这意味着在集团的管理层对集团内的风险进行识别与评估时，其不仅要在个案的基础上衡量每一具体业务的风险，而且也要从全面的角度衡量整个集团领域所涉及的与金融业务直接或间接相关的风险；其不仅要对可以量化的风险进行识别与评估，而且也要对不能量化的风险作同样的处理；在此过程中，其不仅要识别哪些风险是可以量化可以控制的，还要对不可控制的风险进行识别，并提出相应的法律上或事实上的处理方法。除此之外，集团内部管理层的风险识别与评价程序还应能对金融创新的发展所带来的新风险作出反应。

三、内部控制措施的构建

内部控制措施是内控制度建设中的核心环节。《有效银行监管核心原则》中的原则 14～15 不仅阐明了内部控制的主要目的、主要内容，而且它也提出了相关的措施与要求，如内部审计、守法合规、银行应避免与贩毒及其他犯罪活动相联系及欺诈控制等。1998 年的《银行内控制度框架》中的原则 5～6 对内控制度中的措施与职责分离机制提出了相关建议。该两原则的内容如下：

原则 5：内控措施应该成为银行日常业务中不可分离的一部分。一个有效的内控制度应该首先建立一套适当的内控结构，在银行业务的每一层次都应有明确的内控措施。这些内控措施包括：高层审核、不同部门采取的内控措施；对是否遵守风险头寸进行检查，并在出现违规情况时进行监督与处理；建立审批、授权以及核实制度。

原则 6：为了建立有效的内控制度，必须建立适当的责任分离制度，银行职员不能承担有利益冲突的工作。对于潜在的利益冲突，必须加以识别，并且进行仔细地、独立地监督，从而在最大程度上将风险降低到最低限度。

结合以上两文件对内控制度提出的建议，对金融企业集团内控措施的构建也可以作如下的思考：

其一是确立高层审核机制。这表现在两个层次：一是集团内的母公司对各下属子公司的风险审核机制，其主要是从集团的层面上进行风险的审核；二是集团内各公司内部的风险审核程序，其主要是从微观上进行风险审核的实践。一般来说，审核权主要由集团内各公司的董事会和高级管理层行使，它可以定期地或不定期地要求本公司或下属公司的各机构和人员提供业绩报告或述职报告。在审核和检查中发现的问题，必须要求下级部门或公司采取相应的对策和防范措施。

其二是对业务的控制。这主要指金融企业集团的各公司应以每天、每周和每月为基础对其日常业务采取内控措施。比如，银行子公司信贷部的管理者应对收回的贷款、拖欠的贷款和利息收入等情况每周进行详细的审核，而集团的母公司的经理部门则应每月对下属公司的风险情况进行审核，对其日常业务进行有效的控制。在业务控制中，建立授权与审批制度是非常重要的，这要求集团内的各公司应对其各业务部门的职责进行明确的界定，并实行权责相适的机制。

其三是对投资与资产的实际控制。这主要是对一些现金和证券资产要加强保管，这可以采取以下的措施，如限制接触这些资产的人员数量，采用“双人原则”与定期检查等制度。

其四是确立风险头寸管理制度。在风险管理中，对集团内各金融子公司在经营业务中所暴露的风险敞口设定一个谨慎的限额，并规定相应的罚则。上文所谈到的对贷款集中的管理便有这样的规定。

四、信息流通机制

充分、及时、准确及可靠的信息是内控制度得以有效发挥其功能的重要保证。因此，在金融企业集团的内控框架中，该制度的设计者必须确保重大的信息能够在集团内具有实施内控措施职责的部门与人员之间流动。① 如2000年4月世界银行在其一份研究报告中指出，从监管角度来看，金融集团带来的问题主要有三个：风险传播、透明度、自主权。② 这其中的透明度即指信息的获取问题。借鉴上述关于内控制度建议的文件，金融企业集团的内控制度的设计者在建立信息的流通机制时必须意识到以下几点：一是有效的内控制度同时也应该是一个有效的信息数据系统；二是有效的内控制度要求在金融企业集团内必须存在一个及时、准确、充分及可靠的信息系统；三是有效的内控制度必须以有效的信息沟通渠道为依托。

在内部控制制度构建的实践中，电子技术已得到了采用。如德意志银行为有效控制信贷管理中的失误，尤其是人为因素所造成的失误，将电子化控制作为银行信贷风险管理制度的有机组成部分。形成了从风险识别、风险控制到风险审计、风险挽救的事前、事中、事后的立体性的电子化控制系统。如在风险挽救系统中，通过电脑程序对银行风险挽救小组专家提出的方案进行模型分析，从而确定出最佳的挽救方案。③ 美国的花旗银行也以巨资建立了全面的风险电子化管理系统。并在其中实行了职责分离的原则，如电子管理系统的设计人员、操作人员及相关的管理人员应职责分离。因此，在信息的流通与管理机构中，集团的管理层应广泛地运用电子技术，以建立电子化的风险识别、风险评估、风险监控及风险挽救

---

① 作者认为此种重大信息的流动只能局限于具有内控职责的部门与人员，因为若对信息的流动对象不加以限制，就有可能导致不公平交易现象的出现，如当某集团内证券子公司的有关证券交易的信息能在该公司内的各业务部门或集团内其他公司之间自由流转时，就可能会产生内幕交易而使公司面临侵权之诉。因此，有必要对信息的流动进行限定。

② 凌晓东：《金融控股公司的内部控制》，载《国际金融研究》2001年第4期。

③ Brinkman, Risk-based Capital Standards & the Credit Crunch, Journal of Money, Credit and Banking, Vol. 27 (August 1995).

系统。

五、对内控制度的监管

从本质上来说，内控制度具有浓厚的自律成分，是被监管者的一种自我管理与自我约束。因此，其效用性在很大程度上依赖于被监管实体的自我约束与管理的意识。从常理而言，金融企业集团是一种企业的组织形式，具有自己的利益追求，而这种具有自我约束性的内控机制又在一定程度上制约了金融企业集团发展。因此，在自我发展与利益追求的驱使下，内控制度的执行者并不总是具有理性的，即使内控制度是法律的要求。鉴于此，有必要对内控制度进行适当的监督与管理。这包括两个方面：

其一是集团内部的监督与管理。如上述的《银行内控制度框架》中的原则 10～12 便对此种内在的约束机制有相应的要求。原则 10 规定，银行的管理层应该对内控制度是否有效进行持续的监测。对主要风险进行监测应该成为银行日常业务活动的组成部分，同时，还应由业务部门和内部稽核部门对其进行定期评价。原则 11 规定，内控制度还应该包括完善有效的内部稽核制度，由独立的、经过良好训练的合格职员从事内部稽核工作。内部稽核是内控制度中监测工作的一部分，应该直接向董事会或其稽核委员会报告，向高级管理层报告。原则 12 规定，对于内控制度中的缺陷，无论是业务部门、内部稽核部门或者其他职员发现，都应该及时地向相关的管理层报告，并及时加以处理。内控制度中的重大缺陷应该直接向高级管理层和董事会报告。该三原则对内控制度的监控措施同样也是值得金融企业集团的各层次的管理部门借鉴或移植的。

其二是监管机关的外在约束与限制。在许多国家，内控制度已成为法律的直接要求，这一点我们可以从德国、英国与欧盟等发布的法律文件中得到印证，所以监管者有权、有义务对内控制度的有效性进行监管。这种监管可以采取多种形式，如聘用外部审计机构对集团的主要业务领域进行定期审计，监管者也可以进行现场稽核。《银行内控制度框架》中的原则 13 便确立了监管者对内控制度的监管权，该原则规定，银行的监管机构应该规定，所有银行，不论其规模如何，都应该建立有效的内控制度，该内控机制应与其业务性质、复杂性及表内和表外业务中的潜在风险相适应，并且能够随着银行外部环境和条件的变化而不断完善。若监管机构认为银行的内控制度不完善，或缺乏有效性（例如，没有遵守本报告中规定的所有原则），则应该采取相应的矫正措施。

六、综述

综合巴塞尔文件中相关内控制度的原则与核心内容及美国、德国等国的金融机构在此方面的实践，作者以为完善的内控制度可以浓缩为：科学的现代企业组织制度、明晰的业务风险控制分工及相互制衡关系、独立与权威的内控执行制度、谨慎的审批制度、有效的内部检查与稽核、严格的会计控制与适当的员工管理机制及以电子技术为依托的信息管理系统等。

尽管内控制度在对金融企业集团的风险监管中具有不可替代的作用，但是外部的监管者也必然对其有客观的认识，因为制度本是由人制定的，无论该种制度是如何的缜密，其总是存在这样的或那样的不可克服的漏洞与不足，对于这种缺陷人们既可以对之进行利用，逃避法律的约束，又可以积极主动地对之进行重构与矫正。然而，对于利益相关者而言，规避法律的约束是一种本能的体现，这一点对内控制度更是如此，所以不管是对单个的金融公司而言，还是针对金融企业集团而言，内控制度的真正效用还是依赖于内控制度文化的培育和内控意识的高低及金融机构内从业人员的知识技能水平、品质与职业道德情况等综合因素。虽然内控制度优先化与法律化已成为相关国家在架构其金融监管法律体系中的新思维，但是也必须注意到尽管内控制度已被蒙上了法律的色彩，成为了法律框架下的自律，但是法律只能规定原则性的框架，具体的内容设计与实施还是有待于金融企业内部人士或机构积极地或消极地配合。

实际上，巴塞尔银行监管委员会在 1998 年 9 月发布《银行内控制度框架》之前的调查结果中阐明了一些内控制度失调的问题：

如银行的管理层对银行经营缺乏控制和管理；在整个银行内部，缺少一种“内控文化”；内控制度不能适应金融创新的发展；权力过分集中；银行的各级管理层之间缺乏信息沟通及缺乏有效的稽查制度等。因此，从实然的角度来看，要完全发挥内控制度的效用还是任重而道远的。

第五章　集团协调员监管法律制度与适宜性监管法律制度

第一节　金融企业集团的协调员监管法律制度

一、问题的提出

目前的实践表明对大型的国际性金融企业集团的监管往往涉及多个监管者，其中每一监管者对集团内的一个或多个受管制实体承担监管责任。在这种情况下，所涉监管者之间对集团所面临风险的相互了解是非常重要的，这也是防止出现监管真空的方法之一。这种相互的交流与合作不仅能够应付突发性的金融风险，而且也具有持续性。这便对此种国际性的金融企业集团的监管提出了另外一个监管性的难题，即由谁来承担主要的监管责任，或者说是由谁来协调不同监管者之间的监管实践。同时，该如何确定主导性监管者认定的标准及其主要的职责，这表现在金融企业集团的监管法律制度中即为协调员监管制度①。欧盟 2001 年的《对金融企业集团监管的指令建议案》在其第 7 条第 1 款中便规定，为了保证对金融企业集团内的受管制实体进行合适的补充监管，所涉的监管当局应在他们之间确认协调员，若有必要协调员可以由一个以上的监管者组

① 从国际金融法的角度来看，协调员监管法律制度表现为各国金融监管主体在对金融企业集团监管中的一种合作性的安排，其产生的根本原因即在于跨国性金融公司对传统的监管法律制度的冲击。从国内金融监管法的角度来考察，协调员制度就表现为功能性监管框架。其目的在于对从事合业经营的银行控股公司等组织进行监管的总协调。

成，其职责是监管协商与进行补充性监管。

实际上，从国内法的角度来看，这样的一个问题在分业经营体制下已经出现，而且在一定程度上得到了解决。如银行控股公司的监管问题，就美国而言，在其《金融服务现代化法》生效之前，该种公司可能有多个监管机关，如联邦储备银行、存款保险公司、货币监理署及证券交易委员会等。因此，为了保证对银行控股公司监管的有效性，各金融行业的监管者之间的协调与合作是必不可少的，同时为了保证监管的效率，也有必要确认承担主要监管职责的监管者。对此，美国 1956 年的《银行控股公司法》规定由联储承担对银行控股公司的监管职责。这一规定也在其 1999 年的《金融服务现代化法》中得到再现，如该法在第 111 节（提高对银行控股公司的监管效率）中规定，联储理事会可要求银行控股公司及其所有子公司提交负法律责任的报告，可对每个银行控股公司及其每个子公司行使检查权等。同时，在对金融控股公司的监管中，在有多个监管机构并存的情况下，联储也负有总的监管责任。

协调员制度实际上是由监管主体多元化及银行控股公司等经营组织结构引起的，而且这种制度也弥补了原有监管体制中的不足。在实践中，该监管制度具有以下制度优势：

其一，可以避免对金融企业集团进行审慎性监管中的不充分监管现象，从而提高金融的稳定性。

其二，可以避免重复性监管，从而节约监管成本。

其三，可以简化监管程序。

其四，在金融全球化与自由化趋势下，金融企业集团的各个实体都要受到两个或两个以上监管者的监管。因此，监管者之间的跨境与跨行业的监管合作与协调就是必不可少的，而互相进行信息的沟通与交流是有效监管的前提。在此种情况下，指定或确定金融企业集团中的某个实体的监管者充当协调员将能加快监管信息的流动速度，从而保证信息的可靠性与及时性。

二、协调员监管法律制度的指导性原则

(一) 联合论坛所确定的指导原则

1999年三方联合论坛发布了《协调员原则》(Coordinator Paper) 文件，联合论坛认为在确定金融企业集团是否需要协调员、如何识别协调员、影响协调员识别的因素及协调员职责等方面时，有必要对此确定一些指导性的原则。这些原则具体体现如下：

原则1，监管者应对协调程序作出安排，以保证在情况紧急与非紧急的情况下所涉的监管者都能及时获取相关的信息。为了保证信息的有效性，防止出现信息误导，单独监管者（solo supervisors）应对所需的信息类型进行鉴别，从而使其能对集团内的受管制实体进行充分而有效的监管。

原则2，协调员的任命与确定应当由所涉的金融企业集团的监管者自行决定。协调员的数量并非总是单一的，其应视金融监管的情况来确定。一般而言，单个协调员（single coordinator）比多个协调员（multiple coordinators）会更好些，因为这样更有利于监管的协调，及避免监管者之间相互推卸监管责任。然而，对集团的监管来说，并不排除存在多个协调员来分担协调责任的情况。

在大多数情况下，确认集团监管的协调员是比较明显的，但是在情况并非明朗时，相关的监管部门应有权来决定由集团的各个实体的某个或某些监管者来承担协调员职责。①

原则3，在紧急与非紧急情况下，集团的监管者们应有权达成合意，以确定协调员的职责与功能。

原则4，若可能，协调员与其他监管者之间的信息流动安排及紧急与非紧急情况下协调员的形式安排应预先进行分类。

为了方便协调员的监管活动，集团的监管者之间就下列事项达成合意是非常有益的：提供及接收信息的安排、监管者向协调员所

① 对于这一问题，作者认为，因为金融监管权是国家主权的重要内容之一，所以若要一个主权国家让渡其金融监管权也是非常困难的，即使其同意让渡，其范围也十分有限，所以从国际的角度考虑，各国的监管者应预先对协调员的确认问题达成合意。否则，将会使协调员制度流于形式。

提供信息的性质、协调员向监管者提供信息的性质、提供信息的条件以及依据集团与所涉监管者的法律与组织机构而作的其他监管协调安排等。在法律或集团允许的情况下，根据自受管制实体，非受管制实体、相关监管者或所有的相关当事方所获取的信息，协调员可以采取一定的监管举措，上述的协议应对协调员的此种职责作出具体的规定。同时，在紧急情况下，集团的监管者可以对其预先所达成的协议或安排（arrangement）进行修订，以将紧急情况的特性考虑在内。

原则 5，监管者履行其监管职责的能力不应因为其被确认为协调员及承担了某些职责而受到约束。

单独监管者应受到立法要求及国内责任（national accountabilities）的约束，这可能会影响其监管行动的及时性与性质，限制其在特定情况下对某些突发事件的行为能力。然而，协调员的确认并不会改变这些立法上的要求与责任上的约束，而且也不会使该单独的监管者免除其责任。此外，协调性安排也不会对监管者法定的职责进行限制，如在必要时采取监管行动或在解决金融问题或危机时，与其他当事人进行协商。

原则 6，协调员的确认与其职责的确定应基于以下预期，即协调员的职责能使监管者更好地对金融企业集团内的受管制实体进行监管。这有以下两种情形：其一是协调员的职责将由进行并表监管的监管者来行使；其二是若在对集团内受管制实体进行监管时，就监管效率而言，协调员不能对此有所改善，且若所涉的监管者对其他合作方式进行评估的结果是充分的时，则没必要确认协调员。除此之外，相关的监管者应对协调员的每一监管实践严格地进行定期审查，以确保协调员的协调性监管提高了对集团内的受管制实体的监管。再者，随着金融企业集团结构与业务活动的变化及法律与监管结构的发展，应对协调员存在的必要性及其职责与功能进行重新的评估。

原则 7，协调员的确认与所承担的监管职责不应导致对金融企业集团监管的职责被转移给协调员。协调员的确认与监管者之间关于协调员的职责与功能所达成的协议并不能免除相关监管者依据其国内法所承担的监管责任，对于这一点，各国已达成共识。因此，集团内各实体的监管部门应避免在这一问题上与集团内的受管制实体或非受管制实体进行交流。否则，可能就使集团或金融市场的参与者认为协调员已承担了监管的法律责任，而事实却并非如此。

(二) 小结

从联合论坛倡导的七原则来看，其内核与精神在于协调员监管制度的存在必须能够改善或提高对金融企业集团的监管，这是一个基本的前提。若协调员制度并不能达到该目的，则集团内各实体的监管者之间应对其进行思考，以确认是否有必要在监管者之间达成这样一种安排。这一点，我们从原则 7 中可以得到证明。此外，在确定协调员问题上，监管者之间应采取有效而方便监管的原则，如原则 6 便规定协调员可以由承担并表监管责任的监管者来担任。金融监管从本质上来说就是对信息的监管，所以及时、有效而可靠的信息便成为监管的基础，对于这一点联合论坛在该文件中也有深刻的认识，如原则 1 与原则 4 便对监管者的信息获取权及协调员在这方面的职责作出了规定。

另外，对于如何处理双重身份问题，《协调员文件》在其指导原则中已进行了一定的探讨。在协调员制度下，由于协调员都是由金融企业集团内某个或某些实体的监管者来担任的，所以如何处理协调员与其同为监管者之间的矛盾问题也是各国国内与国际金融监管法的立法者所应思考的。对于这一点，联合论坛是采取了“相互独立”的原则，即协调员的职责与监管者的职责是相分离的。协调员同时也要承担其原有的监管责任。如就美国对金融控股公司的监管而言，美联储承担了总的监管责任，即协调员的职责，同时依据其联邦储备法的规定，联储又要对其成员银行进行监管。

再者，对于在确定协调员后是否就意味着对金融企业集团的监管责任向协调员完全转移了呢？这也是一个易令人产生误解的问题。事实上，协调员制度只是在对原有的监管法律制度进行矫正，其目的不是对原有的监管法律制度进行全盘式的否定或进行置换。

它是巴塞尔银行监管委员会的“任何银行机构都不能逃避监管，且此种监管必须是充分的”监管理念的再现。对于这一问题，我们也可以从欧盟2001年的《对金融企业集团监管的指令建议案》的咨询文件中得到解答，如欧盟在其咨询文件中认为，与联合论坛所开发出的原则保持一致，从原则上来说，协调员的认命与职责的确定既不会导致，也不会意味着监管的职责自单独的监管者向协调员的转移。若协调员并不具备特定的能力或责任，也不应给金融企业集团造成这种印象。后来，该法律文件在第8条第2款又使这一观点具体化，其规定在不会降低欧盟立法所规定的特定监管权力及职责的情况下，具有特定的补充性监管职责的协调员之存在不应影响行业规则所规定的监管当局所承担的监管职责。

三、协调员确定的具体标准

实践中，在指导性原则的指引下，如何确定具体的标准来确认协调员，这既是一个国家的国内金融监管法的立法者所应思考的问题，同时也是跨国金融企业集团的监管者在进行监管性安排时所应达成共识的主要内容之一。结合联合论坛的建议及相关国家与地区的实践，协调员的确定可以采用以下的标准：

在通常情况下，当金融企业集团以受管制的银行、证券与保险公司为主导时，集团母公司的监管者应为协调员。

若金融企业集团以受管制的银行、证券公司或保险公司为主导，但若同时在集团内存在某个受管制实体在其资产负债表、岁入或清偿力要求方面处于支配地位，则该处于支配地位的实体的监管者可以被定为协调员。

在一般情形下，若金融企业集团是由某个接受监管的控股公司所主导的，则由该控股公司的监管机构充当协调员。

若金融企业集团由某控股公司为主导，且该公司也受到监管，但若在集团内也存在某个受管制实体在其资产负债表、岁入或清偿力要求方面处于支配地位，则也可以选择由该处于支配地位的受管制实体的监管机关充当协调员。

若金融企业集团是由未接受监管的控股公司主导的，则可以采用以下准则：若集团内的某个受管制实体在其资产负债表、岁入或清偿力要求方面占支配地位，则其监管机构可以作为协调员。

上述的这些标准基本上都被欧盟采纳，如在其 2001 年《对金融企业集团监管的指令建议案》中便作了这样的规定，所涉各成员国的监管当局，包括在成员国内设立混合型金融持股公司的监管当局，应寻求达成协议，以确定在它们之间由谁行使协调员的职能。①

在缺乏即期协议的情况下，协调员的职责由所确认的合适的监管当局履行。其确认标准如下：

标准 1，若金融企业集团为一受管制的实体所主导，根据相关行业监管规则，协调员的职责将由许可该被管制实体的监管者履行。

标准 2，若金融企业集团非为一受管制的实体所控制，协调员的职责将由依下列标准来确认的监管者履行：

其一是若受管制实体的母公司是混合型的金融持股公司，根据相关行业监管规则，协调员的职责将由许可该实体的监管机关来履行；

其二是若在欧盟范围内设有总机构的多个受管制实体由同一家混合型金融控股公司作为其母公司，且其中的某一实体在混合金融控股公司设立成员国获得许可，则协调员的职责由许可该受管制实体的成员国相关监管当局履行。

然而，若该金融企业集团的主要业务活动是集中于某一不同的金融行业，而非集中于在该成员国获得许可的被管制实体的业务范围，那么将由协调员来实施补充性监管。协调员将由许可该受监管实体的监管者和许可在最重要金融行业内拥有最大资产负债总额的被管制实体的监管者组成。

---

① 具体内容参阅欧盟《对金融企业集团监管的指令建议案》第 7 条第 2 款。

若一个以上在不同金融业内积极活动的被管制实体，被在其境内设立有混合金融控股公司成员国许可，那么协调员的职责将由在最重要金融业务领域内积极活动的被管制实体的监管机关来履行。

若该金融企业集团受多个在不同成员国内设立的混合金融持股公司的控制，且在该上述每一成员国内都有一家被管制的实体，协调员的职责将由具有最大资产负债表总额的被管制实体之监管者来履行，若这些实体是处于同一行业，或根据监管者的授权，在最重要的金融行业内从业。

标准 3，若一个以上在欧盟范围内拥有总机构的被管制实体的母公司为同一混合金融控股公司，且该混合金融持股公司成立地成员国并没有对上述这些实体进行许可，那么协调员的职责应由许可在最主要金融业内具有最大资产负债表总额的受管制实体的监管机关来履行。

标准 4，若金融企业集团是一个无母公司的集团，则协调员的职责应由许可在最主要金融业内具有最大资产负债表总额的受管制实体的监管机关来履行。

若深入地分析一下协调员确认的指导性原则与具体的标准，我们大体上可以得出这样的结论，即协调员的确定是与金融企业集团的组织结构紧密相联的，不管这种标准被划分为多少种，其中的所应考虑的决定因素是“控制的程度”与“控制的效果”。这恰与集团内部母公司与子公司之间的控制与被控制的关系相一致。除此之外，“实力标准”也是选择协调员时所要考虑的因素之一。比如若集团既存在母公司，同时集团内的某个受管制实体在资产、收入等方面具有优势地位，则协调员的选定就具有一定的灵活性，这一点我们从联合论坛与欧盟的实践中可以得到证明。虽然联合论坛与欧盟是从国际的层面来考虑协调员的认定标准的，但是作者仍然认为上述的这些标准与原则仍可以适用于国内金融监管法的协调员制度，比如协调员认定中的控制标准就能适用于银行控股公司等所形成的金融企业集团监管的协调员制度，因为一般而言处于控制地位的母公司很可能存在更多的风险，由对其进行监管的机构充当协调员无疑符合监管效率的最大化原则与监管成本的最低化的原则。

四、协调员的职责

确定协调员的根本目的在于能对金融企业集团的监管提供补充作用。因此，协调员监管职责的界定是协调员制度的核心。从国内法来看，这就要求一国在其立法中对协调员的监管职责进行详细地规定，这种规定包括协调员本身的职责范围、其作为某一金融业的监管者与协调员之间的处理问题以及与其他监管者部门之间的监管权力的配置与划分问题等。不过，与集团的协调员制度有最直接关系的还是协调员的监管职责。

对于协调员的职责，我们可从联合论坛《协调员文件》的附件1《协调可能要素分类表》(Catalogue of Possible Elements of Coordination）进行分析。该附件将协调的要件分成以下三大类，即信息分享（information sharing)、集团范围的评估（group-wide assessment）及监管活动（supervisory activities)。

信息的分享包括以下几个方面：监管者应将具有负面效应的信息送达给协调员；监管者应将所有相关的信息提供交给协调员；在可能出现问题的情况下，协调员可从不同的渠道收集信息，并向相关监管者提供关键性信息；协调员可从不同的渠道收集信息，并向相关监管者提供关键性信息；在某些情况下，如紧急事件，协调员应促进信息的广泛流动。

集团范围的评估包括：协调员应定期对有关集团整体结构、金融状况、主要风险暴露与集团内部交易的信息的可利用性进行评估；协调员应掌握有关集团整体结构、集团大额风险暴露、内部交易及金融状况等关键性信息；协调员应对如大额风险、金融状况及内部交易等重要领域进行评估，并力图解决集团内受管制实体的所有重大问题；协调员应将可能存在的问题告知相关监管者；协调员进行集团整体性评估，并就所观察到的情况与相关监管者进行磋商。

监管活动包括：监管活动安排应向协调员送达；协调员与其他

监管者之间应相互送达监管活动的安排；通过协调员与其他监管者之间的相互探讨来避免重复性监管；在合法与适当的情况下，协调员应参与对某金融机构国外业务的现场检查；在跨国金融企业集团出现严重问题时，进行监管措施的协调；协调对跨国性的多个法律实体的业务活动、全球风险管理或控制功能的评估与检查等。

从上述附件的三大内容，我们对于协调员的监管职责可以从宏观上与微观上进行理解。笔者以为，从宏观上来说，协调员的职责应是一种立体性、全方位性与系统性的责任。它应该体现这样的一种监管理念，即集团内的任何与金融风险相关的实体都不能逃避监管，且这种监管应是充分而有效的。在此，在各国确定对金融企业集团监管的协调的法律制度时，或在对跨境的金融企业集团监管进行协调时，其可以借鉴或援用《有效银行监管核心原则》中的有关建议，比如巴塞尔银行监管委员会认为，在制订有效银行监管的核心原则时，各国应考虑以下要素：

监管的目标是保持金融系统的稳定性与信心，以防范与化解存款人与金融体系的风险；

为确保监管的有效性、权威性与严肃性，监管者必须具备监管上的独立性、现场与非现场收集信息的手段与权力；

监管者必须全面了解银行的业务性质，并尽可能确保银行妥善管理其面对的各类风险；

审查各家银行是否备有充足的资源去吸纳风险，包括足够的资本稳健的管理与良好的控制制度与会计记录；

审查各家银行的风险水平，并依此来分配监管资源是有效银行监管的内容之一；

在银行跨国经营的情况下，与其他监管者的合作是必不可少的。

从这些建议之中，我们也可以抽象出对有效协调员法律制度的宏观上的基本构成要素。这主要包括协调员监管制度的目的、协调员所应具有的正式监管的权力①、持续性的监管手段、对金融企业集团风险的了解及监管性跨国合作等。

从微观方面来考虑，仔细观察附件《协调员可能要素分类表》，我们不难发现协调员的职责主要体现在集团监管者之间的信息分享与合作、集团层面上的评估及监管实践的协调等。在前文中，作者曾提出过这样一种命题，即金融监管从其本质上而言，就是对金融信息的监管。因此，协调员的职责应首先落脚于各监管主体之间的信息分享与合作。这种合作应是“双向性”的，它既包括其他监管对协调员的信息提供，也包括协调员对其他监管者的信息的提供。鉴于信息的价值具有时间性与质量性，所以在这种信息的分享与合作中监管者们不仅要保证信息流动的速度，同时也要确保信息的内在重要性，以免一些不重要的信息延误监管；② 评估是对金融机构进行监管的一种重要手段，就协调员制度的评估而言，评估的出发点应是从整个集团开始，这也意味着，评估的对象应包括集团内的每一成员，评估的范围应包括集团的整体结构、金融状况、主要的风险暴露及集团内部交易等重要领域；协调员的监管活动包括现场与非现场检查，鉴于信息不对称因素的存在，及集团内复杂的组织

① 对于这种正式监管的权力，我们应有个比较明确的理解。对金融业务只局限于国内的金融企业集团而言，由于立法的统一性、国家主权等因素的存在，协调员正式权力的赋予是相对比较容易的，这可以采取重新立法或对以前相关的法律进行修订的方式而达到该种目的。(不过，在金融服务全球化的趋势下，金融业务只限于一国国内的金融企业集团是不多见的，也可以说几乎是不可能的）然而，在确定对跨境的金融企业集团的协调员监管制度时，问题就会复杂得多，这是由金融本身的性质所决定的。即使各国能够在一定程度上达成共识，它也很有可能并不具备造法性国际公约的特点。由巴塞尔银行监管委员会所发布的文件的法律性质引发的激烈讨论便是一个很好的说明。

② 作者认为这可能也是因为联合论坛意识到信息在金融企业集团监管中的举足轻重的作用，所以其在《协调可能要素分类表》中将信息的分享列为第一位。

结构，此种监管应确立“以现场检查监管为主，非现场检查监管为辅”的监管思维。

实际上，以上所探讨的协调员之职责也反映于欧盟 2001 年《对金融企业集团监管的指令建议案》的咨询文件中，其认为金融企业集团的协调员的核心职责表现在以下三个方面：进行资本充足率的评估、收集与传播信息及规划监管活动（planned supervisory activities）。相关的分析如下：

金融企业集团是由受两个或两个以上的受监管实体等所组成的，所以对其监管有必要在跨国境与跨金融行业的基础上进行。信息的交换便是此种合作的内核。协调员应致力于促进信息的分享，以保证信息的及时性与效率性。集团在组织结构上的差异将对监管者与协调员所提供的信息的类型、频率及其利用具有重要的影响。因此，协调员应与其他监管者达成协议，以确定信息的提供与接收、提供信息的条件及信息的性质等。协调员应保证对金融企业集团能进行资本充足率的评估。欧盟认为该项职责在对欧盟信用机构、投资公司与保险企业进行监管的过程中是至关紧要的。

协调员的职责也应涵盖在整个集团的层面上对内部交易与风险集中进行监控。因此，集团的协调员应依据其所收到的信息对集团的所有风险情况进行定期的检查，这包括与内部交易及风险暴露相关的风险管理程序。在集团出现资本不足、有问题内部交易或重大的风险集中时，协调员能承担组织工作，并与负有责任的行业监管者①（sector supervisor）进行协商，以确定该采取何种对策，及由谁来实施。

此外，协调员也应在持续监管的基础上规划监管活动，这包括安排现场检查（on-site-inspection）或在集团的层面上举行听证会等。现场检查是对自集团内的受监管实体处获得的信息进行认证的

① 此处的行业监管者是指依据相关法律的授权而对某特定的金融业承担监管责任的监管者。就我国而言对银行业的监管为银监会，证券业监管者为证监会，保险业的监管者为保监会。

一种有效的方法。此种规划性监管关键性的优势在于其能通过协调员与其他监管者之间的双边讨论避免重复监管现象的出现。

上述咨询文中的建议后来在《对金融企业集团监管的指令建议案》中得到再现，如该法律文件规定，为了补充监管之目的，协调员应履行的职责如下：

对运营中的企业及紧急情况之重要或相关信息的收集与传播进行协调，这包括对监管当局的行业监管职责具有重要性的信息之传播；

对金融情势的评估，及审查与监督被监管者是否遵循关于风险集中、关联交易及资本充足性监管的规则；

评估金融企业集团内的组织结构与内部控制制度；

对运营中的企业及紧急情势监管活动进行规划与协调，并与其他相关的监管机关进行合作。

为了提高补充性监管，协调员、承担对金融企业集团内被管制的实体进行跨行业监管责任的监管当局及其他所涉相关监管当局应该备有协调安排。该协调安排可以将额外的职责限定于协调员。①

五、影响协调员监管法律制度的因素

由于协调员监管制度毕竟是在不同的金融行业的监管中协调，协调的主体毕竟是不同金融行业的监管者，或是跨国境的他国金融监管当局，所以这些因素的存在必定会对协调员监管制度产生一定的冲击与影响。为了从深层次的角度了解该监管制度的内在不足，有必要对影响该监管制度的因素进行分析，这也是金融企业集团有效法律监管的内在要求。这些影响因素主要有：

其一是各个监管者监管目标与手段上的差异。一般说来，不同行业的监管者都在法律的授权范围内，依法定的程序及不同金融业所具有的性质对本行业进行监管，这必然就会产生监管目标与监管

① 参阅欧盟《对金融企业集团监管的指令建议案》第 8 条第 1 款之规定。

方法上的不同。这些差异就会对不同监管机构的信息需求及其他方面的需求产生影响。同时，也会影响到某一特定的金融企业集团是否需要协调员、协调员的选择及协调员的职责等。如集团内的某个不重要的受管制实体受到金融防火墙制度的约束，则其监管者对于关于其他实体的信息需求等可能就会少于其他监管部门。

其二是金融企业集团组织结构上的差异。这种差异会影响不同监管部门的信息需求及其他方面的需求。比如在一个在法律上、业务范围上和管理结构上存在重大差异的集团内，集团内的各实体的监管者可能对相关实体、地域分布及相关控制功能等信息更感兴趣，而传统集团的监管者则可能不会这样，因为其业务活动、管理与控制更多地是依据法律实体的业务界限来进行的。同样，若某集团是由受管制实体主导的，且该实体受并表监管，而另一集团由非受管制实体控制，对它的受管制实体只实行单一监管，这种状况必将影响到对协调员职责与功能的界定。

其三是公权与私权之间平衡性要求的影响。协调员制度意味着监管者权力的扩大、监管成本的增加、对集团内各实体约束性的增强、公权对私权的进一步限制及社会安全网的扩张，这就会产生多方面的影响。一方面这就会使人们认为金融市场是安全的，从而产生逆向选择的道德风险；另一方面，又会使人们对这种政府的干预成本及其所产生的收益进行深思，因为协调制度本身就是对私权空间的压缩，其结果可能会导致金融企业集团营业空间的缩小，从而影响其效益追求。因此，这种权能之间的平衡也必然会对协调员监管法律制度功能的定位产生深远的影响。

其四是现实性问题的约束。协调员职责的实现在很大程度上也受到一些现实问题的限制，比如协调员的选择与职能就会受到监管者自身能力与人力资源的影响。此外，从客观角度来说，能够与协调员保持有效接触的监管部门的数量也是有限的。关于信息共享的范围与性质也需要进行判断。虽然从应然的角度考虑，信息于协调员与其他监管者之间的流动未受到限制，但是在实践中仍然存在一些例外情况影响信息流动的及时性，比如集团的其他监管部门在向协调员提供相关信息时，其还要受到该监管者所在国的银行保密法律制度的约束。因此，协调员制度也必须有弹性的空间。同时，对于上述的监管性问题也必须在达成协调性安排之前达成协议或作出其他相关的法律安排。

六、综述

协调员监管法律制度固然有其制度本身所具有的优势，然而从另一个角度来看任何制度又都有其自身的不足，这可能源于两方面的原因：一是该制度本身所固有之不足；二是制订该法的立法者的主观性思维不能全面反映法所具有的客观性。因此，我们必须从实然的角度进行分析，比如在对跨国性的金融企业集团设计协调员法律制度时，其必将受到一国或多国法律上、经济上、文化上、社会心理上等因素的影响，因为金融毕竟为一国经济的核心。这就导致要在协调员制度的具体安排上达成协议是困难重重的。再者，即使各国能在国际法的层面上达成相关共识，其功能能否真正发挥也是值得怀疑的，因为这种协议也不能摆脱国际法的软法性与其权利与义务的模糊性与抽象性的局限。这就给各国的监管者回避应承担的监管义务留下弹性空间。比如一国在其金融企业集团出现重大金融风险时会与其他国家主动地合作，而在其国内金融稳定时则怠于履行其监管义务。

尽管如此，我们也不能全部抹杀协调员监管法律制度的价值，因为这种制度毕竟代表了一种新的监管理念，体现了自行业监管或机构型监管向跨行业或功能性监管的转变。同时，协调员的职责也给立法者一个启示，即监管者的信息获取权是有效监管的核心，因此，在各国的金融监管法中如何保证监管者在法定的权限内能取得及时、可信的信息便是立法者需要深思的问题。

就金融企业集团监管中的协调员监管法律制度的功能而言，笔者认为欧盟对其定位是非常准确的，即充当补充性监管的职能。这也在一定程度上说明协调员制度同样可以补充分业经营体制下对银行控股公司等组织结构的监管。因此，从广泛的意义上来看，协调员制度并非只是针对跨国性的金融企业集团的，它也可以适用于对国内金融企业集团的监管。美国在《金融服务现代化法》出台前对银行控股公司的监管安排便说明了这一点。

第二节 对集团的适宜性监管法律制度

一、引言

有效的金融监管并非外在监管者的监管单方面所能达到的。银行、证券公司和保险公司的最高层的管理人员的品格与能力，对实现监管目标也是很重要的。而且，从现实的角度来看，被监管的金融机构本身对其管理与发展是否稳健与审慎负有首要的责任。由于信息不对称因素的存在，有效的金融监管就必须有这样一个前提，即被监管机构能采取必要的措施，保证经理人员、董事、持股在一定比例以上的股东或其他对企业运行有重大影响的个人能够满足监管当局所设定的标准，如工作是否称职、品行是否端正、是否具有从业经验、是否有不良记录及是否达到了其他的资格测试要求。

实际上，在对金融机构的市场准入监管中，一国的公司法等法律一般都对公司的高级管理人员的任职资格作出了具体的要求。如我国《公司法》第 57 条规定有下列情形之一的，不得担任公司的董事、监事、经理：无民事行为能力或者限制民事行为能力；因犯有贪污、贿赂、侵占财产、挪用财产或破坏社会经济秩序罪，被判处刑罚，执行期满未逾 5 年，或者因犯罪被剥夺政治权利，执行期满未逾 5 年；担任因经营不善破产清算的公司、企业的董事或者厂长、经理，并对该公司、企业的破产负有个人责任的，自该公司、企业破产清算完结之日起未逾 3 年；担任因违法被吊销营业执照的公司、企业的法定代表人，并负有个人责任的，自该公司、企业被吊销营业执照之日起未逾 3 年；个人所负数额较大的债务到期未清偿。公司违反前款规定选举、委派董事、监事或者聘任经理的，该选举、委派或者聘任无效。我国的《证券法》也规定，在除《公司法》第57条规定的情形之外，因违法行为或者违纪行为被解除职务的证券交易所、证券登记结算机构的负责人或者证券公司的董事、监事、经理，自被解除职务之日起没有满5年的，或因违法行为或者违纪行为被撤销资格的律师、注册会计师或者法定资产评估机构、验证机构的专业人员，自被撤销资格之日起没有满5年的，不得担任证券交易所的负责人。①

此外，从国外公司立法来看，多数国家公司法对公司董事、经理等高级管理人员的消极任职资格作出了规定，如英国公司法规定，有下列情形之一的，不得担任董事：未结案的诉讼破产人；在公司设立与管理中因严重失职曾负有刑事责任者；曾担任过两个公司的董事，这些公司均因经营失败资不抵债等。比利时公司法规定，下列人员不得担任董事：没有清偿其债务的破产人、因犯罪被判处监禁之人、法官、行政长官、公务员、公证人与公司审计人员等。②

在金融监管中，一国之所以要将金融机构高级管理人员纳入其监管范围，其原因虽然是源于金融机构所提供的产品或服务所具有的特殊性质，但是更重要的原因是金融机构内的董事、经理人员及大股东等能对机构的经营产生重大的影响。这一点，我们可以从各国的公司法对董事、经理人员及股东的权利的规定中得到较深刻的了解。如由董事所组成的董事会一般享有下列职权：负责召集股东会，并向股东报告工作；执行股东会的决议；决定公司的经营计划与投资方案；制订公司的利润分配方案和弥补亏损方案；制定公司增加或者减少注册资本的方案；拟订公司合并、分立，变更公司形式及解散的方案，决定公司管理机构的设置等。从这些职权中，我

① 见《中华人民共和国证券法》第101条。

② 孔祥俊：《公司法要论》，人民法院出版社1997年版，第326～327页。

们可以发现董事在公司的经营中拥有很大的权力①，这就可能导致董事权力滥用而违背其所负的诚信义务。一般说来，董事违反诚信义务的情况有三种，即与公司之间的抵触利益交易、与公司的竞争营业行为及篡夺公司机会。② 股东在公司的经营与决策中也起着不可忽视的作用，如在法定模式中，股东是公司的最终所有者，法律规定他们可通过以下四种途径来发挥其作用：选举与撤换董事、批准或不批准公司的经营、批准或不批准公司与其股东间达成的公司章程或细则的修正案、批准或不批准非正常经营过程中的根本性变化。③ 因此，如果大股东持有股份占公司有表决权的股份总数50%以上，他就可以以股权的简单多数在公司的股东大会上做出各种有利于自身的决议，包括控制董事会组成。④（实际上，由于现代的股份公司特别是上市公司的股权比较分散，所以若某一股东持有的股份低于50%，其仍有可能对公司事务行使控制权，如美国《投资公司法》规定，若一公司对另一公司直接或间接持有25%的股权，则可推定其为控制公司）另外，经理人员作为公司经营决策与方针的执行者，其对公司的影响力也是不能忽视的。

就金融企业集团而言，其是由诸多不同类型的公司组成的，既

---

① 权力是将一个人的意志强加于其他人行为之上的能力。具体到法学领域，则指某一人通过为或不为某一既定的行为从而改变既定法律关系的能力。享有权力的人能以自己的行为改变某种既定的法律关系，正因为如此，公司的董事则可以将自己的意志置于公司本身之上，以自己的这种行为去改变与公司有关的法律关系，董事在自己的权限范围内行事，所产生的后果直接归属于公司。因此，若对公司董事的这种权能没有一种监督与约束机制，则可能损害公司、股东与公司债权人的权益。

② 雷兴虎、胡桂霞：《论董事行使职权的事前、事中和事后的制衡机制》，载《政法论坛》2001年第2期。

③ ［美］罗伯特·W·汉密尔顿著，李存捧译：《公司法概要》，中国社会科学院出版社1999年版，第130页。

④ 王保树、杨继：《论股份公司控制股东的义务与责任》，载《法学》2002年第2期。

包括银行、证券公司与保险公司等受管制实体，也包括非金融机构性的未受管制实体，所以集团内部的控制与被控制关系是相当复杂的，对集团内各实体的董事、经理人员及相关股东的适宜性的监管就显得尤为重要。而且，集团内不同监管者的监管权也要受到国内不同监管者之间监管权限的限制，及不同国家主权因素的影响，所以当监管者因为上述的约束既不能对集团内的受管制实体进行监管，也不能对非受管制实体进行监管时，就会导致一国对集团监管的失灵。此外，从另一层次来分析，若监管者对集团内未受管制的实体进行任职资格的监管，也会使人产生错误的印象，即认为监管者对本不应受其监管的机构行使了监管权。再者，适宜性监管在实践中也会存在一些法律障碍，因为大多数国家都有职业保密与个人隐私权保护方面的规定。在国际金融监管合作与协调中，这必然影响监管者对公司董事、经理人员等个人信息获取权的实现。

针对金融企业集团内各实体的董事、经理与持股达到一定比例的股东与集团金融风险之间的内在关联，联合论坛于 1999 年 2 月出台了《适宜性原则文件》(Fit and Proper Principles Paper)（后来这一文件的内容在联合论坛 2001 年的文献汇编中再次得到重申）。该文件将适宜性监管的目标归为两点：一是确保对金融企业集团内各实体进行监管的监管当局能够行使其监管权，以对下列事项进行评估，即该实体的内部管理与运营是否稳健、其主要股东是否会对该实体构成潜在的威胁；二是为了达到第一个目标，希望集团的有关监管机构之间能够建立相互协商机制，在该文件的指导下，以获取相关任职资格方面的个人信息。

二、《有效银行监管核心原则》中相关适宜性监管的规定

实际上，巴塞尔银行监管委员会早就意识到了金融机构高层管理人员等与金融风险及危机之间的辩证关系，其 1997 年的《有效银行监管核心原则》已对适宜性监管提出了一系列的具体要求。这主要体现在该文件中的第 3 节（发照程序和对机构变动的审批）中。该节中的原则 3 规定，发照机关必须有权制定发照标准，并拒

绝一切不符合标准的申请。发照程序至少应包括审查银行组织的所有权结构、董事与高级管理层、经营计划与内部控制以及包括对资本金在内的预计财政状况等；当报批的所有者是外国银行时，首先就应获得其母国监管当局的批准。

在所有权结构中，其又具体地规定，监管人员必须有能力审查银行的所有权结构。这项工作包括审查银行的直接或间接控制者、主要的直接或间接股东，还应包括控制者过去所有的银行、非银行企业、它们在商界的声誉、所有主要股东的财务状况及提供进一步财务支持的能力。若银行是附属于某一家更大的机构，发照与监管当局应确保其所有权形式与组织结构不至构成问题的来源，并避免银行与储户受到大机构内部其他部门的不良影响。此外，对银行主要股东的其他权益与有关实体的财务状况也应进行审查，以免银行被其所有者当成被迫提供资金的工具。

在董事与高级管理人员的资格审查部分，其规定审批过程的重要内容之一是对推举的管理人员的能力、品行与资历进行审查。发照部门应掌握推举的每一位董事与高级管理人员的必要信息，从而审查每一位人员及其人员整体的银行经验、其他业务经验与个人品行及有关专业经验。对管理人员的审查应涉及有关背景的审查，以确定其以前的行为是否会暴露出其在业务能力、判断能力及品行方面存在的问题。在此，关键是银行推举的大部分高层管理人员都应有良好的工作经验。银行机构应将董事与高级管理人员的变动情况通告其监管者，监管者有权对危害存款人利益的人员任命行使否决权。①

虽然上述的规定仅是针对银行机构的，但是其对适宜性监管所作的原则性安排同样也是值得证券公司等其他非银行金融机构的监管者借鉴的。客观地说，对于金融机构的高级管理人员及其大股东的适宜性问题，各国的国内法一般都进行了明确的规定，所以若从国内法的层面来思考，监管者在对金融机构进行适宜性监管时，即使在信息不对称的情况下，可能也不会有太大的障碍，因为监管者还是可以采取其他法定的方式获取相关从业人员的资格资料。然而，若从国际的层面来分析，情况会复杂得多，因为母公司所在国的监管者在获取其海外子公司相关从业人员的资料时会面临诸多法律上的限制，如银行保密法、信息封锁法等。因此，如何进行跨国境及跨行业的合作同样也是适宜性监管中所要解决的一个“瓶颈”。

三、欧盟与适宜性监管

在欧盟的行业监管指令（sectoral directives）中，几乎所有的指令都要求相关的监管者评估已经或试图在另一信用机构、保险机构或投资公司持股的股东的合适性。若大额股东被认为具有不适性，且其持股将有害于对受管制实体的健全与审慎性经营时，监管

---

① 实际上，对金融机构的高级管理人员的资格问题，各国在其公司法、证券法、银行法及保险法等法律中都作了明确的规定，这种规定的主旨笔者认为主要在于两方面的内容：其一是相关监管机关的否决权；其二是机构人事变动的知情权。在此，以我国的商业银行法来作说明。如该法在第27条规定，有下列情形之一的，不得担任商业银行的高级管理人员：因犯有贪污、贿赂、侵占财产、挪用财产罪或者破坏社会经济秩序罪，被判处刑罚，或者因犯罪被剥夺政治权利的；担任因经营不善破产清算的公司、企业的董事或者厂长、经理，并对该公司、企业的破产负有个人责任的；担任因违法被吊销营业执照的公司、企业的法定代表人，并负有个人责任的；个人所负数额较大的债务到期未清偿的。这些都是监管者在事前性监管中否决权的体现。此外，该法第24条对监管机关知情权也作了规定，如商业银行变更持有资本总额或者股份总额10%以上的股东及更换董事长、总经理时等情况。

者可不予许可。在经历了国际商业信贷银行事件（BCCI - affair）后，这种监管权力又被拓宽。若监管者认为受管制实体与其他自然人或法人之间的紧密联系（close links）阻止了监管权力的有效发挥，监管者可以撤销其许可。

在对金融企业集团监管中，这些权力的适用同样具有重要性，然而会面临一些难题，特别是当股东是来自另一个金融行业或第三国时，这种情况将影响监管者的信息获取权及对其作出有效的评估。欧盟银行与投资服务指令对其处理的方法是：若并购者为另一成员国的受管制实体，或其他自然人或法人，监管者之间应进行事前磋商。此外，在持续性的基础上获取关于股东适宜性评估的信息时，监管者之间应相互支持，并具有相互的知情权。实际上，2001年指令建议案再次重申了以前行业监管指令的做法。如建议案第18条第2款规定：在授予某一保险企业许可权之前，应与对信用机构或投资公司承担监管责任的某一成员国的监管当局就有关事项进行咨询。

另外，关于适宜性的所有行业监管指令都规定监管者可以扣发对信用机构、投资公司或保险机构的许可证，除非对受管制实体的业务能有效控制的人具有良好的声誉及丰富的经验。根据上文的分析，联合论坛的《适宜性原则文件》在该问题上则更深入了一步，其建议适宜性要求应同样地适用于金融企业集团内其他非受管制的法律实体，若其能对受管制实体的运营施加重大的（material）或控制性的（controlling）影响。欧盟的有关部门在《对金融企业集团监管的指令建议案》的咨询文中认为，这种做法会产生以下两个问题：

其一是有必要在跨行业与跨国境的基础上，使适宜性监管的适用协调化；

其二是必须在欧盟范围内拓宽适宜性原则的适用范围，从而将能够对金融企业集团中受管制实体施加控制性或实质性影响的任何人包括在内，而无论其是否为该法律实体中合法任命的人。

同时，在该咨询文件中，也有人认为在欧盟范围内不应适用协调性的适宜性要求。这主要是因为各成员国国内法律制度的差异，特别是公司法的不同，而且在监管实践也不能简单地达成一致。相反，对适宜性要求进行弹性的理解可能更加有利，因为这种做法更能满足不同金融行业的性质，及成员国的内在差异性。在缺乏适宜性标准的协调时，监管者就必须在涉及对金融企业集团的受管制实体的董事、经理人员进行评估的所有情况下进行合作。特别是在有要求的情况下，各监管者应相互告知其所知晓的相关情况，及在获取相关信息上尽可能地相互支持。

尽管在咨询文中对适宜性要求的标准设定上存在不同的意见，但是在以下方面，有关各方还是达成了共识，即与联合论坛的《适宜性原则文件》保持一致，适宜性要求应同样地适用于金融企业集团或混合业务集团内的其他实体之经理人员与董事，若其具有相关性，或他们能对集团内的受管制实体施加重大的或控制性的影响。在此，应特别考虑到受管制实体与其他自然人或法人之间的紧密联系。后来2001年指令建议案在考虑到集团内部结构的复杂性及联合论坛的提议后把上述问题也纳入了其调整的范围。如其第18条规定：若某保险机构的业务是由从不同法律实体中所任命的人共同管理的，或若从这些法律实体中所任命的人对保险业的业务具有控制性或实质性影响，那么在评估股东的合适性、声誉及参与管理同一集团内另一实体的董事之经验时，相关监管当局应相互磋商。并应该相互告知关于股东的合适性、声誉及董事等的所有信息。此外，第19条、第23条、第25条等的相关内容对此也作了相似的规定。

四、联合论坛所确定的指导性原则

在巴塞尔银行监管委员会倡导下成立的联合论坛延续了《有效原则监管核心原则》中对董事、经理人员及主要股东的任职资格要求，其在《适宜性原则文件》中提出了以下的多项指导原则：

原则1，若金融企业集团内的其他非受管制实体对受管制实体的运营产生重要影响，或具有一定的控制权，为了保证集团内的受管制实体能够审慎而稳健地运营，则必须对其他非受管制实体的经理人员、董事进行任职资格的审查；

原则 2，持有股份超过一定数额的股东或对金融企业集团内的受管制实体具有重要影响的自然人都必须满足法律所规定的任职标准；

原则 3，在颁发营业许可证时，监管者必须根据工作性质的不同对相关从事人员进行考核，此后，在发生特殊情况时，也必须进行考核；①

原则 4，为了保证适宜性监管的持续性，集团内的各受管制实体应保证在其内部存在持续性的安排，以确保其董事与经理人员等在任职期间内一直都满足适宜性要求；

原则 5，若监管者认为集团内某一受管制实体的董事或经理人员对另一受管制实体的经营有重要影响，则作为评估程序之一，这两实体的监管机构应进行协商；

原则 6，若监管者认为集团内某一非受管制实体的经理人员或董事对集团内的某一受管制实体的经营有重要影响，则作为评估程序之一，该受管制实体的监管部门应寻求与非受管制实体的有关部门进行协商；

原则 7，若相关监管当局认为董事、经理人员与主要股东没有达到适宜性要求，则其应将该事项告知对集团内实体负有监管责任

---

① 对董事、经理人员及主要股东任职资格的考核可根据其对被监管机构的影响力与其在公司内的地位决定。同时，这种任职资格的审查应是动态的，因为在集团内的某个实体内符合任职资格并不意味着上述相关人员也适合在集团内的其他实体任职。反之亦然。此外，在公司内部的结构上，不同国家的立法与法律体系也不相同。在一些国家，实行的是两会制，即董事会与监事会，监事会对执行部门负有主要的甚至是全部的监管责任，以保证经理部门能履行其职责。然而，在另外一些国家，实行的是一会制，董事会拥有更广泛的权力。在这两种情况下，任职资格审查的对象该如何确定呢？依据《适宜性原则文件》的规定，只要上述的相关人员能对集团内实体施加重大的影响或控制，则监管者应将其纳入任职考核与审查的范围。

的机构。

对金融机构高级从业人员等的适宜性要求可以说是联合论坛对一系列的金融机构危机，如巴林事件、大和事件等进行深刻反思的结果。从这七项原则来看，该文件对适宜性要求对象的规定是非常广泛的，其既包括董事、经理人员，也包括对集团内的金融机构的经营可能有害的主要股东。一般而言，监管者是不会轻易将集团内的非受管制实体纳入其监管范围的。然而，原则六则设立了一项例外性原则，即若集团内的非受管制实体的董事、经理等能对集团的运营施加重要影响时，则该实体的董事、经理等也被纳入了金融企业集团的监管之中。实际上，这也使得相关监管者间接地获取了对集团内的非受管制实体的监管权。从金融安全的角度来看，这也可以说是金融企业集团监管中的一个创新。然而，我们也必须对适宜性监管的实际效果有一个客观的认识，在各国金融主权意识日益加强的情况下，以及在各国金融法律制度中的相关规定可能阻滞信息流通的情形下，适宜性监管的作用在实践中可能会大打折扣。

五、综述

虽然联合论坛第一次使适宜性要求形成了书面的文件，其后欧盟又在其《对金融企业集团监管的指令建议案》中使适宜性要求法律化，在相互承认的基础上达成了各成员国之间的最低限度上的协调，但深入地剖析《适宜性原则文件》与欧盟上述法律文件的内容，不难发现其都没有对适宜性要求规定共同的标准，而是将这些标准的设定问题留给了各主权国家去自由裁量或相互协商。正如前文所言，其根本原因在于法律障碍的存在及金融主权因素的影响。就目前来看，作者认为可行的方法是各国之间相互达成双边性的或多边性的协议或安排，以求在与适宜性要求相关的信息互助方面达成法律上或认识上的共识。

充分而有效的监管就是一个持续的过程，所以适宜性监管要求也不仅仅表现于金融机构的市场准入监管中，它也应该体现于运营性监管之中。这意味着，在市场准入阶段符合适宜性要求的某金融机构之董事或经理人员等，若其在运营中丧失了任职资格，则其监管机关仍可以行使适宜性要求的监管权。此外，适宜性要求可以从外在的与内在的监管两个视角进行考虑。就外在的监管而言，其主要借助于法律的规定及监管者监管权的行使。比如，为了防止大股东操纵公司的内部事务，从而损害公司与其他股东等的利益，可以对其表决权从法律上进行限制，立法者可以进行如下思考：一是限制超过已发行股份总数一定比例的股东的表决权，以防止持有较多股份的股东操纵股东会，如我国台湾地区公司法第179条第1款规定，一股东拥有已发行股份总数3%以上者，应以章程限制其股东的表决权。德国股份公司法第134条规定，表决权是按照股票的票面价值行使的。对于一名拥有较多股票的股东，章程可以通过规定最高金额或是分成等级的办法来加以限制。二是若公司发行特别股时，章程可以限制或者剥夺特别股东的表决权。① 三是若股东对于表决事项有自身利害关系②，可能损害公司利益时，不得行使其表决权，即确立有自身利害关系的股东行使表决权回避制度。四是若股东持有本公司自身的股份，则其不得行使表决权。另外，也可以采取对超过法定比例的股份进行折合计算表决权的方法，如对超过的股份四股折算成三股等，在特别的情况下，则可以直接规定表决权行使的上限，如1989年美国宾夕法尼亚州修正其公司法，规定任何股东不论其持股多少，最多只能享有20%的表决权。③

---

① 孔祥俊：《公司法要论》，人民法院出版社1997年版，第314～315页。

② 所谓“有自身利害关系”是指与一般股东的利益无关，而与特定股东有利害关系，如表决的结果会使特定股东取得权利或承担义务，或丧失权利或承担新的义务等。

③ 罗培新：《股东会决议制度——公司法中的程序正义》，载《金融法苑》2001年第8期。

同时，也可以对控股的股东课以诚信义务。① 对控股股东加以诚信义务是西方国家保护从属公司及少数股东的一种重要手段。该种规则在普通法系国家颇为流行，大陆法系国家亦相继采用。其基本原则是从属公司的利益不容侵害，只要股东或董事处于一种可能施加影响的地位，从属性公司或少数股股东就可以援用诚信义务限制控股股东的行为。如美国法院在 Pepper V. Litton 一案中就认为："董事是受托人。支配或控制股东同样是受托人。他们的权力是信托上的权力。他们与公司之间的交易应受到严格的检查与监督。若他们与公司之间的合同或协议受到非议，董事与股东有义务证明，以公司与利害关系人的立场，其固有的公正性。"② 然而，应注意的是，这种诚信义务并不因股东的多数持股而当然地产生，而是产生于股东对公司经营管理的实际控制。大法官 Brandeis 曾经阐明过以下观点："大股东掌握着控制公司的实力，而当大股东行使其控制的权力时，不论其所使用的方法如何，诚信义务即应产生。"③ 这说明，控制股东并非一定是持有多数股份的人，其控制权的产生也可能是经由代理表决权或表决权信托的设计而取得的，控制权也可能是因为企业之间签订有企业合同，从而形成合法的控制关系。

除此之外，法律性的规定也可以使公司的董事、股东及经理人员之间形成制衡的分权关系。如法律可以对股东会的董事罢免权作出规定，即所谓的决议解任。④ 在实践中，此种决议解任又可分为

---

① 从原则上来说，股东对公司不负有诚信的义务，因为股份是一种财产，它是一种由股东为其自己利益而享有与控制的财产，所以在投票表决时，股东只考虑他自己的利益。然而，股东的这种表决权却必须遵守不得对少数股东进行欺诈的原则。如董事侵占公司财产、以有利于控制公司或控制股东的方式增资扩股时。

② Pepper v. Litton 308 U. S 295，306-307 (1939).

③ See Southern Pacific Co. V. Bogert, 250 U. S. 43，487 (1919).

④ 江平主编：《商法案例评析》（下），中国人民公安大学出版社 1997 年版，第 53 页。

有因解任与无因解任，其中有因解任是指董事在其任期内，因其不当行为违背了公司章程的规定或者未尽到诚信、谨慎、勤勉义务，从而使公司利益遭受重大损失，股东会以董事有过错为理由作出解除其职务的决议。无因解任是指不以董事有过错为前提，股东会随时可以解除董事的职务。从目前的立法倾向来看，各国大多规定了无因解任，即若公司章程无相反的规定，股东会可以随时对董事进行解任，然而在董事任期届满之前，若无正当理由而将董事解任，公司应承担赔偿责任。不过，在实践中各国或地区一般都是采取两者兼容的方式。① 决议解任的这种规定便赋予了股东会罢免权的法律依据，如日本《商法》第 254 条第 3 款规定："公司与董事之间的关系，依照有关委任的关系。"我国台湾地区的"公司法"第 192 条第 3 款规定："公司与董事之间的关系，除本法另有规定外，依民法关系于委任之规定。"这种定性就给股东会罢免权的行使提供了法律上的根据，因为从委任关系的特征来看，委任关系是建立在当事人之间相互信任的基础之上的，一旦这种人身信任关系不复存在，委任关系的一方当然可以终止这种委任关系。② 此外，也应从法律上确立以普通决议罢免董事的方式。③ 这是因为董事会与董事已实际享有很大的公司重大事项的决策权与管理权，相比较而言，股东会与监事会的权力显得较弱，法律所赋予的有些职权可能在实践中难以实现。在此种情况下，通过股东会行使罢免权，以形成一种约束机制是非常有必要的。而且，法律也必须对股东会的董

---

① 我国《公司法》也对决议解任作出了相应的规定，不过其采用的是有因解任的做法。这具体体现在该法第 115 条的规定中。这种有因主要包括以下几种情形：董事没有遵守公司章程，未尽诚信与谨慎之义务，挪用公司资产，以公司资产为本公司的股东或其他人之债务提供担保等；违背竞业义务的规定；泄露公司秘密等。

② 王家福主编：《民法债权》，法律出版社 1991 年版，第 723～726 页。

③ 刘素芝：《股东会董事罢免权初探》，载《政法论坛》2001 年第 3 期。

事罢免权的具体行使作出规定，以免使之形同虚设。①

从集团内在的角度来分析，为了保证进行持续性的适宜性监管，集团内的各公司应强化其内部的控制机制，这一点对于确保适宜性要求的有效性也是必不可少的。

法谚云："徒法不足以自行；无救济，则无权利。"因此，有效的金融监管还有赖于金融监管权的实践及司法机关在适时、适当的情况下对不当行为的强行矫正。这就要求金融企业集团的各相关监管者与司法机构必须掌握完善的监管手段、司法救济措施及法定依据，以便在集团内的各实体未能达到适宜性监管要求时能及时地采取纠正措施。如在紧急情况下，监管者应可以吊销相关机构的营业执照或建议吊销其营业执照。另外，在金融全球化趋势下，金融监管已并非局限于一国主权所辖的范围，所以在各国法律制度虽然各异，但是又存在监管法律制度与实践的合作与协调的必要性时，金融监管的合作与协调也是保证适宜性监管有效的关键环节。

---

① 罢免权行使的具体内容应包括提起罢免权的股东资格、提案内容的限制、提案权行使的程序及公司对提案的处理等几个方面。如韩国公司法规定，只有拥有表决权发行股份总数达3%的股东才可以提起罢免权，且其持股期限不得少于6个月。在提案时，股东无须证明或说明提案的必要性或合理性。提案必须在股东大会召开的6周前进行，并应向董事会提交提案的内容。若股东的提案不违反法律、公司章程之规定，则必须将其列入股东大会的议程（［韩］李哲松著，吴日译：《韩国公司法》，中国政法大学出版社2000年版，第360～362页）。

第六章　对集团信息性法律监管的设想

第一节　信息与金融监管法之关联

Samuel Johnson 曾说过这样一句名言：“秘密或者神秘开始的地方，堕落或者欺诈已经离我们不远了。”在信息无法获取的地方，秘密助长了不信任。① 秘密在事实上剥夺了人们做决定的权利。为了使人们就其将如何生存，如何就他们应该为之负起责任甚至代价的行为做出至少自己看上去是明智的或不受欺诈的决定，他们也必须能够获得各种各样与此相关的信息。② 若将这一命题适用于金融监管者，则意味着在监管者缺乏充分、有效、及时、准确与可靠的信息时，它也可能成为被监管者欺诈的对象，这种欺诈所产生的直接后果是可能导致金融监管的失灵，其间接后果是公众因为金融体系可能的崩溃而利益受损。因此，公众与监管者都可能成为信息欺

① J. Crsispo, The Public Right to Know, Accountability in the Secretive Society (1975).

② 齐斌：《证券市场信息披露法律监管》，法律出版社 2000 年版，第 1 页。

诈的直接或间接的牺牲品，所以从有效监管的角度出发，信息监管① 便是监管框架中的核心所在。

一、金融监管法上的信息界定

信息是指有目的地标记在通讯系统上的信号，表示传达的过程与内容。最开始，传达仅仅意味着告知，而被告知者只能是以语言为外壳的人的思想。随着人们对信息认识程度的加深，信息便具有了哲学上的意义，其成为对物质的运动及物质间运动的一种描述。因此，从哲学的角度来看，信息必须以物质为载体，以能量为动力。②

从哲学上的意义来分析，信息具有普遍性、客观性、无限性、传播性、动态性、依附性、可计量性、共享性、异步性、时效性与可伪性等特征。③ 在金融监管法中，信息就具有上述的大多数特征，如客观性、无限性、传播性、动态性、依附性、可计量性、共享性、时效性等。这其中，信息的客观性即指监管者所掌握的或被监管者所披露或提交给监管者的信息必须是现实存在的，而非主观的臆断或凭空的假想；信息的无限性即指被监管者的信息披露义务或告知义务是持续性的，其应当及时地保证监管者对相关信息知情

① 金融监管是以有效的信息为基础的，从这一点来说，信息是有效金融监管的媒介与重要保证。虽然从传统上来看，金融监管是以金融市场的参与者、金融市场、金融交易行为等为对象，以现场或非现场检查、信息的披露等为手段，但是这一切都是以监管者所掌握的信息为出发点的，而且监管者所获取的信息、所具有的信息也直接地决定了监管的有效与否。因此，在对金融企业集团的监管进行思考时，鉴于集团内部复杂的关联，作者提出了信息性监管的概念，以突出监管者的信息知情权的实现在金融监管中的重要地位。

② 吕富强：《信息披露的法律透视》，人民法院出版社 2000 年版，第 1 页。

③ 张守文、周庆山著：《信息法学》，法律出版社 1995 年版，第 3～7 页。

权的实现；信息的共享性是指信息具有公共物品的某些特性，这为监管者对信息监管的必要性提供了理论依据；信息的时效性具有两个方面的特点：其一是指信息本身的价值具有一定的时间性，其二是指被监管者应以最快的速度向公众或监管者提供信息，并保证所披露的信息处于最新状态。

此外，信息还具有不对称性，这种不对称性产生的原因是多种多样的，如它既可以因地区差异而形成，也可以因传播环节的差异而形成，还可因社会身份的不同而形成。从信息经济学的角度来看，信息的不对称性可以从两个方面划分：一是非对称信息发生的时间；二是非对称信息的内容。从非对称信息发生的时间来看，非对称信息既可以发生在当事人签约之前，也可能发生在签约之后，研究事前非对称博弈的模型称为逆向选择模型，研究事后非对称博弈的模型称为道德风险模型。① 客观地说，监管者与被监管者之间、被监管者与其投资者之间及监管者与公众之间的信息不对称因素是导致金融监管无效或失灵的主要原因。因此，从这一命题出发，金融监管法真正的使命即在于消除上述主体之间的信息不对称现象。这就要求通过法律的规定② 及严格的法律实践来保证信息流通环节的畅通、信息传播的速度及确立信息的认证程序等。然而，在金融监管中，又应如何对信息进行界定呢？是否需要将与金融机构有关的信息全部纳入金融监管所需的信息范畴呢？客观地说，要将这一问题具体化也是非常困难的，因为对银行业与证券业的监管要求不同，这反映在信息要求方面更是如此，正如前文所

① 张维迎：《博弈论与信息经济学》，上海人民出版社 1996 年版，第 397～400 页。

② 在金融全球化的形势下，这种法律上的安排必须从两个层次进行思考：一是国内金融法律上的革新，以从信息的源头到信息的流动到信息的最终使用等方面对信息作出具体可行的要求；二是在金融监管的国际协调与合作日益加强及各主权国家在以汇率与利率机制为媒介而日益紧密联系在一起的情况下，国内法在实践中的效果还在很大程度上依赖于他国的援助与合作。这一点，对于金融监管的有效性而言更是如此。

述，对证券业的监管更注重的是信息的披露，而对银行业的监管注重的是借助现场与非现场检查，以保护存款人的权益。尽管如此，作者仍试图从证券法上的信息出发，以期能抽象出金融监管法上的信息的界定。

在证券法中，信息是指必须予以披露的信息。那么又如何确认必须披露的标准呢？现在世界上的大多数国家对证券法上的信息的认定标准可以分为两类：其一是“重要信息”，只有那些具有重要性的信息才是证券法上的信息，如美国便持这种观点，不过美国1933年的《证券法》与1934年的《证券交易法》未对“重要信息”进行界定。该术语的定义主要依赖法院在具体案例中的解释及SEC对此的说明，如在TSC Industries vs. Norway（1976年）案中，美国最高法院就认为：“若一个理性投资者很可能在决定如何投票的时候认为该事项是重要的，则该遗漏的事实便具有重要性。”① SEC在1937年的管制规则C（Regulation C）中将重要信息定义为普通的谨慎的投资者在购买注册证券之前必须被合理地告知的信息②；其二是“价格敏感性信息”，③ 如德国《证券交易法》第15条第1款规定，发行人有及时披露股价敏感信息的义务，其中股价敏感信息是指关于公司业务领域的未公开的新信息，由于其对公司的资产负债、金融状况或一般业务的经营以及在发行债券的情况下可能对其履行债务的能力产生影响，而必须予以公开的信息。此外，欧盟的相关指令对此亦有相关的表述，如其内幕交易指令第1条将内幕信息界定为“关于一个或几个可转让证券的发行人

① TSC. Indus. v. Norway, 426. U. S. 438, 96. S. Ct. 2126 (1976).

② SEC. ACT. Release. No. 6333 (Aug. 6. 1961).

③ 我国证券法大体上采用了此种认定标准，因为我国《股票发行与交易管理暂行条例》、中国证监会的《公开发行股票信息披露实施细则（试行）》及《证券法》便有相类似的规定，其将应予以披露的信息表述为“可能对上市公司股票交易价格产生较大影响而投资者尚未得知的重大事件”。（具体见《证券法》第62条、《股票发行与交易管理暂行条例》第60条、《公开发行股票信息披露实施细则（试行）》第17条）

或一种或几种可转让证券的具有准确性的信息，若该信息被披露，则可能会对该可转让证券的价格产生重大影响”。

虽然必须予以披露的信息可以从以上两种类别进行理解，且证券法上的信息认定的标准似乎也比较客观，但是实际上，这两种标准都具有模糊性与不确定性，其并没有完全解决信息认定的标准问题。如就美国所主张的重要信息而言，其主要依赖于法院在具体案件中的解释，具有法官立法的特点，所以这也是一个动态的发展过程。另外，SEC 作为法定的监管者，其意见也具有重要的影响。实际上，确立标准如此困难的原因在于：每个发行人都有义务根据自身的情况决定一个信息是否重要。这并不意味着重要性概念或标准的多样化，也不意味着重大性标准确立的不现实性，而是意味着每个发行人都面临一个统一标准在个案适用与演绎的过程。而且，信息重要性也因为发行人的规模、利润、资产与资本化、商业运营性质与其他因素的不同而得出不同的判断。① 再者，就价格敏感信息来说，该定义从表面上看较为客观，信息是否重要不以投资者的主观判断为准，而是以客观的证券市场价格的变动作为参考依据。② 然而，这种界定也有不足之处，如究竟由谁来确定信息是否具有价格敏感性，是证券发行人还是其监管者？此外，该标准具有事后性，因为信息是否能影响证券市场价格的波动只有在该信息被披露后才知晓，所以在决定某信息是否披露之前，这也还是一个主观判断的问题。尽管这两类标准都具有一定的主观性，但是笔者认为这也是一种务实性的做法，因为主观性即意味着灵活性，监管者在监管中便具有弹性的空间。从上述探讨及各国在此方面的立法体制来看，对于金融监管法上的信息我们可以得出以下结论：

其一是金融监管法上的信息是指对金融机构的稳健运营或对金

① 齐斌：《证券市场信息披露法律监管》，法律出版社 2000 年版，第 156 页。

② 吕富强：《信息披露的法律透视》，人民法院出版社 2000 年版，第 3 页。

融监管机构的监管决策具有重要性的信息。这就说明在金融监管法中，信息是具有特定含义的，并非所有的信息都属于金融监管法中的信息范畴，但若某信息影响到金融机构的安全，或会对监管机构的监管行动产生影响时，则其属于金融监管法上的信息范畴。实际上，在重要性的认定标准上，我们也可以借鉴巴塞尔银行监管委员会在 2001 年 1 月新资本协议案中的观点，委员会认为重要性是指遗漏或误报可能会改变或影响信息使用者的评估或判断。其认为一个“理性投资者”对信息是否重要的看法在特定情况下也可以作为判定重要性的依据。同时，巴塞尔银行监管委员会并不想设定一个限值来决定信息披露的重要性，因为这样容易导致操纵市场，而且也很难决定，因此它相信“理性投资者”的检验是确保信息披露充分而有用的标尺。

其二是在立法上，对金融监管法上的信息不应进行硬性的规定，而应从务实的角度出发，给信息的认定标准留出足够的空间。因此，在立法技巧上应采取概括式与列举式相结合的方法，如在银行法与证券法等法律中对必须公开的信息进行概括式的规定，以尽可能全面地将可能会影响金融监管的信息包括在其中。同时，在此基础上，将必须披露的信息进行列举。

其三是在信息重要性的认定主体上应包括监管机构与被监管的金融机构。这就要求在立法时，应赋予监管者此种正式的权力。同时，法律也应对被监管的金融机构的信息重要性的认定权在一定程度上予以确认，因为这样被监管的金融机构就具有一定的自主权，从而便于其将相关信息向相应的监管者进行披露。

二、信息与金融监管法的关联分析

在经济学中，人的经济行为被假定为是“理性”的，或是“合乎理性”的。“合乎理性”是西方经济学分析中最基本的出发点。①

① 张玉明：《信息非均衡与银行不良资产——中日两国的比较与分析》，上海三联书店 2001 年版，第 3 页。

在完全竞争的市场模型中个体理性实际上包括以下两个假设：一是决策者在行动中以自己的利益为目的，决策者追求以最小的代价获取最大的利益；二是决策者具有最优决策所需要的完全信息。假设一实际上是确立了决策者的决策原则，也可将之称为“理性原则”，它有两方面的内容，即利己原则与效率原则。假设二的完全信息假设，假定了决策者具有做出最优决策的全部信息，这一假设显然是不符合现实情况的，① 因为这一前提并不会自然形成，在决策主体进行决策时，其都会面临信息失灵的问题。这种信息失灵既可以表现为信息不完全，又有可能是信息供应不充分，也有可能是人为地故意隐瞒事实、掩盖事实或是提供虚假的信息。因此，在金融监管中就必须将相关信息也纳入监管的范围。

实际上，就单从信息与法律的关系来看，不仅私权主体的信息失灵需要法律来克服，② 公权机关在制定、实施法律之时所面临的信息失灵问题也需要由良好的法律加以克服。一方面，法律对私权主体信息失灵的解决主要侧重于法律对信息的影响，这类法律规则的主要作用在于使私权主体的决策信息具有充分性、准确性及信息分布的均匀性。而在另一方面，法律对其自身的信息失灵的调整则以信息对法律的影响为侧重点，因为信息也是随着社会的发展而发展，从而在此基础上形成了新的社会关系，这种以新的信息为基础而形成的社会关系就必然对以前的法律制度产生冲击。因此，立法者就必须对目前的法律规则进行修正或重新立法。这种理论反映在金融监管法上也同样如此，这可以从宏观上与微观上进行理解。

在宏观上，信息不对称现象极大地妨碍了金融监管的有效性，同时也在很大程度上阻滞了社会资源的最佳配置。如信息具有公共产品的性质，保密性较差，所以就可能导致许多搭便车者没有付费而使用信息，这样那些曾付出高成本进行信息研究的人由于低补偿

---

① 黄淳、何伟：《信息经济学》，经济科学出版社 1998 年版，第 31 页。

② 应飞虎：《从信息视角看经济法的基本功能》，载《现代法学》2001 年第 6 期。

或无补偿就会丧失从事信息研究的积极性，从而致使市场上信息供应不足。市场交易主体在信息供应不足的情况下，很难作出使资源配置最优化的决策。① 对监管者而言，若被监管者不提供信息、提供虚假性的信息或提供的信息不足，则会导致监管失灵。因此，金融监管法对信息的要求是必须的。

在微观上，在金融监管法对私权主体信息失灵进行回应时，其首先要求被监管者都应及时地提供信息，并保证信息的准确性、真实性、充分性与完整性等。然后，在此基础上采取措施保证相关信息地域分布上的均衡性及公开时间上的一致性，从而达到公众对被监管的金融机构进行间接监督的效果。就信息对金融监管法的影响而言，作者认为这也是个互动的过程，即虽然一方面金融监管法能将信息归入法律调整的范围，从而造就一种信息的获取、发布与保密等的秩序，但是在另一方面信息的发展也能对法律的创新产生效应，如在金融全球化、金融信息国际化的趋势下，如何进行国际间的信息分享与合作问题便对各国相关信息的法律制度产生了挑战，如对各国银行保密法的影响等。

三、评述

法律本身就是一个信息系统。法律的形成过程就是一个信息的收集、分析、归类与处理的流程。在这个流程中，各种信息经由特定的机制汇总，并由特定的组织处理后而形成法律。若进行这样的分析，所输入的信息的质与量则影响着法律的质与量。若将这种理论适用于金融监管法，则要求监管者在监管中必须以监管所需的信息为重点，要求其在监管中不仅应关注信息的量，同时更要注重信息的质，因为金融监管法上的信息直接地决定着金融监管法所倡导的秩序、安全、效益等宏观价值取向的实现，同时也在微观上直接影响着监管者监管的有效性与可行性。因此，在一定层面上，可以

---

① Kerry Copper, Donald R. Fraser, Banking Deregulation & the New Competition in Financial Services, Ballingen Publishing Company, p.37 (1987).

说有效信息的获取是一切金融监管有效性的出发点与中心。

第二节 欧盟对集团的信息收集法律监管

一、问题的提出

跨国银行监管中监管当局间的信息分享是跨国银行监管国际合作的基础，要促进信息分享就必然消除阻碍信息分享的认识上的障碍和制度上的障碍。① 在2001年《对金融企业集团监管的指令建议案》的咨询文中，欧盟就认为信息分享是实现有效监管的前提条件，在金融企业集团内部若缺乏信息从各实体向监管者流通的合适机制，及在监管者之间缺乏信息分享机制，那么任何形式的监管工具都将是无效的。因此，就金融企业集团的监管而言，必须强化信息的获取与分享机制。

实际上，在欧盟成员国的监管之间已有一套综合性的信息分享机制，但是其主要是针对单个的受管制实体与同质性的集团的。而且，异质性的金融企业集团对监管者提出了一些新问题，如业务活动的跨行业性与跨国性及集团的法律结构的复杂性。

单个监管者自集团内的受管制实体与非受管制实体的获取信息的能力对于集团的审慎性监管是非常关键的。尽管监管者应该能够获取对金融企业集团详细了解的信息，但是信息的收集不应导致信息不必要的积累（unnecessary accumulation of information）、监管的重复或无关联性信息的传递，因为这一切都会导致监管的低效率及守法成本（compliance costs）的增加。为了解决这一矛盾，必须充分发挥协调员的作用。在以下几种情况下，监管者需要知悉金融企业集团与混合业务集团的特定性信息：一是在金融企业集团设立时；二是当某新实体成为集团一部分时；三是集团内部结构发生改

① 郭洪俊：《跨国银行监管中监管当局间的信息分享评析》，载《法学评论》2000年第1期。

变时；四是持续性监管需要时。此外，欧盟认为新的立法不应对以前的法律安排作出重大的改变，而只能弥补既存欧盟指令中的信息流通程序（information routing process），因为欧盟认为金融企业集团所提出的监管问题与银行集团、投资公司集团及保险集团等并无本质上的差异，它们只涉及自受管制实体与非受管制实体的信息获取权与信息的可利用性。在金融企业集团化趋势下，主要的差别在于应从跨行业的角度来解决新金融形势下的信息分享与合作框架。

为了对信息的获取方面的不一致性进行认证，基于对既存指令的分析，该文件建议进行以下两项改进：

其一是清除任何阻碍集团内实体之间信息交流的法律障碍。

其二是为了对银行与投资公司进行并表监管，有必要拓宽被监管者的信息提供义务的范围，其目的在于消除与银行、投资公司、保险公司相关指令之间的不一致性。这种信息提供义务也必须包括对受管制体持股但不能施加主导性影响的实体，不过该实体并不能从事金融业务。

二、信息交流障碍的清除

鉴于以上情况，2001 年《对金融企业集团监管的指令建议案》已消除了信息交流中认识上的障碍和法律上的障碍。

（一）法律障碍的清除

就法律障碍而言，建议案规定了信息的获取权。其规定：各成员国应保证在其辖区内不得存在法律障碍，以阻止包括在补充监管范围内的自然人与法人相互之间交换对补充监管具有重要性的信息，此外，各成员国应规定其承担补充监管责任的监管机关，通过直接或间接的和金融企业集团内的各实体的联系方式，可以获取对补充性监管具有重要性的信息。①

① 见欧盟 2001 年《对金融企业集团监管的指令建议案》第 11 条第 1～2 款的规定。

（二）认识障碍的清除

为了避免因有关监管当局对信息重要性认识的不一致而影响信息交流的范围，2001 年指令建议案采用了列举的方式对信息交流与合作的范围进行了界定，这主要表现在以下几个方面：

1. 集团结构的认证、金融企业集团的所有主要实体的认证及集团内被管制实体的监管机关的认证；

2. 金融企业集团的战略政策，包括重要的并购与重组；

3. 金融企业集团的金融情势，特别是关于资本充足率、关联交易、风险集中与盈利性的情势；

4. 金融企业集团的大股东及管理情况；

5. 金融企业集团层面上的组织、风险管理及内部控制制度；

6. 从金融企业集团的各实体收集信息的程序，及对信息的证明；

7. 大额交易及根据指令建议案的规定或行业监管规则监管当局所采取的例外性措施。

为了保证以上列举的信息交流与合作能落到实处，指令建议案又作了进一步的补充性规定：监管当局为了履行其各自的对金融企业集团内受管制实体的监管责任，亦可以根据行业监管规则的规定与中央银行、具有相似功能的其他机关及其他合适的承担管理支付系统的机构进行信息交流。而且，各成员国应允许在其各监管当局之间及各监管当局与其他监管者之间进行信息的交流。此外，在作出决定之前，所涉的监管当局应就以下事项进行磋商，若这些决定对其他承担监管任务的机构具有重要性：一是需要监管机关批准或许可的金融企业集团内受管制实体的股东、组织或管理结构的变化；二是大额交易与监管当局所采取的例外性措施。在例外情况下，监管机关可以决定不交换特定的信息或不对其进行磋商，若该信息交流被认为是不适当的。

（三）信息的认证

为了确保被监管的金融企业集团内的受管制实体及其他监管者所提供的信息具有重要性，从而防止误导监管，2001 年指令建议案还特别规定了对信息的认证程序。该程序规定了要求认证的条件及履行认证的主体。

1. 要求认证的条件

若在特定的情况下，监管当局希望认证涉及某一实体的信息，而无论该实体是否受管制，但若该实体为金融企业集团的一部分且其位于另一成员国内，那么监管当局可以要求另一成员国的相关监管机关履行认证的职能。

2. 履行认证的主体

收到此种要求的监管当局，应在其能力范围内依法行事，其可以亲自履行认证的职能，也可以让审计人员或专家来进行认证或允许作出该种请求的人亲自进行认证。此外，若作出该种请求的监管机关不能亲自认证，则其可以要求参与认证。

三、评价

正确、及时、充分与有效的信息无疑是有效监管的前提和基础。因此，消除在信息交流上的认识障碍和法律上的障碍便是实现以信息为基础的有效监管的关键。就欧盟对金融企业集团的信息监管设计而言，其是比较成功的。其一方面保证了信息在不同成员国监管之间及同一成员国监管者之间信息交流的可能性，即消除法律上的约束；另一方面其又注意到了信息提供者及其监管者与要求提供信息方之间权利与义务的平衡，从而打通了信息提供的通道。如2001年指令建议案第9条第3款规定：根据补充监管框架所收到的信息，特别是监管当局之间及监管当局与其他当局之间的交流所取得的信息应该受行业监管规则规定的职业性保密与保密性信息交流的约束。再者，为了保证所获取的信息对于金融企业集团的监管具有有效性，指令建议案又专门规定了认证程序，以达成认识意义上的统一，同时这也在一定程度上防止了信息可能存在的欺诈性或虚假性。尽管在集团监管指令建议案中专门地对信息的交流合作作出了规定，然而它仍然是以行业监管指令为基础的，两种信息交流合作并无实质差异。这正如欧盟委员会在该法律文件出台前的咨询文中所言：在金融企业集团的情况下，其主要的差异是跨行业性的存在。这也就说明在确立对金融企业集团的信息监管框架时，立法者完全可以延续以前法律中有关信息监管的规定。实质上，欧盟的这种观点也在一定层面上对金融企业集团下新的相关信息监管的法律功能进行了定位，即主要是弥补以前法律在这方面的不足。在金融企业集团的监管中，有必要确立协调监管制度，因为协调员可以通过其在信息分享与合作等方面功能的发挥，避免监管的重复和监管成本与守法成本的递增。因此，指令建议案第 9 条第 2 款规定，协调员可以向母公司所在地的成员国监管机构提出请求，要求其提供对履行本指令第 8 条所规定的与协调员职责相关的信息。

第三节　巴塞尔银行监管委员会与信息性监管

笔者认为，巴塞尔银行监管委员会确立的监管体系本身就是一个信息型的监管体系。在其整个体系的构建中，巴塞尔银行监管委员会发布的所有文件几乎都蕴含有有效、及时、可靠、准确的信息是有效的金融监管体系的内核的精神。在委员会创立之初，其便开始关注信息的交流问题，如在 1983 年 3 月的《对银行国外机构的审批程序》中，就从境内审批程序与境外审批程序两个方面强调了信息交流的必要性。在同年的《对银行国外机构的监管原则》中，这一点也同样得到体现。我们从该文件对并表监管的界定与要求中可以得出这一个结论，因为母国要实施有效并表监管，在相当程度上得掌握银行或银行集团在全球的经营活动与财务状况的大量信息。① 随着巴塞尔银行监管体系的日益完善，巴塞尔银行监管委员会也开始专门针对信息的交流与合作问题出台一系列的文件，从而形成了一个信息监管的框架。

① See J. Virgil Mattingly, Sharing of Information Between Supervisory Authorities, in Robert C. Effros, Current Legal Issues Affecting Central Banks, Vol. 5, International Monetary Fund, April 1998, p. 297.

一、《巴塞尔补充协定》① 所确立的信息监管机制

(一)《巴塞尔补充协定》出台的原因

随着银行业务的跨境经营，母国与东道国之间的合作是必不可少的。可以说，这两者合作的程度与力度也直接或间接地决定了对跨国银行监管的有效性。从实然的角度来分析，东道国与母国监管者合作首先产生于某银行申请设立国外机构之时。审批程序便为东道国与母国监管当局之间的合作提供了一个良好的机会。特别是，这种审批程序可作为一种手段，为建立一种由境外机构向母行进行定期披露的制度奠定了基础。② 然而，在审批过程中，会出现下列问题：如东道国监管者与母国监管者之间应如何协商，如何确保有关市场准入监管所需的信息及如何对申请者所提交的信息进行采信等，这些都直接地与对跨国银行监管的有效性相关，而这其中一个关键的问题是监管所需的信息获取。这是文件出台的原因之一。

在运营监管中，母国监管者的要求是确保确立一个例行程序，以保证信息能定期地自海外的机构流向母行，然后从母行以并表的方式流向母国监管当局的一个可靠的信息披露系统，以使境外机构

---

① 《巴塞尔补充协定》即巴塞尔银行监管委员会于 1990 年 4 月发布的《银行监管当局之间的信息交流》文件。

② 巴塞尔银行监管委员会认为这种审批程序也是《巴塞尔协定》的基石之一，原因在于它是防止建立从事可疑业务的银行的一种手段。同时，它也认为尽管在银行等金融机构的市场准入监管中东道国会例行公事地审查申请者的稳健性与管理能力以符合监管者的要求，但是在某些国家，一些经营业绩欠佳或缺乏国际经验的银行在海外设立机构还是显得比较容易。尽管如此，母国监管者所出具的意见还是很有帮助的。金融监管从其流程来看可以划分为市场准入监管、市场运营监管与市场退出监管，可以说这是一个环环相扣的过程。因为市场准入监管开始的时间最早，是金融监管的第一道防线，所以若从这一点来考察，其便是金融监管的重点，而在这之中，审批程序又是市场准入监管最直接的表现方式。鉴于此，作者认为巴塞尔银行监管委员会的此种看法无疑是正确的。

向其总行或母行报告相关信息，同时需要该系统顺利运行以便进行核查。在信息的获取途径上，母国监管当局一般是通过母行收集海外机构的信息。然而，当母国监管当局是以并表报告为基础，且缺乏现场检查时，其可能无法发现海外机构的重大问题，尽管这些问题可能对于整个银行而言并不重要，但是若任其发展，则可能导致重大损失。相比之下，东道国监管当局更容易发现这些问题，但是其往往很难判断哪些信息对于母国监管当局是重要的。若这些问题关系到管理能力或该银行在市场上的声誉，则重要性标准会相对较低，因为这种做法可能会隐藏更实质性的问题。在内部控制制度失灵时，比如对母行的披露有错误，重要性标准也会相当低。对于一般的统计数据来说，重要性标准会高些，所以母国监管机构试图全面洞察境外机构的任何重大问题。这是文件出台的原因之二。

对东道国而言，为了审慎监管其主权所辖范围内的金融机构，其监管机构有时可能向母国当局请求提供有关银行的信息。母国监管机构会提供一些真实的信息，如该机构在银行集团中的地位及内部控制的构建情况等。除此之外，东道国有时还希望母国监管者将可能影响母行的重大事件通知它们，如即将发生的所有权的变更等。在一般的情况下，母国监管者不愿将具有高度市场敏感性的信息向公众公开，但有时东道国监管者可能会掌握有关股东的信息，若其将此类的信息公开，则可能会损害公众对该银行的信心。因此，母国与东道国之间在信息方面的合作与协调也是一个极其重要的问题。这是文件产生的原因之三。

由于各国法律制度、社会文化及历史传统等因素的影响，信息的交流与合作机制不可能是畅通无阻的。对于信息重要性认识标准的不同，及法律上的限制极大地阻滞了这种机构的运作。一般说来，统计信息自外国分行传递到总行，然后再进一步传递到母国监管当局不会存在障碍，但是某些东道国的法律有时不允许将具体的客户信息从外国的附属机构传递到母行。同样地，母国的一些法律限制也使得东道国监管者的信息获取权不能实现。因此，信息流通法律障碍上的消除也是不可缺少的一个方面。这是原因之四。

稳健的国际审计标准可以为监管者提供进一步的有效监管的保证。就目前而言，并非所有的外国机构都接受外部审计，而且即使有审计，其质量也是值得怀疑的。然而，当某外国机构在事实上处于母国监管者检查系统之外，且也不属于东道国正式的检查系统时，外部审计可能是对一家银行惟一的独立检查。巴塞尔银行监管委员会所代表的各国监管当局非常重视全面而可靠的外部审计标准。这是原因之五。

(二)《巴塞尔协定》的主要内容

基于上述五个方面的原因，巴塞尔银行监管委员会对于银行监管当局之间的信息流动提出了以下几方面的建议：

在审批方面，巴塞尔银行监管委员会从四个方面对该阶段的信息分享提出了指导性的建议：一是东道国当局在许可之前，应进行例行检查，以确认母国对此不持有异议；二是若东道国监管者无法自母国监管者处获取正面的答复时，应考虑不予许可，或加大监管力度，或对审批附加条件；三是东道国监管者在许可以下实体的申请时，应特别注意以下事项，即不受母国审慎监管的外国机构与母国监管责任不明确的合资机构，在上述情况下，任何审批必须以东道国监管者具有行使母国监管权力为前提；四是若母国监管当局对某银行的海外机构的设立规定了附加条件时，应将这些条件告知东道国监管当局。

母国监管者的信息获取权主要体现在以下几方面：东道国及母国监管机构应确保银行的内部控制机构能够保证银行的境外机构与其总行之间有全面的定期报告制度；当东道国监管当局确认或有理由怀疑某外国银行机构存在重大问题时，应将所采取的措施通知母国监管者；母国监管者应可以对某外国银行机构报告的数据进行独立的检查；① 若某外国机构发生严重问题，则东道国监管者应与其

① 根据文件的内容，此种独立的检查可以以两种方式进行。若母国监管者要求进行检查时，东道国监管者应表示欢迎。若母国监管当局当前不能进行检查，则母国当局可向东道国征求意见，请求东道国监管者直接检查或通过外部审计师间接审查银行的业务活动。

母行及其母国监管机构进行磋商，以寻求可能的补救方法。

东道国的信息需求表现在以下几点：母国监管者应将可能严重影响所辖银行境外机构经营的监管措施的变更情况通知东道国监管者；若母国监管者对某东道国的监管有疑问，而准备采取监管措施，以影响其所辖外国机构时，母国与东道国双方监管者之间应进行协商，以使东道国有机会对其不当之处进行修正；若母国监管者拟采取措施保护存款者的利益，则其应尽可能与银行外国机构的东道国监管者进行合作与协调。

对于信息合作上法律障碍的消除，巴塞尔银行监管委员会在《巴塞尔补充协定》中提出了以下四项建议：一是所收到的信息应仅用于对金融机构进行审慎监管有关的目的；二是若可能的话，信息的传递安排应是互惠的，但对信息的细节问题是不能互惠的；三是信息传递的保密性应受法律的保护，但是在刑事诉讼中除外，此外，对于在执行公务时所取得的信息，所有银行监管者都应理所当然地受到职业保密规定的约束；四是若信息的取得方依据所获得的信息采取监管行动时，则其在可能的情况下应与信息的提供者进行磋商。这些原则在 1996 年 10 月的《跨境银行监管》文件中再次得到重申。如巴塞尔银行监管委员会认为，为了对银行客户提供法律保护，母国监管当局应对其所取得的信息，特别是有关存款人或投资者姓名的信息严格保密，这一点非常重要，因为若无法对所取得的信息进行保密，客户的信心就会受到打击，所以东道国监管者不愿意母国监管者介入也是可以理解的。鉴于此，其建议那些允许外国监管者获取银行存款人或投资者姓名等信息的国家，应对信息的取得规定以下条件：获取信息的目的应是特定的，而且具有监管性质；取得的信息应严格地限于从事审慎性监管的官员，在未事先取得东道国监管者同意之前，不得将信息提供给第三方；在客户没有明确表态的情况下，应采取一切可能的措施，以保证母国监管者所获取的信息的保密；应在东道国与母国监管者之间进行双向式的信息交流，虽然并不要求完全对等式的互惠；在采取最终行动之前，信息接受者应与信息提供者进行协商。此外，在个别国家，可能无论母国监管者如何承诺对其所接受到的信息进行保密，东道国的法律都不允许本国监管者披露关于存款人的信息。

外部审计也是监管者获取信息的有效途径之一，由于外部审计师与被审计的金融机构之间不存在利害关系，所以这在一定的程度上也能保证信息的真实性与可靠性。对此，巴塞尔银行监管委员会在其补充协定中提出了以下三点建议：一是具备充分的外部审计应是审批建立新机构的一项正常条件。其审计公司最好也是母行的审计公司，前提是该公司在当地有适当的能力与经验。二是当某外国附属机构由某不同公司审计时，母行的外部审计者一般应能获得附属机构的审计文件；审计不充分时，监管者应对当地审计师的代表机构提出批评，并在必要时有权撤换审计师。三是作为提高国际银行审计标准的一种手段，应在有关国家任命具有银行审计经验的、符合国际标准的审计师；所有的监管机构应与银行的外部审计者进行沟通，反之亦然。然而，无论外部审计师的作用如何，都不应低估内控制度的构建，包括有效的内部审计要求。①

（三）小结

母国监管者与东道国监管者在信息交流方面的合作是对银行等跨国机构进行有效监管的基础。其实这种合作本身就折射出一种新的金融监管法理念，即金融的全球化与自由化意味着金融机构的跨国化、金融业务的多样化与趋同化、金融市场的国际一体化及金融信息流动的全球化等，这些现象的出现无疑对本土化浓厚的各国国内法产生了冲击。这在金融法领域的表现就更为明显。因此，这就

---

① 内部审计是金融机构内控制度构建之中的一个重要内容，但是内部审计结果是值得怀疑的，因为内部的审计部门毕竟是附属于某金融机构的，所以内部审计需要以外部的审计为监督。虽然外部审计一直受到巴塞尔银行监管委员会各成员国的重视，但是也必须对其有个公正的了解，外部审计之所以得到监管者的青睐，其原因在于其独立性，所以当某外部审计部门在对某金融机构进行审计时，若因为利益关系而丧失其独立性，则其审计结果是可以想象的。因此，应该如何对外部审计部门进行监督与管理，这也是一个值得各国监管者深思的问题，近来与审计相关的丑闻也说明了这一点。

要求各国在架构其法律制度时一方面固然应以其本土资源为出发点，但是在另一方面也应考虑到国际经济关系对其国国内立法的影响。这种思维的结果是世界各国涉及民事、经济等方面的法律在一定限度上的国际趋同化。作者认为巴塞尔银行监管委员会在金融监管领域所作的努力便是这种趋同化的催化剂。《巴塞尔补充协定》便是各国试图在信息分享方面达成国际协调的一个有力的证明。

另外，承接以上欧盟对金融企业集团的信息监管的规定，作者也想声明其中的一种观点，即对异质性金融集团的信息监管要求与同质性金融集团的信息监管要求并无本质上的差别，真正的差异在于前者的信息要求应从跨行业的角度进行考虑，而且无论如何前者的信息要求应以后者为基础。这就说明针对同质性金融集团的信息监管规则同样也可以适用于异质性的金融集团，新开发出来的规则只是对以前的信息要求规则起一种补充与弥补的作用。① 实际上，这一观点，我们也可以从前文的探讨中得到论证。如巴塞尔银行监管委员会认为只有在双向信息交流可靠时，才能实现监管当局之间的相互信任。首先，在东道国当局对外国机构进行监管时，若了解其母国监管者对其境外机构的监测程度或对母行或整个银行集团施加的任何审慎性约束，则这种监管会更有效；其次，对在其领土上设有机构的外国银行，东道国当局有权获得相关信息。②

二、巴塞尔委员会与IOSCO技术委员会在信息披露上的成果

巴塞尔银行监管委员会的工作侧重点是跨国银行业的监管，但是由于金融企业集团将多种不同的金融业务纳入到了一个组织结构之下，所以单纯从银行业的监管的角度来考虑监管问题显然已不符合全面有效金融监管的要求。因此，对银行业与证券业之间的监管

---

① 实际上，欧盟在其确立对异质性金融集团的信息监管规则时，它也持有同样的看法。

② 国际清算银行：《巴塞尔银行监管委员会文献汇编》，中国金融出版社1998年版，第286页。

的协调已是必然要求。①

（一）1995 年的监管信息框架②

巴塞尔银行监管委员会与国际证券监管者组织的技术委员会一直致力于开发出能促进对银行与证券公司衍生产品业务进行审慎性监管的方法。早在 1994 年 7 月，该两委员会就联合发表了一份文件，以对衍生产品业务风险的监督与管理提供指导。其在该文件中声明，它们准备就衍生产品与其他共同感兴趣的主题展开进一步的讨论，并拟对有效监管银行与证券公司衍生产品业务所必需的信息进行评估。随后，在 1999 年两委员会便发布了这一信息框架。其认为在该框架的指引下，监管者既能比较容易地从活跃于衍生产品市场中的公司及其主要附属机构收集相关信息，同时也便于监管者对衍生产品业务的风险以及它们对机构的资本充足率及财务状况等的影响进行评估。

该联合报告的总体信息框架由两部分组成：其一是一份数据目录。该数据目录的根本目的在于促进各监管者开发出一致的衍生产品风险评估方法，同时它也希望各公司及其监管者能以此为基础进行商讨，从而决定银行与证券公司等应在其总体风险管理控制机构中应保存何种信息。委员会认为这些数据对于评估衍生产品的风险具有重要意义，所以监管者在拓宽其报告系统时，可以从中选用；其二是一份公认的最基本的数据框架，即目录的详细内容。在该报

① 银行业与证券业的监管目标与手段是各不相同的。比如证券监管机构的目的是维持市场的公平与秩序，它要求证券发行人与经纪人等充分披露信息，不得有欺诈性行为，以确保公开、公平与公正等“三公原则”的实现。然而，银行业的监管则关注银行系统的安全与稳健状态，银行的存款有保险，监管者往往又是监管对象的最后贷款人，它的检查深入到银行经营的各个方面。证券监管者注重于公平的过程，银行监管者注重的是实质性结果。（黄运成等著：《证券市场监管：理论、实践与创新》，中国金融出版社 2001 年版，第 104 页）

② 该联合报告指两委员会于 1995 年 5 月发布的《关于银行与证券公司衍生产品业务的监管信息框架》文件。

告的第二部分，两委员会讨论了信息框架的目录问题，其中说明了衍生产品的主要风险类别以及评估这些风险所必需的信息。对监管者来说，衍生产品业务的定量信息① 应该涉及以下几个领域，即信用风险、流动性风险、市场风险与收益等。在报告的第三部分，两委员会讨论了公认的基本框架，说明了监管者在评估衍生产品对于银行、证券公司总体风险状况产生影响时可以使用的基本信息内容。基本信息框架分别包括了有关信用风险、市场风险、流动性风险等方面的信息。此外，出于整体信息框架的目的，报告并没有对监管数据分析系统作出具体的规定，其主旨在于对来自各种渠道的信息进行评估。报告规定，信息的收集可以采取以下途径：现场检查、与金融机构进行讨论、专项调查、向监管者定期报告、审计部门的财务审计及其他外部审计公司提交报告等，但是信息的收集方法的选择取决于数据的性质、被检查的机构与相关监管当局的决定等。

在开发银行与证券公司衍生产品的整体信息监管框架时，两委员会遵循了许多基本的原则。首先，在信息的全面性方面，其认为数据应该包括所有和衍生产品有关的风险，并应有助于监管者研究衍生产品对银行与证券公司整体业务与风险状况的评估，这是因为两委员会意识到衍生产品业务只是银行与证券公司整个业务的一个组成部分，所以评估衍生产品不能离开机构的总体风险。其次是为了保证银行与证券公司风险状况的真实性，监管者应经常、及时地对衍生产品业务的数据进行审查。再者，两委员会也意识到要求银行与证券公司提供衍生产品业务额外信息会增加其费用，所以只有

---

① 为了确保对银行与证券公司衍生产品业务与相关的风险进行有效的评估，监管者应该对这些机构衡量与管理衍生产品业务风险的系统、政策与手段方面的定性信息进行评估。这包括银行与证券公司用于管理风险的风险限额及其变化情况的信息。1994 年 7 月两委员会所发布的《衍生产品业务风险管理准则》概括了银行与证券公司风险管理系统的主要方面，可以作为要求银行与证券公司提供系统政策与操作惯例等方面信息的指导原则。

在有明确的监管需要时，监管者才可以提出额外的信息要求。同时，它也承认监管采用的不同法律制度、会计方法及公共政策要求每一个监管当局应保持监管的灵活性，以最符合其管理环境的手段来实施共同的基本框架。

（二）公开信息披露联合报告①

该联合报告是在对 67 家银行与 12 家证券公司 1993 年与 1994 年的年报进行考察后作出的，这些机构代表了十国集团的国际性银行与证券公司，且从它们衍生产品的账面总值来看，这些机构大多是其所在国衍生产品交易量最大的银行或证券公司。考察的结果是，与 1993 年相比较，1994 年被调查的 67 家国际性的大银行在信息披露方面有了很大的改进，主要的国际性证券公司在衍生产品业务方面的信息披露也有所改善。尽管如此，这些国际性的大银行与证券公司在披露的信息类型与价值方面仍存在重大的差异，这可以归因于以下因素：法律制度与各国有关会计准则和信息披露要求的不同；投资者、贷款人与其他利用财务报表人员对信息需求的不同及各国传统上的差异等。

针对这些情况，两委员会就大量从事衍生产品交易的银行与证券公司如何进一步改进其信息披露机构提出以下的建议：一是定性信息的披露方面，这包括风险与管理部门的监控及会计与计价方法；二是定量信息的披露方面，这包括市场行为、信用风险、流动性风险、市场风险与收益等。②

在发布该报告时，两委员会认为虽然本报告的重点是关于衍生产品业务方面的信息披露，但是这并不意味着弱化银行与证券公司在其他重要领域进行持续披露的重要性，如投资、融资与银行信贷

---

① 该报告是指巴塞尔银行监管委员会于 1995 年 11 月与国际证券监管者组织联合发布的《银行与证券公司交易及衍生产品业务的公开信息披露》文件。

② 具体内容可参阅《银行与证券公司交易及衍生产品业务的公开信息披露》文件中的第三部分“相关建议”的规定。

等对银行等金融机构盈利能力的影响。同时，因为衍生产品业务的迅速发展，且日趋复杂，由此产生的风险头寸与损益情况也不断变化，所以委员会选择了对该方面的信息披露进行研究，以起到抛砖引玉的作用。在信息的流量日益增大，速度日趋加快的情况下，要求金融机构对所有的信息进行披露，及监管者对所有的信息进行鉴别也是不切实际的，因此委员会认为作为指导原则，应对信息进行一定的分类，公开的信息应重点集中在机构的重大交易与衍生产品业务的关键性信息方面。对于这一点，在《跨国银行监管》文件中，工作小组认为，母国监管当局必须区分必需的与希望提供的信息。① 在风险监管中，内控制度也起着十分重要的作用，因为金融机构的管理层可能是信息的最先知晓者、业务的决策者或执行者。对于这一点，两委员会认为银行与证券公司的信息披露必须与衍生产品业务的创新及相应的内部管理机制同步发展。理想的情况是，公开披露与机构的内部风险计量和管理方法一致化，因为通过内控机制获取信息能节约成本减少负担。

（三）评价

虽然上述的报告主要是针对银行与证券公司的衍生产品业务的信息披露，但是两委员会已开了一个先河，即尽管银行与证券公司在信息的提供方面存在着差异，但是这两者之间还是有协调的空间。作者认为两委员会在这方面的工作成果说明在金融业务综合化下，有效的金融监管应是全局性的思考，即从整个异质性金融集团的层面构建有效的金融监管体制，这不能不说是一种创新。

实际上，两委员会的合作也是不同的国际监管组织或团体在跨行业金融监管合作方面的首次尝试，这也是新的国际金融关系对传统金融监管法产生冲击的结果。在上述的两个报告中，两委员会一再强调，对衍生产品业务方面所进行的信息披露并非意味着可以忽

① 见巴塞尔银行监管委员会于 1996 年 10 月发布的《跨国银行监管》第三部分“改进母国监管当局为有效并表监管而获取必要信息的渠道”中的规定。

视其他方面的信息披露，这就表明金融机构的风险是有关联性的，这就要求监管者在确立其信息披露的法律制度时，不能顾此失彼，而应彼此兼顾。这正与全面的风险审慎监管理念相吻合。

效益性是金融监管法价值的重点之一，这一点也体现于信息的披露制度中。因此，为了节约成本，在信息的收集与披露方面监管者也必须重视内部控制机制的作用，如在上述 1995 年 11 月的报告中，两委员会便认为该报告所涉及的机构都有一个共性，即普遍建立了风险评估与管理机制，从而定期获取信息，供管理部门使用，也供董事会参考。这就要求各国在构建其信息获取或披露方面的法律制度时，也应重视金融机构自身的作用。

三、《有效银行监管核心原则》与信息要求

非现场检查是银行监管者行使监管权的主要手段之一，所以为了保证银行监管者非现场监管的有效性，其就必须及时地收到银行财务报表等信息，同时它也必须通过现场检查或外部审计等监管举措来对信息的准确性进行核实。因此，监管者必须确保每家银行都能依据会计政策与法律的要求保留完整而准确的会计记录，各家银行应依标准格式提供信息，以便使所提交的信息具有可比性。此外，定期提交的报告至少应包括银行资产负债表、或有负债与收入报告，并附有包括辅助信息与关键风险暴露的报告等。再者，对违背信息披露义务所应承担的法律责任的规定也是非常重要的，因为若银行有过错地提供具有实质性的错误性信息时，则此种信息便会误导监管者，所以此时追究相关当事人的法律责任是相当必要的。

《有效银行监管核心原则》中的原则 21 便对银行机构提出了明确的信息要求，该原则规定，银行监管者应确保银行根据统一的会计准则与做法保持完备的会计记录，从而使监管者能真实公正地了解银行的财务状况与赢利水平。该文件从会计准则、报告之范围与频率、信息的认证、监管信息的保密及信息披露五个方面对银行机构的信息提供要求进行了探讨。如在信息的认证中，该文件认为银行管理层应有责任保证所提交给监管者的审慎财务与其他报告的准

确性、完整性与及时性。为此，银行管理层应当保证对信息的内容进行核对。在信息披露中，该文件认为，信息披露是监管的必要补充。因此，银行应当向公众发布有关其业务活动的信息，真实而公正地说明其财务情况，从而使市场参与者及时、充分地了解各家银行内在的风险。

四、《巴塞尔新资本文件》对信息披露的要求

《巴塞尔新资本文件》第二稿① 延续了 1988 年资本协议中以资本充足率为核心、以信用风险控制为重点的风险监管思路，并吸纳了《有效银行监管核心原则》中提出的银行风险管理的最低资本要求、外部监管与市场约束三大支柱原则。新的资本文件强调银行资本管理的透明度与市场约束，侧重于推动商业银行建立起一整套信息披露制度，从而使市场的参与者能对新资本协议案的适用范围、资本、风险及其评估、管理机制及其资本充足率情况进行分析，强调监管者应对一家银行的信息披露机制进行评估，并强调信息披露与会计规定之间的关系，以便于保证信息披露与会计规则的一致性。具体地说，新的协议案对信息披露的建议体现在以下六个方面：

银行应至少每年一次或在适当的时候，公开披露资本结构与其资本的组成、资本工具的期限与条件的主要特征；银行应公开披露其对资产与负债的估价、准备金与收入认定的会计准则；银行应披露有关风险状况的定性与定量信息；银行应提供可能影响其资本充足性分析方面的信息，这包括资本结构的变化及其对资本比率与整个资本水平的影响、在压力情况下进入市场的紧急计划、资本管理策略与未来计划、对银行与其他金融机构参股的任何非扣除项的影

① 2002 年 7 月 10 日，巴塞尔银行监管委员会举行会议，在会议上对新资本协议的第二征求意见稿进行了讨论，巴塞尔委员会内部就新巴塞尔资本协议案的许多重要问题达成共识，并决定于 2003 年第四季度确定新资本协议，各成员国于 2006 年底开始实施。

响等；资本充足率方面，银行应当至少每年一次披露其在并表基础上的资本比率与其他相关资本充足率的资料及披露其计量风险的方法；银行应披露其资本结构与经济资本配置机制。①

五、《多方工作小组关于提高信息披露的最终报告》与信息要求

2001 年 4 月 26 日，由巴塞尔银行监管委员会（BCBS）、全球金融稳定委员会（the Committee on the Global Financial System, CGFS)、国际保险业协会（IAIS）及国际证券监管者组织(IOSCO）支持组成的工作小组②（Working Group）出台了《多方工作小组关于提高信息披露的最终报告》文件。该文件对完善金融机构信息公开披露的实践提出了一系列的建议与指南。这些建议大致可以分成以下三大类：

其一是关于金融机构应该通过定期性的报告向其股东、债权人及交易客户披露重大的金融风险方面的建议。这些建议性的披露包括受积极管理的市场风险暴露的报告间隔期间（intraperiod）及报告结束期间（period end）的高度、中度及低度的风险价值；对资金流动性风险定性的实质性讨论（substantive qualitative discussion）情况；及依据风险暴露或业务范围、信用质量与到期日的类型来划分的信用风险暴露方面的信息。在进行上述方面的信息披露时，披露的方式应该符合金融机构内部的风险管理实践。

其二是虽然对披露的项目已经得到确认，且其揭示了所涉的成本与利益，但是若存在进一步调查的必要性，则仍应进行相关的调查。关于这些项目，如风险集中，工作小组建议由来自上述组织的技术专家进行一致性的合作。

---

① 杨松：《巴塞尔新资本协议草案有关商业银行信息披露的要求》，载《中国金融》2001 年第 4 期。

② 该工作小组是在 BCBS、CGFS、IAIS 及 IOSCO 的支持下于 1999 年 6 月成立的。其小组成立的目的主要是向上述组织提供改善金融机构信息披露状况的建议，从而起到提高市场纪律的作用。

其三是诸如流动性风险等信息应得到认证，若定量性信息（quantitative information）能填补金融披露中的重大差距。然而，在关于这些项目于实践中是否适合披露并达成可能的决断之前，有必要进一步开发出风险评估的概念与方法。在这方面，工作小组建议合作性的工作应由公共部门与私营部门（the public and the private sector）共同承担，同时应有来自不同金融服务企业的代表参与。①

金融业务综合化已是现代金融业运营的一种趋势。因此，如何从跨行业的角度进行功能性监管不仅是一国国内立法所应深思的问题，同时在金融全球化、金融风险传染与渗透国际化的冲击下，新形势下的金融监管立法走向与实践也是国际金融监管组织所关注的热点。充分、有效、准确、及时、完整的信息获取无疑是有效监管的核心条件。在上述四组织的支持下成立的工作小组关于信息披露报告的发布就印证了这种观点。笔者认为，该文件的突出之处即在于信息的认证，由于为了满足合规性监管的要求，被监管者所提交的信息也可能附带有人为的虚假性、误导性和不全面性，所以对信息的进一步考证是十分必要的。此外，虽然根据各国金融监管法的要求，被监管的金融机构一般都有定期提交风险报告的义务，但是这也不可能避免信息不真实性现象的存在。多方工作小组就已充分认识到了这一问题，如其建议金融机构在提交报告的间隔期间仍负有向其股东、债权人与客户等提交报告的义务。这种建议在一定程度上可杜绝金融机构对信息进行粉饰（window dressing）的现象。

六、综述

有效的信息是使金融监管具有有效性的前提与基础，这是一个

---

① See Multidisciplinary Working Group on Enhanced Disclosure Final Report to Basel Committee on Banking Supervision, Committee on the Global Financial System of the G-10 Central Banks, International Association of Insurance Supervisors, International Organization of Securities Commissions, April 26, 2001.

真理性的命题。对于金融业务经营的跨国性与综合性而言，问题的关键在于如何建立一种与金融监管相关的信息的畅通流动机制，如何保证被监管者所提交的信息的准确性、充分性与及时性等。这是各国立法者及各国际金融监管组织或团体所应深入考虑的问题。其实，在这方面，巴塞尔银行监管委员会所倡导的信息性监管框架也给我们提供了一个很好的启示，即信息的畅通流动机制应注意两个问题：

第一是应发挥不同监管者之间相互合作与协调的作用，这既包括同一国内不同监管者之间的合作与协调，也包括不同国家的监管者之间的合作与协调。相比较而言，后者是问题的难点所在。尽管如此，这也仍是各国在确立其金融监管法律制度时所必须思考的问题，因为“国际金融安全网”① 已几乎将世界上所有的国家网入其中。这种合作与协调的重点在于确立一种“双向式”的信息流动机制。为此，在《跨境银行监管》文件中，巴塞尔银行监管委员会从“改进母国监管当局获取有效并表监管所必需的信息”与“改进东道国监管当局为有效监管而获取信息渠道”两个视角对信息的获取权的实现提出了建议性的指南。如对于海外金融机构的母国而言，应存在一个信息自当地银行流向母国监管者的流动过程，这包括信息能够自附属机构或分行流向母银行或总部、自母银行流向母国监

① 20世纪70年代以来，全球的金融环境发生了深刻的变化，如大多数国家放松了金融管制、金融工具的种类扩大、金融市场的广度与深度增大、不同类型的金融机构之间与不同种类工具之间的区别日益模糊等。金融领域的这些变化使实现保障金融体系安全的目标受到了挑战。大多数发达国家与发展中国家一次或多次爆发包括银行危机在内的金融危机，而这些危机几乎都是国际性的。（苏同华：《银行危机论》，中国金融出版社2000年版，第238页）这就意味着单从一国国内的角度来构建金融安全网已达不到维护安全的既定目标，而必须从国际的层面进行思索。因此，金融的全球化催生了国际金融安全网的形成。实际上，巴塞尔银行监管委员会便是国际金融安全网的一个重要表现。在一定程度上，也可以说国际金融安全网也是从巴塞尔银行监管委员会萌芽的。

管者、自附属机构或分行流向东道国监管者、从东道国监管者流向母国监管者；对于东道国而言，母国监管者应当给所有东道国监管者定期寄送有关资料，及母国监管者应尽力使东道国对银行集团的综合状况发生严重的不利变化有充分的了解等。

第二是在信息的获取中应当发挥被监管机构管理部门的作用。如巴塞尔银行监管委员会在其1995年11月与IOSCO技术委员会的联合报告中就一再表明，本报告所涉及的机构有一个共同的特点，即普遍建立了风险评估与管理机构，从而定期获取信息，供管理部门内部使用，也提供给董事会作为参考。因此，监管者也可以将这种“非现场检查式”的获取信息方法作为实现其信息获取权的手段之一。然而，为了保证信息的准确与有效，必须对被监管部门的管理层课以对信息进行认证的义务，同时对故意或过失提供虚假、错误与误导性信息的机构或个人规定其所应承担的法律责任。

与金融监管相关的信息是多种多样的，因此要求被监管者提供所有的信息也是不切实际的，因为这一方面会导致守法成本的增加，从而使金融机构效益减少，也间接地危及了金融机构的安全；在另一方面监管者面临过多的信息也可能会导致监管的迟延，从而滋生监管失灵的风险。因此，有必要对所必须提交的信息进行界定。作者认为，这可以采取概括性与列举性规定并行的方式。在这方面，巴塞尔银行监管委员会的工作成果是值得各国借鉴的，在《跨国银行监管》文件中，其认为在寻求详细而准确的信息过程中，母国监管当局必须区分必需的与希望提供的信息，必须区分重要的与不重要的信息。因此，其将信息分为定性与定量性两大类，并作了一些列举，如定量性信息包括银行的资本充足率、大额风险及存款集中程度等；定性信息包括风险管理机构、内部控制与审计制度、附属机构所有权与控制权的变化等。

尽管巴塞尔银行监管委员会的信息框架给我们提供了示范，代表了国际金融监管法领域的新发展、新理念，但是我们也必须对它在实践中的作用有一个公正的认识。作者认为由于巴塞尔银行监管委员会所发布的文件并不具有当然的法律效力，所以这令其应有的效应在实践中大打折扣。如《银行监管当局之间的充分信息交流》（即巴塞尔补充协定）文件就表明，本文件中所包括的建议是对1983年协议的一个补充，旨在通过鼓励监管者之间进行更为规范的合作，从而改善跨国银行监管的质量与全面性，但不以任何方式寻求代替东道国监管者与母国监管者的不同监管责任。因此，该信息框架的真正效用的发挥还是有赖于各国在法律制度创新方面的态度及母国与东道国之间合作的力度与深度。从实际情况来分析，各国的相关法律制度也极大地制约了信息的流通，如银行保密法、信息封锁法的相关规定及金融监管体制上的差异等。

尽管巴塞尔银行监管委员会的信息框架主要是针对同质性的金融集团的，但是这其中所体现出的理念及建议同样也可以适用于异质性的金融集团，巴塞尔银行监管委员会与IOSCO技术委员会在信息披露方面的合作便已印证了这一点。实质上，笔者亦认为同质性与异质性金融集团的信息监管要求从本质上来说并无太大的差别，其主要差别在于对异质性金融集团的信息监管应从跨行业的角度进行综合性的思考。

第四节　联合论坛《信息分享监管框架文件》

一、文件出台前的调查及结果

为了构建金融企业集团的信息分享框架联合论坛成立了特别工作小组（Task Force），该小组的工作目的在于对因活跃在国际市场上的金融企业集团的运营情况及其全球化的性质与迅速变化的特点而对金融监管方法所产生的影响进行调查。工作组采用问卷调查的方式对14个集团进行了调查，这些集团具有业务活动各异、国际化程度不同及组织结构复杂程度不一的特点。在调查中，工作组收集了关于集团监管目标与方法方面的翔实的信息，包括参加联合论坛的国家监管机构之间所达成的信息共享安排。通过调查，工作小组得出了以下结论：

金融企业集团的结构差异很大，由于历史的、税收的与监管方面的原因，集团可以由多个法人组成。尽管有些集团希望通过合并来简化其业务范围与法律实体结构，但是它们将管制性的、财政性的与法律上的约束视为障碍。就集团的不同结构对监管及不同监管者之间的信息分享可能造成的影响而言，工作组认为以下两种因素应特别引起关注：其一是公司的组织结构是依据业务范围，还是依据公司的法律结构确定的；其二是公司的控制职能（corporate control function）是在全球或集中的基础上建立起来的，还是在地区基础上建立起来的。工作组也即是根据这两种因素对金融企业集团进行了分类。不过，首先，工作组声明，此种分类的方法并不是通过计算得来的，而是依据其在调查中所收集到的信息而作出的判断。同时，其表明，类属于某一特定类别的集团的比例，无论其是银行业、证券业或是保险业或混合经营，都只能反映所调查的金融企业集团的情况，而且选择不同的集团也会使处于某一类别的集团的比例情况发生改变。其次，鉴于金融企业集团不断变化的特点，对于其所作的分类也只能反映某一特定时间的情况，所以随着集团业务的变化及公司结构的改变，有必要在监管过程中对这种分类进行重新检查。

二、目标

在调查的基础上，联合论坛于1999年出台了《信息分享监管框架文件》(Framework Supervisory Information Sharing Paper)。该文件的目的在于在金融监管者之间达成信息共享的一般性框架，以对活跃在国际金融市场上的金融企业集团进行信息监管。文件认为有必要加强目前主要存在于同一行业的金融监管部门之间的交流关系，同时加强对国际金融企业集团进行监管的各机构之间的信息共享。

为了达到上述目的，框架文件考虑了现行的信息共享网络，在该网络中信息是沿着固定的渠道流动的，特别是在同一行业的监管者之间。在某些情况下，对单个的金融企业集团来说，在监管者之间也存在许多双边性的安排，以对一般性的或特定性的信息流动作出规定。因此，在必要的情形下，也需要拓宽并提高这些信息流动的方式，并同时对其进行评估。这也是本框架文件的主旨之一。

为了达到对金融企业集团进行有效监管的目的，联合论坛出台了一系列的文件，如《资本充足文件》、《协调员文件》、《适宜性文件》及《信息监管分享原则文件》（Principles Supervisory Information Sharing Paper）。联合论坛认为本文件中所提的建议应与上述文件合并考虑，所以该文件的另一目的即在于对联合论坛的工作起到补充的作用。

三、集团分类及信息框架

（一）集团分类及信息框架

联合论坛工作小组将其调查的金融企业集团分成四大类，即A类：业务全球化、控制全球化型（global business lines, global control functions）；B类：业务与法律实体一致，但控制全球化型（business activities aligned with legal entities, global control functions）；C类：业务与法律实体一致，但控制本地化型（business activities aligned with legal entities, local control function）；D类：业务全球化，控制本地化型（global business lines, local control functions）。以下作者将根据《信息分享监管框架文件》对上述类别的金融企业集团及其信息框架进行简要的说明。

A类集团是根据其所提供的产品与服务而组织起来的，其结果是，公司的业务活动与公司法人结构之间无太大的关系。其依据矩阵管理法（matrix management approach）发现，A类集团一般是跨法律实体、跨区域及跨行业地依据业务范围来分配“前台”（front office）的管理责任，而对公司控制功能的“后台”（back office）管理责任既是跨行业的，又是跨法律实体的。尽管在控制程序中总是存在本地化的因素，但是公司的控制功能大多设置于总部一级，或设置于一个具有特殊目的的实体。税收与监管上的考虑在很大程度上影响着集团的法律实体结构。

对于A类集团而言，在监管中监管者会面临以下几个问题：由于集团内被监管实体的主要风险管理与控制责任在通常的情况下由其总部负责，且其位于另一主权国家管辖范围内，所以不同的监管者所面临的问题会存在差异。然而，监管者越来越有必要了解集团内部交易及所达成的安排，因为它们被广泛地用来在集团的全球性结构中转移风险与收入。由于单个的监管者通常只会看到集团管理的一部分，所以为了对金融企业集团进行全面的监管，信息交流是非常有帮助的。

在此种情况下，监管者所需要获取、了解并进行评估的信息包括：集团的业务战略，特别是特定的被监管法律实体所开展的业务；矩阵管理结构及各监管者对全球风险管理与业务管理的评价程度；集团的公司结构；其他实体的主要风险，包括非受管制实体及其对母公司与其他受管制实体的潜在影响；全球的公司控制功能组织情况及其有效性，尤其是处于某特定的监管者法定的管辖范围之外的机构；对提交给全球风险管理系统的信息可靠性进行评估的本地化控制及对这些系统质量的评估情况；① 集团内部交易与风险暴露等。

B类集团的业务活动与法律实体是并行的，但是公司的控制功能存在于总部或由某一独立的专门法律实体承担。此外，公司的董事会与管理层保留了相当大的职责，在某些情况下，其直接关系到某些业务的运作或某特定实体的专门性业务活动。换言之，该法律实体可能对其自身的业务战略及某些公司控制职能承担广泛的责任，但是同时也受到其母公司密切的管理与控制。在对B类集团进行监管时，监管者可能会面临以下问题：与A类集团一样，各监管者有必要对其他国家监管的有效性进行评估。承担主要监管职

① 信息的准确性是保证监管的有效性的基本条件之一，所以当信息自金融企业集团内的某个实体向其母公司传递时，该实体的管理层应对信息的内容进行审核，同时与该实体相对的当地监管者也应对该信息的真实性履行一定的认证义务。

责的监管者还应能够对集团内各公司的内部控制制度进行评估，对所有监管者而言，真正的问题在于管理责任在母公司与其子公司之间的划分，及由此产生的监管责任的划分。此外，承担主要责任的监管者还应了解本地化业务战略是如何以法人结构为基础衍生并执行的，及其又是如何融合到集团的整体业务战略中去的。

在这些情况下，监管者需要获取、了解、评估的信息包括：集团的公司结构；其他实体（包括非受管制实体）的主要风险及对母公司与其他受管制实体具有潜在影响的风险；管理职责的划分；全球的公司控制功能组织情况及其有效性，尤其是处于某特定的监管者法定的管辖范围之外的机构；对提交给全球风险管理系统的信息可靠性进行评估的本地化控制及对这些系统质量的评估情况；不同监管者对集团风险管理系统评估的程度及集团内部交易与风险暴露等。

C类集团的公司结构与管理组织情况完全一致。同时，公司的控制功能与本地化的法人结构并行，仅有少数的功能在全球范围内运作。集团内各实体的管理在很大程度上独立于母公司。对集团的各实体监管者来说，本类集团的监管会产生以下问题：所有监管者都要了解母公司的影响及防火墙的有效性，特别是存在非受监管的控股公司时。承担主要监管责任的监管者需要有能力评估东道国监管的有效性及风险管理信息的可靠性。因此，母国与东道国监管者之间的交流与合作是非常重要的。对于此类集团，监管者所应掌握、评估的信息包括：集团的公司结构；其他实体（包括非受管制实体）的主要风险，及对母公司与其他受管制实体具有潜在影响的风险；为减少确立全球风险系统的必要性，集团进行控制的方法；集团内部交易与风险暴露及集团本地化控制与防火墙的性质与范围等。

D类集团是跨法人结构、依业务范围组织起来的，但是其公司的控制功能具有本地化特点。由于公司的控制由各法律实体掌握，而不像业务活动那样一体化，所以集团往往承担过多的风险，监管者也无法对这些业务活动中的风险进行全面审慎的监管。①

（二）评价

根据工作小组对各大类别的集团特征的描述，我们可以得出这样的一个结论，即在实践中，金融企业集团大多表现为A类或B类，C类与D类的集团是不多见的，特别是D类集团更是少见，这是因为无论集团中占主导地位或支配地位的公司是事业型控股公司②（operating holding company），还是纯粹型控股公司③（pure holding company），作为一个控股公司其目的就是通过控股若干下属子公司来进行中央集权式的管理。因此，在金融自由化、全球化的趋势下，金融企业集团的母公司控制与经营必定具有全球性的战略特点。

尽管在联合论坛的文件中，其针对不同类别的集团配备了不同的信息框架，但是通过比较我们可以发现其所列举的监管者所需获取、了解与评估的信息有很多重叠的地方，如集团的公司结构、集团内部交易与风险暴露及其他实体的主要风险等。实际上，所列举的这些信息大多是针对金融企业集团的内在缺陷的，这说明对集团

① 在联合论坛的工作小组所调查的14家金融企业集团中，无一家集团可以归于D类，因为决定某一集团是否符合D类的特征并非是一件很容易的事情，其在很大程度上取决于监管部门的主观判断。比如，集团可能将自己描述为具有集中的公司控制功能，而且还有内部文件作为依据，但是实际上该集团各实体的管理层并未有效地执行这些规定，而且它们甚至在极力地规避母公司的控制。作者认为，在实践中，“业务全球化、控制本地化”的集团是不多见的，因为若无母公司实质上的控制，则集团内各实体是相互独立的，这样也就不可能产生业务全球化的结果，所以笔者认为D类的集团本就是一个自相矛盾的概念，正因为如此，联合论坛也只是作了理论上的探讨。同时，也没有对D类集团的信息要求进行必要的说明。

② 事业型控股公司是母公司拥有自己的事业，除此之外，还通过持有其他事业领域的子公司的股份来支配管理子公司的经营活动。

③ 纯粹控股公司又称为投资公司控股公司，此种控股公司本身并不经营事业，仅持有子公司之股份，而由其所掌握之各子公司负责事业（见王文宇：《金融控股公司法制之研究》，载《台大法学论丛》第30卷第3期）。

的监管仍是以既存的金融法律制度为基础的，新的金融监管法律制度只是起着补充性监管的作用。这种思维与欧盟的看法一致。另外，金融法律监管是个全面的监管过程，所以监管者有必要将集团全部的风险考虑在内，并对其进行评估，鉴于此，若集团内的非受管制实体对集团的风险产生影响时，则监管者也应将其纳入监管的范围。从集团的信息框架来看，联合论坛便要求监管者也要对非受管制实体表示关注。

四、特定情况下的信息交流

信息的交流与合作是个持续性的动态过程，它应该考虑到金融企业集团发展过程中的各个方面。对这一问题，工作组从新集团的成立、新机构的许可、金融企业集团结构的发展、持续性监管及确认并解决监管者关注的事项等几个方面对信息的要求进行了探讨。

（一）新集团成立

在新集团成立时，有关的监管部门就应开始商讨建立合适的信息共享机构。此时，重要的是应该采取措施，以保证相关的监管者能够很好地了解集团的各种结构，这包括其公司管理与控制功能。为了达到该目的，监管者可以采用问卷调查① 的方式，但监管者应对问卷调查时间的利弊进行权衡。在通常情况下，问卷调查在有其他监管者参加的情况下由承担主要监管责任的机构牵头。

（二）新机构的许可

当某金融企业集团在另一国家设立机构时，有许多不同的监管方法。在某些情况下，可能需要履行法律上的许可或批准程序，由

---

① 问卷调查是联合论坛的工作小组自金融企业集团各实体的监管者收集信息的主要方法之一。根据其规定，在金融企业集团组织形态上具有显著地位的国家中，其集团内的证券公司、银行、保险公司等的监管机构都必须完成问卷。近年来，联合论坛一直致力于提高监管问卷调查的覆盖率，以使监管者相互了解其监管目标与方法，从而促使其相互间在信息交流上达成共识。

此另一监管者将对该新实体适用相关的许可程序。在存在跨境的行业协议的情况下，承担主要监管责任的监管者的同意是许可程序中不可缺少的一部分。① 在其他情况下，或许仅只需要一个简单的通知，或无正式的审批或许可要求。工作组认为，无论新成立的机构的组织结构如何，相关的监管者之间应及时地进行接洽。若没有这种联系，则其应努力建立这样的关系，因为此时是监管者之间交换与监管目的及监管实践相关信息的最佳时机。同时，所涉的监管者应对已有的信息交流安排进行检查，以保证信息分享存在法律基础，并判定是否存在对信息分享不利的因素，若存在的话，则相关的监管者应力图开发出正式的或非正式的信息共享安排，或对其进行完善。②

（三）集团业务的发展

金融企业集团是一个动态发展过程，这种特性也要求监管者在监管中必须以一种动态的思维来关注集团发展中的一些信息，这包括重大的新业务的开展，或者是集团控制结构的重组（restructuring of controls）。同时，监管者也必须对集团的新发展作出评估，以决定它们对集团结构的影响，包括集团类别可能发生的改变，因为这种变化将影响到监管者之间已达成的信息分享安排。因此，集团的监管部门应随时了解集团结构的变化，并相应地对其监管方法与信息共享机构作出适当的调整。

（四）持续性监管（ongoing supervision）

金融监管必须是持续性的，这是一条不变的法则。在对集团进

① 对于这一点，巴塞尔银行监管委员会在其《对国际银行集团及其境外机构的最低监管标准》中有明确的规定，如跨国银行机构的成立，应事先得到东道国监管当局与母国监管当局的双重许可。

② 工作组也意识到现在已存在许多行业内的信息交流安排，且在某些情况下，还存在跨行业性的信息交流安排。对于如何处理目前已有的信息交流安排问题，联合论坛在《信息分享监管框架文件》中认为，本文件的意见或建议并非是要取代这些安排，若这些金融实体为金融企业集团的组成部分时，则其对这些信息流动起着补充的作用。

行持续性监管时，监管者应了解两方面的信息：其一是与集团相关的信息，这包括集团的组织结构、管理、金融状况、战略与主要风险、政策的主要特征、管理与控制风险的程序及信息系统等。这些信息可能被包括在组织结构图表、财务报表、资本、流动性与风险的说明及其他书面材料中。为了获取这方面的信息，监管者可以采取以下方法：与集团的管理层进行讨论，以获得上述相关的信息；通过监管者们之间的问卷调查获取信息也是一种有效的手段。其二是所需的与监管活动相关的信息。联合论坛工作组认为，熟悉并了解集团内其他实体的监管者的监管方法对于集团的有效监管也是有裨益的，因为这样可以避免重复监管，节约监管成本，并保证对整个集团监管实践的一致性。因此，监管者应将定期性地交流监管纳入其信息分享机构之中。另外，对监管目标与方法的检查、对集团结构与关键性风险的检查，以及对计划的监管活动与范围的检查将有助于监管者对金融企业集团的监管水平进行判断与衡量。

(五) 应关注的监管事项

在金融企业集团的监管框架内，监管者的目标之一是通过持续性地获得信息，以对集团的战略、结构、财务状况与业绩等有更深入的了解。其根本目的在于能及时发现被监管机构的潜在问题，并鼓励被监管机构的管理层采取措施进行积极应对。这就要求集团的监管者在监管中必须明确并解决一些受关注的问题，这主要包括以下几个方面：所有的监管者都必须考虑到不利的或非同寻常的特殊利益的发展，特别是这些利益对其负有监管责任的实体可能产生影响时；监管者应高度重视其他监管者的意见与评估；应特别重视承担主要监管责任的监管者所获取的信息；应特别关注在突发事件时所需要的信息。工作组认为，若潜在的问题发展为严重的事实，则监管者所需的信息就会更多且更加具体，信息需求可能会从了解集团的一般结构、财务状况、风险构成与公司的控制功能转移到更加详细的方面，特别是那些与当前问题相关的信息，如公司的风险暴露、风险管理策略及对目前财务所造成的影响等。①

五、综述

事前的防范胜于事后救济。《信息分享监管框架文件》就给各国的金融监管者与立法者一个这样的提示。笔者认为，文件根据金融企业集团的业务情况及控制结构进行分类，并在此基础上配以不同要求的信息要求框架的做法是值得推广的，因为它可以使监管者从集团的业务范围与公司之间的控制关系着手理顺监管关系，并在不同的监管者之间分配监管责任。

另外，工作组通过问卷调查方式向各国的监管者收集与集团监管相关信息的方法也是值得深思的，因为问卷调查的方式在一定程度上可以回避各国银行保密法、信息封锁法上的约束，这有助于跨国性的监管者在信息的交流与合作上达成共识。再者，该文件对在

---

① 在《信息分享监管框架文件》的附件二中，工作组将突发事件下监管者所需求的信息分为以下四大类：一是监管者应随时掌握或获取的信息，这包括被监管机构及对其控股公司的财务信息，如资产负债表、损益表与资本结构表；被监管机构的流动性与资金来源情况；被监管机构面临的主要市场风险与信用风险，这包括表内表外头寸、交易对手的大额风险、利率风险与投资风险等。二是在突发事件发展过程中监管部门需要了解的信息，这包括被监管机构突发事件的特点及严重程度、应对情况、突发事件对被监管者的对方交易头寸的影响、被监管者资产流动性与资金受影响情况、客户债权受影响情况、突发事件对被监管者与其附属机构之间的相互影响情况、股东的支持程度、媒体的反应及拯救方案等。三是有助于监管者对其监管的其他机构受突发事件影响进行判断的信息。四是可能影响突发事件发展态势的信息，这包括一些关键性日期，如重要的结算日期、主要的融资安排到期日及法院的裁决日等；其他监管者的参与情况及对被监管者在突发事件中的违约处理情况等。此外，文件认为监管者所需要的信息可能不一定与上述所列的信息相一致，在突发情况下，所需的信息可能是与集团内的实体相关的，也可能是有关存款人、外汇兑换及清算组织等方面的信息。然而，无论如何，只有在金融企业集团内具有良好的信息系统，及各监管者之间配备有完善的信息分享机构才能达到信息化监管的目的。

监管中所需特别关注的问题进行归类也是一种可行的监管实践，因为其可以使集团的监管者能预先对可能发生的风险或突发情况进行设想，并设计相应的对策。作者认为，文件中所建议的监管者应重视其他监管者对其监管活动的评价就是一个很大的创新，因为它可以使金融企业集团的各监管者之间在监管活动中进行相互的牵制与约束，从而保证集团监管的有效性。

第五节　联合论坛《信息监管分享原则文件》

一、引言

金融企业集团在多元化经营的基础上提供全面的金融服务，这包括银行、证券、保险、期货业务等，此类集团在全球基础上的迅速发展不仅给集团的管理人员，也给集团内各实体的承担监管责任的监管者带来了巨大的挑战。仅其业务与地域的国际化这一特征，就要求理清集团内各法人实体之间的相互关系，及洞察某一实体不利发展对其他实体或整个集团运营所带来的潜在影响。

金融企业集团对金融监管法律制度产生的另一个结果是，监管结构与集团的业务与风险管理结构不一致，这就影响了对集团的有效监管。因此，法律上的相应创新是必不可少的，这就要求监管者必须强调信息交流的重要性及开发信息交流机构。

实际上，除了上述的巴塞尔银行监管委员会的《巴塞尔补充协定》、《对国际银行集团及其境外机构的最低标准》、《跨境银行监管》及《信息分享监管框架文件》等对建立信息交流框架提出建议外，其他的国际监管组织也对此表示关注，如 IOSCO1991 年的《谅解备忘录基本原则》（Principles for Memoranda of Understanding）为促进证券业监管者之间全面信息交流提供了框架安排，并鼓励监管者之间达成大量的类似协议。IAIS 的“保险协定”——《国际保险人与保险集团及其跨境机构适用原则》（Insurance Concordat—Principles Applicable to the Supervision of International Insurers & Insurance Groups and their Cross-border Establishments)，为行业间的合作提供了基础。1998 年 5 月，七国财长发布了《信息分享十大原则》(Ten Key Principles on Information Sharing)。这些协议与原则性安排在很大程度上决定了有关监管部门信息交流与合作的普遍性原则。后来，联合论坛对这些建议与原则进行了总结，于 1999 年出台了《信息监管分享原则文件》(Principles for Supervisory Information Sharing Paper)。该文件指出只有当影响监管者信息分享的所有法律与程序性障碍被真正清除时，这些原则才能完全产生作用。对此，《信息分享十大原则》文件指出，立法体制的政策性框架将能促进监管者之间的信息共享。联合论坛对该“十大原则”表示欢迎，并同时指出：这些原则是对《信息监管分享原则文件》的补充，其实施对相关立法当局而言非常重要。因此，探讨《信息分享十大原则》对于分析《信息监管分享原则文件》也具有重大的意义。

二、两信息分享原则文件的比较分析

(一)《信息分享十大原则》的基本内容

原则 1，信息分享权与收集权原则：即每一监管者① 在外国监管者请求时，或其认为具有利益时，应有一般的法定权力与外国监管者分享监管性信息。是否应当交换信息由信息的提供者② 决定，而不需任何第三方的同意。信息的提供者还应拥有充分的权力收集请求者③ 所寻求的信息。

原则 2，跨行业信息分享原则 (cross-sector information sharing)：不同金融行业的监管者应能够与国内和国际的其他监管者分享与监管相关的信息。

① 监管者指在其管辖范围内对金融公司及金融市场具有法定的监督与管理权的实体。

② 提供者指被请求提供信息的监管者。

③ 请求者指要求其他监管者提供信息的监管机构。

原则3，体系与控制信息分享原则：监管者应相互合作，以便于识别、监测在国际上活跃的公司的管理、控制及信息系统。

原则4，单个信息分享原则：监管者应有权分享具有监管利益，且与被监管公司之所有人、股东、董事、经理或雇员等个体相关的客观性信息。

原则5，交易所之间信息分享原则：某一辖区内的交易所应能与其他辖区内的交易所进行信息分享，这包括其成员头寸方面的信息。

原则6，信息保密原则：信息的提供者应当向信息的请求者提供能够保密的信息。请求者应当在其职责范围内自由地使用这些信息，但是受到最低保密义务的限制。①

原则7，非正式协议与书面请求原则：为了自提供者处获取信息，请求者无必要达成严格的正式协议。书面请求也并非信息分享的先决条件，特别是在紧急情况下。

原则8，互惠要求原则：该原则也不应是信息交流的严格的先决条件，但是互惠要求也是一个考虑的因素。

原则9，促进监管目的的实现原则：为了保证公司与市场的完整性，信息的提供者应允许请求者为了监管或法律实施之目的将信息传递给其他的监管机构及执法部门。

原则10，信息交流法律障碍清除原则：为了促进监管者之间的合作，每一国家应采取措施来清除防止或阻碍必要的监管信息交流法律上与程序上的限制，或对其进行相应的矫正。

---

① 信息的请求者应对信息的提供者所提供的非公开性的信息进行保密。这意味着非公开的信息不得进行披露，除非其满足以下条件：与请求者所说明的监管目的相关，或请求者所在国的立法机关要求，或在请求者或政府为一方当事人的诉讼中法庭要求提供书面文件或举证。在任何情况下，请求者对自提供者处获取的非公开信息的保护应等同于其对本国非公开信息的保护。在涉及立法机关或法庭要求的情况下，若可能，则应将信息的披露通知提供者。在所有其他情况下，除非紧急事件，信息的请求者在披露信息时应获得提供者的许可。

（二）《信息监管分享原则文件》确立的指导性原则

联合论坛在归纳与总结以前关于信息交流成果的基础上，得出以下五大原则：

原则1，为了对金融企业集团内的受管制实体进行有效的监管，各监管者应能够获取足够的并能反映出其法律与监管体制及监管者目标与方法的信息。

原则2，监管者应积极地提出重要的监管问题，及其他监管者关注的监管事项。同时，在提出这样的问题及受关注事项时，监管者应及时地作出令人满意的回答。

原则3，监管者应当及时地将出现的问题及重要的与具有潜在不利影响的金融企业集团发展情况告知承担主要监管职责的监管者，这包括监管行动与可能的监管行动。

原则4，承担主要监管责任的监管者应与其他相关监管者分享可能影响受后者监管实体的信息，包括监管行动与可能的监管行动，但特殊情况除外。

原则5，监管者应有目的地采取措施，以便于与其他监管者建立联系，并对之进行维持。此外，监管者之间应力图造就一种合作与信任的气氛。

（三）比较分析

从总体上说，七国财长会议所发布的十大原则在内容上及其所体现的精神上与联合论坛的《信息监管分享原则文件》的内核并无不同，该两原则文件都将监管信息化，都认为监管性信息的获取是保证有效监管的中心。如联合论坛原则文件中的原则一就阐明了这种观点。不过，若对该两文件进行比较，可以发现联合论坛的原则文件在内容上更丰富，涉及的监管信息化的范围更广泛，这主要表现在以下几点：

其一是在信息的获取途径上，《信息分享十大原则》更多地强调监管者自身的信息收集权与信息分享机制的作用，而联合论坛则采取了并行适用的方法，一方面承认监管者正式权力的作用，在另一方面又相当重视金融企业集团在其信息监管中的作用，如在其原则一的阐释中，主张应当鼓励金融企业集团与所有的监管者保持联系，并进行对话，以确定其可能为监管者提供相关信息的有效途径。这些相关信息包括公司法人结构、业务活动结构、管理结构、公司控制功能组织情况及内部控制结构等。

其二在分享的信息类型上，联合论坛的原则文件种类更多，从该文件的措辞我们发现，监管者之间交流与合作的信息不仅包括与金融企业集团各实体相关的信息，如受管制实体的资本充足率、资产流动性、集团的控制结构等，而且也包括与各实体的监管者自身相关的信息，如相关监管者所采取的监管行动及可能会采取的监管举措等。然而，七国集团的原则文件则更多地体现了监管者对受管制实体的信息收集权，及各监管者之间在此方面的信息共享机制。

虽然如此，若单从《信息监管分享原则文件》探讨，我们也可以感觉到该文件有不尽如人意之处，那就是该文件的用语比较抽象、模糊，不如七国集团的原则文件具体，而且还有些内容未被涉及，如非公开信息的保密、信息获取所应履行的程序等。然而，笔者以为，在我们探讨联合论坛的文件时，不能孤立地去理解，而应将巴塞尔银行监管委员会以前所发布的文件并入其中，因为作者认为联合论坛是巴塞尔银行监管委员会发展进程中的一个重要的转折点，若对其进行割裂性的思维显然不符合巴塞尔银行监管委员会一贯坚持的全面监管的主张。若这样看，则巴塞尔银行监管委员会以前所建议的信息合作安排与联合论坛的信息分享文件就构成了一个整体性的信息监管框架。

三、评价

该两信息分享原则为金融信息监管的法律化提供了一个良好的范例。从文件术语的界定到具体原则的规定，我们可以得出以下的结论：

其一，金融监管无论是在金融业务分业经营的国家，还是在合业经营的国家，它都是一个全面性审慎监管的过程。因此，各国金融监管法的立法者及国际金融监管实践的先导者都应从跨行业、跨国界的视角出发。在其中，监管信息的收集与分享是至关重要的，因为信息才是有效的监管之本。

其二，两文件也体现了“方便监管”的原则，并不拘泥于形式要件问题。如《信息分享十大原则》中的原则 7 规定在进行信息交流时，并不需要存在正式的协议与书面请求，以及《信息监管分享原则文件》中的原则 3 对监管者通知义务的规定。这无疑能提高监管的效率，提高监管者对金融突发事件的应变能力。

其三，信息公开与信息保密之间冲突的解决也是值得各国借鉴的。如在《跨境银行监管》中，巴塞尔银行监管委员会便建议，为了向银行客户提供法律上的保护，母国监管者对所获得的信息，特别是有关存款人与投资人姓名的信息必须进行严格保密。然而，若执法部门或法庭有确凿的证据表明存在严重的犯罪行为，如恐怖主义活动、偷窃、绑架、毒品走私、洗钱或欺诈等不法行为时，银行保密法不予适用。对此，《信息分享十大原则》中的原则 6 便对信息保密作出了明确的要求。

实际上，信息保密性问题是确立信息化监管制度的一个难点，因为信息的公开与保密使公权性的金融监管权与私权性的隐私权发生了碰撞。因此，在新的金融情势下如何保护个人隐私权问题是广大投资者所关注的。可以说，联合论坛等对于信息披露与保护的规定也是从各国相关的法律制度中提炼出来的，其反过来又对新金融形势下各国信息法律制度的构建起着指导作用。在此，作者想以美国《金融服务现代化法》的规定为例，对此问题加以说明，以期起到抛砖引玉的作用。

从《金融服务现代化法》的出台来看，虽然废除 1933 年银行法是该法中的焦点，但是隐私权保护的重新定位与架构却引起颇多争议。在国会的最后讨论中，这些争议曾一度威胁到该法的通过。这些争议的结果便是在《金融服务现代化法》中另辟专章对隐私问题作出规定。

该法第一节（非公开的个人信息的披露）详细地规定了以下几个方面的内容：非公开个人信息的保护、与个人信息披露有关的义务、机构隐私披露政策、规则制定与执行及研究在金融联营机构之间的信息共享；该法第二节（以欺诈手段获得金融信息）规定了以下内容：金融机构客户信息隐私保护、行政执行、刑事处罚、与州法律的关系及机构指导等。① 具体地说，该法明确规定，每个金融机构有明确和长期的尊重客户隐私的义务，并保护客户非公开的个人信息的安全性和机密性，同时各监管机构或当局应该制订适当标准，使金融机构在行政、技术和有形保护措施方面，遵从这些监管机构或当局的管理从而达到以下要求：一是确保客户记录和信息的安全性；二是防止任何可能影响这些记录的安全性和完整性的潜在威胁；三是防止未经授权获得或使用这些记录或信息而给任何客户造成不便或实质性伤害。该法进一步规定，金融机构不得向任何不属于其关联企业的第三方披露顾客的非公开信息，除金融机构向客户提出或已经提出符合本法第 503 条规定的通知。② 如果将对于隐私权的保护推至极端，这无疑也不利于金融业务的发展。因此，该法也规定了一些例外情况，如《金融服务现代化法》第 502 条 b 款第 2 项规定：如果金融机构充分地披露某些提供的信息，并且和有关第三者达成契约性协议，要求对方保证信息的机密性，则本款将不禁止该金融机构在下列情况下，向非关联第三方提供非公开个人信息，即为对方从事服务所需，或为金融机构自身经营所需，包括推销自身的产品或服务，或按照第 504 条规定，推销遵照两家或多家金融机构间联合协议而提供的金融产品或服务。另外，为了防止非关联的第三方所获取的信息再次公开，其又规定，依据本法从金融机构获取非公开的个人信息的非关联第三方不能直接或通过该获取信息的第三方联营机构，向任何其他人披露此类信息。金融机构亦不应将消费者的账号，或者信用卡、存款账户或交易账户的进入号码或进入代码以及类似的代码披露给非关联第三方，用于向消费

① 参见美国《金融服务现代化法》第 501～527 条。

② 第 503 条为机构隐私披露的政策，包括必须的披露与信息披露的范围。

者进行电话营销、直接邮售或通过电子邮件的其他营销等，但是对消费者报告机构的披露除外。

在金融监管中，信息，特别是有关监管对象的信息被认为是最重要的监管对象之一。① 因此，对于有效信息的占有和分析是有效监管的前提和基础。就对隐私权的保护而言，其绝不能优先于监管者的监管权。在两者发生碰撞时，无疑应存在隐私权保护例外的原则。美国《金融服务现代化法》对于隐私权亦以列举的方式说明了这些例外情况，如在下列情况非公开的个人信息应予以披露：为实施、管理或执行经消费者要求或授权的交易所必需；经客户同意或按照客户的指令；向保费率顾问组织、担保基金或代理机构、该金融机构适用的评级机构、评价该机构对行业标准遵守情况的人和该机构的律师、会计师和审计师提供信息；经其他法律条款明确许可和要求并符合 1978 年《财务隐私权利法》，向法律执行机构、自律组织，或为了对与公共安全有关的事项进行调查，提供信息等。

① 郭洪俊：《跨国银行监管中监管当局间的信息分享评析》，载《法学评论》2000 年第 1 期。

第七章　对我国的若干启示

第一节　对我国金融分业法律制度的实证分析

一、观点性分析

我国《商业银行法》第43条明确规定："商业银行在中华人民共和国境内不得从事信托投资和股票业务，不得投资于非自用不动产。"《证券法》第6条规定："证券业和银行业、信托业、保险业分业经营、分业管理。证券公司与银行、信托、保险业务机构分别设立。"我国《保险法》第105条规定："保险公司的资金运用，限于在银行存款、买卖政府债券、金融债券和国务院规定的其他资金运用形式。"因此，我国目前在金融诸业务的经营与管理上实行的是"分业经营、分业管理"的体制，但是在新的金融情势下，这并不妨碍对我国的分业经营法律模式进行学理上与实践上的探讨。

对于金融诸业务经营的体制问题，我国的许多学者或从经济上或从法律制度上进行了很多的讨论，但是这些探讨的基点大都采用了一锤定音的做法，即非分业即合业的模式，如有的学者认为，鉴于我国金融监管的滞后性，我国目前还不宜修改相关的法律以实行混业经营的模式。① 对于这种分析方法，笔者认为是值得商榷的。

笔者以为在分析任何事物以图得出相关结论时，应该立于事实的层面进行务实而客观的探讨与研究，而且得出的结论也并不是非A即B的论调。比如，就我国的银证的经营模式而言，也并非只有

① 见《金融时报》2001年11月10日第2版《论我国金融业当前不宜实行混业经营》。

要么合业，要么分业之选择。事实上，它也存在着一条中间的路线，即大分而小合，或小分而大合。再者，客观来说，任何法律规则都具有相对性，所以对于银证关系的模式而言，在世界各国的银证关系模式的法律制度中，都不存在绝对的分业与绝对的合业。比如，1933年的美国银行法造就了格拉斯·斯蒂格尔墙，从而实现了银行业与证券业的分野，但是该法所确立的分野制度并不是彻底的，其仍然留下了一定的弹性空间，这主要表现在以下几个方面：一是商业银行可以对美国政府和其他联邦政府机构发行的债券进行投资和买卖；二是商业银行可通过信托业，作为客户的投资代理，帮助客户进行证券投资和证券交易，在客户缴纳了足够保证金的情况下，商业银行可以发放证券抵押贷款；三是在不超过银行自有资本与盈余总额10%的数量范围内，商业银行可用自有资金对股票、债券进行投资、买卖；四是该法并不适用于美国银行机构的海外证券业务。

实际上，一国在对金融诸业务的经营模式进行相关的设计与规制时，固然应该考虑到本国的金融监管法律制度的完善与否、宏观经济情况是否被看好、监管信息的获取及与其他监管者之间的分享与合作及相关重要信息的隔离体制是否良性运转等情势，但是更应从理论的角度、务实的视角对该问题进行务实的分析，从而得出相关的结论。就美国而言，其1999年《金融服务现代化法》的通过导致的混业经营复归的现象虽然可以说是美国金融机构内外部环境优化、信用证券化及金融工程化等的结果，但是其更深层次的原因则在于美国金融机构面临内外市场的挤压。如英国于1986年通过了《金融服务法》，从而在其境内确立了混业经营的模式；日本于1994年便开始进行金融改革，其目的即在于走混业经营的道路(目前其所采取的便是混业经营的模式)；欧盟于1989年通过了《第二银行指令》，依据其附表的规定，在欧盟内实行混业经营的做法。就1999年11月以前的美国商业银行而言，其在内国金融市场上面临着脱媒现象，在国际金融市场上其要面对日本、欧盟等国家与地区金融机构竞争的挑战，所以可以说美国混业经营法律模式的复归是一种立于客观基础上的务实性的产物，是对其 1933 年银行法进行务实性反思的结果。因此，我国也应从务实的角度对目前的"分业经营、分业管理"的体制重新进行思考，以确立"分业经营为主、合业经营为辅"的经营体制。

二、务实性的思考

虽然鉴于目前的金融情势我国不能采取混业经营的模式，但是我国可以采取"分业经营为主、合业经营为辅"的模式。其理由如下：

理论上的分析。资本市场与货币市场都是金融市场的组成部分，两者都是筹集资金的场所。单从此点来分析，这两者之间并无差别，但所不同的是这两种市场的功能存在一定的针对性，比如货币市场主要解决企业对短期流动资金的需要问题。再从理论上来看，货币市场与资本市场是既相互独立又相互依存的，将两者完全地割裂开来发展无疑是不合理。就我国的情况看，资本市场相对于货币市场来说，较不发达，间接融资相对发达，而直接融资的规模较小。而且，企业所需的资金一般分为两部分，其一是长期占用资金，这包括固定资金与铺底资金，其主要通过资本市场获得；其二是短期流动资金，这主要由银行或货币市场供给。然而，在分业经营的体制下，由于历史的原因，我国的商业银行长期以来大包大揽，其不仅承担了货币市场的功能，而且也部分地承担了资本市场的功能，这在一定程度上造成了货币市场的功能错位。其不仅导致企业负债率过高，资本充足率达不到法定的标准，而且也导致银行大量不良资产的形成，金融风险的扩大。

实际上，货币市场和资本市场有着密切的联系，资本市场上的投资者存款准备金数额巨大，其中相当一部分沉淀资金存在银行而进入货币市场。在货币市场理所当然地将一部分融资任务转移给资本市场的同时，其创造新的融资方式引导货币市场的资金合理有序地进入资本市场从而使两个市场得以沟通。这样便可以使有限的资金资源得到有效的配置。这也证明了银证合业的经济理论的科学性。实际上，处理经济问题的法律规则，其实质内容是否合理要靠科学的经济理论来鉴别。

国内层面上的分析。我国的分业制从立法的本意而言，是对内不对外的。实际上，就其内向性而言，在银证分业的防火墙上已经出现了一些缺口，我国分业经营的隔离墙已有所松动。银行、证券、保险已出现了相互渗透、相互发展的趋势。如中国人民银行在1999年8月颁布了《证券公司进入银行间同业市场管理规定》①和《基金管理公司进入银行间同业市场管理规定》，允许符合条件的券商和基金管理公司进入银行间同业拆借市场，从事同业拆借和证券回购业务；中国证监会和保监会在1999年10月又一致同意保险基金进入股票市场；央行和证监会2000年2月联合发布了《证券公司股票质押贷款管理办法》，允许符合条件的证券公司以自营的股票和证券投资基金作为质押，向商业银行贷款；《开放式证券投资基金试点办法》也已经从2000年10月起开始执行，商业银行可以买卖开放式基金，开放式基金管理公司也可以向商业银行申请短期贷款，这表明国内分业经营体制已受到挑战。

银行、证券、保险业之间为何频抛“绣球”，继而又在一定程度上“联姻”呢？实际上，此种突破是我国金融机构在现实压力下的产物，如在大幅度降息与存贷利差逐步缩小的情况下，银行原有的作为主要收入来源的存贷款业务收入不断减少；证券公司的资本金规模较小，无法通过银行与其他金融机构融通资金；保险公司的资金运用渠道有限，前些年依据高预定利率承保的寿险品种出现利差亏损，增大了保险公司的经营风险，1999年降低预定利率以后

① 虽然这些文件已打破了各金融行业的隔离墙，但是若严格从法学理论上来分析，这种做法的法律效果是值得怀疑的，因为这些规定只是行政规章，属于广义上的法律，所以其法律效力性显然低于《商业银行法》、《证券法》与《保险法》。在这些规定相冲突的情况下，必然是前者无效。因此，在新的形势下，如何保持这些规定的一致性，也是我国的立法者与监管者所必须考虑的问题。

推出的寿险品种又因为收益低而缺乏市场吸引力。① 银证等的结盟不仅意味着潜在的金融资源得以有效的释放，更意味着在新金融情势下，能增强实力的一种金融业务的创新。虽然银行业与证券业等分离的缺口已有所突破，但其仍是有限度的，因为有形的法律禁锢仍然存在。

国际层面上的分析。从国际层面上考虑，这是国际金融市场竞争的需要。金融业合业制在其营运中具有较强的比较优势，世界上许多实行分业经营制度的国家，如美国、英国、日本等都已经向商业银行业务经营全能化、综合化方向发展。此种革新清楚地表明：混业制是和现代市场经济相适应的商业银行业务经营模式。我国商业银行改革发展的目标是市场化与国际化，所以无论是从遵循已有的国际惯例，还是从顺应世界金融发展潮流看，合业是必然的趋势。然而，由于现阶段，我国经济形势的影响、金融监管的滞后及风险意识与法律意识的淡薄，我国还不能实行全范围内的混业，应采取“以分业为主、合业为辅”的模式，作为一种和国际接轨的前奏与积累经验的方法。客观地说，在现阶段我国实行大分小合亦具备了一定的法律基础。自 1995 年以来，金融法制建设取得突破性进展。《中华人民共和国人民银行法》、《中华人民共和国商业银行法》、《中华人民共和国票据法》、《中华人民共和国保险法》、《中华人民共和国证券法》、《中华人民共和国担保法》以及《全国人民代表大会常务委员会关于惩治破坏金融秩序犯罪的决定》、《信托法》等法律相继颁布实施，央行也先后制定了《贷款通则》（1996 年）、《商业银行资产负债比例管理审核办法》、《加强金融机构内部控制的指导原则》等规章。《社会保险法》、《期货交易法》等也正在起草、修改，即将颁布。

此外，我国的三大金融监管部门于 2000 年 6 月在上海召开的“中国金融发展战略研讨会”上明确表示，将建立联席会议制度，

---

① 金德环、许谨良主编：《2001 年中国金融发展报告》，上海财经大学出版社 2001 年版，第 59 页。

以加强彼此的协调合作。这标志着我国金融业发展已进入了法制化轨道，这将大大改善金融监管者对金融业的宏观调控和监管效果。它也为我国实行大分小合的模式提供了法律保障。

再者，我国已经加入了WTO，这即意味着我国已接受了其一揽子协议，这包括服务贸易总协定（GATS)。而这其中的核心原则是国民待遇原则、最惠国待遇原则、透明原则等。如按照中美双边协议，我国在加入WTO两年后，外资银行可办理中资企业人民币业务；5年后可办理居民人民币业务。加入WTO后，开放两个城市，以后每年开放4个城市办理人民币业务，5年后外资银行办理人民币业务不再有任何地域、客户限制，享有国民待遇。因此，内国金融市场的对外开放亦是早晚的事情。且这种开放即意味着我国的商业银行将失去其原有的“保护伞”，而不得不在同一水平线上面对咄咄逼人的国际银行之攻势。如果面对业务范围日益扩张的国际银行之竞争，其结果是令人堪忧的。从这一层面分析，小范围内的合业亦是一种必然性的过渡。这里必须明确的是，一国在锁定自己的基本制度模式时，应从本国国情出发，而不能全盘移植。就我国而言，现阶段我国市场经济的发展及与之相随的市场金融改革仍处于起步阶段。在宏观调控体系中，特别是中央银行宏观金融调控机制尚不完善，直接的行政调控在经济金融中仍占重要地位。商业银行制度的建设尚未完善，有效的内控机制尚未形成，适应混业经营的法律体系还没有建立，如在此时就全面实行混业模式，则可能会带来银行资产负债不对称、短资长用现象从而影响流动性，高风险的证券投资造成对储户及银行其他债权人利益的损害等。同时，大规模的证券投资可能滋生过度的经济泡沫，无度的业务竞争可能会扭曲国内的金融秩序。

最后，虽然我国在总体上是对国内的外资金融机构的业务范围采取限制约束的做法，但是在入世所引发的我国应承担的相应法律义务的情况下，这也只是一种权宜之计。而且，就目前而言，在某些金融领域方面，外资金融机构在法律的适用方面还处于优势地位。这主要表现在保险业，依据前文的讨论，我们了解到我国保险公司的业务范围仅限于存款、国债与金融债券的买卖等。其投资业务范围在法律上受到了极大的约束。然而，在1995年以前，我国对外资保险公司的监管主要是以1992年《上海外资保险机构暂行管理办法》为依据。根据该办法的规定，外资保险公司的投资范围包括：中国的金融机构的存款、金融债券、企业债券；委托放款、股权投资及其他批准的投资等。① 我国《保险法》也对外资保险公司的业务范围进行了规定，但是其对外资保险公司业务范围的法律规定却与对中资保险公司业务范围的规定大不相同，如该法第154条规定："中外合资保险公司、外资独资保险公司、外国保险公司分公司适用本法规定；法律、行政法规另有规定的，适用其规定。"这样，我国在对外资保险公司的投资范围的法律界定上仍然是以上述的1992年的办法为依据。这就导致了中资与外资保险机构在投资业务范围法律规定上的不平等。尽管我国随后颁布了《保险管理暂行规定》(1996年生效)、《保险公司管理规定》(2000年3月生效)及《中华人民共和国外资保险公司管理条例》(2002年2月1日生效)，但是它们都没有能够解决上述问题，1992年的办法仍然适用。在我国金融机构金融产品提供比较单一、资产规模相对较弱、管理技术滞后等因素的影响下，这显然也不利于已处于弱势地位的我国保险公司等金融机构的竞争。因此，从务实的角度出发，我国也应对制约金融诸业务融合的法律进行反思，从而进行务实性的变革。

三、结论

银行业与证券业等金融业务的分与合是一场冗长的理论上与实践上的论战。然而在全球金融一体化的驱动及市场的挤压下，美国1999年《金融服务法》的出台最终使美国告别了银行业与证券业等业务分离的法律制度。借鉴与移植是我国法律制度构建中的一大

① 马伯寅：《入世后我国保险投资的法律困境》，载《金融法苑》2001年第12期。

特色，比如我国目前处理银行业与证券业等关系的法律便是借鉴了1933年美国的银行法。因此，在新形势下，对我国的金融分业经营体制作一实证的分析存在着必要性与紧要性。通过以上分析，笔者并不主张在我国目前的情况下实行全面的混业模式，也不赞成某些学者所主张的一刀切式的非分业即合业的做法，而是主张确立大分小合的模式，因为既存的法律必须立于务实的角度对其所调整的正在日益发生变化的社会关系进行相应的反思，并在此基础上作出相应的变革。实际上，在2003年的《商业银行法》修正案中，我国在立法价值上对于金融分业问题的态度已有所松动，如修正案将原《商业银行法》第43条修改为："商业银行在中华人民共和国境内不得从事信托投资和证券经营业务，不得向非自用不动产投资或者向非银行金融机构和企业投资，但国家另有规定的除外。"

第二节 对我国金融监管法律框架构建的思考

一、我国机构型监管法律体制的确立及评价

（一）我国机构型监管法律体制的确立

我国现行的"分业经营、分业监管"的功能性监管体制的形成大约历经了三个阶段，即集中单一监管阶段、机构型监管的形成阶段、机构型监管的确立阶段。以下作者拟对我国这三个阶段的金融监管体制进行简要的历史性回顾。

1. 集中单一监管阶段

这一阶段持续的时间是自改革开放之初到20世纪80年代中期。此时期，我国证券市场尚未形成，惟一的保险公司即中国人民保险公司也是中国人民银行的下属性机构，四大专业银行与人保公司分工明确，不允许业务交叉经营。① 在这一阶段，我国金融业的

---

① 程宗璋：《创新我国金融监管体制问题的研究》，载《金融法苑》2001年第5期。

结构相对单纯，在金融监管体制上表现为集中单一监管的模式。如1983年9月17日，国务院出台了《关于中国人民银行专门行使中央银行职能的决定》，该决定指出必须强化中央银行职能，明确中国人民银行是在国务院领导下对全国金融事业进行管理的国家机关。1986年，国务院又颁布了《中华人民共和国银行管理暂行条例》，以突出中国人民银行的金融监管职能。

2. 机构型监管的形成阶段

这一阶段延续的时间是从20世纪80年代中期到20世纪90年代中期。在这一时期，我国的资本市场初步确立，以证券机构为主的各种非银行性的金融机构也相继设立。然而，在金融诸业务的经营上呈现出严重的混业经营状态，如银行从事证券及保险业务，其主要方式是银行出资设立证券公司、保险公司，或是在银行内部设置相应的部门从事这些非银行性的金融业务；保险公司高息揽存，发放信用贷款，并设立证券营业机构从事证券业务；证券公司则通过收取客户交易保证金及代办储蓄的方式向银行业务渗透。此种过度混业的经营体制在一定程度上造成了我国金融秩序的混乱，影响了我国金融体制的稳健与安全，同时也与我国当时的金融监管法律制度的建设及金融监管的实践不符。因此，为了加强金融监管，1992年中国证监会成立，专门负责对证券业的监管。为了加强宏观调控，1993年7月，我国开始实施以整顿金融秩序为主要内容的十六项调控措施，同年11月国务院又发布了《关于金融体制改革的决定》，明确将中国人民银行办成真正的中央银行，实现国有专业银行向商业银行的转变。1994年国务院又提出了银行、保险、证券、信托实行分业经营的要求。① 在这一阶段，中国人民银行负责银行业与保险业的监管，并负责证券机构的审批，而证监会则负责监管证券机构的业务活动与证券市场。因此，这一时期的金融监管体制呈现为自单一集中的监管体制向分业监管体制过渡的特点。

① 陈建华：《中国金融监管模式选择》，中国金融出版社2001年版，第62～64页。

3. 机构型监管体制的确立阶段

这一阶段是从1995年至今。1995年，我国《商业银行法》的出台标志着金融分业经营体制在我国已正式确立。然而，与此相对的机构型监管体制则一直到1998年才确立。1998年，中国保监会成立，专门负责对保险业的监管，同时中国人民银行将证券机构的监管与保险业务的监管权力分别移交给中国证监会与中国保监会，自此在我国便形成了分业监管的体制。

（二）评价

我国金融监管法律体制的演进说明我国的金融监管法律制度的构建是一个动态的发展过程，说明金融监管模式的选择必须与一国国内的金融情势及国际金融关系的发展态势相符合，同时这也证明我国金融监管体制日趋严密化与系统化，如中国人民银行跨省区设置九大分行，以摆脱地方政府的束缚，证券监督管理机构与地方政府彻底脱钩等便是很好的例证。实际上，我国现行的机构型监管体制的确立既有其国际因素，又有其国内因素。

从其国际因素来看，我国现行的监管体制受美国的分业监管体制的影响。在美国20世纪30年代的金融危机之后，当时的理论主流学派认为，银行业与证券业的混合经营不利于防范金融风险，这也是美国在30年代发生大危机的原因，所以美国1933年的银行法确立了银行业与证券业分离经营体制及双线多元的分业监管体制。美国的此种理论与实践在20世纪80年代以前产生了广泛的国际影响，这也同时影响到了我国现行的"分业经营、分业监管"的架构。从国内因素来考虑，长期以来，我国的金融监管只限于一般性行政检查与管理，实行机构型监管，如审批管理、业务范围核定、专项现场检查及行政处罚等。在治理整顿金融秩序以后，金融监管工作的重点体现在市场准入、业务范围、业务经营行为的监管，我国缺乏对金融体系稳健性与防范系统性危机的全面审慎监管，这为我国机构型监管体制的确立保留了一定的基础。此外，我国现行的监管体制也与当时特殊的金融情势相关，如我国证券市场发育不成熟，银行业与证券业的融合会助长证券市场的过度投机；银行资金实力强，两业合一易产生垄断，不利于证券市场的发展；我国金融业缺乏严格的法律约束，两业合一会引起金融秩序的混乱。①

虽然分业监管体制已在我国得到确立，但是该种体制是否真能适应我国目前的金融业发展要求、国际金融业的创新及监管法律制度的新发展呢？这是一个令人深思的问题。正如作者所言，金融监管法律模式的选择与确立本身就是一个动态的过程，这就要求我国的立法者及制度的创立者以动态的思维来考察我国目前的机构型监管体制。对于这一命题，我们既可以从国际金融监管法律制度的新发展上找到例证，也可以从我国机构型监管体制的确立过程中寻找到答案。因此，在目前的情况下，我们也有必要从我国金融业的发展情况、金融监管的实际效果、金融法律制度的完善程度及国际金融业及其监管的新发展等角度对我国的机构型监管体制进行深层次的思考。

二、我国金融监管法律体制创新的原因

（一）金融创新对现行金融监管体制的影响

我国是实行“分业经营、分业监管”的监管体制，但是目前我国的金融创新已对这种体制提出了挑战。这主要表现在三个方面，即货币市场与资本市场的对接（对于这一问题，具体内容可参阅本章第一节的分析）、银行与保险机构的上市及金融控股公司的形成。

长期以来，在我国证券交易所上市的商业银行只有深圳发展银行一家。然而，1999 年 11 月 10 日上海浦东发展银行在上海证券交易所上市 3．2 亿 A 股，这是自《商业银行法》与《证券法》颁布实施以来，国内首家由央行、中国证监会正式批准的股份制商业银行上市公司。浦发银行股票的上市标志着股份化与证券化已经成为我国商业银行改革与发展的方向，由此掀开了商业银行上市的序

① 周正庆：《证券知识读本》，中国金融出版社 1998 年版，第 431～432 页。

幕，四大国有商业银行及民生银行、光大银行等均在筹备之中。①其后，中国保监会于2000年1月13日出台了《保险公司管理规定》，该文件第26条规定："保险股份有限公司向社会公开发行新股，应当遵守《公司法》及国家监管的有关规定。"因此，客观而言，我国保险公司上市从政策上已不存在障碍，目前已有平安保险股份公司、中国太平洋保险公司、天安保险股份公司与大众保险股份有限公司4家公司提出上市申请。

此种资本市场与货币市场的对接，及银行与保险机构的上市已对我国目前的机构型或分业监管体制产生了冲击，因为在机构型监管体制下，各监管机构都是依金融业务的范围来配置金融监管权，然而上述的对接与上市现象已使得金融业务之间出现融合，如股票质押贷款既涉及银行业务，又关联到证券业务，所以对这些新业务如何进行监管是目前的金融监管法律制度所不能有效解决的问题，这样就可能导致监管的缺位或监管的重复。

此外，我国目前已存在的金融控股公司也对现行的机构型监管体制重构产生重要影响。我国主要金融控股公司的概况如下：

中信公司（现称中信控股公司）。中信公司是中国国际信托投资公司的简称，成立于1979年，是我国第一家信托投资公司，其后陆续开办了银行、信托、证券、期货等金融业务机构。现在，金融业务是中信公司重点发展的业务，其资产约占中信公司总资产的80%，包括两大商业银行（即全资的"中信实业银行"及被持有55.29%股权的香港上市公司"中信嘉华银行"）、中信证券公司、中信兴业信托公司、中信期货经纪公司与信诚人寿保险公司（与英国保诚保险公司在广州合资组建）等。

光大集团。中国光大集团由中国光大集团有限公司（1983年

① 见《财经时报》2000年1月26日第3版。

成立于香港）与中国光大总公司（1990 年成立于北京）组成。①该集团是以经营银行、证券、保险、信托投资等金融业务为主体的特大型金融企业集团。目前光大集团通过绝对控股、相对控股、合资参股以及子公司之间相互持股等各种资本运营手段，直接或间接地将触角渗透到现代金融业的各个领域。光大集团已拥有光大银行、光大证券与光大信托等多家金融机构，其是申银万国证券公司的第一大股东，拥有在香港上市的子公司光大控股、光大国际与光大科技公司。②

平安集团。该集团现已形成以保险业为主，集证券、信托业务为一体的业务格局。其中，信托业务由“平安保险”控股的“平安信托投资公司”来从事，而证券业务则由“平安保险”间接控股③的“平安证券”来进行。

海尔集团。该集团在 2001 年通过一系列的投资与购并，成为了集银行、证券、保险与信托业务于一身的准金融控股公司。据国泰君安研究所一份研究报告，海尔集团拥有青岛商业银行 60％的股份。控股“长江证券”，成立保险代理公司，持有鞍山信托 20％的股权，而为第一大股东。此外，海尔集团旗下的“海尔投资发展有限公司”与“纽约人寿”的海外分支机构“纽约人寿国际公司”成立合资保险公司。

① 光大集团目前呈现出“两个法人代表，两个管理总部，一套领导班子”的局面：即香港总部与北京总部，由一套领导班子组成的董事会统一对集团进行管理。香港总部的主要职能主要是对在香港上市的公司进行管理，这包括光大控股、光大科技、光大国际等。北京总部管理的金融企业包括光大银行、光大证券、申银万国证券、光大国际信托投资公司、光大永明人寿保险，非金融企业包括光大房地产、光大饭店管理、光大外贸与光大石油等。

② 熊波、王志强等：《金融控股公司理论与实践》，经济管理出版社 2002 年版，第 203 页。

③ 平安保险股份有限公司全资控股了平安信托投资公司，而平安信托投资公司又控制了平安证券公司 61％的股权，所以说平安保险间接控股了平安证券。

山东电力集团。该集团目前已控股山东英大信托、蔚深证券、鲁能金穗期货，并且是湘财证券的第一大股东，华夏银行的第二大股东，其已基本上形成了金融控股公司的规模。

金融控股公司在我国的出现也冲击着我国的机构型监管体制，这种影响主要表现在以下几点：一是在集团的各金融公司之间缺乏必要而有效的金融防火墙；二是存在同一笔资本重复计算的现象，如平安保险通过投资 1.5 亿元人民币，全资控股了平安信托投资公司，而平安信托又投资 9 150 万元人民币控制了平安证券公司 61％的股权，这样，该 9 150 万元人民币就可能被重复计算了；三是非金融性企业参股或控股多家金融企业，但是其却游离于金融监管之外，这显然不利于有效金融监管；四是各监管者之间如何进行协调的问题。

（二）国际金融监管体制的新发展所产生的影响

20 世纪 80 年代后期，为了适应金融创新与金融监管的需要，一些国家注重采用统一的监管标准，以减少监管机构的重叠及重复监管。因此，在金融监管体制的选择与确立上，开始自机构型监管体制步入功能性监管体制，以实现跨行业的、依金融产品的功能来决定监管权限划分的金融监管体制。在挪威、丹麦、瑞典等国家，由于金融创新的发展，尤其是金融企业集团的出现，这些国家先后将分散的金融监管机构合并，成立统一的金融监管机构，以对银行、证券、保险业务等进行统一的功能性监管。

由机构型监管向功能性监管过渡的典型例子是英国，其基本理念是：在金融业务之间出现融合的情况下，金融监管体制也要相应地进行调整。① 1997 年，英国成立了金融服务局，以实行统一的金融监管，其后在 2000 年英国通过了《金融服务与市场法》，将金融服务局重组为金融服务监督局。在英国实行金融监管体制改革后，澳大利亚于 1998 年 3 月 17 日成立审慎监管局，同时还建立了

---

① Briault, Clive: the Rationale for a Single National Financial Services Regulator, Financial Services Authority Occasional Paper, No. 2, May (1999), p. 6.

证券投资委员会负责进行市场监管。韩国则于1998年成立金融监督委员会，① 美国1999年的《金融服务现代化法》确立了以美联储为主导的功能性监管体制，日本于2000年则确立了以金融厅为主的综合性监管框架，法国则打算将其分业监管的委员会合并为统一的全国金融委员会。②

在金融全球化的趋势下，上述国家金融监管体制的创新必然将对我国金融业及其监管法律制度的重构产生冲击与影响，因为从宏观上来看，我国金融业属于全球金融业不可缺少的一部分，我国的金融监管也是国际金融监管中重要的一个环节，而且对其他先进国家法律制度的借鉴与移植也是我国法律制度构建中的一大特色。

除了上述两方面的因素之外，我国现行金融法律制度的不足及在其实践中的效应也与我国金融监管体制的重构存在关联。我国金融法律制度的不足主要表现为：一是法律规定的粗细不一，内容单

---

① 韩国功能性监管体制的确立是1997年金融危机的产物。危机后，韩国政府随即对其金融监管体制进行了大幅度的改革，先是于1998年成立金融监督委员会，后又于1999年设立金融监督院，并将以往分别隶属于韩国银行、财政部、金融货币运营委员会（银行监督院）、保险监督院、证券监督院的各类监管职能全部移交至金融监督委员会及其执行机构金融监督院以及其附属的证券期货委员会。其中金融监督委员会是由政府相关部门派员组成的委员会性质的政府机构，该机构的职能体现在以下三方面：一是对有关金融监管的法律法规进行解释；二是负责对所有金融机构营业执照的发放及吊销；三是检查、指导金融监督院的日常监管工作。金融监督院是由各金融机构共同出资形成的民间公益性机构，其内部机构则依金融机构的性质进行设置。其主要使命是依照金融监督委员会的指令，负责实施具体的金融监管活动。改革后的金融监督委员会与金融监督院的工作侧重点表现在以下五个方面：维护金融监管机构的统一及监管原则制订的科学性；维持金融业的稳健；维护金融市场的公平竞争秩序；提高监管人员的业务与道德素质；及逐步完善那些在发达国家已普遍存在，但是在发展中国家却十分缺乏的金融基础设施，如良好的会计制度、完备的信息披露机制及完善的信用评估体系等。

② 金中夏：《国际金融监管体制比较与启示》，载《经济社会体制比较》2001年第4期。

薄，如我国《商业银行法》只有91条，而其中调整银行与其客户之间私法关系的条文就有近20条之多，这些规定过于细化，① 同时这有监管权过多干预私法关系之嫌，② 而我国的《中国人民银行法》有的规定却过于宽泛，如该法虽然以专章对央行的“金融监督管理”职能作出了规定，但是其只有7个条文，③ 且每个条文的规定都是原则性的；二是法律之间的协调性差，如就我国银行法律制度而言，其主要由《中国人民银行法》、《商业银行法》与一些行政法规及央行发布的银行管理规章组成，这三个层次的法律法规本应是一个有机的整体，然而情况却相反，比如对前面两法的补充性解释法律文件均未出台，且各银行监管规章及有关条例之间或与两大法律之间存在许多重叠、不协调或抵触之处；三是相关金融监管法律的欠缺，如存款保险制度等。我国金融监管实践的不足体现在以下几个方面：在监管中重表内业务的监管而轻表外业务的监管、重他律而轻自律、重合规性监管而忽视全面的审慎性风险监管、重国有独资银行的监管而轻其他银行与非银行性金融机构的监管等。

上述因素的存在说明我国必须从现实的角度对现行的机构型监管法律制度进行反思，并在此基础上对其进行架构。那么，在新的国内与国际金融形势下，我国应寻求怎样的金融监管法律框架呢？

---

① 具体规定可以参见《商业银行法》第三章“对存款人的保护”与第四章“贷款和其他业务的基本规则”。同时，在此作者想说明的是，并不是我国的《商业银行法》不能对银行与其客户之间的私法性的关系进行规制，关键在于度的问题。而且，客观地说，将银行等金融机构的业务关系纳入金融监管的范围在一定程度上也有助于监管，因为金融业是一种特殊的行业，事关国家金融体系的稳定与安全，但是应明确的是，银行与其客户之间的关系毕竟属于私权的范畴，其强调的是当事人意思自治的原则，是以权利为内容的，而监管权则属于公权的范畴，以权力为核心。因此，立法者应寻求如何在这两种权能之间找到最佳的平衡点。

② 李金泽：《加入WTO后中国银行法制的局限性及其克服》，载《法律科学》2002年第2期。

③ 具体的规定参见《中国人民银行法》第五章“金融监督管理”中的第30～36条之规定。

结合前文的讨论，作者认为，在我国现已出现金融业融合的情况下，我国的金融监管权的配置应以金融产品的性能来划分，所以我国应确立功能性的监管体制，以实现跨行业的集中式的并表监管。实际上，在一定的金融环境下，对如何建立有效的金融监管体制问题，国际货币基金组织的工作人员在总结有关国家经验的基础上，提出有效监管的前提条件是：监管目标的清晰性、监管的独立性与可靠性、监管资源的合理性、执行权的有效性、监管的综合性及监管的低成本性等。① 对此，巴塞尔银行监管委员会在其《有效银行监管核心原则》中也有相关的表述。

三、我国金融监管法律体制的选择

对于我国的金融监管体制重构，② 笔者认为有两种选择方案：

---

① Albrams, Richard, and Michael Taylor, Issues in the Unification of Financial Sector Supervision, IMF Working Paper, WP/00/213 (2000).

② 对于我国监管体制的选择问题，金融学术界有很多观点，如有的学者认为，应通过中央银行集中统一干预与管理金融体制（廖富洲：《西方发达国家的金融监管与启示》，载《中国金融》1998 年第 7 期）；有的学者认为，将金融监管职能从中央银行分离出来，设立相对独立的金融监管局，接受央行的领导（王自力：《我国金融监管体系与监管模式的重新探讨》，载《金融研究》2002 年第 12 期）；另有学者认为，中国金融监管体系的改革，应把中央银行与金融机构自律两个系统作为改革重点。作者认为，这些建议都不具有可行性，也没有从法律上加以考虑，比如就第一种设想而言，它与我国原 1995 年《中国人民银行法》所规定的监管体制是一致的，如其第 30 条便将金融的监管权全部赋予了央行，所以这种建议只是一种复归。就第二种建议来看，它也是不现实的，因为一方面其有可能导致监管者在央行的干预下丧失独立性，另一方面有可能产生监管效率低下的结果，因为据《中国人民银行法》第 1 条的规定，央行还承担有货币政策实施的职能（第一种设想也面临同样的问题）。第三种建议过分地看重了自律的作用，从实然性的角度来说，金融监管应是“以法定型监管为主、自律型监管为辅”，以自律型监管为特色的英国监管法律制度的变化就说明了这一点，而且对于一个像我国这样一个具有长时间人治历史的社会而言，更应突出法律在金融监管中的作用。

方案一是成立金融监管委员会；方案二是成立中央金融监管委员会。以下对这两种设想进行具体的探讨。

方案一，将现有的银行业、信托业的监管职能从央行的监管职能中分离出来，① 然后将其与证监会、保监会合并为中国金融监管委员会，让其在国务院的领导下，统一地负责对银行业、证券业、保险业、信托业等的监管。因此，金融监管委员会应下设综合局、银行监管局、证券监管局、保险监管局、信托监管局、审计局、信息统计局、法律局及国际局等部门。

方案二，在完善现有的银行、证券、信托、保险业监管体制的基础上，成立统一的中央金融监管委员会，负责制定金融业审慎监管的有关政策。新成立的中央金融监管委员会类似于澳大利亚于1998年成立的金融监管委员会，其主要职责是协调金融监管，确定金融体系中的重大问题及发展趋势，实现监管信息共享及监管成本的最小化等。② 这可以采取两阶段进行的方式，在第一阶段，将银行业、信托业的监管权能从央行的货币政策职能中剥离出来，成立相对独立的银行、信托监管局。在第二阶段，设立统一的中央金融监管委员会，负责制定银行业、证券业、保险业、信托业的监管政策，并协调监管。在这种监管体制中，具体的监管职责由证券业、保险业、银行业与信托业的监管者执行。

这两种设想的金融监管法律体制各有利弊，方案一的优点是金融监管机构的整合比较彻底，符合我国金融法律制度发展的长远目标，能达到功能性监管的目的，其缺点是对我国目前的金融体制的冲击太大，负面影响的吸纳时间长，相关法律的变化大，如在这种

---

① 我国已成立了银监会，从而最终实现了将金融监管权与央行的货币政策职能的剥离。这种专业性的分工虽然在一方面强化了对银行业的监管，但是也可能导致银行业运营成本的增加，同时由于央行仍然具有一些特殊的职能，所以银监会与央行之间如何协调也是我国金融监管法律制度创新中所面临的一个新问题。

② Australian Prudential Regulation Authority: Financial System Reforms Implementation, Australian Treasurer's Press Release, March 17, 1998, p. 5.

情况下，我国的《中国人民银行法》、《商业银行法》与《信托法》等都面临重大修订的问题。不过，从总体上权衡，该种方案优于方案二。方案二的优点是对我国目前的金融监管法律制度的冲击不会很大，改革的阻力较小，能在一定程度上实现集中并表监管的目的。其缺点是原有的监管权的配置无太大的改变，协调成本可能过大，现有的金融法律制度不会有实质性的创新等。实际上，这种做法有点类似于中国三大金融监管部门 2000 年 6 月在上海召开的"中国金融发展战略研讨会"上所倡导的"联席会议制度"，该制度的目的有三：一是建立定期磋商制度，以能及时界定交叉业务的监管权问题；二是建立监管信息共享机构；三是成立专门小组，以研究一些重大问题，并及时提出对策。2003 年中国银行业监督管理委员会、中国证券监督管理委员会、中国保险监督管理委员会又达成了《在金融监管方面分工合作的备忘录》，该备忘录第 2 条明确了其宗旨："本备忘录旨在明确中国银行业监督管理委员会、中国证券监督管理委员会、中国保险监督管理委员会在金融监管方面的职责，为三家机构协调配合，避免监管真空和重复监管，提高监管效率，鼓励金融创新，以达到所有金融机构及其从事的金融业务都能得到持续有效的监管，保障金融业稳健运行和健康发展。"总而言之，作者认为，从我国金融发展的态势、金融法律制度的改革方向及国际金融法律制度的创新来看，我国金融监管体制模式应以第一种方案为宜。

四、综述

金融监管法律体制的重构是我国金融法律制度中的一个核心问题，这也是金融监管辩证规律的必然要求，因为若金融监管法原所调整的社会关系已出现新发展，立法者若不能对现行的法律及时地进行必要的反思，并进行相应的矫正，则现行的法律制度必然会阻滞新金融关系的发展，同时也会导致法律价值，如效益、安全的落空。鉴于我国目前的金融法律制度本身就已存在严重的滞后性与不协调性，所以作者认为在我国进行金融监管体制的选择时，我国的立法者必须首先对我国的相关法律进行调整，如我国在 1992 年便已将对证券业的监管权从央行的监管职能中剥离开来，然而我国的《中国人民银行法》在条文上依然无相应的修改，如该法第 30 条仍规定，中国人民银行依法对金融机构及其业务实施监督管理，维护金融业的合法、稳健运行。我国的《保险法》也面临同样的问题，该法在保险业的监督管理主体所用术语上仍采用的是“金融监督管理部门”,① 而我们知道对保险业的监管权自 1998 年起已从央行的监管权能中分离出来，而移交给了中国保险监督管理委员会，这些规定不仅与我国的现实情况不符，同时在我国已入世的情况下，也可能导致对《服务贸易总协定》规定的义务的违反，如该协定中的透明原则要求，法律、法规、规章的制定、修改、废止必须及时地公开与通报，并应将有关法令、规章或行政指令等迅速地报知服务贸易理事会，还应建立相应的机构与机制来确保这种公开与通报的及时性与全面性。因此，我国的立法者应对这些与现实不符的规定进行梳理，同时我国的立法者也应在修订的《商业银行法》、《证券法》与《保险法》等法律中对我国货币市场与资本市场对接等现象进行承认，以达到这些法律与《证券公司进入银行间同业市场管理规定》、《基金管理公司进入银行间同业市场管理规定》及《证券公司股票质押贷款管理办法》等金融规章规定的一致性。作者以为，这也是我国金融监管体制重构过程中所必须解决的前奏性问题。然后，在此基础上，进行监管机构的设置与金融监管权的重新配置。无论如何，其最终的目的都是要确立依据产品的功能进行跨行业监管的功能性监管框架。

第三节　对我国资本充足法律监管的反思与建议

资本充足率监管代表了国际金融监管法律发展的新理念，该监

① 见《中华人民共和国保险法》第五章“保险业的监督管理”第 107～124 条之规定。

管原则自 1988 年被巴塞尔银行监管委员会倡导以来，已几经演变。其所针对的金融风险已从信用风险扩展到市场风险、操作风险等。同时，伴随着国际金融关系的发展，新的巴塞尔资本协议已确立了一个以“资本充足率要求、监管评估程序及外部市场约束”为核心的监管框架。在巴塞尔银行监管委员会强大的示范效应下，许多国家与地区已着手对其内部的资本充足监管规则进行相应的调整，如欧盟就对其原来的《自有资金指令》等进行了整合而出台了新的资本协议草案。尽管我国并非巴塞尔银行监管委员会的成员国，但是正如某些学者所主张的一样，其所发布的文件对非成员国具有“附带性约束力”。因此，在我国金融法律正在进行整合与创新时期，作为国际金融市场一个组成部分的中国，也必须客观公正地对我国目前的资本充足性监管要求进行回顾与反思。

一、对我国金融机构资本充足监管法则的回顾

资本充足监管虽然在我国金融业监管中起步较晚，但在我国金融法粗具规模后，它也是我国银行业监管中一个重要的金融风险防范制度。伴随着我国金融业市场的发展及金融法治化的要求，我国银行业资本充足监管法则的构建呈现出渐进式演进的特点。

在巴塞尔银行监管委员会出台了 1988 年的资本文件后，深圳市人民银行便于 1993 年颁布了《深圳特区银行业资产风险监管暂行规定》，开始对深圳市的金融机构实行资本充足的监管。该规定也将资本分为核心资本与附属资本两大类，并依据银行业务资产的风险程度，配置了不同的风险权数。此外，还详细地规定了金融机构不同阶段应达到的资本充足率要求，如深圳市的商业银行的资本充足率在 1993 年底应达到 6%（其中核心资本应占 3%），在 1994 年底应达到 8%（其中核心资本应占 4%），1995 年后，资本充足率应达到 8%～12%（其中核心资本应占 4%～6%）；非银行金融机构的资本充足率应达到 12%～16%（其中核心资本应占 6%～8%）。虽然这些规定具有明显的地域性，但是在当时却是我国在资本充足监管方面与国际对接的一个尝试，所以它仍然具有一定的价

值，比如对制定全国性的资本充足监管规范具有重要的参考价值。①

由于上述规定的地域性特点，其不能适应在全国范围内进行资本充足监管的要求，所以央行于1994年2月15日发布了《关于对商业银行实行资产负债比例管理的通知》，与此同时也出台了《商业银行资产负债比例管理暂行监控指标》与《关于资本成分和资产风险权数的暂行规定》。该规定明确地要求商业银行资本总额与加权风险资产总额的比例不得低于1988年巴塞尔资本文件规定的8%的目标资本比率，其中核心资本不得少于4%，附属资本不得超过核心资本的100%。考虑到我国商业银行的自有资本情况，央行要求其在1996年底达到上述资本比率。1995年《商业银行法》出台后，该法第39条规定，商业银行贷款，应当遵守下列资产负债比例管理的规定：资本充足率不得低于8%、贷款余额与存款余额的比例不得超过75%、流动性资产余额与流动性负债余额的比例不得低于25%、对同一借款人的贷款余额与商业银行资本余额的比例不得超过10%。2001年12月修订后的《外资金融机构管理条例》第25条规定，独资银行、合资银行的资本充足率不得低于8%，第28条规定，独资银行、合资银行的资本中的人民币份额与其风险资产中的人民币份额的比例不得低于8%。

由于上述的资本充足监管规则都具有一定的局限性，如都是采取单行法的立法模式，且适用的对象也有限，所以2004年2月银监会出台了《商业银行资本充足率管理办法》（以下简称《办法》）。可以说，该《办法》是我国目前最为系统的资本充足监管文件，它在一定层面上对以前的资本充足监管规则进行了整合，并顺应了我国银行业内在发展的要求。该《办法》分为总则、资本充足率计算、监督检查、信息披露与附则五个部分。

在总则部分，其表明该《办法》适用的对象是在中国境内设立

① 张忠军著：《金融监管法论——以银行法为中心的研究》，法律出版社1998年版，第230页。

的商业银行，包括中资银行、外资银行、中外合资银行等。其中，资本充足率是指商业银行持有的、符合本办法规定的资本与商业银行风险加权资产之间的比率。在该《办法》中，巴塞尔银行监管委员会与欧盟主张的并表监管法得到一定的体现，如其第10条规定，商业银行计算并表后的资本充足率时，应将以下机构纳入并表范围：商业银行直接拥有其过半数以上权益性资本的被投资金融机构、商业银行的全资子公司拥有其过半数以上权益性资本的被投资金融机构、商业银行与全资子公司共同拥有其过半数以上权益性资本的被投资金融机构。此外，即使商业银行不拥有过半数以上的权益性资本，但与被投资金融机构之间有下列情况之一，也必须纳入并表范围：通过与其他投资者之间的协议，持有该机构半数以上的表决权；根据章程或协议，有权控制该机构的财务与经营政策；有权任免该机构董事会或类似权力机构的多数成员；可以不列入并表的机构包括：已关闭或已宣告破产的金融机构、因终止而进入清算程序的金融机构、决定在一年内售出而短期持有其过半数以上权益性资本的金融机构、受所在国外汇管制及其他突发事件影响资金调度受到限制的境外附属金融机构。

另外，商业银行的资本包括核心资本与附属资本。其中核心资本主要由以下项目组成：实收资本或普通股、资本公积、盈余公积、未分配利润与少数股权；附属资本包括重估储备、一般准备、资本公积、盈余公积、可转换债券与长期次级债务。在核算银行资本时，下列项目应予以扣除：商誉、商业银行对非自有不动产与企业的资本投资、商业银行对非并表金融机构的资本投资。从资本比例上来说，商业银行的附属资本不得超过核心资本的100%，计入附属资本的长期次级债务不得超过核心资本的50%。在风险权数方面，该《办法》将银行资产的风险分为“无风险”到“十足风险”，即0%、20%、50%、100%的4个风险权数。对表外业务则要求银行应将表外项目的名义资本金额乘以信用转换系数，获得等同于表内项目的风险资产，然后根据交易对象的属性确定风险权重，计算表外项目相应的风险加权资产。

再者，根据商业银行的资本充足率状况，银监会将商业银行分为三大类，即资本充足类（资本充足率不低于8%，核心资本不低于4%）、资本不充足类（资本充足率不足8%或核心资本不足4%）及资本严重不足类（资本充足率不足4%，或核心资本不足2%）。与此相应，银监会对上述三类的银行配置了不同的监管措施，如对资本充足类银行，银监会可以采取下列干预手段：要求商业银行完善风险管理规章制度、要求商业银行提高风险控制能力、要求商业银行加强对资本充足率的分析及预测、要求商业银行制定可行的资本维持计划及限制介入高风险业务；对资本不足类银行，银监会可以采取下列监管措施：下发监管意见书、要求银行在接到监管意见书两个月内制定可行的资本补充计划、要求商业银行限制资产增长速度、要求商业银行限制固定资产购置、要求商业银行限制分配红利与其他收入、严格审批或限制商业银行增设新机构及开办新业务；对资本严重不足类银行，除针对资本不足类银行所设计的监管措施外，银监会还可以要求商业银行调整高级管理人员、依法对商业银行实行接管或者促成机构重组、在一定的情况下可以要求撤销银行。该《办法》也对资本充足信息监管的信息披露作出了规定，所必须披露的信息包括以下五个方面：风险管理目标与政策、并表范围、资本、资本充足率、信用风险与市场风险。对于涉及商业机密无法披露的项目，商业银行可披露项目的总体情况，并解释特殊项目无法披露的原因。

在对证券公司的资本要求方面，我国《证券法》第121条与第122条对证券公司设立的自有资本作出了以下要求：如设立综合类证券公司，注册资本最低限额为人民币5亿元，经纪类证券公司注册资本最低限额为5 000万元。其次是2000年9月23日，我国证券监督管理委员会通过了《关于调整证券公司净资本计算规定的通知》，该通知将净资本计算公司公式表述为：净资本＝资产余额×折扣比例－负债总额－或有负债。

在保险业方面，我国1995年及修正后的保险法第73条规定，设立保险公司，其注册资本的最低限额为人民币2亿元。保险公司注册最低限额必须为实缴货币资本。金融监督管理部门根据保险业务范围、经营规模，可以调整其注册资本的最低限额，但是不得低于第 1 款规定的限额。另外，第 99 条规定，经营财产保险业务的保险公司当年自留保险费不得超过其实有资本金加公积金之和的 4 倍。第 100 条规定，保险公司对每一危险单位的最大损失范围所承担的责任不得超过其实有资本金加公积金总和的 10%；超过部分得办理再保险。为了强化对保险公司的偿付能力的监管，2003 年保监会又出台了《保险公司偿付能力额度及监管指标管理规定》，其规定保险公司应当根据保障被保险人利益、保证偿付能力的原则，稳健经营，确保实际偿付能力额度随时不低于应具备的最低偿付能力额度。

二、对我国资本充足监管法则的评析

从上述资本监管的内容来看，我们可以得出这样一些基本的结论，即对金融机构的资本监管已被列入了我国金融审慎监管的范畴。近年来，随着我国金融业务交叉化现象的出现，我国已开始对金融机构的资本充足要求及规则现状进行反思，并作出了一定的改进与创新，如《商业银行资本充足率管理办法》及保监会与证监会对各自管辖下的机构的资本管理就是很好的说明。然而，在现行的金融法律体制下及目前的金融发展趋势下，这些改进与创新并不是彻底的。在此，笔者拟对我国银行业资本充足管理作一定的客观分析。

（一）银行资本充足监管积极意义上的评价

从我国资本充足监管法律规则的演进来看，我国已基本确立了对商业银行的资本充足监管框架，这反映了对我国商业银行审慎监管的要求。实际上，作者认为 2004 年的银监会出台的《商业银行资本充足率管理办法》已表明了我国金融业的监管者已深知资本在银行业监管中的地位与作用。客观地说，从《办法》对资本的构成、资本的限额与限制、资本并表监管范围的规定与资本充足监管相关信息的披露及对违规银行所设计的监管措施来考察，资本充足监管已从以前具有尝试性的地方规章，从“通知”与“暂行规定”等的模式，从《商业银行法》单一条款规定的安排步入了一个严格化与法治化的阶段。这说明《办法》的出台表明我国在银行业的监管中已有了一个重要的法律创新，资本充足率监管已突破了传统上的形式意义而成为现代中国银行业监管中的实质性要求。

从国际的层面来分析，《办法》的出台也在一定程度上表明我国银行业监管规则演变反映了国际金融监管的新理念，即反映了巴塞尔银行监管委员会所一直倡导的资本充足率监管原则。从内容上来剖析，也不难发现我国新发布的资本充足规则大多借鉴或移植了1988年巴塞尔银行监管委员会所发布的《统一资本计量与资本标准的国际协议》中的实质性内容。如从资本成分的要求、核心资本与附属资本的比例及目标资本比率的规定上，我们就足已得出这样一个结论。

(二) 银行资本充足监管消极意义的分析

尽管我国资本充足监管规则已在一定程度上得以重构，但是笔者认为从中国商业银行业的产权结构、从国际资本充足监管规则的创新、从金融发达国家金融监管法律的改良等角度来考究，我国所制定的资本充足监管规则虽然就本国而言代表了国内银行监管法发展的最新成果，但是它仍然存在很大的滞后性，且与国际上新的资本充足监管规则脱节。对于我国新资本充足监管规则的不足，笔者拟作以下探讨：

1. 本土化资源不足上的考究

法律是关于善良、公平与正义的艺术。公正、平等、公平与正义等是法律的价值与追求。然而，我国新出台的资本充足监管规则在某一方面却与法律的基本价值相违背。从我国商业银行的产权结构来看，其可以划分为以下几类：国有独资银行、股份制商业银行、城市商业银行、外资银行、城市信用社与农村信用社等。相比较而言，国有银行资产规模较大，营业网点较多，客户资源较稳定，但其资产质量普遍较差，包袱过重，业务创新过慢。而非国有银行资产规模较小，营业网点不多，客源相对较少，但相对资产质量较好，公司治理机构合理，业务创新较快。由于产权因素的影响，国家对国有银行的财政扶助较多，如2003年底国家动用450亿美元外汇储备，向中国银行与中国建设银行补充资本金，以推动两家银行的股份制改造，这种短期性的有针对性的注资行为无疑会产生以下结果：一是造成获得与没有获得金融资源支持的国有银行在资本充足率上的不平等；二是加剧国有银行与非国有银行之间在资产结构与资本充足率上的不平衡；三是尽管这种财政注资行为可以在短期内改良国有银行资本充足情况，从而使其达到所规定的要求，但是由于国有银行内生的运营机制并不与现代银行业的商业化经营理念同步，所以其长期效应并不理想；四是对非国有银行而言，虽然有些可以通过上市的方式募集资金，但是其反映出的资本充足率波动过大，如民生银行上市前的2000年6月，资本充足率为10.84%。上市后2000年末资本充足率猛增至21.45%，但一年后的2001年末，资本充足率又骤跌至10.1%，2002年末又降到8.22%，虽然2003年3月该行发行的可转债也全部用于弥补资本金，但到6月30日，资本充足率仍降到7.11%；① 五是对非国有的不能上市的银行而言，金融资源相对匮乏，资本充足要求达标相对困难，这无疑又是一个层面上的不平等现象。因此，从总体上来说，笔者认为我国在对资本充足监管规则进行重构与整合的进程中，设计出来的规则所体现出的本土资源过少，不能反映中国银行业的现状与产权结构特点。借鉴与移植固然是一种节约成本的比较有效的法律构建方法，但是引进的法律规则必须与中国的本土特点相适应。否则，这种移植的规则并不能达到预期的法律价值。基于此，作者认为我国在金融监管法律制度创新的立法思维中，移植式的规则供给模式效应是值得我国立法者深思的。霍姆斯曾言："法包含着一个民族经历多少世纪发展的故事，因而不能将它仅仅当做好像一本数学教科书里的定理、公式研究。为了知道法是什么，我

① 张丽华：《加强国有商业银行资本充足性管制的探讨》，载《中国金融》2004年第6期，第40页。

们必须了解它的过去以及未来趋势。”①

2. 资本充足规则适用对象定位上的局限性

金融自由化与跨国化已是全球金融业发展的必然趋势。1999年美国《金融服务现代化法》的诞生、2002年英国《金融服务与市场法》的出台、2001年欧盟《对金融企业集团监管的指令建议案》的发布、以巴塞尔银行监管委员会为核心的三方联合论坛②的成立及2001年新巴塞尔资本协议修正稿的公布已充分证明了在对金融业监管规则的设计中，关注的视角不应仅定位于某个金融行业，相反应从整个金融业的健全运营为出发点，因为金融风险的实践已表明伴随着金融业务的交叉，金融风险并非锁定于某一个特定的金融行业，而是随着业务的交流、控制与被控制的关系向其他金融业进行渗透式的感染。那么，对我国来说，在存在中国式的格拉斯·斯蒂格尔墙的情况下，是否也留有业务交叉的空间呢？实际上，我国已有许多金融业相互渗透的现象，如某些股份制银行的上市、股票质押贷款业务的开展、同业拆借市场的开放等。

另外，从金融业的结构上分析，我国已形成了一些控制与被控制关系的异质性金融集团（heterogeneous financial conglomerate）③。既然在集团中的公司存在着支配与被支配关系，因此也就存在着资金流动的可能性，这样就可能产生以下结果：一是集团内的银行公司运用其他公司的资金来临时应付银监会的资本充足率监管检查，在检查过后，再将临时抽调的资金返还；二是集团内的其他金融公

---

① Oliver Wendell Holmes, The Common Law, Harvard University Press (1963), p.5.

② 为了从跨金融行业的角度来对金融集团进行监管，以突破传统的分业监管模式，1995年在巴塞尔银行监管委员会的倡导下，以国际证券业监管者组织与国际保险业监管者组织为参加方成立了该三方论坛。该论坛自成立以来发布了许多具有国际影响的监管性文件，如1999年便发布了《资本充足原则文件》与《资本充足原则的补充问题文件》等。

③ 李仁真：《金融企业集团的国际监管分析》，载《政治与法律》1999年第1期。

司也可以利用同一笔资金来满足金融监管机关的监管检查。因此，集团内频繁的资金流动就可能导致同一笔资本被多次地加以计算，从而达到规避法律监管的目的。虽然我国《证券法》、《保险法》等在证券公司与保险公司等设立过程中对拟设立的证券公司等有最低注册资本的要求，证监会也于2000年9月23日通过了《关于调整证券公司净资本计算规则的通知》，同时我国修订后的《中国人民银行法》中新增加了“国务院建立金融监督管理协调机制，具体办法由国务院制定”的内容，但是我们仍不难发现我国金融业的监管者在制定资本充足监管规则时已回避了一个问题，即没有从整个金融行业的范围内来制定资本充足监管的规则，没有设计与金融混业经营相匹配的避免同一笔资本被重复计算的法则。综观我国银监会所出台的资本充足监管办法，我们也不难得出这样一个结论，即跨金融行业的资本监管法则还处于一个真空状态。这种局面不仅与我国金融业的业务实践脱节，同时也与国际上在这方面的法律创新理念相距甚远。如2001年的欧盟《对金融企业集团监管的指令建议案》便在其附录I《对资本充足监管当局所应遵循的原则及采用的技术计算方法》中明确提出：监管当局必须摒弃在金融集团层面上，重复计算适合作为自有资金的资本成分，及重复计算任何不当的关联交易所造成的自有资金。①

3. 资本充足监控指标上的不足

现有的资本监管指标强调的是资本与商业银行风险加权资产之间的比率，但是单一化的指标并不是完美无缺的，其主要的不足是只考虑了信用风险，而没有顾及银行在经营中还可能遇到的利率风险、操作风险及汇率风险等。如美国对私人住宅抵押贷款所规定的风险权数只有50%，但它却是形成20世纪70～80年代美国储蓄与贷款协会危机的主要原因。②

---

① 李仁真：《欧盟银行法研究》，武汉大学出版社2002年版，第233页。

② 王继祖：《美国金融制度》，中国金融出版社1994年版，第72页。

4．与国际资本规则创新对接的断层

就目前看来，伴随着经济的全球化，经济金融环境的剧烈变化正迅速改变着银行业的经营模式，加大着银行的经营风险。在有效银行监管的新思维下，这种经济金融全球化的态势直接推动了国际金融监管原则与框架的整合与统一，并促使这些风险监管原则与框架要及时根据经济金融环境的变迁进行互动式的调整。鉴于1988年巴塞尔资本协议已滞后于国际金融关系的发展，1999年巴塞尔银行监管委员会公布了《新巴塞尔资本协议》征求意见稿。其核心内容体现于该文件的第四部分的三大要素：最低资本要求、监管部门对资本充足率的监管检查及利用市场法则来加强信息披露。① 其后在2001年，巴塞尔银行监管委员会在广泛吸纳其他当事方的意见后对该意见稿进行了修订。从总体上说，新资本协议框架延续了1988年巴塞尔资本协议中以资本充足率为核心、以信用风险控制为重点、突出强调国家风险的监管思维，并成功吸收了《有效银行监管核心原则》中提出的银行风险最低资本金要求、外部监管、市场约束等三个支柱原则，进而提出了衡量资本充足比率的新思路，以使资本充足比率与各项风险管理手段更能适应当前金融关系发展的内在需求。较之1999年6月的框架文件，修正后的2001年资本文件得到更好的提炼，特别是在内部评级方法、外部评级标准方面的应用、资产证券化与操作风险的处理方法及降低信用风险方面进行了重大调整。新资本文件的目标被定位为：一是继续促进金融体系的安全与稳健；二是促进公平竞争；三是提供更全面的风险处理方法；四是使处理资本充足率的各种方法更为敏感地反映银行头寸及其业务的风险程度。因此，从巴塞尔资本文件演变的历史可以看出，监管当局的监管是以资本充足率为支点，允许符合条件的商业银行采取内部评级模型来确定资本充足率，并辅以严格的事前检查与事后惩罚措施，同时要求银行增加透明度，提高信息披露标准，

① 宗良：《跨国银行风险管理》，中国金融出版社2002年版，第167页。

发挥市场利益相关者在促使银行保证资本充足方面的作用，从而保证稳健经营。①

那么，这些新的资本充足监管法则是否也在我国的资本充足监管法律制度中得到体现了呢？答案无疑是否定的。而且，我国已明确表明暂不接受新的巴塞尔资本充足规则。笔者认为这一做法是值得商榷的。尽管新的资本框架文件适用的对象是国际性活跃银行(internationally active banks)，但是框架文件并没有对何谓国际性活跃银行进行界定。再者，即使我国商业银行不属于国际活跃银行范畴，但这并不意味着非此类的银行就可以不遵循新的巴塞尔资本规则。特别是在全球经济一体化的背景下，国内法国际化与国际法国内化现象日趋普遍，对新的巴塞尔资本规则进行吸收从长远来看也必将成为各国国内法的必然需求。其原因有二：一是世界各国的法律制度创新已日益趋同，英美法系与大陆法系的相互融合与相互借鉴及两大法系甄别的标准日渐模糊就是一个很好的说明；二是我国已于1996年9月加入了国际清算银行，作为该机构的成员，遵循《巴塞尔协议》规定我国商业银行资本充足水平成为我国金融监管者的重要职责；② 三是在WTO法律体系下，国民待遇、透明原则等已成为该体系的核心内容，因此遵守同一的资本充足监管游戏规则也会成为一种必然。此正如某些学者所言一样：从受监管的国际银行来看，没有不感到巴塞尔原则及其标准对自己是一种威慑，是一种必须遵守的行业规矩，是一个必须达到的行为尺度。③

尽管我国目前在银行信息披露法律制度构建方面存在不足，且国内的外部评级机构成立时间短，评级结果公信力差，同时在实施内部评级法方面存在难点，尽管目前国内市场的竞争主体包括国有

① 章彰：《商业银行信用风险管理》，中国人民大学出版社2002年版，第206页。

② 贺小勇：《金融全球化趋势下金融监管的法律问题》，法律出版社2002年版，第128页。

③ 李仁真：《国际金融法》，武汉大学出版社2000年版，第154页。

银行、股份制银行等，它们在资本结构、经营状况与风险管理水平上存在差异，但这不能成为我国不能对资本充足监管法则进行创新的理由。相反，我国应从务实的层面在全面综合国内金融本土资源的基础上，根据新的巴塞尔资本框架来对我国的资本充足监管法则进行必要的重塑。

（三）小结

虽然2004年对商业银行进行资本充足率监管办法已对我国在此方面的法则进行了一次系统性的整合与梳理，但是通过以上分析我们不难发现它还存在很多不足，其体现的金融监管理念还停留在1988年巴塞尔银行监管委员会所创立的单一资本充足率考核指标上，并没有综合考虑到全球金融业务的创新及金融自由化的广度与深度。且它也忽视了在当今世界法律文明建设中的一个重要问题，即现代法律制度的构建要从本国的本土资源出发，同时也不能脱离经济全球化所带来的法律规则趋同化的大背景。因此，我国资本充足监管规则无疑存在滞后性。虽然规则的全面移植可能会带来文化的碰撞，但这并不是问题的关键。笔者认为问题的焦点在于，如何从中国金融业的特点出发，结合国际上新资本充足监管规则及其附加的内在要求来构建中国金融业的资本充足监管法则。

实际上，我国银行业资本充足监管所存在的问题也是我国保险业与证券业所面临的问题。如规则的本土资源兼容性问题、防止同一笔资本双重或多重计算问题及国际协调问题等。只不过，在我国的资本充足监管规则设计中，在分业经营、分业管理的模式下，规则的设计也是依行业为限进行处理的，而完全没有考虑到金融集团化下各金融机构间资本的彼此渗透性与相互可使用性。而且，在资本监管中，由于不同金融行业的业务性质，也没有对资本的界定进行协调性的界定。

三、以银行资本充足监管为视角的完善之建议

对于我国资本充足监管法则所存在的不足，笔者认为结合前文的探讨，具体的完善建议可从以下几个方面进行构想：一是资本充

足法则的完善不能脱离中国的金融法治化的本土资源；二是要结合西方金融发达国家在这方面的成功经验；三是资本充足法则的重塑不能与国际金融监管法律制度的创新出现过度的断层。以下作详细的分析：

(一) 资本充足法则构建的本土化

法律适用中有一个基本准则，即法律面前人人平等。诚然我国由于历史的原因而存在不同所有制类型的银行，但是以此不同而确立不同的目标资本比率，这就必须违背公平竞争的原则，为人所诟病。然而，国内银行之间在风险管理水平上、资金的扶持上存在差异又是不争的客观事实，如果忽略这种差别，简单地采取“一刀切”式的做法，要求所有银行恪守国际资本充足监管规则中的具体规定，则可能因规则水土不服而“欲速则不达”。因此，目前的难题是我国金融监管的立法者们必须对中国目前不同所有制类型银行的现有资本状况、融资潜力及抗风险能力等因素进行一个系统的调研，从而在此基础上确立一个适合中国金融情势的资本充足监管体制。笔者认为，在我国确立8%的目标资本比率时，银监会应设定一个过渡性的调整期，给不同类型银行补充资本与降低风险权重资产的时间，以确保资本充足监管规则的公平性与可行性；同时，我国亦应保证各种类型商业银行融资渠道的公平性，为此作者建议我国应将银行融资全部市场化，从而摒弃那种对国有银行直接进行财政性注资的行为。

(二) 完善资本充足监管预警机制

资本充足监管预警机制是资本充足监管法则价值能落到实处的重要保证。虽然该机制已在《商业银行资本充足率管理办法》第38～41条中得以体现，但是仍存在修正的空间。笔者认为，在这方面，我国可以借鉴英、美两国的立法实践。

素有非正式管理之称的英国就根据银行业的特点将资本充足率设定为触发比率（Trigger Ratios）和目标比率（Target Ratios）。其中，触发比率是依1979年《银行法》规定的授权标准所能接受的最低资本比率。在确立该比率的额度时，英格兰银行要考虑以下事项：银行的特点、规模、风险组合与分散化；管理经验；经营市场的特点、稳定性与风险等；股东或控制者的支持与监控；体系与监控的充分性；其他管理者的监管程度。① 在实践中，英格兰银行制定的触发比率通常比巴塞尔银行监管委员会所定的8%的目标资本比率高，其最高达50%。而且，在适用该比率时，英格兰银行一般是考虑银行贷款的风险集中程度。若风险集中度增加，则要增加风险资产的资本比率来反映风险程度的增加，这也相应地增加了触发比率。目标比率（Target Ratios），是一个与触发比率相对的概念，设定于触发比率之后，其目的在于有效防止意外地违反触发比率的规定。在一般的情况下，该比率至少要比触发比率高一个百分点。相对于触发比率而言，商业银行对目标比率有较大的发言权，而且在很大程度上依赖于银行业务的性质与商业循环季节变化所带来的风险。然而，在设定目标比率时，英格兰银行仍可以行使控制权，如在银行认为其目标比率可能少于触发比率的一个百分点时，其必须获得英格兰银行的许可。

为与上述两比率相适应，英格兰银行配以不同的矫正措施，相比较而言，对违背触发比率的管制措施要严厉得多。英国确立的这种依据银行的资产质量与管理水平的不同而量体裁衣的做法是值得我国借鉴的。这就表明在确立资本充足率监管的目标时，不妨可以设立一个统一的标准，即目标比率，这一比率是适用于所有商业银行的。另外，在此基础上再依据不同银行的具体情况设定一个启动资本充足监管的机制，即触发比率。这样，就兼顾了公平与效率。实际上，从我国银行的状况来看，这种目标比率与触发比率的安排是能够与中国本土资源兼容的，应该成为我国资本充足监管规则的直接要求。

美国的资本充足监管预警机制体现于在其1991年11月的《联邦存款保险公司改进法》中，该法在吸收巴塞尔银行监管委员会资

① 李豪明著：《英美银行监管制度比较与借鉴》，中国金融出版社1994年版，第54页。

本充足文件的基础上将银行的资本水平分成五个等级，即良好资本、充足资本、不足资本、严重不足资本和极其缺乏资本等。对资本进行如此分类的目的在于决定及时纠正行动的框架及监管者是否应采取制约性的措施。处于前两级别资本水平的银行没有监管上的问题，所以无须制约性的行动，但是若某银行的资本水平低于前两类，则会面临一套法律上的制约措施及相应的监管指导。另外，在银行资本评估上，美国采用了多元化的评估模式，监管机构主要是考察3个资本的比率，即总资本与风险资产比率、一级资本与风险资产的比率及一级资本与总平均资产比率（杠杆比率）。这种细化的资本充足监管预警机制亦是值得我国借鉴的，笔者认为这种立法理念正好可以弥补我国立法传统上存在的粗放型立法范式。同时，这种资本充足比率监管多元化的思维也是值得借鉴的，因为它正好填补了我国单一化的资本与资产的比率评估模式。

（三）资本充足监管适用对象上的重新定位

我国现有的资本充足监管法则主要是针对银行业的，在银行的概念日益模糊的今天，这种定位无疑与中国金融业经营的集团化与自由化趋势脱节。因此，我国的资本充足监管法则则的创新应关注以下几点：一是应从整个金融行业的范围内来确立资本充足监管规则，从而突破传统的资本充足监管仅仅是针对银行业的理念；二是从对金融集团进行监管的角度，我国在新的资本充足监管规则中应确立防止同一笔资本基于集团内部的控制关系频繁流动而导致的重复计算现象，在这方面我国可以借鉴三方联合论坛所发布的《资本充足文件》的附录一文件《衡量与异质金融企业集团相关的监管性方法》，对集团资本的计算规定了四种方法，即建筑区分法（building-block approach）、风险加总法（risk-based aggregation risk）、风险扣除法（risk-based deduction risk）及总扣除法（fallback treatment for double gearing）。原则上说来，使用这四种方法对同一集团资本的计算所产生的结果应是相同的。在此，以风险总扣除法为例，该法允许利用一个实体的资本盈余去抵消另一个实体的赤字。该方法侧重于母公司或集团内其他部门可获得的资本支持的能力。

这种方法要计算集团内每个公司的资产负债情况，利用未经并表的相关资本的资料，从而得出每个相关公司的净资产量。其要点如下：一是应从母公司的资本账户开始；二是应将母公司在子公司的投资从其资本额中扣除；三是加上经过调整的资本，以及每个子公司资本的盈余或不足；四是应从调整后的资本中扣除母公司的单独资本要求；五是从集团的角度计算资本的盈余情况。实际上，这些方法在欧盟 2001 年《对金融企业集团监管的指令建议案》中得以完整再现。因此，这些避免资本的重复计算的方法也应体现于我国的立法之中。

（四）应体现国际新的资本充足监管理念

正如作者在前文所言，在经济全球化的背景下，任何国家法律制度的发展不能也不应脱离伴随经济关系国际化而来的全球法律制度趋同化这一历史现象。尽管我国目前要想全盘接受巴塞尔银行监管委员会的新资本文件中的内容还显得“心有余而力不足”，但这并不能成为一个拒绝新理念的理由。在我国资本充足监管规则创新的过程中，它也必须围绕资本充足率监管、外部的监督与检查及市场约束这样三个支柱。巴塞尔新资本文件的出台已意味着国际银行界基本认可了其中的主要原则，尽管细节上可能还会修改，但基本上大局已定。

巴塞尔协议对非成员国具有一定的“附带约束力”，所以我国金融业的监管者必须对其给予充分的注意。实际上，该文件对中国银行业的深远影响远非停留在资本最低要求达标，而是以满足最低资本要求为表象的内部风险管理制度的大变革。作者认为我国实施新巴塞尔资本文件最大的难点是外部与内部信用评级制度，其中内部评级制度的公信力与有效性更是难点中的核心。若我国要用内部评级法较为精确地核算信用风险加权资产，那么我国就必须存在有两个平台，即制度平台与技术平台，其中制度平台是技术平台的基础。就制度平台而言，我国商业银行就必须以《加强金融机构内部控制的指导原则》、《商业银行内部控制指引》及《公司法》等法律法规及部门规章为依据来确立有效的公司治理机制。就技术平台而言，商业银行就必须从现在开始积累与信用评级相关的数据，我国银行风险监管最薄弱之处就在于数据基础。笔者认为，数据的积累也应成为我国资本充足监管规则的直接要求。

四、结论

资本充足率监管是现代金融危机的产物，自其被确立以来该制度已被实践检验为化解与防范金融风险的有力保障。这一规则也理应在我国的金融监管法律制度中得到体现。尽管我国已对相关资本充足监管的规则进行了梳理与整合，但是新近出台的规则在制定过程中所选定的参照物本身就濒临被新规则替代的局面。再者，新的资本充足规则也没有考虑到我国银行业产权多元化的特点，也没有对我国业已存在的金融混业现象给予过多的思考。同时，亦没有对经济全球化背景下法律制度趋同化的态势予以应有的关注。因此，我国资本充足监管法则的完善必须立足于中国金融业的本土资源，借鉴国际金融监管的新理念。要达到以资本充足为引线，从而在我国实现全面风险管理之目的，我国的金融业还必须具备前文所言的两个平台，即制度平台与技术平台。

第四节 对我国信息披露法律问题的思考

一、我国信息披露的法律规定

信息披露是商业银行等金融机构将其资产、经营、风险、招股说明书、公司债券募集办法、年度报告及其管理、组织与股权结构、高层管理人员等方面的信息按法律的要求向金融监管机构、投资者、债权人或社会公众进行报告或公示的法律制度。就金融监管的理论而言，被监管者所披露的信息的及时性、准确性、全面性、合法性等要素可以降低信息不对称现象的程度，同时这也直接影响着金融监管的有效性，所以信息披露制度备受各国立法者与监管者及相关国际金融监管组织或团体的青睐，如近年来，除了在前文所探讨的相关信息披露的文件外，巴塞尔银行监管委员会发布了《提高银行透明度》及《披露信贷风险的最佳方法》等文件，对银行业信息披露的主要内容、质量要求与方式等进行了规范。

此外，世界上许多国家与地区都将信息披露作为其有效金融监管中的一项重要的法律要求，如美国通货监理署1987年发布了第12号联邦管理条例（12CFR），对美国的国民银行、外国银行在美国的分行的信息披露提出了法定最低要求。该条例要求银行必须披露财务报告、审计报告、风险管理、重要经营管理活动及通货监理署对其采取的强制监管措施等信息。该条例还要求银行应于每年的3月31日之前将披露内容编制成年度披露报告，以便于投资者、存款人与相关利益人能及时获取。2000年8月，美国SEC发布了讨论已久的、备受金融界与法律界关注的“公平披露规则”①(Regulation for Fair Disclosure)。该规则要求，若一家上市的美国公司，或代表该公司与证券市场专业人士（证券经纪商、交易商、投资顾问、投资机构经理等）或公司证券持有人进行沟通的任何职员或代理人，故意地向其披露了非公开重大信息，而且可以预见证券持有人将基于这些信息进行交易，则上市公司必须“即时”公开披露同样的信息。② 若是过失地向证券市场专业人士或公司证券持有人披露了非公开重大信息，“公平披露规则”则要求上市公司“迅速”③ 地进行公开披露。关于信息披露，我国香港金融管理局

① 该规则已于2000年10月23日生效，其主旨在于限制上市公司有选择地披露信息的做法，同时也对现行有关内幕交易的某些规则进行了澄清。在该规则的讨论过程中，其遭遇到了来自华尔街的不同意见，认为这个规则可能会给证券发行人带来过高的成本。然而，SEC仍然支持了其一贯推行的公开与公平原则的立场。

② 陈炜恒：《一视同仁的公平披露规则》，载《金融法苑》2000年第12期。

③ 据该规则的规定，迅速披露指上市公司应在合理、可行的时间限度内尽快披露，但无论如何，在上市公司高级职员过失地披露信息之后，公开披露不得迟于24小时，或次日纽约证券交易所开盘时间。

也对在本地注册银行与海外注册银行在香港的分行的信息披露分别制定了强制与非强制性的披露，要求披露的内容与上述美国通货监理署的规定基本一致，并同时要求银行在报刊上发出中英文新闻稿，公布其年度账目及补充财务资料的部分内容。

实际上，信息披露也是我国金融法律制度中的一项重要内容。我国证券法与银行法① 等法律就对信息披露作了许多规定，如《证券法》就规定，发行人向监管机构提交的证券发行申请文件，必须真实、准确、完整；证券发行申请经核准或经审批，发行人应当依法律、行政法规的规定，在证券公开发行前，公告公开发行募集文件，并将该文件置备于指定场所供公众查阅；证券公司承销证券，应当对公开发行募集文件的真实性、准确性、完整性进行核查，发现含有虚假记载、误导性陈述或重大遗漏的，不得进行销售活动，已经销售的，必须立即停止，并采取纠正措施；经核准上市交易的证券，其发行人未执行有关规定披露信息，或所披露的信息有虚假记载、误导性陈述或重大遗漏的，由证券监督管理机构责令改正，并对发行人处以罚款；通过证券交易所的证券交易，投资者持有一个上市公司已发行的股份的5%时，应当自该事实发生之日起3天内，向国务院证券监督管理机构及证券交易所作出书面报告，通知上市公司，并予以公告。在上述规定的期限内，不得再行买卖该上市公司的股票等。② 除此之外，我国证监会发布的许多关于信息披露的编报规则也对证券信息披露制度的具体化起着重要的作用。如2001年11月2日，中国证监会发布的《公开发行证券公

---

① 此处的证券法与银行法应作广义上的解释，其不仅包括《证券法》、《中国人民银行法》及《商业银行业法》等，也包括国务院在此方面所颁布的行政法规，及央行与证监会等发布的行政规章。

② 公平、公开、公正是证券法基本价值的体现，所以信息披露在整个证券的发行、上市与交易的法律制度中处于核心地位。我国《证券法》在第二章“证券发行”及第三章“证券交易”中的第三节“持续信息公开”、第四节“禁止交易行为”与第四章“上市公司收购”及第十一章“法律责任”等章节中对信息披露作出了比较具体的规定。

司信息披露编报规则》，规定拟上市银行在其招股说明书中应披露最近3年年末贷款的“五级”分类情况，各级贷款呆账准备金计提比例。在其财务报表附注的主要会计政策中披露计提呆账准备的范围与方法。2001年12月31日，发布的《公开发行证券的公司信息披露编报规则第16号》对A股公司的补充审计问题进行了规定，同日的《公开发行证券的公司信息披露编报规则第15号》对财务报告作出了一般性的规定。

其次，我国法律对银行业的信息披露问题也作出了规定，如《中国人民银行法》第33条规定，中国人民银行有权要求金融机构按照规定报送资产负债表、损益表以及其他财务会计报表和资料；《商业银行法》第61条规定，商业银行应当定期向中国人民银行报送资产负债表、损益表以及其他财务会计报表和资料。不过，若仔细地分析一下该两法，不难发现在这两部法律中，关于信息披露的规定只有两条：其一即上述的第33条，该条确立了央行的信息监管权；其二是第61条，该条对商业银行课以信息披露的义务。从这我们可以发现，该两法对信息披露的规定存在明显的不足：一是从条文上来看显得过于简单、抽象，原则性过强；二是对披露的内容的规定过于狭窄，只包括资产负债表、损益表以及其他财务会计报表与资料，而没有考虑到大额风险、银行风险管理系统、公司治理情况等信息和资本结构及资本充足情况等信息；三是对于商业银行信息披露的保障性规定过于简单，缺乏有效的约束机制；① 四是从我国法律规定的信息披露指向的对象来看，只局限于中国人民银行，而没有向社会披露，所以我国的信息披露起不到硬化市场约束

① 我国金融监管法规涉及银行信息披露的规则，大多缺少有效约束力的程序性规定，法律往往授权中国人民银行对具体的要求另行规定，这既弱化了监管的强制力，又影响了监管的公信力与透明度。另外，我国在信息披露法律制度中对相关当事人法律责任的追究制度不健全，或者说缺位，这也影响了信息的真实性与准确性。

的作用。① 鉴于这种情况，2002 年 5 月 21 日中国人民银行发布了《商业银行信息披露暂行办法》，② 该办法在以下几方面有所突破：其一是对商业银行信息披露的内容作了明确的规定，该办法第 8 条规定，商业银行应按照本办法规定披露财务会计报告、各类风险管理状况、公司治理、年度重大事项等信息。其后，该办法的第 9～23 条对第 8 条中的内容进行了具体的说明。其二是进一步明确了央行对商业银行披露信息的真实性进行核查的制度，对商业银行信息披露的会计准则作了一系列规定。其三是在信息披露对象上有所突破，其对象并非限于金融监管机关，在一定情况下信息的披露也面向市场。实际上，我国的相关金融法规已有对违规处罚的规定，如 1999 年的《金融违法行为处罚办法》便规定了对虚假信息披露的处罚办法。该暂行办法在第 28 条对此进行了重申，该条规定：对在信息披露中提供虚假的或者隐瞒重要事实的财务会计报告的商业银行及有关责任人员，按照《金融违法行为处罚办法》予以处理。对出具虚假审计报告的会计事务所及有关责任人员，按照《会计师事务所从事金融相关审计业务暂行办法》处理。

另外，就保险公司的信息披露而言，保险公司信息披露的不足是我国恢复保险营业开始便存在的问题。长期以来，由于“中保”的垄断经营，信息发布主要依靠政府的行政手段，公众无法了解到

---

① 新的巴塞尔资本协议草案对市场约束进行了肯定，其摒弃了巴塞尔银行监管委员会以前所认为的银行信息不宜公开的观点。新协议认为，应更多地从公众和公司的角度来看待银行，强调以市场的力量来约束银行，认为市场是一股强大的推动银行合理、有效配置资源并全面控制经营风险的外在力量。因此，其提出了以信息披露来确保市场对银行约束的监管理念。若从这一点来看，我国的信息披露制度在披露对象上还是比较狭小的。同时，也不符合国际的监管实践。

② 该暂行办法由总则、信息披露的内容、信息披露的管理、附则组成，共四章 31 条。该办法基于与国际银行监管标准和理念接轨的思想，对商业银行信息披露的原则、方式、内容、程序进行了规定。其出台在一定程度上意味着我国银行业信息披露制度已由向监管机构的信息报告转向信息报告与信息公开并重阶段，也极大地弥补了我国现行法律制度的不足。

较为详细的保险信息。① 随着“中保”一枝独秀局面的结束和市场主体的增加，保险信息披露的方式也有所改变，开始走入市场化的过程。然而，作为保险营销手段的代理人佣金制度也导致信息披露的不规范性。而且，在投资类寿险问世及保险公司即将上市之际，原有的保险信息披露机制也不能完全地适应新保险品种、投保人等的要求。从相关法律来看，我国保险法也对相关信息的披露作出了规定。如《保险法》第 17 条第 1 款便规定：“订立保险合同，保险人应当向投保人说明保险合同的条款内容，并可以就保险标的或者被保险人的有关情况提出询问，投保人应当如实告知。” 2000 年 11 月 14 日，中国证监会发布了第 1～6 号《公开发行证券公司信息披露编报规则》，其中的第 3 号规则（即《保险公司招股说明书内容与格式特别规定》）与第 4 号规则（即《保险公司财务报表附注特别规定》）对保险公司上市所应提供的信息进行了详细的规定。2001 年 12 月 6 日中国保监会发布了《人身保险新型产品信息披露管理暂行办法》（该办法于 2002 年 1 月 1 日起实施）。该办法对投资连接保险②、万能保险与分红保险的信息作了比较具体的规定。

二、分析

虽然在金融监管中，我国已开始意识到信息披露的重要性，并且在法律的表现形式上，我国相关信息披露的制度已具有规范化与系统化的趋势，然而我国的信息披露制度还是存在不尽如人意之处。对此我们可做以下的分析：

信息的虚假虽然源于证券发行人主观上意图造假的愿望，但这只是一种可能性，然而会计事务所等中介机构却会使这种造假的可

① 陆节敏：《2002 年中国金融发展报告》，中国金融出版社 2002 年版，第 341 页。

② 所谓投资连接保险指将投保人交付的保费一分为二，其中的一部分用于保险保障，大部分则存入专门的投资账户，由保险公司代其管理投资，所提收益扣除少量的管理费后，全部由投保人的相关当事人所有。客户购买了这种保险，其实际上是获得了保险公司私人理财服务。实质上，这种新型的保险产品是一种金融性的衍生，是保险性与金融性融合的产物。

能性转变成现实性，因为证券发行与上市的招股说明书、中期报告与年度报告等相关信息都是必须经会计事务所审计的，所以可以说会计事务所等中介机构才是虚假信息真正的源头。我国证券市场中的诸多风波就说明了这一点，如在“琼民源事件”中，该公司在未取得土地使用权的情况下提前确认收入，在未取得土地使用权与有关部门批准项目与确认的情况下编造对四个投资项目的资产评估，从而虚增利润 1.57 亿元，虚增资本公积 6.57 亿元。在“蓝田事件”中，该上市公司将未经批准处置的土地按评估结果计入无形资产，伪造银行对账单，隐瞒重大事项，从而虚增无形资产 1 100 万元，虚增银行存款 2 770 万元。在“银广夏事件”中，“银广夏”1999 年与 2000 年的业绩严重造假。在“红光事件”中，红光实业虚构产品销售、产品库存，在中报中虚增利润，在其 1997 年年报中少报亏损，从而虚报利润 1.57 亿元，虚增利润 8 147 万元，少报亏损 3 152 万元。实际上，以上所列举的事件只是中国证券市场的冰山一角而已，但是这些事件几乎都表明信息造假行为都与我国会计事务所等中介机构有着千丝万缕的关系，“中天勤”① 出局就是一个明证。因此，这些事件说明，在一定程度上，我国会计制度中出现的这种失灵现象是信息虚假的根本源头。那么，其原因又是什么呢？这有以下几方面的原因：一是会计制度中隐含的“弹性空间”，② 如我国《会计法》在 1999 年修订之前对会计核算原则采取的是“收付实现制”与“权责发生制”原则，尽管修订后的《会计法》已确立了“权责发生制”原则，但此后的涉嫌违反该原则的案例还不少，如深圳华宝便是一个例子。二是我国公司治理结构与内

---

① 深圳中天勤会计事务所为银广夏出具了无保留意见的 1999 年与 2000 年年度的财务报表，在银广夏事件被曝光后不久，中国股市又出现了三九医药事件，在该事件中三九医药的大股东占用上市公司资金达 25 亿元，占公司净资产的 96%，而在公司公开发布的中报中，并未完全披露该事实。由于中天勤会计事务所也是三九医药委托的审计机构，所以它也被卷入上市公司造假案之中，其后财政部对该事务所进行了查处。

② 张建伟：《会计造假的背后——上市公司会计舞弊现象的制度解析》，载《金融法苑》2001 年第 8 期。

控制度的失灵，虽然公司治理问题已在我国日益得到重视，但是由于我国特殊的经济情况及“差序格局”等因素的存在，治理的结果还不理想，如独立董事不独立现象可以说是一个比较好的说明。三是法律责任的不完善（对于这一问题在下文中将进行探讨）。四是监管的不力。因此，如何规范我国会计制度是保证证券信息真实性的一个重要环节。

法律的生命力在于实践。因此，检验法律价值的根本途径应是从其实践中的效应着手，这也是评价某一法律制度是否能适应其所调整的社会关系需要的标准之一。那么，我国关于信息披露法律的实践效应如何呢？作者认为，我国信息披露法律制度的效果是非常不理想的，这主要表现为法律责任在实践中的效应差及相关法律责任的缺位。我国相关信息虚假的法律责任主要表现为行政责任，①如警告、罚款、吊销资格及没收违法所得等，其次是刑事责任，在

① 笔者之所以下这样的一个结论是基于我国证券法律责任的实践。如1993年的中国农业银行襄樊市信托投资公司上海证券营业部案的处理结果：对其上证利用内幕交易及挪用客户资金的非法所得予以没收，罚没款上缴国库；襄樊上证所存的延中股票余额5200股应自收到处罚决定之日起3天内以市价卖出，扣除相关款项后的余额罚没上缴国库；对襄樊上证处以罚款200万元，罚没上缴国库；暂停襄樊上证的自营业务2个月，责成其进行内部整顿。1993年原沈阳证监会主任关维国案的处理结果：罚款、没收非法所得，并以受贿罪判处关国维6年有期徒刑，但没有对其内幕交易行为进行刑事追诉。1996年的张家界旅游公司内幕交易案的处理结果：对张家界公司罚款200万元，并对相关责任人进行罚款；没收其买卖本公司股票所获取的收益；建议召开董事会；责成其停业整顿。1998年的北大方正王川内幕交易案的处理结果：对王川处以警告并罚款10万元；没收非法所得61万元。1998年琼民源案的处理结果：对有关的董事及会计师事务所与有直接责任的会计师等进行的处罚；同时，对琼民源公司的董事长马某和会计班某判处了有期徒刑。2000年12月对红光事件的处理结果：对红光公司判处罚金100万元；判处主要责任人原公司董事长何行毅、总经理鄢占翠有期徒刑3年，原常务副总经理刘正齐被判有期徒刑2年（缓刑3年），原财务部副部长陈哨兵被判有期徒刑1年6个月（缓刑2年）。

这方面我国的法律规定还是比较完善的，如在1995年全国人大常委会便在通过的《关于惩治违反公司法犯罪的决定》中增加了“提供虚假财务报告罪”。1997年刑法第181条规定了“编造并传播证券交易虚假信息罪”，第229条规定了“中介组织人员提供虚假证明文件罪”，第231条又规定，单位犯第229条规定之罪的，对单位处以罚金，并对直接负责的主管人员与其他责任人员依第229条的规定处罚。1999年12月为配合《会计法》的修订，在刑法中又增加了“隐匿、故意销毁会计资料罪”，但是相关行为刑事责任在司法实践中被弱化，就目前众多的信息造假事件来看，相关当事人被追究刑事责任的案件还是屈指可数。近几年来，我国只有“琼民源案”的2名违法者即原“琼民源”公司的董事长和总会计师受到刑事追诉，① 及“红光事件”中的主要责任人受到了刑事处罚。难怪“琼民源”的原董事长马玉和在认罪的同时，又非常不服气地说：大家都是这么干，那么多人都这么干，你们为什么单单抓我？这可能反映了违规受罚者的共同的心态，同时这也折射出了我国刑事责任施加的非持续性及突发性，而不能在实质上对人的行为与心理起到指导、评价、预测的作用。

另外，就民事责任而言，可以说它在我国还属于一块未开垦的区域，其主要表现为相关民事责任法律规定的缺位及投资者的民事赔偿权在实践中的缺位，这种民事责任的缺位表现在两个方面：其一是在司法实践中，我国还无一家上市公司在信息虚假披露中被判处承担民事赔偿责任；其二是我国相关法律在规定上的不全面性、不明确性及法律规定之间的不协调性，笔者通观了我国《证券法》对法律责任的相关规定，该法第63条规定：“发行人、承销的证券公司公告招股说明书、公司债券募集办法、财务会计报告、上市报告文件、年度报告、中期报告、临时报告，存在虚假记载、误导性陈述或者重大遗漏，致使投资者在证券交易中遭受损失的，发行

① 郑顺炎：《证券市场不当行为的法律实证》，中国政法大学出版社2000年版，第153页。

人、承销的证券公司应当承担赔偿责任，发起人、承销的证券公司的负有责任的董事、监事、经理应当承担连带赔偿责任。”第202条规定：“为证券的发行、上市或者证券交易活动出具审计报告、资产评估报告或者法律意见书等文件的专业机构，就其所应负责的内容弄虚作假……造成损失的，承担连带赔偿责任……”深入研究，不难发现这些规定的内容都过于抽象，如在承担赔偿责任时，发行人等如何承担赔偿责任、赔偿金额如何计算及民事责任主体是否包括证券交易所与证券登记结算机构等问题在相关法律责任承担的条文中都没有相应的规定。为了弥补我国在证券民事责任机制问题上这些方面的不足，为正确审理证券市场因虚假陈述引发的民事赔偿案件，规范证券市场民事行为，保护投资人合法权益，最高人民法院根据《中华人民共和国民法通则》、《中华人民共和国证券法》、《中华人民共和国公司法》以及《中华人民共和国民事诉讼法》等法律、法规的规定，结合证券市场实际情况和审判实践，制定了《关于审理证券市场因虚假陈述引发的民事赔偿案件的若干规定》，并于2002年12月26日于第1261次会议通过。该规定对一些有争议性的事项作出了解释，如关于连带民事责任问题、信息虚假披露的认定、受理与管辖及诉讼方式等。比如其第17条规定：证券市场虚假陈述，是指信息披露义务人违反证券法律规定，在证券发行或者交易过程中，对重大事件作出违背事实真相的虚假记载、误导性陈述，或者在披露信息时发生重大遗漏、不正当披露信息的行为。

虽然该规定对因证券信息虚假披露所引发的民事责任问题提供了指南，但是学者们认为其仍然存在以下几个方面的不足：

其一是规定要求原告提供身份证原件或者经公证证明的复印件。这无疑给诉讼当事人增加了困难，因为在实践中，可能有两类投资者面临诉讼的困难：一是流动性较大的投资者，公证员千里迢迢取证，投资者将承担这些费用；二是隐藏真名从事证券交易者将因此丧失获得损害赔偿的权利。

其二是关于虚假陈述与损害结果之间因果关系的认定。根据规定的内容，在揭露日之前，已经抛售的投资者不能获得赔偿。这种规定以司法解释准立法的形式直接剥夺了投资者的可能胜诉的机会，这显然有违司法救济的精神。

其三是关于损失赔偿额的规定有欠公平。该规定第 31 条规定：投资人在基准日① 及以前卖出证券的，其投资差额损失，以买入证券平均价格与实际卖出证券平均价格之差，乘以投资人所持证券数量计算。第 32 条规定：投资人在基准日之后卖出或者仍持有证券的，其投资差额损失，以买入证券平均价格与虚假陈述揭露日或者更正日起至基准日期间，每个交易日收盘价的平均价格之差，乘以投资人所持证券数量计算。这种算术平均法的做法关注的重点在于交易成本，而非股价，这有可能导致不同投资者之间在所获赔偿额上的不平等待遇。

除此之外，我国会计法对会计事务所的民事赔偿责任的规定也不很明确，如《注册会计师法》第 42 条规定，会计事务所违反本法规定，给委托人、其他利害关系人造成损失的，应当承担赔偿责任。最高人民法院 1996 年发布的 56 号《关于会计师事务所出具虚假验资证明如何处理的复函》就规定，会计事务所因出具虚假验资证明，给委托人、其他利害关系人造成损失的应承担民事赔偿责任。其后最高法院通过了法释（1997）10 号《关于验资单位对多个案件债权人损失如何承担责任的批复》及法释（1998）13 号《关于会计师事务所为企业出具验资证明应如何承担责任的批复》，前者规定验资单位应在验资不实部分或虚假资金证明以内承担民事责任，后者则规定其赔偿责任应先由债务人承担，不足部分再由会计事务所在其证明金额范围内承担。因此，从这些规定来看，会计中介机构对委托人的民事赔偿责任已不存在法律上的障碍，但是在其提供虚假信息时对投资者的民事赔偿责任的承担问题上，却可能

① 根据《规定》第 33 条，投资差额损失计算的基准日，是指虚假陈述揭露或者更正后，为将投资人应获赔偿限定在虚假陈述所造成的损失范围内，确定损失计算的合理期间而规定的截止日期。

存在一定的争议，比如此种民事责任的性质，是违约责任还是侵权责任，利害关系人是否包括投资者等。若深入地分析一下，不难发现，我国《证券法》与《会计法》对会计事务所民事责任承担的规定上也存在不协调之处，如前者规定的是承担连带责任，而后者则是先由债务人承担，不足部分则再由会计事务所来承担。那么，在实践中，究竟应以何种规定为主呢？在没有明确的司法解释的情况下，只能依赖学理解释了，依后法优于前法的理论，则只能适用《证券法》的规定了。然而，这毕竟又为争讼提供了一定的空间。以下作者拟借助“红光事件”对我国信息虚假披露中民事责任缺位所带来的影响进行讨论。

虽然喧嚣一时的“红光事件”尘埃落定已多时，但是若细细品味起来，有些问题却令人费解，那就是，证监会对红光实业的严重违法行为进行了查处，检察机关也对红光及其直接负责的主管人员欺诈发行股票等犯罪行为依法提起了公诉。然而，股东因损害赔偿而提起的诉讼却被法院驳回，其理由是：公司信息披露不实与股东股票投资损失之间不存在必然的因果关系，公司无须承担民事赔偿责任。对于法院的理由，作者不敢苟同，众所周知，“三公原则”是证券法中的基本原则，其中公开原则便是针对信息的，从各国证券法的行文来看，关于信息披露的规定更是其中的主体内容，因为该原则是公平与公正原则的保证。而且，从理性投资者的决策基础来分析，其投资决定无不是基于公开的信息，因为在证券法中信息具有“价格敏感性”。若从理性的角度来考虑，我国法院所作的此种裁决是比较草率的，因为证券市场毕竟是“以人为本”的，难以想象在投资者的投资激情大大受挫的情况下，我国证券市场还会得到迅速发展。另外，若从信息造假者的角度来分析，若因为提供虚假性、误导性、遗漏性信息而不必承担民事赔偿责任，则在损失弥补或利益刺激下会更加驱使相关当事人提供不实信息。实际上，撒谎者与造假者之所以胆敢撒下弥天大谎与弄虚作假是因为撒谎与作假的成本明显低于撒谎与作假所带来的法律后果，而且即使受罚，但其所带来的损失亦可以从公众投资者身上得到补偿，因为羊毛毕竟出在羊身上。就此种法律责任配置的显失公平不论，其后果是显然不利于我国信息披露制度的规范化、法制化。至于在银行信息披露中是否也应规定民事责任承担，作者认为，这还是一个值得探讨的问题，因为银行业与证券业毕竟是两个不同的行业，其各自具有不同的业务特点。不过，若信息披露是向社会公众公开的话，在信息法律制度中还是应配以民事责任，因为若无民事赔偿责任的威慑力，市场纪律的硬性约束也就无从谈起。

再者，不同监管者之间的信息交流与合作是对跨行业性的金融集团进行有效监管的基础。然而，从我国证券法及作为我国信息披露法律制度新成果的《商业银行信息披露暂行办法》来看，在内容上并无不同的监管者之间如何进行信息分享的规定，而且若放眼于国际，我国相关信息披露的法律制度也很少对如何与其他国家的金融监管者达成信息分享的安排作出规定。这显然与我国业已出现的金融业务综合化及国际化趋势不符。

此外，我国信息披露的法律制度在与国际对接方面也不够全面。① 比如《商业银行信息披露暂行办法》在风险评估方面就没有提出与新巴塞尔资本协议相一致的定性、定量披露的要求。在对金融控股公司的信息监管中，在我国分业监管的体制下，相关信息披露的法律制度并没有采纳联合论坛的《信息分享监管框架文件》与《信息监管分享文件》中对金融企业集团如何进行信息化监管的建议。

三、完善之建议

信息披露法律制度在我国形成与确立还不太久，其仍处于欠成熟阶段。从总体上来说，这种欠成熟性一方面表现在具体法律制度

---

① 此处的对接虽然一方面是指我国金融监管法律制度的构建要借鉴或移植英、美等金融发达国家在金融监管法律制度上的创新与成功经验，但是在另一方面更多的是要与“巴塞尔银行监管体系”的监管理念保持相对的一致。

建设上的不完善，而另一方面表现在具体司法过程中的非严格性。针对这些不足因素，笔者认为可以采取以下矫正措施：

其一是强化执法的力度，以真正做到“执法必严、违法必究”。从理论上说，无论一部法律如何尽善尽美，若它在实践中的效用被人为地弱化，则会导致该法立法价值的实然性丧失。“徒法不足已自行”便是对法律在实践中作用的真实表述。因此，在我国信息披露制度中，我国一方面应在法律的表现形式上保证法律责任的完整性，另一方面在实践中应确保某种法律责任不会遭到人为的淡化或被漠视。具体说来，在我国证券市场上虚假信息几乎“遍地黄花”之时，必须用重典，加重造假者的法律责任。这就要求我国在法律责任的配置上，应采取行政法律责任、刑事法律责任与民事法律责任全面考虑的原则，不能顾此失彼。要达到这一目的，首先必须解决我国证券法与会计法等法律之间欠协调的问题，其次是明确地对责任的承担者进行界定。在目前的情况下，在民事责任的承担上，我国应适当地扩大责任承担者的范围，而不仅仅限定于会计事务所等中介机构，相反可以考虑将民事赔偿责任也适用于证券的承销商与经纪商及其他的证券交易服务机构等。

其二是要加强我国的公司治理制度。实践表明良好的公司治理是防范公司经营中或然风险的有效方法，所以我国的公司治理不应只停留于形式，而更应注意其实质性的效应。可以说公司治理的失灵也对信息的造假起着推波助澜的作用，如在“琼民源”案中，虽然该公司在治理结构上也设置了股东大会、董事会、监事会，但是董事长马某却兼任部门经理，又直接控制了公司的财务，这样内部审计就根本起不到应有的作用。作者认为，在我国借鉴外国的公司治理法律制度时，我国更应从现有的经济结构及文化传统等因素来思考。否则，“舶来品”就会出现“水土不服”的现象，独立董事不独立便是一个很好的证明。

其三是我国在新的立法中，应根据巴塞尔委员会信息监管框架的内容来强化信息披露制度。从总体上说，我国目前的信息法律制度与巴塞尔委员会信息监管框架的内容还是相差甚远的，如我国目前还缺乏与信息披露制度相匹配的金融机构内部信用评级与外部评级制度，对于母国与东道国之间的信息分享与合作安排我国还无具体的规定等。

其四是在立法技巧上，我国应改变粗而不细，原则性过强的特点。这一点对于我国信息披露的完善也极其重要，所以我国未来的信息披露法律应对各金融监管者的信息获取权、信息获取应履行的程序、信息保密、强制性信息披露与自愿披露、公众信息与银行专有性信息、国内与国外不同监管者之间的信息分享等作出具体的安排。

其五是建立我国的信用评级制度。信息披露的根本目的即在于通过社会公众等外在力量，对银行等金融机构的运营施加一定的压力，从而保证其经营的稳定性与安全性，而在这其中信用评级制度便是一个重要的环节，因为信用评级在一定程度上解决了投资者与金融机构之间的信息不对称现象。

实际上，笔者认为外部信用评级机构的构建、信用评级相关的法律规定及评级结果的效应等是评估一国金融市场完善与否的重要因素。从国际上来看，信用评级制度被广泛地作为一种较可行的监管手段来使用。如根据信用级别来限制被监管机构的投资范围，该法多用于对养老基金、保险公司等的监管，比如智利与墨西哥等国便以评级为基础设定了对养老基金投资范围的限制。意大利则禁止货币市场基金投资于评级低的票据。此外，信用评级亦可以被用来进行资本充足监管，如美国通货监理署便规定，银行的评级若为BBB级或更高时可根据票面价值记账。反之，持有评级较低的债券时，则要冲减市值。再者，在金融监管中，信用评级也可以与金融机构的市场准入挂钩，如1982年美国政府便规定，凡是当外国政府在美国发行债券时，其必须在发行前取得信用评级。在欧洲，获得主权信用评级通常被视为发行欧元债券的一个前提条件。从2001年的巴塞尔新资本协议来看，外部信用评级也被建议作为确定风险权重的一个重要方法。然而，信用评级在我国目前还是一个空白。因此，信用评级机构的设置及与此相适应的配套法规的出台势在必行。作者认为，在信用评级制度的架构中，我国可以借鉴美国的“骆驼评级制度”，从具体的评级因素来看，其可以包括以下项目：资产质量、赢利能力、流动性、资本比率、风险程度与风险管理及公司内部的治理情况等。

主要参考文献

一、中文类

1. 姚梅镇主编:《国际经济法概论》,武汉大学出版社 1999 年版。

2. 余劲松主编:《国际经济法学》,高等教育出版社 1994 年版。

3. 余劲松主编:《中国涉外经济法律问题新探》,武汉大学出版社 1999 年版。

4. 李仁真:《论巴塞尔协议的原则架构和性质》,载《国际经济法论丛》(第 2 卷)。

5. 李仁真主编:《国际金融法》,武汉大学出版社 2000 年版。

6. 李仁真:《论巴塞尔银行监管体制的原则框架》,载《国际金融研究》1998 年第 12 期。

7. 李仁真主编:《国际金融法专论》,湖北人民出版社 1995 年版。

8. 李仁真:《金融企业集团的国际监管分析》,载《政治与法律》1999 年第 1 期。

9. 刘丰名:《国际证券市场热点法律问题对中国的启示》,载《武汉大学学报》1994 年第 5 期。

10. 刘丰名著:《国际金融法》,中国政法大学出版社 1996 年版。

11. 施天涛:《关联企业法律问题研究》,法律出版社 1998 年版。

12. 陈炜恒：《一视同仁的公平披露规则》，载《金融法苑》2000 年第 12 期。

13. 郑顺炎：《证券市场不当行为的法律实证》，中国政法大学出版社 2000 年版。

14. 廖富洲：《西方发达国家的金融监管与启示》，载《中国金融》1998 年第 7 期。

15. 任岚：《新资本协议及其对中国金融业的严峻挑战》，载《国际金融》2001 年第 9 期。

16. 王自力：《我国金融监管体系与监管模式的重新探讨》，载《金融研究》2002 年第 12 期。

17. 张建伟：《会计造假的背后——上市公司会计舞弊现象的制度解析》，载《金融法苑》2001 年第 8 期。

18. 厉以宁：《非均衡的中国经济》，经济日报出版社 1991 年版。

19. 李金泽：《加入 WTO 后中国银行法制的局限性及其克服》，载《法律科学》2002 年第 2 期。

20. 金中夏：《国际金融监管体制比较与启示》，载《经济社会体制比较》2001 年第 4 期。

21. 陈建华：《中国金融监管模式选择》，中国金融出版社 2001 年版。

22. 周正庆：《证券知识读本》，中国金融出版社 1998 年版。

23. 金德环、许谨良主编：《2001 年中国金融发展报告》，上海财经大学出版社 2001 年版。

24. 程宗璋：《创新我国金融监管体制问题的研究》，载《金融法苑》2001 年第 5 期。

25. 杨松：《巴塞尔新资本协议草案有关商业银行信息披露的要求》，载《中国金融》2001 年第 4 期。

26. 苏同华：《银行危机论》，中国金融出版社 2000 年版。

27. 郭洪俊：《跨国银行监管中监管当局间的信息分享评析》，载《法学评论》2000 年第 1 期。

28. 应飞虎:《从信息视角看经济法的基本功能》, 载《现代法学》2001 年第 6 期。

29. 齐斌:《证券市场信息披露法律监管》, 法律出版社 2000 年版。

30. 吕富强:《信息披露的法律透视》, 人民法院出版社 2000 年版。

31. 张守文、周庆山著:《信息法学》, 法律出版社 1995 年版。

32. 张维迎:《博弈论与信息经济学》, 上海人民出版社 1996 年版。

33. 张玉明:《信息非均衡与银行不良资产——中日两国的比较与分析》, 上海三联书店 2001 年版。

34. 黄淳、何伟:《信息经济学》, 经济科学出版社 1998 年版。

35. [韩] 李哲松著, 吴日译:《韩国公司法》, 中国政法大学出版社 2000 年版。

36. 孔祥俊:《公司法要论》, 人民法院出版社 1997 年版。

37. 雷兴虎、胡桂霞:《论董事行使职权的事前、事中和事后的制衡机制》, 载《政法论坛》2001 年第 2 期。

38. [美] 罗伯特·W·汉密尔顿著, 李存捧译:《公司法概要》, 中国社会科学院出版社 1999 年版。

39. 王保树、杨继:《论股份公司控制股东的义务与责任》, 载《法学》2002 年第 2 期。

40. 王家福主编:《民法债权》, 法律出版社 1991 年版。

41. 刘素芝:《股东会董事罢免权初探》, 载《政法论坛》2001 年第 3 期。

42. 思远:《银行内控制度基本原则》, 载《金融法苑》1998 年第 9 期。

43. 董新凯:《谈对董事会的控制问题——兼谈独立董事制度》, 载《法律科学》2002 年第 1 期。

44. 黄毅、杜要忠:《美国金融控股公司的监管》, 载《金融法苑》2000 年第 12 期。

45. 刘筱琳:《银行业与证券业兼营下的利益冲突与“防火墙”法律制度探讨》,载《法学评论》1999 年第 6 期。

46. 林丽香:《银行之参与证券业务——日本近年之修正法》,载台湾《法政学报》1995 年第 4 期。

47. 石静遐:《母公司对破产子公司的债务责任》,载《法学评论》1998 年第 3 期。

48. 沈宗灵:《现代西方法理学》,北京大学出版社 1992 年版。

49. 张文显:《法学基本范畴研究》,中国政法大学出版社 1993 年版。

50. 王继祖等译:《帕特曼报告》,商务印书馆 1980 年版。

51. 万猛、刘毅著:《英美证券法律制度比较研究》,武汉工业大学出版社 1998 年版。

52. 沈四宝主编:《国际商法论丛》(第 3 卷),法律出版社 2001 年版。

53. [美] E·博登海默著,邓正来译:《法律哲学与法律方法》,中国政法大学出版社 1999 年版。

54. 岳彩申:《跨国银行法律制度研究》,北京大学出版社 2002 年版。

55. 江曙霞:《银行监督管理与资本充足性管制》,中国金融出版社 1994 年版。

56. 宗良:《跨国银行风险管理》,中国金融出版社 2002 年版。

57. 毛晓威:《巴塞尔委员会资本协议的演变与国际银行业风险管理的新进展》,载《国际金融研究》2001 年第 4 期。

58. 国际货币基金组织:《国际资本市场:发展、前景及关键性政策问题》,中国金融出版社 1996 年版。

59. 凌晓东:《多元化金融集团的监管:原则与方法对＜多元化金融集团监管的最终文件＞评价》,载《国际金融研究》1999 年第 8 期。

60. 陆泽峰:《金融创新与法律变革》,法律出版社 2000 年版。

61. 毛晓威、巴曙松:《巴塞尔委员会资本协议的演变与国际银行业风险管理的新发展》，载《国际金融研究》2001 年第 4 期。

62. 陈卫东：《新巴塞尔资本协议评价》，载《国际金融研究》2001 年第 3 期。

63. 洪德钦：《欧洲联盟监理体系之研究》，载《欧美研究》第 31 卷第 4 期。

64. 杨亮：《美国对证券公司资本充足率的法律监管》，载《民商法论丛》第 13 卷。

65. 杨亮、林晓君：《欧盟对投资公司资本充足率的监管》，载《法学评论》2000 年第 3 期。

66. 陈元主编：《美国银行监管》，中国金融出版社 1998 年版。

67. 陈炜恒：《美国金融改革法评价》，载《金融法苑》2000 年第 2 期。

68. [美] 伊曼纽尔·N·鲁萨基斯：《金融自由化与商业银行管理》，中国物价出版社 1992 年版。

69. 李豪明著：《英美银行监管制度比较与借鉴》，中国金融出版社 1994 年版。

70. 夏斌主编：《金融控股公司研究》，中国金融出版社 2001 年版。

71. 刘玉操：《日本金融制度》，中国金融出版社 1992 年版。

72. 张大荣：《日本金融厅及其金融监管现状》，载《国际金融研究》2001 年第 5 期。

73. 刘宇飞：《国际金融监管的新发展》，经济科学出版社 1999 年版。

74. 潘金生等：《比较银行法》，中国金融出版社 1991 年版。

75. [美] D. B. 格拉迪等著，谭秉文等译：《商业银行经营管理》，中国金融出版社 1991 年版。

76. 伍海华主编：《现代跨国银行论》，东北财经大学出版社 1996 年版。

77. 王贵国著：《国际货币金融法》，北京大学出版社 1996 年版。

78. 奕体宁：《美国三权分立漫议》，载《世界知识》1989 年第 5 期。

79. 胡英之：《证券市场的法律监管》，中国法制出版社 1999 年版。

80. 黄运成等著：《证券市场监管：理论、实践与创新》，中国金融出版社 2001 年版。

81. 李文泓：《国际金融监管理念与监管方式的转变及其对我国的启示》，载《国际金融研究》2001 年第 6 期。

82. 宋海鹰：《金融服务与市场法对英国金融监管的变革》，载《国际金融研究》2001 年第 5 期。

83. 王桂梅：《国外金融监管组织结构的演变及我国的对策》，载《国际金融研究》2000 年第 9 期。

84. 王琪琼等：《80 年代以来英国金融体制的变革》，载《国际金融研究》2001 年第 8 期。

85. 熊波、王志强等：《金融控股公司理论与实践》，经济管理出版社 2002 年版。

86. 柳随年、厉以宁主编：《现代公司运作全书》，光明日报出版社 1993 年版。

87. 厉以宁：《企业集团与整新竞争》，载《光明日报》1986 年 10 月 18 日。

88. 吴越：《德国康采恩法与我国企业集团法之比较》，载《法律科学》2001 年第 2 期。

89. 赵旭东：《论企业集团法律问题》，载《法律科学》1989 年第 6 期。

90. 曾玉珊：《企业集团法律问题研究》，载《河北法学》1999 年第 6 期。

91. 王文宇：《金融控股公司法制之研究》，载《台大法学论丛》第 30 卷第 3 期。

92. [美] 托马斯·梅耶等：《货币、银行与经济》，上海人民出版社 1994 年版。

93. 陈小敏等著：《美国银行法》，法律出版社 2000 年版。

94. 陈炜恒：《美国金融改革法评价》，载《金融法苑》2000 年第 2 期。

95. 赵崧岳摘译：《多大金融集团才是完美的?》，载《世界经济情况》1994 年第 4 期。

96. 张忠军著：《金融监管法论——以银行法为中心的研究》，法律出版社 1998 年版。

97. 戴道华：《安然破产案的影响及教训》，载《国际金融研究》2002 年第 3 期。

98. 白宏宇等：《百年来的金融监管：理论演化、实践变迁及前景展望》，载《国际金融研究》2001 年第 1 期。

99. 焦津洪：《论管制知情交易的自律机制》，载《中外法学》1998 年第 5 期。

100. 罗培新：《股东会决议制度——公司法中的程序正义》，载《金融法苑》2001 年第 8 期。

101. 陈晓著：《中央银行法律制度研究》，法律出版社 1997 年版。

102. 美国第 88 届国会听证记录《联邦储备系统 50 年》第 2 卷（1964）。

103. 李龙主编：《法理学》，武汉大学出版社 1996 年版。

104.《辞海》，上海辞书出版社 1998 年版。

105. 毛寿龙：《中国政府功能的经济分析》，中国广播电视出版社 1996 年版。

106. ［日］植草益：《微观规制经济学》，中国发展出版社 1992 年版。

107. ［美］莫里斯·博恩斯坦主编：《比较经济体制》，中国财政经济出版社 1988 年版。

108. 符启林主编：《证券法》，法律出版社 1999 年版。

109. 国际清算银行：《巴塞尔银行监管委员会文献汇编》，中国金融出版社 1998 年版。

110. 李早航：《现代金融监管：市场化国际化进程的探索》，中国金融出版社 1999 年版。

111. 黎四奇：《对欧盟银行法之评析》，载《国际金融研究》2002 年第 3 期。

112. 丁俊：《功能性金融监管：我国金融监管体制发展的新方向》，载《国际金融研究》2001 年第 3 期。

113. 盛慕杰主编：《中央银行学》，中国金融出版社 1989 年版。

114. 国世平主编：《香港金融监管》，中国计划出版社 2002 年版。

115. 罗光：《从经营失败案例看银行的风险意识与内部监控》，载《国际金融研究》1996 年第 6 期。

116. 康书生著：《商业银行内控制度：借鉴与创新》，中国发展出版社 1999 年版。

117. 柳经纬等：《上市公司关联交易的法律问题研究》，厦门大学出版社 2001 年版。

118. ［美］罗伯特 .C. 克拉克著，胡平等译：《公司法则》，工商出版社 1999 年版。

119. 吴日焕著：《韩国公司法》，中国政法大学出版社 2000 年版。

120. 孟龙：《市场经济国家金融监管比较》，中国金融出版社 1995 年版。

二、英文类

1. 92/49/EEC of 18 June 1992 on the coordination of laws, regulations and administrative provisions relating to direct insurance other than insurance.

2. Basel Committee on Banking Supervision, Consultative Document on the New Basel Capital Accord, January 2001.

3. Consultation Documents on Supervision of Financial Conglo

merates, Prepared by the Joint Forum on Financial Conglomerates, February 1998.

4. Final Report to Multi-disciplinary Working Group on Enhanced Disclosure, by Basel Committee on Banking Supervision, Committee on the Global Financial System of G-10 Central Banks, International Association of Insurance Supervisors, International Organization of Securities Commissions, April 26, 2001.

5. 92/96/EEC of 10 November 1992 on the Coordination of Laws, Regulations and Administrative Provisions Relating to Direct Life Insurance.

6. Thomas P. Fitch, Dictionary of Banking Terms, Barron 's Education Series, Inc.

7. Cynthia Van Hulle, On the Nature of European Holding Company, International Law Review of Law and Economics, 1998.

8. Covington & Burling, Financial Modernization: The Gramm-Leach-Bliley Act Summary, American Bankers Association, 1996.

9. Howell Jackson, Regulation of Financial Holding Companies, in the Palgrave Dictionary of Economics and the Law (Peter Newman ed.), 1998.

10. Michael Thom, The Prudential Supervision of Financial Conglomerates in The European Union, North America Journal, Volume 4

11. Catherine England and Thomas Huerlas, The Financial Services Revolution: Policy Directions for the Future, Kluwer Academic Publishers, (1988).

12. Willam F. Shughart Ⅱ, A Public Choice Perspective of the 1933 Banking Act, in Catherine England and Thomas Huerlas, the Financial Services Revolution: Policy Directions for the Future, Kluwer Academic Publishers, (1988).

13. Catherine England, Governing Banking 's Future: Markets

vs Regulation, Kluwer Academic Publishers, (1991).

14. Elinger and Lomnica Comment, The Bank of England tended to supervise them (the recognized banks) less strictly than the licensed deposit takers, relying to a certain extent on good will and cooperation, Modern Banking Law (Oxford: Clarendon, 1994).

15. Lain Macneil, The Future for Financial Regulation: The Financial Services and Markets Bill, The Modern Law Reviews, Sep. 1999.

16. Treasury and Civil Services Committee Sixth Report 1994-1995: The Regulation of Financial Services in the United Kingdom.

17. Financial Services and Markets Bill: Government Response to the Reports of the Joint Committee on Financial Services and Markets, HM Treasury, June 17, 1999.

18. Eva Lomnicka, Financial Services, British Business Law, Sep. 1999.

19. Marcus Lutter, the Law of Groups of Companies in Europe, A Challenge for Jurisprudence, Forum International, Vol. 1. 1983.

20. Henry Campbell Black, Black' s Law Dictionary (Fifth Edition).

21. T. R. Gavin Binghan: Securities Markets and Banking: Some Regulatory Issues, in Henry Cavanna: Financial Innovation, Routledge Press, 1992.

22. Joseph J. Norton, Bank Regulation and Supervision in the 1990s, Lloyd 's of London Press Ltd., 1987.

23. Henry Cavanna, Financial Innovation, Routledge Press, 1992.

24. William D. Coleman, Financial Services, Globalization and Domestic Policy Changes, Macmillan Press Ltd., (1996).

25. Allen N. Berger, etc, The Role of Capital in Financial Institutions, Journal of Banking & Finance, Vol. 19, (1995).

26. Bernard O 'Connnor (ed.), A Business to European Community Legislation.

27. 92/30/EEC: Council Directive of 6 April 1992 ON the supervision of credit institutions on a consolidated basis; OJ1992, L 110/52.

28. Alan Gart, Regulation, Deregulation, Reregulation: the Future of the Banking, Insurance, and Securities Industries.

29. Louis Loss, Joel Seligman, Securities Regulation, 3nd, 1991.

30. SEC, Securities Exchange Act Release, No. 18417, 13 January 1982.

31. Gary Haberman: Capital Requirements of Commercial and Investment Banks Control in Regulation, Federal Reserve Bank of New York Quarterly Review, 1987, autumn.

32. Brian Scott-Quinn, EC Securities Markets Regulation, in Benn Steil, International Financial Market Regulation, John Wiley, Chichester, 1994.

33. Richard Dale, the EEC' s to Capital Adequacy for Investment Firms, Journal of International Securities Market, autumn, 1995.

34. Directive 93/6/EEC on the Capital Adequacy of Investment Forms and Credit Institutions on a Consolidated Basis.

35. Directive 98/78/EC on the Supplementary Supervision of Insurance Undertakings in Insurance Groups.

36. Directive of the European Parliament and of the Council of 20 March 2000 relating to the taking up and pursuit of the business of credit institutes, OJ 2000, L126/1.

37. EU Commission Services' Second Consultative Document on Review of Regulatory Capital for Credit Institutions & Investment Firms, Feb. 5 (2001).

38. Council Directive on Investment Services in the Securities Field, No. 93122, 1993 O. J. (L141) 27 Corrected 1993 O. J. (L170) 32 and 1993 O. J. (L194) 27.

39. Gerand Hertlg, Imperfect Mutual Recognition for EC Financial Services, 14 INT' L REV. L. & ECON, 177, 181 (1994).

40. Christopher Cruickshank, Is There A Need to Harmonize Conduct of Business Rules? In European Securities Markets, supra note 52.

41. Johannes Kondgen, Rules of Conduct: Further Harmonisation? In European Securities Markets, supra note 52.

42. Consultation Document: Towards an EU Directive on the Prudential Supervision of Financial Conglomerates, MARKT/302/2000.

43. Scotland, Introduction, Twentieth Century Fund Report, Abuse on Wall Street: Conflicts of Interest in the Securities Markets (1980).

44. Hary McVea, inferest Conglomerates and the Chinese Wall: Regulating Conflicts of Interest, Claredon Press (1993).

45. Joseph J. Norton: Bank Regulation and Supervision in the 1990s, Lloyd 's of London Press Ltd., 1991.

46. Veryl Victoria Miles, Banking Affiliate Regulation under Section 23A of the Federal Act, Banking Law Journal, (1998), Vol. 105.

47. Isaac Lustgarten, US Financial Services Reform, International Banking & Financial Law, Vol. 13, No. 11 (April 1995).

48. Statement by Pawl Volcker, Chairman of Fed, before the Subcommittee on Commerce, Consumer and Monetary Affairs of the Committee on Government Operations, US House of Representatives, 11 June 1986.

49. Alan Gueenspan, Statement before the Committee on Bank-

ing, and Urban Affairs, US Senate, 76 Fed. Res. Bull. 731 (1990).

50. Manus Egan, Justin Rushbrooke, and Nicolas Lockett, EC Financial Services Regulation (London: Chancery Law Pub, 1994), Chapter 6.

51. Brinkman, Risk-based Capital Standards & the Credit Crunch, Journal of Money, Credit and Banking, Vol. 27 (August 1995).

52. J. Crsispo, the Public Right to Know, Accountability in the Secretive Society (1975).

53. Kerry Copper, Donald R. Fraser, Banking Deregulation & the New Competition in Financial Services, Ballingen Publishing Company.

54. J. Virgil Mattingly, Sharing of Information between Supervisory Authorities, in Robert C. Effros, Current Legal Issues Affecting Central Banks, Vol. 5, International Monetary Fund, April 1998.

55. Insurance Concordat—Principles applicable to the Supervision of International Insurers & Insurance Groups and their Cross-border Establishments.

56. Ten Key Principles on Information Sharing.

57. Briault, Clive, the Rationale for a Single National Financial Services Regulator, Financial Services Authority Occasional Paper, No. 2, May (1999).

58. Albrams, Richard, and Michael Taylor, Issues in the Unification of Financial Sector Supervision, IMF Working Paper, WP/00/213 (2000).

59. Australian Prudential Regulation Authority: Financial System Reforms Implementation, Australian Treasurer' s Press Release, March 17, 1998.

60. Compendium of Documents Produced by the Joint Forum,

July 2001.

61. European Commission: Institutional Arrangements for the Regulation and Supervision of the Financial Sector, January 2000.

62. Prof. C. A. E. Goodhart, the Organizational Structure of Banking Supervision, FSI Occasional Papers No. 1-November 2000.

后 记

本书是在我的博士论文基础上修改而成的。在即将定稿之际，我的心激动不已，久久难以平静。

其一是对于自己在武汉大学攻读硕士与博士六年的求学生涯的感慨。是的，六年呀，六年的光阴在这风景如画、人杰地灵的珞珈山上度过。六年的磨砺和煅打使我深刻地明白一个哲理，即既然不能改变环境，那么只有改变自我；六年的苦读使我发现生活的价值即在于在艰难中求索，从而使自己发现在知识的圆圈之中，自己永远处于边缘而无法接近圆的中心！这是一种痛苦，也是一种幸福！

六年是个既短又长的时间，相对于时间的长河，其恰似弹指一挥间；相对于有限的生命，它似乎又很漫长。虽然已离开这美丽的校园，然而珞珈山的秀美、东湖之滨的灵气却将永久地根植于我的脑海，令我此生难忘。六年来的师情与亲情感我肺腑。六年来，我一直师从恩师李仁真教授。这六年的光阴，我对恩师从不理解到理解，从不认识到认识。六年来，恩师在生活上给我无尽的关心，给我持续的鼓励，使我这个曾处于逆境的农家学子对人生有了进一步的了解，使我对生活有了更多的热爱，使我对国际金融法有了更深入的了解；六年来，恩师在学习上对我进行悉心教导，正因为她不倦的指导，我才能学有所成，正因为恩师对我的博士论文从选题到定稿倾注了她的心血，我才能如期地交上我这六年的最后一份答卷。学生资质愚钝，没少令恩师生气，然而恩师仍一如既往地在生活上关心爱护我，在学习上悉心地指导我。其期望之情殷殷，关心之情切切。恩师之情至真至切，非以上寥寥数言所能表达。

另外，武汉大学法学院国际法所的余劲松教授、张湘兰教授、左海聪教授、张庆麟教授等老师渊博的学识、儒雅的学者风范、严谨的治学态度和敬业精神……令学生我终生难忘，他们永远是我学习和生活中的楷模，是我人生中上下求索的动力。在此，我衷心地向他们致以我真挚的感激之情。

其二是对于论文本身的感慨。对金融集团监管的法律研究是一个非常前沿性的课题，它不仅涉及经济、政治、历史等学科领域，而且也大量涉及法律等方面的问题。因此，要把握金融集团有效监管的实质，并设计可行与合理的规则制度不仅需要大量的知识，更需要非凡的勇气。正所谓“科学家们深一脚浅一脚地行进在一个似乎毫无系统、毫无逻辑的思想与事实的密林之中。在走出山林之时，往往是只见伤痕而不见收获”。因此，本书的论题对自己是一个严峻的挑战，因为它不仅涉及一国金融监管法律体制的调整、信息披露法律制度的创新、公司内部治理与外部监管与行业自律等关键性问题，而且也大量地涉及国际金融监管的合作的协调、金融全球化与自由化下金融监管理念的创新及巴塞尔银行监管委员会与“三方联合论坛”所倡导的有效监管思维的内国法化等问题。客观地说，若本文能深刻揭示其中问题之一二，则作者将为自己所付出的努力而甚感欣慰。

其三是本书的写作与出版得到了我许多同事与朋友的支持，他们的支持与帮助是我学习与研究的动力。在此我应特别感谢我的挚友——上海朝阳律师事务所主任付直德先生，如果没有他在出国留学期间为我费心费力地搜集最前沿的第一手资料，我的论文将难以完成。同时，我也要真诚地感谢湖南大学法学院的领导与同事在我初来法学院时所给予的关心与帮助，在此我特别感谢法学院院长单飞跃教授、书记韩红副教授、副院长屈茂辉教授、副院长熊建炼、副院长孙昌军副教授、邓鹏程教授、许光耀教授及法学院的其他全体同事。

另外，本书的出版也得到了武汉大学出版社张琼老师的大力支持。在我于武汉大学攻读博士学位期间，张老师的敬业精神、一丝不苟的工作态度及对学生学术上的支持在我的脑海中留下了深刻的印象。在此，特致以我真切的感激之情。

本书的写作与出版也凝聚着我家人对我的关爱与期望，他们对我的关心、支持与呵护永远是我学习与工作强有力的支柱。

最后，谨以此书献给所有热爱生活、珍惜生活，并于生活中孜孜不倦求索的人。

黎四奇

2004 年 11 月 22 日于长沙